中国药店发展年鉴 2014

CHINA DRUG STORE

王庆刚 刘先彬◆主编

中山大學出版社
SUN YAT-SEN UNIVERSITY PRESS
·广州·

图书在版编目（CIP）数据

中国药店发展年鉴·2014/王庆刚，刘先彬主编．—广州：中山大学出版社，2014.11
ISBN 978－7－306－05062－5

Ⅰ.①中…　Ⅱ.①王…　②刘…　Ⅲ.①药品—年鉴—专业商—中国—2014
Ⅳ.①F717.5－54

中国版本图书馆 CIP 数据核字（2014）第 239632 号

出 版 人：徐　劲
策划编辑：李　文
责任编辑：李　文
封面设计：曾　斌
责任校对：杨文泉
责任技编：黄少伟
出版发行：中山大学出版社
电　　话：编辑部 020－84111996，84113349，84111997，84110779
　　　　　发行部 020－84111998，84111981，84111160
地　　址：广州市新港西路 135 号
邮　　编：510275　　传真：020－84036565
网　　址：http：//www.zsup.com.cn　E－mail：zdcbs@mail.sysu.edu.cn
印 刷 者：广州中大印刷有限公司
规　　格：880mm×1230mm　1/16　18.25 印张　489 千字
版次印次：2014 年 11 月第 1 版　2014 年 11 月第 1 次印刷
定　　价：380.00 元

《中国药店发展年鉴（2014）》编委会

指导单位：

中国非处方药物协会药店发展促进委员会

中国药店发展促进会

编辑出版：

《中国药店发展年鉴》编辑部

第九届中国制药工业百强年会 2014

2014年5月26日，由国家食品药品监督管理总局南方医药经济研究所《医药经济报》与《21世纪药店》报联袂举办的第九届中国制药工业百强年会、第一届全国药店周在广州举行。

第一届全国药店周活动现场

在第一届全国药店周上，2013—2014年度中国连锁药店百强榜出炉。

2014年7月2日，云南鸿翔一心堂药业（集团）股份有限公司在深圳证券交易所正式挂牌上市，公司高层及各大股东代表共同参与敲钟仪式。

2013年5月24日，中国药店发展促进会陕西分会在西安隆重成立，榆林市广济堂医药科技有限责任公司董事长陈国良当选为陕西分会会长。

2013年10月22日，中国药店发展促进会福建分会在厦门正式成立，李时珍医药集团品牌执行官杨明江当选为福建分会会长。

2014年 4月23日—25日，中国药店发展促进会江苏分会在南京正式成立。图为成立大会启动仪式。

2014年5月27日，中国药店发展促进会举办了第二届创新服务论坛。图为中国医药教育协会会长黄正明、CFDA南方所所长林建宁、国家食品药品监督管理局原副局长张文周、标点资讯集团总经理黄泽骉等参加开幕仪式。

“中国药店发展促进会第二届创新服务论坛”圆满结束。图为嘉宾上台合影留念。

在2014年5月27日举行的“中国药店发展促进会第二届创新服务论坛”上，中国药店发展促进会山东、湖南、湖北、浙江、安徽、辽宁、四川、吉林等8个省级会员服务中心宣告成立。

2014年5月26日，中国药店发展促进会举办“大健康背景下工商合作新思维”主题沙龙。图为沙龙现场。

2014年7月24日，中国药店发展促进会在昆明举办了第三届创新服务论坛。图为与会领导和部分参会嘉宾合影留念。

在2014年7月24日举办的“中国药店发展促进会第三届创新服务论坛”上，中国药店发展促进会经营管理学院宣告成立，中国药店发展促进会副会长程兴强担任院长。

2013年11月15日，中国药店非药品联盟召开第一届理事会筹备大会，图为会议现场。

中国药店非药品联盟第一届理事会筹备大会在场嘉宾合影留念。

2013年7–9月，中国药店发展促进会陕西分会举办了第一届执业药师考前培训班。

2013年度“百里挑一”全国药店岗位技能挑战赛现场。

2013年度“百里挑一”全国药店岗位技能挑战赛东北区域冠军获得者合影留念。

2013年12月3日，金百合单体药店联盟举办“大健康产业与药店未来”主题营销沙龙。图为沙龙现场。

前　言

《中国药店发展年鉴》（以下简称《年鉴》）是我国第一部关于药店圈经济的大型文献性专业工具书，由中国非处方药物协会药店发展促进委员会、中国药店发展促进会主办，《中国药店发展年鉴》编辑部编辑出版。全书力求做到权威性、史料性、收藏性和实用性的有机统一，真实记录药店业发展变化的轨迹，客观反映药店圈经济的面貌，为中国药店业乃至整个大健康产业的发展提供有益的帮助。

《年鉴》是医药及非医药工商企业进军药品零售市场，以及药店经营管理人员特别是店长店员必备的经营手册；也是各级各类学校、图书馆和研究机构必备的工具书。

一、《中国药店发展年鉴（2014）》为《年鉴》首次出版，为向读者提供丰富、翔实的信息资料，本书选取资料的时间节点原则上为自 2013 年 1 月起至 2014 年 6 月止。

二、《中国药店发展年鉴（2014）》记载了 2013—2014 年度中国药店业的基本概况、重大事件、政策法规、市场前瞻、年度人物、主流企业、门店经营、多元化、电子商务、联盟与社会组织、大数据等几个方面的内容，撷要选萃，以窥斑见豹，通过这几个方面来反映药店经济圈一年多来的改革和事业发展之状况。

三、《中国药店发展年鉴（2014）》所涉及的文字内容和数据，来源于综合档案室的相关档案和资料，以及《中国药店》杂志、《21 世纪药店》报等业内主要媒体的公开报道。选用时本着实事求是的原则，力求准确和真实，客观地展示药店业的历史，以方便工作查考利用，为经营决策、行业研究和制定各项政策及工作规划提供依据，为今后编史修志提供可靠资料。

四、《中国药店发展年鉴（2014）》在编辑过程中，吸取了相关行业众多年鉴的长处，力求规范与完善。由于经过多次编辑，出处可能有所疏漏。请作者与编辑部联系，以便及时奉上薄酬并在下次修正。

五、由于编辑部人员有限，加之首次编辑缺乏经验，资料收集与分析不足，本书肯定有许多不妥之处，敬请读者批评指正。

《中国药店发展年鉴》编辑部

2014 年 11 月

目　录

政策法规

市场前瞻

■行业风向

■资本市场

■低价药破局

■市场研判

企业行踪

■名店素描

■管理有方

门店经营

药店多元化

■乳品进药店

■论道大健康

■市场经纬

■案例分享

医药电商

■基本面

■市场反响

■探路 O2O

■实战体验

联盟与社会组织

■药促会

■药店联盟

■非药联盟

大数据

■权威发布

■榜单

■数据库

企业风采

中国药店发展年鉴

政策法规

■质管新政

新修订《药品经营质量管理规范》发布

2013年3月20日，新修订《药品经营质量管理规范》（以下简称药品GSP）经卫生部部务会通过并正式发布，于2013年6月1日起正式实施。药品GSP的修订是我国药品流通监管政策的一次较大调整，是对药品经营活动所应当具备的条件和规范要求的一次较大提升。与现行规范相比，新修订药品GSP对企业经营质量管理要求明显提高，有效地增强了流通环节药品质量风险控制能力。

药品GSP是企业药品经营管理和质量控制的基本准则。现行药品GSP自2000年颁布实施后，经过10年的实践，对提高药品经营企业素质，规范药品经营行为，保障药品质量安全起到了十分重要的作用。但随着我国经济与社会的快速发展，现行药品GSP已不适应药品流通发展和药品监管工作要求。从2005年起，国家食品药品监管局着手开展调查研究，探索在药品GSP修订中贯彻科学监管理念，有效地提高监管工作效能，并于2009年正式启动修订工作。在修订过程中，国家食品药品监管局广泛借鉴了世界卫生组织以及美国、欧盟等发达国家和地区药品流通监管政策，全面调查了我国药品流通行业状况，广泛征求各方意见，最终形成了药品GSP修订草案，经卫生部部务会审议通过并正式发布实施。

此次修订明确了“全面推进一项管理手段、强化两个重点环节、突破三个难点问题”的目标。一项管理手段就是实施企业计算机管理信息系统，两个重点环节就是药品购销渠道和仓储温湿度控制，三个难点就是票据管理、冷链管理和药品运输。

修订后的药品GSP共4章，包括总则、药品批发的质量管理、药品零售的质量管理、附则，共计187条。新修订药品GSP集现行药品GSP及其实施细则为一体，增加了许多新的管理内容。如吸收了供应链管理的观念；增加了计算机信息化管理、仓储温湿度自动监测、药品冷链管理等管理要求；引入了质量风险管理、体系内审、设备验证等新的管理理念和方法。新修订药品GSP按照完善质量管理体系的要求，从药品经营企业的人员、机构、设施设备、体系文件等质量管理要素各个方面，对采购、验收、储存、养护、销售、运输、售后管理等环节都作出了新的规定。

新修订药品GSP全面提升了企业经营的软硬件标准和要求，在保障药品质量的同时，也提高了市场准入门槛，有助于抑制企业低水平重复，促进行业结构调整，提高市场集中度。软件方面，新修订药品GSP明确要求企业建立质量管理体系，设立质量管理部门或配备质量管理人员，并对质量管理制度、岗位职责、操作规程、记录、凭证等一系列质量管理体系文件提出详细要求，并强调了文件的执行和实效；提高了企业负责人、质量负责人、质量管理部门负责人以及质管、验收、养护等岗位人员的资质要求。硬件方面，新修订药品GSP全面推行计算机信息化管理，着重规定计算机管理的设施、网络环境、数据库及应用软件功能要求；明确规定企业应当对药品仓库采用温湿度自动监测系统，对仓储环境实施持续、有效的实时监测；对储存、运输冷藏、冷冻药品要求配备特定的设施设备。

针对药品监管中的薄弱环节，新修订药品GSP增设了一系列新制度。针对药品经营行为不规范、购销渠道不清、票据管理混乱等问题，新修订药品GSP明确要求药品购销过程必须开具发票，出库运输药品必须有随货同行单（票）并在收货环节查验，物流活动要做到票、账、货相符，以达到规范药品经营行为，维护药品市场秩序的目的。针对委托第三方运输，新修订药品GSP要求委托方应当考察承运方的运输能力和相关质量保证条件，签订明确质量责任的委托协议，并要求通过记录实现运输过程的质量追踪，强化了企业质量责任意识，提高了风险控制能力。针对冷链管理，新修订药品 GSP 提高了对冷藏、冷冻药品的储运设施设备的要求，特别规定了此类药品在运输、收货等环节的交接程序和温度监测、跟踪、查验等要求，强化了高风险品种的质量保障能力。

新修订药品 GSP 与医改“十二五”规划及药品安全“十二五”规划等新政策紧密衔接。为落实医改“十二五”规划和药品安全“十二五”规划关于药品全品种全过程实施电子监管、保证药品可追溯的要求，新修订药品 GSP 规定了药品经营企业应当制定执行药品电子监管的制度，并对药品验收入库、出库、销售等环节的扫码和数据上传等操作提出具体要求。为配合药品安全“十二五”规划对执业药师配备的要求，新修订药品 GSP 规定了药品零售企业的法定代表人或企业负责人应当具备执业药师资格；企业应当按国家有关规定配备执业药师，负责处方审核，指导合理用药。

国家食品药品监管局为新修订药品 GSP 实施设置了 3 年过渡期。到 2016 年规定期限后，对仍不能达到新修订药品 GSP 要求的企业，将依据《药品管理法》的有关规定停止其药品经营活动。国家食品药品监管局将及时出台具体实施步骤，严格监督实施新修订药品 GSP，进一步加强药品经营质量管理，规范药品经营行为，切实保障公众用药安全有效。

（国家食品药品监督管理局网站）

国家食品药品监督管理总局
关于贯彻实施新修订《药品经营质量管理规范》的通知

食药监药化监〔2013〕32 号

各省、自治区、直辖市食品药品监督管理局（药品监督管理局），新疆生产建设兵团食品药品监督管理局：

新修订的《药品经营质量管理规范》（以下简称“药品 GSP”）已发布施行。根据《中华人民共和国药品管理法》有关规定和《国家药品安全“十二五”规划》的总体要求，国家食品药品监督管理总局要求，在 2015 年年底前完成新修订药品 GSP 的实施工作。为顺利推进此项工作，现将有关事项通知如下：

一、提高思想认识，做好学习宣传贯彻工作

贯彻实施新修订药品 GSP，是规范药品流通秩序，提高药品经营管理和服务水平，维护公众健康权益的重要措施。各级食品药品监管部门务必充分认识贯彻实施新修订药品 GSP 的重要性和紧迫性，切实加强组织领导、明确工作责任、落实实施方案，推进工作有序开展。要组织相关监管人员认真学习新修订药品 GSP，掌握内容，抓住关键，把握要点。要利用多种形式积极向社会进行宣传，使公众了解到新修订药品 GSP 对于保障药品安全、规范药品流通秩序的重要意义；使企业认识到新修订药品 GSP 对于促进行业结构调整、推动产业升级的重要作用，营造实施工作的良好氛围。要加强调查研究，摸清辖区内药品经营企业现状及问题，有针对性地采取措施，促进企业按照新修订药品 GSP 要求进行改造，在规定时限内完成实施工作。

二、调整工作思路，做好职能转换工作

根据《国务院办公厅关于印发国家食品药品监督管理总局主要职责内设机构和人员编制规定的通知》（国办发〔2013〕24 号）的要求，药品经营行政许可与药品经营质量管理规范认证两项行政

许可将逐步整合为一项行政许可。此次新修订药品 GSP 的实施是推动职能转变的良好契机，职能转变的要求也为顺利实施新修订药品 GSP 提供了有力的支持。要充分利用这一机遇，做好两项行政许可行为的整合工作。从现在起，药品经营企业的《药品经营许可证》或《药品经营质量管理规范认证证书》任何一证到期的，均以新修订药品 GSP 为标准，对批发企业、零售企业组织检查，符合要求的，换发《药品经营许可证》，并发放《药品经营质量管理规范认证证书》。2013 年 12 月 31 日前，证书到期但无法完成改造的，可以依申请，对证书有效期给予不超过2014 年6 月30 日的延续。

三、明确时限要求，抓好分步实施工作

为积极、稳妥地推进新修订药品 GSP 的贯彻实施，各地应当结合两项许可的整合工作并按照以下时限要求，制定具体工作方案，分步实施。

（一）自 2013 年 7 月 1 日起，新开办药品经营企业，以及药品经营企业申请新建（改、扩建）营业场所和仓库应当符合新修订药品 GSP 的要求，符合条件的发放《药品经营许可证》和《药品经营质量管理规范认证证书》。

（二）2014 年 12 月 31 日前，经营疫苗、麻醉药品和精神药品以及蛋白同化制剂和肽类激素的批发企业、经批准可以接受药品委托储存配送的批发企业，应当符合新修订药品 GSP 要求，符合条件的换发《药品经营许可证》和《药品经营质量管理规范认证证书》；不符合条件的，核减其相应经营范围或取消其被委托资格。

（三）2015 年 12 月 31 日前，所有药品经营企业无论其《药品经营许可证》和《药品经营质量管理规范认证证书》是否到期，必须达到新修订药品 GSP 的要求。自 2016 年 1 月 1 日起，未达到新修订药品 GSP 要求的，不得继续从事药品经营活动。

四、统筹规划部署，务求贯彻实施工作取得实效

省级食品药品监管部门要把新修订药品 GSP 贯彻实施工作作为当前和今后一个时期监管工作的一项重点任务来抓，摆上重要位置，列入议事日程。要深入开展调查研究，找准影响工作开展的矛盾和问题，结合辖区实际制定具体工作方案，采取切实措施，统筹规划安排。要切实加强检查员队伍建设，大力开展检查员以及相关监管人员培训，努力提高药品 GSP 检查工作质量。要做好辖区内药品经营企业的宣传、教育和培训工作，对企业进行分类指导，创造良好的工作环境。要严格执行标准，依法开展认证和检查工作，对那些经营条件差，管理不规范，扰乱市场秩序的药品经营企业，要坚决清退出市场。要严肃工作纪律，对不认真履行职责，造成新修订药品 GSP 实施工作开展不力的，要坚决予以纠正，并严肃追究相关部门和人员的责任。

为保证各地贯彻实施新修订药品 GSP 工作的顺利开展，总局将加强政策研究和指导，协调有关部门，在从事基本药物配送、承担国家医药储备、选择医保定点药店等方面出台相应鼓励政策；探索建立药品经营企业分级分类管理制度，完善执业药师制度；加快出台实施新修订药品 GSP 的配套文件；积极做好培训工作。总局将加强对各地实施工作的督促、检查和指导。各地在工作中遇到的问题请及时向总局报告。

国家食品药品监督管理总局
2013 年 6 月 24 日

国家食药监总局药品安全监管司李国庆司长解读质管新措施

“提升行业水平、规范经营行为、强化质量管理、堵塞监管漏洞”，是此次 GSP 修订的主要目标。与现行规范相比，它对相关企业的要求有哪些不同？将对流通企业、零售药店乃至整个行业带来什么样的影响？对于第三方物流、电子商务等新生事物有哪些新规定？为此，记者专访了国家食品药品监督管理局药品安全监管司司长李国庆。

记者：*SFDA 启动 GSP 修订的初衷是什么？新修订 GSP 有哪些亮点？*

李国庆：现行药品 GSP 自 2000 年颁布实施以来，对提高药品经营企业素质，规范药品经营行为，保障药品质量安全起到了十分重要的作用。但随着我国经济与社会的快速发展，现行药品 GSP 已不能适应药品流通发展和药品监管的要求，修订十分必要。

新修订药品 GSP 集现行药品 GSP 及其实施细则为一体，全面提升了企业经营的软硬件标准和要求，在保障药品质量的同时，也提高了市场准入门槛，有助于抑制低水平重复，促进行业结构调整，提高市场集中度。同时，针对药品经营行为不规范、购销渠道不清、票据管理混乱等问题，委托第三方物流，冷链管理等目前药品流通中的薄弱环节增设了一系列新规定。

借鉴国际先进管理理念和经验，促进我国药品经营企业素质和质量管理水平的提高，是此次 GSP 修订遵循的方针。修订中，我们对 WHO 以及美国、欧盟等发达国家和地区药品政策和规定进行了研究和比较，专门聘请国外专家与我们进行交流和讨论。通过学习和认识 WHO、欧盟 GDP 的管理理念和方法，如供应链理念、企业信息化管理、物流技术与应用、质量风险管理、冷链管理及验证、体系内审等进行了合理的借鉴与吸收，将我国药品经营质量管理与国际药品流通质量管理的通行做法逐步接轨，提高了我国药品经营质量的管理水平和药品监管效率。

记者：*与之前版本相比，新修订 GSP 主要是哪些软硬件要求改动较大？实施新修订 GSP 客观上会给企业带来资金压力，监管部门如何看待企业存在的困难？*

李国庆：改动比较大的部分主要是：硬件方面，全面推行计算机信息化管理，着重规定计算机管理的设施、网络环境、数据库及应用软件功能要求；明确规定企业应对药品仓库采用温湿度自动监测系统，并实行 24 小时持续实时监测。软件方面，明确要求企业建立质量管理体系，设立质量管理部门或者配备质量管理人员，并对质量管理制度、操作规程、记录及凭证、档案及报告等一系列质量管理体系文件提出详细要求；提高了企业负责人、质量负责人、质量管理部门负责人以及质管、验收等岗位人员的资质要求。

因此，改造直接费用投入较大的是仓储环境，温湿度调控、自动监测与保持，节能与安全防护等方面的改造，特别是经营冷链药品符合冷链要求的仓储、运输设施、设备的改造或添置；复杂性较高的是能对经营和质量管理全过程有效管理控制，符合安全、稳定性要求的计算机系统的改造或升级。而最为复杂、最考验企业，且人工成本、时间成本投入最大的，则是对人和人的习惯行为的改造，包括一系列持续的培训教育行动、体系建设、完善过程中对全体员工的磨炼等。

在修订过程中，我们对目前药品经营企业的现状以及企业进行改造所需要投入等进行了调查。根据测算，各地区药品经营企业用于 GSP 改造的资金投入情况不同，但总体不会超过 2011 年医药商业销售总额的 1%。若能加快批发企业的兼并重组，推进零售连锁化发展，有效引导、鼓励合作、合理建设，剔除少数企业从零开始新建或重复建设物流中心的投入，综合大多数企业软硬件改造的资金投入数额，整个医药商业行业的改造资金在70亿元人民币左右。从目前医药商业行业152亿元的年经营利润水平来看，应在行业可承受范围之内。

虽然这种投入对于药品经营企业特别是服务内容单一的中小企业会带来一定的成本压力，但在药品市场竞争不断加剧，社会对药品安全要求不断提高的大背景下，企业必须在人员条件、设施及设备水平以及信息化管理方面上台阶，才能具有更强的市场竞争力和药品安全的保障能力。新修订药品 GSP 对企业质量管理体系建设的总体要求是符合企业发展方向的，客观上将促使企业做大做强。而且，在当前政策降低流通费用率和行业提高流通效率的趋势下，这部分成本增加可以被流通服务集约化、规模化的成本优化、流通服务内容和流通服务收益来源的扩大所消化。

记者：长期以来，药品经营活动中“走票”、“挂靠”等行为屡禁不止，被认为是医药流通行业的顽疾，新版 GSP 有无专门遏制这些不规范行为的规定？能否根治顽疾？

李国庆：“走票”、“挂靠”是近年来医药购销中屡禁不止的一种违法经营现象，这种违法行为为假劣药品进入流通领域提供了可乘之机，称之为“顽疾”不为过。“走票”、“挂靠”的成因比较复杂，其中企业购销渠道不清、票据管理混乱是一重要因素。

近年来，SFDA 下大力气整治上述问题，重点在于强化药品购销中的票据管理。2009 年，SFDA 下发《关于规范药品购销活动中票据管理有关问题的通知》（国食药监安〔2009〕283 号），明确要求“药品生产、批发企业销售药品，必须开具《增值税专用发票》或者《增值税普通发票》”。在新修订的 GSP 中，进一步强化了相关管理措施，完善了 2009 年文件的规定，明确了企业采购药品要索取发票、销售药品要开具发票，做到票、账、货相符；要求企业在药品出库和运输中附有有随货同行单（票）并在收货环节认真查验、核实，目的就是通过强化药品购销中票据管理，规范企业药品购销渠道，防止由于虚开发票、“体外循环”等违法行为造成购销假劣药品问题的发生。此次新修订药品 GSP 把“票据管理”以规章的形式将以往监管政策固定下来，将更有力地强化监管，维护药品正常的经营秩序。

此外，新修订药品 GSP 还根据国家局大力推进药品电子监管的要求，通过药品经营企业实施电子监管来加强药品购销过程的追溯。新修订药品 GSP 明确规定企业在收货验收和出库复核过程中，要按照规定进行电子监管码的核注核销以及数据上传，在配合购销票据的管理，将有效防止“走票”、“挂靠”违法行为的发生。

当然，“走票”、“挂靠”成因复杂，行为隐蔽性强，不易查处，因此单靠 GSP 的规定不可能根治这一顽疾，还需要与工商、税务、卫生等多部门协作，形成合力，共同打击这一违法行为。

记者：目前国内出现了医药第三方物流，对此的管理有哪些？

李国庆：国家食品药品监督管理局在 2005 年出台了《关于加强药品监督管理促进药品现代物流发展的意见》（国食药监市〔2005〕160 号），允许有实力并具有现代物流基础设施及技术的企业，为已持有许可证的药品企业开展第三方药品现代物流配送，并提出相应要求。

此次，新修订药品 GSP 对委托第三方运输，规定企业加强对被委托运输方的质量责任的要求，有相应条款要求企业考察承运方的运输能力和相关质量保证条件，索取相关运输条件的资料，不符合要求的不能委托。委托运输要签订明确质量责任的委托协议，明确质量责任和相关承运要求，通过记录等手段加强对承运过程的质量追溯等。

由于目前我国第三方医药物流还处于试点探索阶段，尚未形成较为成熟的运行模式和监管政策，因此，此次修订未涉及更多的规范内容，待到药品第三方物流活动发展到一定阶段后，我们会根据行业发展要求和监管需要，制定相应的附录强化监管。

记者： GSP对企业的影响到底有多大？对率先通过新修订药品GSP认证的药品经营企业，会否有相应的政策倾斜？

李国庆： 新修订GSP实施后，由于标准的提高和要求更加严格，必然会对药品流通环节产生积极影响。比如：将有效抑制低水平重复现象，进一步规范药品经营行为，有效控制流通环节存在的风险隐患，促进企业整体素质提高，药品市场秩序进一步好转。同时，标准提高还将推动药品市场兼并重组的加快，促进企业结构的加速调整，市场集中度会有较大提高。此外，新修订药品GSP的实施还将推动我国药品流通质量管理逐步向国际先进理理念和方法靠拢。

当然，由于标准和要求的提高，也会给企业带来资金投入和运行成本的增加。为推进新修订药品GSP的实施，SFDA将综合考虑各方面因素，将新修订药品GSP的实施与医药卫生体制改革和药品经营许可等工作相结合，将会同有关部门研究制定相应的鼓励政策措施，推动部分有条件的企业先期实施新修订药品GSP。如从事基本药物配送的药品批发企业、经营疫苗和特殊药品的药品批发企业，开展药品第三方物流的批发企业以及医保定点药店等，都将以通过新修订药品GSP作为给予相应资质的前提条件。对先期通过认证的企业将给予一定的鼓励或督促，推动新修订药品GSP实施工作按照实施步骤有序开展。

（《医药经济报》）

■健康新政

中医药确立为大健康支撑产业

国务院总理李克强8月28日主持召开国务院常务会议，会议指出，健康服务业是经济转型的重要抓手，并且指出要培训相关支撑产业，加快医疗、中医药等重点产业的发展。业内人士认为，发展健康服务业要以中医药为理念，引导社会资本进入，并且做好具体的落实工作。中医药作为健康服务业的支撑产业，需要创新出符合现代人需要的服务模式。

国务院常务会议指出，健康服务业包括医疗护理、康复保健、健身养生等众多领域，是现代服务业的重要内容和薄弱环节。随着生活水平的提高，广大群众对健康服务的需求持续增长。发展健康服务业，这是满足群众迫切需要、提升全民健康素质、保障和改善民生的又一重大举措，也是提升服务业水平、有效扩大就业、形成新的增长点、促进经济转型升级的重要抓手。促进健康服务业发展，重点在增加供给，核心要确保质量，关键靠改革创新。

一、社会资本成健康服务业劲旅

会议认为，要多措并举发展健康服务业。放宽市场准入，鼓励社会资本、境外资本依法依规以多种形式投资健康服务业，加快落实对社会办医疗机构在社保定点、专科建设、职称评定、等级评审、技术准入等方面同等对待的政策，使社会力量成为健康服务业的“劲旅”。要加快发展健康养老服务，加强医疗卫生支撑，建立健全医疗机构和老年护理院、康复疗养等养老机构的转诊与合作机制，发展社区、农村健康养老服务。

二、加大价格、财税、用地支持

会议要求，要认真履行政府职责，在切实保障人民群众基本医疗卫生服务需求的同时加大改革力度，充分调动社会力量，加快发展内容丰富、层次多样的健康服务业，实现基本和非基本健康服务协调发展。要加大价格、财税、用地等方面的政策引导和支持，简化对老年病、儿童、护理等紧缺型医疗机构的审批手续。要切实加强健康服务业市场监管，健全退出机制，提高服务质量和安全水平，努力实现人民群众对健康、长寿、幸福的美好期待。

（《北京商报》）

■食品新政

国家食药监总局发布《婴幼儿配方乳粉生产企业监督检查规定》

为进一步加强婴幼儿配方乳粉生产企业监督检查，督促婴幼儿配方乳粉生产企业落实质量安全责任，切实保障婴幼儿配方乳粉质量安全，国家食品药品监督管理总局于2013年11月27日公告发布《婴幼儿配方乳粉生产企业监督检查规定》（以下简称《规定》）。

《规定》共6章36条，具体规定了婴幼儿配方乳粉生产企业质量安全责任和对企业的监督检查方式、监督检查程序、监督检查结果处理和监督检查工作要求等。针对婴幼儿配方乳粉的特殊性和监管工作的重要性，对企业建立完善质量安全管理制度、自主研发能力、原辅料采购查验、生产过程控制、产品出厂批批检验、产品配方备案、不安全产品召回、消费者投诉处理、食品安全事故处置以及产品可追溯等质量安全责任和监管部门开展监督检查内容进行了规定。

《规定》要求，企业应当设立质量安全管理机构，配备专职质量安全管理人员，建立质量安全授权人制度。企业应当具备专业研发机构、装备和人员，能够完成新产品研发、产品质量安全跟踪评价、生产过程中风险因素的识别防控等工作。

《规定》明确，企业应当具备自建自控奶源，建立并落实原辅料采购查验制度。以生牛乳为原料的企业，应当具有自建自控奶源基地，并逐步做到生鲜乳全部来自企业全资或控股建设的养殖场且质量合格；以原料乳粉为原料的企业，应当确保原料质量可控。企业应当建立原辅料供销商审核制度和进货验证制度，对生鲜乳、原料乳粉、乳清粉进行批批检验。生产0～6月龄婴儿食用的配方乳粉应当使用灰分符合规定要求的乳清粉、乳清蛋白粉。企业应当具备检验机构、设备和人员，能够自行开展产品出厂全项目批批检验，检验项目与企业所执行的标准及标签明示的项目一致。企业应当定期与第三方检验机构进行检验能力比对，确保检验结果的准确性。

（国家食品药品监督管理总局网站）

国家食药监总局发布公告 禁止以委托、贴牌、分装等方式生产婴幼儿配方乳粉

为规范婴幼儿配方乳粉生产经营活动，加强婴幼儿配方乳粉质量安全监管，2013 年 11 月 27 日，国家食品药品监督管理总局发布《关于禁止以委托、贴牌、分装等方式生产婴幼儿配方乳粉的公告》（以下简称《公告》），进一步对婴幼儿配方乳粉生产提出明确要求。

《公告》明确规定，婴幼儿配方乳粉生产企业不得接受其他单位和个人委托生产婴幼儿配方乳粉；不得为其他品牌持有人或代理人生产婴幼儿配方乳粉，不得冒用他人品牌和包装生产婴幼儿配方乳粉；不得在国内生产其仅在境外注册商标和企业名称、地址的婴幼儿配方乳粉，不得在国内生产标注为境外企业名称、地址的婴幼儿配方乳粉；不得使用相同原辅料构成的同一种配方，生产不同产品名称的婴幼儿配方乳粉；不得使用除牛、羊乳及其乳粉、乳成分制品（包括乳蛋白、乳糖等）以外的其他动物乳和乳制品生产婴幼儿配方乳粉。

《公告》要求，任何单位和个人不得通过合同或约定，委托婴幼儿配方乳粉生产企业为其加工、制作婴幼儿配方乳粉；不得采购或进口婴幼儿配方乳粉直接进行装罐、装袋、装盒，或者改变包装、标签生产婴幼儿配方乳粉。

《公告》规定，违反公告要求的，由县级以上地方食品药品监督管理部门依法予以查处；涉嫌犯罪的，移送司法机关依法追究刑事责任。

（国家食品药品监督管理总局网站）

■中药新政

中药饮片说明书须警示毒性药材

2013 年 11 月 4 日，国家食品药品监督管理总局发布了《关于修订含毒性中药饮片中成药品种说明书的通知》（以下简称《通知》）。根据这一文件，2013 年年底前，产品中含有毒性药材的中药饮片企业，必须在说明书中写明毒性成分并添加警示语。

《通知》规定，凡处方中含有《医疗用毒性药品管理办法》（国务院令第 23 号）中收载的 28 种毒性药材制成的中药饮片（含有毒性的炮制品）的中成药品种，相关药品生产企业应在其说明书成分项下标明该毒性中药饮片名称，并在相应位置增加警示语："本品含 × × ×"。

《通知》明确提出，处方中含有其他已被证明具有毒性、易导致严重不良反应的中药饮片的中成药品种，相关药品生产企业也应按照上述要求修订说明书。值得注意的是，涉及国家秘密技术的中成药品种也适用这一新规定。

《通知》要求，最晚在 2013 年 12 月 31 日前，相关药品生产企业应按有关规定提出修订说明书的补充申请报备案。补充申请备案之日起生产的药品，不得继续使用原药品说明书。相关药品生产企业应当将说明书修订的内容及时通知相关医疗机构、药品经营企业等单位，并在补充申请备案后 6 个月内对已出厂的说明书予以更换。

此外，相关药品生产企业应主动跟踪药品临床应用安全性情况，根据不良反应监测数据及文献报道的相关安全性信息，按规定及时补充完善说明书注意事项等安全性内容。

28种毒性中药品种名单

1988年国务院颁布的《医疗用毒性药品管理办法》列出了28种毒性中药品种，分别是：

砒石（红砒、白砒）、砒霜、水银、生马前子、生川乌、生草乌、生白附子、生附子、生半夏、生南星、生巴豆、斑蝥、青娘虫、红娘虫、生甘遂、生狼毒、生藤黄、生千金子、生天仙子、闹阳花、雪上一枝蒿、红升丹、白降丹、蟾酥、洋金花、红粉、轻粉、雄黄。

（医药网）

国家食药监总局拟禁中药提取委托加工

2013年11月22日，国家食品药品监督管理总局发布《关于加强中药提取和提取物监督管理的通知》（以下简称《征求意见稿》）。征求意见稿规定，今后各地一律停止中药提取委托加工的审批；对中成药国家药品标准处方项下载明且具有单独国家药品标准的中药提取物，实施备案管理。

《征求意见稿》规定，自2016年1月1日起，凡不具备中药提取能力的中成药生产企业，一律停止相应品种的生产，已获得批准的委托加工应一律废止。经所在地省级食品药品监管局批准，中成药生产企业可在异地设立前处理或提取车间；集团内部生产企业可共用中药材前处理和提取车间。

《征求意见稿》明确，自2015年1月1日起，凡未按要求实施备案管理的中药提取物一律不得用于中成药生产。各省级食品药品监管局对提出备案的中药提取物生产企业，应按照药品GMP和中药提取物的国家药品标准进行检查。符合要求的，核发《药品生产许可证》，并注明中药提取物名称；已取得药品批准文号的中药提取物，在该批准文号有效期届满后，不予再注册。

《征求意见稿》强调，中成药生产企业应建立药渣处置制度，对能分离出完整药材或饮片形态的药渣采取毁形等措施，防止流入药材或饮片流通环节；对外提供和销售药渣的，应签订合同，明确药渣数量、流向、用途等，建立可追溯的登记档案。

（国家食品药品监督管理总局网站）

■电商新政

国家食药监总局将出台网售处方药目录

2013年5月28日，国家食药监总局发布了《互联网食品药品经营监督管理办法（征求意见稿）》（以下简称《意见》），首次提出放开处方药在电商渠道的销售。《意见》明确，"互联网药品经营者应当按照药品分类管理规定的要求，凭处方销售处方药"，"由执业药师负责处方的审核及监督调配”，“未凭处方销售处方药的，责令改正，并处以一万元以上三万元以下罚款”，“允许医药电商选择第三方物流配送”。

据悉，食药总局放开处方药销售是有条件的，食药总局将配套出台网上销售处方药目录，首先将慢性病、常用药纳入其中。

（《经济参考报》）

零售单体药店不得开展网上售药

为规范互联网售药行为，2013 年 10 月 29 日，国家食品药品监督管理总局发布《关于加强互联网药品销售管理的通知》（以下简称《通知》），要求零售单体药店不得开展网上售药业务，同时对含麻黄碱类药物、处方药管理及药物配送提出了具体要求。

《通知》要求，药品生产企业、药品经营企业在自设网站进行药品互联网交易，或第三方企业为药品生产企业、药品经营企业提供药品互联网交易服务，必须按照规定，申请取得《互联网药品交易服务资格证书》后方可开展业务。不得擅自超范围提供面向个人消费者的药品交易服务。零售单体药店不得开展网上售药业务。各省级食品药品监督管理部门发现违反上述规定的药品交易网站应依法严肃查处，并直接移送通信管理部门关闭其网站。

此外，按照国家有关规定，药品零售连锁企业一律不得在药品交易网站展示或向个人消费者销售含麻黄碱类复方制剂。违反规定者将受不同程度处罚。

（《京华时报》）

■政策追踪

《药品管理法》修订　主推市场化理念

在酝酿并讨论多年后，新成立的 CFDA 于 2013 年底开始启动《药品管理法》修订工作，并定于 2014 年 8 月后向全社会征求意见，修订建议稿将分别由中国药科大学、清华大学法学院进行研究。

《药品管理法》1985 年实施，1998 年启动第一次修改，2001 年正式颁布，至今已走过将近 13 个年头。这部法律将从哪些方面修订成为很多业内人士关注的焦点。本次修改主推的市场机制理念将触及行业变局。

一、主推市场化理念

“我认为，这次修订不是小改动或部分字句的调整，而是彻底扭转监管思路、明确监管部门职能、企业责任，调动实现社会共治的理念。”CFDA 副局长吴浈在《药品管理法》修改启动会议上指出，有些项目是否能考虑实行备案制、有些药品三期临床试验是否没必要经过审批、一些审批权是否还需要放到中央等问题，都需要落实到修改意见中。

据他介绍，原《药品管理法》的诸多问题早在2007年就暴露出来，但随着这几年国内医药产业发展，人们越来越认识到这部法律明显不适合经济社会发展需要。2013年国家食药监总局机构改革职能落定后，修改时机已经成熟。

现行《药品管理法》存在四大问题：一是没有明确鉴定政府职能、市场机制，为执法带来很大障碍，审批制与备案制实施目标并不明晰；二是中央与地方职权没有清晰划分；三是没有充分参照和借鉴国际经验；四是部分条款没让市场机制充分发挥作用，引导医药经济充分健康发展。

"现行法规具有很强的部门性，留下了很强的计划经济色彩，很多项目都需要审批。"吴浈认为，这些都影响了其法律作用。

CFDA副局长滕佳材指出，《药品管理法》修订将积极探索药品安全工作规律，创新治理理念、治理制度等，明确药品安全相关各方权利和责任，着力构建企业负责、行业自律、政府监管、部门协同、社会参与的药品安全社会共治新格局；坚持依法从严治药，强化药品安全法律责任追究，严惩重处违法违规行为，全面提升药品安全水平。

二、推崇向第三方购买服务

"当前我们药品市场和监管工作，碰到了一个很大的问题，那就是信用问题。"江苏省食药局副局长叶耀宇指出，自己在平时日常监管过程中遇到不断出现的很多问题，都反映了医药企业信用缺失。市场经济如果没有诚信，没有信用做基础，这个市场不仅不能建立，而且也得不到发展。"希望在这次修法的时候，一定要把这个问题充分在法律中体现出来。"

他还认为，一些条文限制了医药企业并购重组。企业准入有难度，而退出更难，市场机制没有发挥作用。"药品生产许可证、营业执照先后顺序问题没解决，GMP认证和许可证目前合二为一，可未来怎么办?"

对于目前医药界反映的药品审评速度太慢、人手太少等问题，专家们的观点一致指向第三方参与，建议政府向第三方购买服务。

上海市食药局副局长唐民皓认为，我国有不少从事基础医药、检验等工作的第三方研究机构，但监管部门并未调动他们的积极性、发挥政府购买服务的作用。"第三方怎么参与进来、政府实验室怎么来重新归位，这些问题应该解决。"

中国医药工业科研开发促进会执行会长宋瑞霖表示，应该推动第三方评价机构的建立。"我们现在有大量科研机构、大专院校的实验室可以利用起来，也可以利用NGO，利用民间的这种技术机构来承担一些药品的检验等技术性的工作。这样也可以节省我们很多的人力、物力；如果我们真的看不清，就留一个窗口，留一个对接，为今后改进留下空间。"

业内人士认为，向第三方购买服务的理念已被接受，这将让第三方检验诊断机构获益。

三、加大处罚力度提高违法成本

而现行《药品管理法》法律责任不明确、处罚太轻的问题，也备受诟病。

沈阳药科大学工商管理学院教授武志昂认为，现行法规经济处罚力度太轻，没有突出药企民事赔偿责任，不足以纠正市场竞争带来的一些缺陷。

宋瑞霖指出，修订法案应该强化药监局的执法能力，特别是执法权力，提高违法成本。"一家药品企业违法了，不是说真让它倾家荡产，而是让它感觉到倾家荡产那种巨大的压力。"

全国人大法工委行政法室副主任黄薇指出，能否让药企的所有污点都留下记录，将来档案还要向社会公开。通过信息公开，大家来监督这个药企，使它能真正承担起第一责任人的责任。

"而且，明星代言植入广告也要承担连带责任。明星做广告的药品很多，打开电视（一看）都在做药品广告，对社会的诱导作用不容忽视。”

（《经济参考报》）

新GSP倒逼医药物流变革　外企抢滩中国市场

新修订的《药品经营质量管理规范》（以下简称“药品GSP”）于2013年6月1日正式施行，该新规对流通环节药品质量风险控制能力提出了更为严格的要求。

对此，业内分析人士认为，目前我国医疗物流发展相对缓慢，新规提升了门槛，行业洗牌在所难免。

一、药品新规或致行业洗牌

于6月1日正式实施的新修订药品GSP被认为是我国药品流通监管政策的一次较大调整，与原有规范相比，新规对企业经营质量管理要求明显提高，有效地增强了流通环节药品质量风险控制能力。

“当前我国医药物流发展相对缓慢，专业的第三方医药物流公司数量少、规模并不大，其余的物流配送主要是医药生产商用于满足自身的需求”，中投顾问流通行业研究员认为，“药品管理新规对医疗物流配送提出了更高的要求，在采购、验收、储存、养护、销售、运输、售后等多个环节都提出了要求，这提升了行业的门槛，相关不达标的企业将会被清除出去。”

某物流行业分析人士也认为，新修订药品GSP的实施将有望带来医疗物流行业的洗牌。

中国快递咨询网首席顾问认为，对整个物流行业来说，医疗物流相当于是一个小众化的市场，但是属于高端的市场，需要很多增值服务，可以归类到项目物流里面，利润比较高。

对于第三方医药物流在中国的市场发展情况，某业内人士认为，其目前仍处于一个较低水平，国企在市场上有一定优势，但整体来讲，医药物流行业的市场化程度还比较低。目前这一市场处于领先地位的企业有国药、上药、九州通等，但在整个行业的份额还不到20%。

“中国近几年的医疗保健市场发展势头十分强劲，2011年中国超越德国成为全球第三大医疗市场，市场规模约为640亿美元，”某业内人士坦言，“到2015年，中国有望超过日本，成为这一领域的第二大市场，正是医疗产品运营的市场需求促使中国需要高品质的医疗保健物流服务。”

二、UPS重心倾斜亚洲

就在新修订的药品GSP实施的当口，UPS在中国建立的第二个医疗物流仓储中心5月30日在杭州开业，UPS对外宣称，已达到前述新规的各项要求。

据UPS亚太区供应链和医疗保健物流高级副总裁表示，该公司在杭州的仓储中心将主要服务于总部在中国的医药企业。他们开设基地的考虑因素很多，但医疗物流是UPS的重点战略，战略团队正在考虑在中国适合的地方投资。

“就目前来说，国内专业从事第三方医药物流的企业并不多，UPS高调进入第三方医药物流市场正是看中市场的空白”，中投顾问流通行业研究员认为，“新规出台后，部分不达标的企业将会被清除，这对UPS而言也是一大利好。”

不过，也有分析人士认为，UPS作为外资物流企业进入中国医药物流市场可能将面临“水土不服”等问题。UPS 在杭州新开业的仓储基地主要客户为默沙东。对于是否面临客源不足的问题，UPS 中国区合同物流和医疗保健总监认为，应该以发展的眼光看待，UPS 位于杭州的医疗仓储中心目前利用率已经很高，未来相信会有更多的客户。

某物流资深分析人士认为，事实上，尽管医疗物流是 UPS 近年的重点战略方向，而 UPS 也强调对欧洲市场依旧存有信心，但其对中国市场尤为关注，或许可以看出其正由欧洲逐渐向亚洲倾斜。

“我在 UPS 工作多年，此前主要在美国和欧洲，作为 UPS 的新任国际总裁，我把拜访中国客户，熟悉中国的团队放在首位”，UPS 新任国际总裁表示，“我将尽我所能推动 UPS 在中国市场的发展。”

资料显示，UPS 的全球包裹业务在亚太区共建立了 3 个大型的运转中心，分别位于上海、深圳和香港。

（每日经济新闻）

北京：药店将分级管理，低级店限售处方药

针对北京药品零售业存在个别企业违法违规经营药品等问题，2014 年 6 月 6 日，北京市食品药品监督管理局推出系列新政，在全市打造 5300 家零售药店用药“安全岛”。北京市政府副秘书长、市食品药品监管局局长张志宽表示，计划用 3 年左右时间将零售药店打造成为一个提供专业健康产品和专业健康服务指导的场所。

一、措施

（1）提升药店准入门槛。市食品药品监管部门对于今后新开办的单体零售药店许可审批中，将严格执行 2013 年施行的新版《药品经营质量管理规范》，其中要求药品零售企业法定代表人或企业负责人必须是执业药师，未达到该要求的开办申请将不予批准。

（2）全市药店将分等级。市食品药品监管局将建立零售药店分级分类管理机制，按药店类型和风险级别，综合考虑药店违法违规情况、药店药学技术人员配置情况、设施条件、信息化服务保障能力、药学服务能力等因素对药店进行分级分类。

分级分类结果和变化情况向社会进行公开，对分级分类级别较低的药店将加大监管检查和抽检频次，对风险级别较高的药店将限制其经营处方药等高风险类别的药品。

（3）药师实行计分管理。市食品药品监管局药品和医疗器械市场监管处处长李江宁表示，今后将对执业药师、药师进行违规计分管理，违规计分达到一定分值的予以责令停止执业等相应处理，违规行为计入其本人注册和继续教育档案记录。

食品药品监管部门将建立药店质量负责人、执业药师、药师等质量管理和药学服务关键岗位人员的签名备案制度，药师、执业药师未在岗情况下，无资质人员代其签名销售处方药，监管部门将按违规销售处方药进行查处。

食品药品监管部门还将完善本市药店从业人员数据库，执业药师、药师、中药师及药品调剂及销售中关键岗位人员都纳入数据库实施动态管理。

（4）加大药品抽检频次。2014 年北京计划抽检药品 1 万余件，全面覆盖药品生产、流通、使

用等各环节，实现对国家基本药物品种及北京市增补品种全品种覆盖。根据统一监测计划，今年将以常用药、治疗慢性疾病用药的品种为主，并结合我市季节流行病谱，选取安全风险高、临床用量大的药品进行抽检。将通过鼓励药品连锁经营和统一配送，提升药品零售行业的标准化管理和质量安全保障水平。

（5）药店推信息化管理。市食品药品监管局要求在药品零售企业店内布局上，要严格区分处方药、非处方药、医疗器械及其他相关健康产品经营区域。处方药等高风险药品的存放、展示、处方调配和发药区域应与其他药品经营区域严格区分，实现专区经营、专人管理。在营业期间非处方调配人员不得进入处方药调配区域。

下一步，市食品药品监管部门将在全市5300家药店全面推行药品采购、物流、追溯、销售的药品信息化全程管理系统。

二、企业反应

针对系列新政，北京同仁堂连锁药店有限责任公司总经理吴忠国表示，药品零售行业涉及产业链长，行业竞争日趋激烈，除了药品本身的质量，在流通环节的专业服务水平以及与之相适应的软硬件条件也是保障药品安全，提升药品企业竞争力的重要因素。零售药店是向老百姓提供药品和药学服务的重要场所之一，抓住了药店的规范化管理，也就抓住了药品质量安全和高标准服务的关键。

针对执业药师、药师计分处罚制度，北京济民康泰大药房有限公司总经理王剑锋表示，这不但落实了质量负责人、执业药师和药师的责任，也帮助企业督促其履职，不断规范执业行为，从而加强药品质量管理，提升药学服务水平。

北京金象大药房质量负责人、执业药师叶真表示，此次实施对于药店的规范化管理，首次将药学服务提升到了一个和药品质量同等重要的位置上，有助于北京市药品零售企业的“优胜劣汰”。叶真称，公司将按照规范要求加强对药品零售企业从业人员行为的管理。

（中国网　张然）

连锁药店审批标准应统一

连锁经营已经成为当今世界先进的商业经营方式和流通组织形式，中国出现连锁药店近20年来，连锁药店的数量不断增加，扩张的步伐也不断加快，竞争力度也随之加大。2013年6月1日起施行的《药品经营质量管理规范》对新开办的连锁药店缺乏详细的审批标准，因此各地在《中华人民共和国药品管理法》及其实施细则的基础上，出台了对新开办连锁药店和连锁新增门店的审批标准（即地方标准），这将严重影响我国药品零售业的扩容和发展速度。

一、各地连锁药店审批条件差异大

通过对我国31个省级食品药品监督管理局网站调查统计，各地区对开办连锁药店的人员要求、门店数量、门店面积及审批依据都存在着不同程度的差异。

（1）对新开办连锁门店的人员资质要求较高。各地要求新开办连锁门店都必须符合《中华人民共和国药品管理法》和《药品经营质量管理规范》中的人员资质要求。一是市级比县级要求的人员资质严格，尤其是对执业药师、从业药师或药师（中药师）以上职称或药学（中药学）大专以上学历的药学技术人员要求在职在岗的人数多。二是多数地区对连锁药店管理负责人的资质要求都有严格的规定。也就是说，为保证老百姓可以更加放心地去药店买药，各地开办连锁药店对人员的要求越来越严格。

（2）新开办连锁药店的门店数量要求参差不齐。通过对31个省、自治区、直辖市的调查得出，大部分地区对于新开办连锁药店的门店数量都有具体的要求，如上海、北京、河北、四川、湖北，对于新开办连锁药店的门店数量必须在10家（含10家）以上，广西要求在2家（含2家）以上，浙江、宁夏、贵州要求在5家（含5家）以上，安徽要求在8家（含8家）以上，辽宁和吉林要求在20家（含20家）以上，黑龙江要求在15家（含15家）以上。

从以上数据可以看出，东北三省对于开办连锁药店的门店数量要求是比较高的，一定程度上说明，连锁药店拥有门店数量多的地区，连锁药店起步较早、发展速度也比较快，因此进入连锁市场竞争的门槛也就比较高。但同时也表明开办连锁药店的门店数量要求相对低的地区，连锁药店的发展尚有潜在的机遇。

但原国家食品药品监管局在《药品零售连锁企业有关规定》中没有对药品零售连锁企业的门店数量有具体的标准，只是提到了“使用统一商号的若干个门店”。这种从审批条件上牵引市场的合理布局，可以防止连锁经营者为扩大规模盲目地开办连锁门店。

（3）对新开办连锁门店的营业面积要求大小不统一。笔者对31个省、自治区、直辖市调查发现，部分地区对新开连锁门店的营业面积有不同的要求，明显高于国家对新开单体药店营业面积要求，如湖南省对县级以上（含县）城区新开办药店零售连锁企业，营业面积不少于100平方米，乡镇零售药店营业面积不少于$80m^2$，村级零售企业不少于$70m^2$，同样开办连锁门店的营业场所面积也需达到标准；江苏省设在城区（含县城）的药品零售企业，其经营场所使用面积不少于$60m^2$，连锁门店及零售药店须有专门的办公、生活区，该面积不得少于$15m^2$；辽宁省连锁门店要求的药品营业场所面积$80m^2$，农村地区$40m^2$；福建省的要求是凡在县城以上城区新开办的零售连锁药店的营业场所面积应在$60m^2$以上。通过对这些省的连锁门店营业面积的比较可以看出，各省对县级以上和县级以下药店营业面积要求是有很大差异的，而且相对商务部于2012年12月1日起实施的《零售药店经营服务规范》的零售药店分级标准中的要求也有差异。如A级药店没有营业面积要求，AA级药店要求营业面积不小于$80m^2$，AAA级药店要求营业面积不小于$100m^2$。同时，各地方在零售药店审批标准时也是有差异的，新开办连锁药店门店要符合当地的审批条件才能被允许筹建和开办。

二、审批标准统一有利于连锁药店发展

近几年，连锁药店规模的扩大越来越缓慢，相对十几年前，可以说是从快速式扩张转向缓慢式发展，这种缓慢发展原因之一就是行政审批条件的不统一。各地区对新开办连锁门店标准的不统一，给连锁药店经营者带来了扩张上的不便和成本上的增加，虽然各省都规范了审批程序，但是各地方在审批标准方面的不统一，使经营申请者需要对各地的审批标准不断学习、不断适应。全国各地对连锁药店不统一的审批标准，不仅增加了经营者的人力、物力、财力，也增加了对相关部门政策的可靠性和严肃性的质疑，因为有人认为政府的审批标准不应该是各个省、自治区、直辖市制定的，而应该是国家统一制定颁布和实施的。

各地审批标准的差异性给连锁药店经营者带来很大的困扰，何时才能打破这种困扰，由国家食品药品监管总局统一规定审批条件、标准和规范，才能使连锁药店的管理更加严格，有利于连锁跨区域更好更快的发展，有利于连锁药店管理水平的提升。

十几年来，很多地区的连锁药店发展目标在于提高公司的市场占有率，表现在连锁药店迅速扩

张，达到了“量”上的急剧增长，忽略对“质”的控制，因此很多连锁药店呈现出“连而不锁”的松散状态，加上各地区管理不是统一标准，给连锁经营过程中的规范管理增加了难度。

面对新医改政策和市场竞争环境压力，尤其在40多万家药店密集布局的当今市场，我国药品零售行业的扩张呈现出缓慢态势。不过从连锁药店与零售单体药店的占比和各连锁门店数量的增长情况和增长趋势看，连锁药店要保持前十年的黄金成果，需要不断深耕细作，注重连锁质量管理，提升连锁药店品牌竞争力。也就是说，连锁药店在内涵式发展的同时，不论是新开办门店，还是收购、兼并已有的零售药店，若有全国统一的审批标准和管理标准，将助推连锁药店跨区域连锁发展，这对连锁药店的基础资源整合、顾客管理成本、品牌管理和市场竞争能力都有极大的提升，我国药品零售业的集中度也能出现新的飞跃。

（《中国医药报》王淑玲）

GSP认证限期临近　三成单体药店生死攸关

到2014年6月30日，首批未完成新版GSP（《药品经营质量管理规范》）认证的企业将停止运营，而2015年12月31日是药店通过新版GSP认证的最后时间，届时所有未通过认证的企业都将被淘汰出局。

业内人士认为，因为新版GSP要求药店必须配备执业药师，而目前的实际情况是执业药师严重不足，这将阻碍药店获得认证。在此原因影响下，占药店数量大多数的单体药店可能将消失1/3以上。

一、首批未达标企业6月底淘汰

新版《药品经营质量管理规范》在2013年1月22日公布，并于6月1日起开始实施。长达187条的新版《药品经营质量管理规范》对药品批发企业的药品购销渠道、仓储温湿度控制、票据管理、冷链管理等方面提出了较以往更为严格的要求，对药品零售企业的陈列和储存、人员资质也作出了规定。

根据新版GSP的要求，2013年换证的药品零售企业本应该在去年年底通过GSP认证，但是由于年底通过时间比较紧，因此国家食品药品监督管理总局规定，首批换证企业应当在2014年6月30日之前通过认证，而所有企业必须于2015年12月31日前通过认证。

“按照规定，药品零售企业的GSP认证5年验收一次，去年需要验收的企业最后期限可以推迟至2014年6月30日，企业需要按照新版GSP的要求提高仓储设备、冷链运输、信息系统等硬件设施，还需要对票据管理进一步规范，投入不小。”中国医药物质协会副会长徐郁平表示。

“6月底是第一次按照新版GSP要求淘汰药店，明年年底淘汰的药店会更多。”一位业内人士说。

虽然2013年1月底新版GSP获得时任卫生部部长陈竺签字并公布实施，但是由于各省市需要按照自己的具体情况对GSP标准进行修改，因此具体推出时间滞后一些。徐郁平介绍，各省在新版GSP的基础上制定的细则有差异，一般都会比国家公布的标准高一些，其中发达地区的省份对硬件设施的要求会更高。

据业内人士介绍，将首批企业新版GSP认证期限推迟到2014年6月的原因还包括，2013年国家食品药品监督管理总局从原卫生部中重新独立出来，新的牌子刚刚挂上，职能和人员需要经过调整。在国家到地方各级食品药品监督管理部门三定方案确定之后，地方具体标准的制定才能进一步推进。

二、执业药师缺口大于八成

"影响药店通过审批的主要障碍是执业药师不够，其他还包括冷链配送等硬件要求，"徐郁平解释，"在执业药师严重不足的情况下，要想彻底推行新版 GSP 很难，即便到 2015 年底各省能否真正贯彻这一规定都是个问号。"

新版 GSP 第 20、21 条规定，药品流通企业质量管理部门负责人应当具有执业药师资格和 3 年以上药品经营质量管理工作经历。

根据中国医药物资协会的调查，2013 年全国有药店约 43 万家，而执业药师资格认证中心确认，国内获得执业药师资格约 27 万人，但注册药师数约 10 万人，由于只有注册之后才能在药店工作，因而，即便一家药店只配备一名执业药师，还差 30 万人。

"10 万获得执业药师资格的人中，大部分还就职于医院、科研单位和制药企业，在药品零售行业就职的只有 5 万到 8 万人，相对于 43 万家药店，缺口超过 80%。"徐郁平分析。

"药师缺口这么大，药店扩展快是一个因素。"开心人大药房董事长梁永强介绍。他认为药师培训是一个长期的过程，几年的培训周期比起药店零售行业的快速扩张来说显得太慢。

目前国内药学专业的毕业生要想成为执业药师，不仅要经过考试，还需要工作够一定的年限。根据有关规定，药学专业中专毕业需要工作 7 年、大专毕业需要 5 年、本科毕业需要 3 年时间才有资格拿执业药师证书。

"拿药学专业本科生来说，一般需要培训 5 年，有的还要培训 6 年，再加上工作 3 年，培养 8 到 9 年时间才能成为一名执业药师，太长了。"徐郁平感叹。他认为药学专业本科生毕业前需要实习一年，为缓解执业药师紧缺的矛盾，可以将工作 3 年的要求减为工作两年。

根据他的估算，国家每年培养执业药师最多不会超过 8000 人，要想培养 10 万以上的持证人员，至少需要 10 年时间。正是因为紧缺，原来药店里每月 3000 元的执业药师岗位，现在至少年薪五六万元。

"在南昌，相对于药店的一般员工，执业药师工资至少要高出 1000 到 2000 元，"梁永强分析，"在执业药师过度紧缺的情况下，新版规定很难落实，到明年年底，各省药监部门可能会有相关松动的政策出台。"

三、单体药店年底将淘汰 1/3

根据中国医药物资协会的统计，去年 43 万家药店中，27 万家为单体药店，16 万家为连锁药店。由于连锁药店实力比较强，在硬件上达到新版 GSP 要求比较容易，而单体药店将面临严峻的考验。

"主管部门应对'执业药师荒'的一个做法是允许药店远程审方，也就是通过互联网，总部配备的药师可以为连锁店的顾客审方。"中国医药物资协会单体药店分会会长杨联亮介绍，有的省规定，一名执业药师可以为 10 家连锁药店审方。

目前湖南、江苏、湖北、山东、福建等省份都已经制定政策允许连锁药店远程审方，而江西、山西等省份相关政策也在制定中。

但是，这个政策只是对连锁药店有利，单体药店就享受不到实惠了。对于单体药店来说，一方面，执业药师人才紧缺，另一方面，因为规模效应，配备一名执业药师的成本也比连锁药店高。

"单体药店既然存在，也是因为它有方便消费者的原因，不能简单认为单体药店管理一定比连锁药店差，没有存在价值。”杨联亮说。他认为，单体药店规模小，因此具有好调头的优势，可以通过加盟连锁药店的方式解决这个问题。

“如果政策贯彻下去的话，今年年底单体药店将减少1/3，也就是降到20万家以下。”杨联亮分析。

远程审方将药店的业务部分搬到了互联网上，业内人士认为这也是主管部门顺应潮流的一种表现。5月28日，国家食品药品监督管理总局发布了《互联网食品药品经营监督管理办法（征求意见稿）》（以下简称《征求意见稿》），首次明确国内处方药可以网上销售，这一颇为激进的政策在业内引起了争议。

“这让GSP认证企业处于不公平的竞争地位。”养天和大药房总经理李能倾向于反对处方药网上销售，他认为新版GSP规定认证企业物流配送的药品运输中温度不高于28℃，而互联网配送的药品很可能达不到这个要求，因此第三方配送很可能存在违规。

“处方药网上销售的基础是要建立公共处方平台，这在国外早已成熟，处方都可以通过登录公共处方平台看到，我们卫生体制改革还没到这一步，还不具备基础。”李能还表示，在执业药师人数不够的情况下，远程审方政策是一个过渡政策，而随着执业药师在各实体店逐渐配备到位，这一政策应该被取消。

（《中国经营报》）

中国药店发展评鉴

市场前瞻

■行业风向

2013—2014年医药行业趋势分析

一、盈利趋势：整体向好，部分扩张

2013年以来，受查税、医保控费、重点省份招标推迟等多重政策交织影响，医药行业增速逐月持续下滑，景气度偏弱。从具体政策影响看，广东招标模式已发布终稿，其较激进的执行细则具体效果还有待进一步观察。而随后的山东招标也并未跟随，预计广东模式难以在全国大部分地区复制。另一市场重点关注的政策医药反腐，随着相关事件经媒体曝光，相关政策继续保持高压态势，但从舆情看已度过关注高峰期。

2013年1～8月，医药工业收入增长18.70%，较1～7月放缓0.05个百分点，调整幅度较为温和，并未因GSK事件影响而大幅下降，好于市场预期。行业增速调整更多来自受查税、医保控费、重点省份招标推迟等影响。利润增速继续呈现缓于收入增速的效益下降态势。

外资企业2013年8月样本医院市场增长稳定，GSK等反商业贿赂事件仅限于部分外资企业，国内制药企业营销活动正常，下半年医药工业收入增长与上半年基本持平，利润增速受招标降价等因素影响，继续小于收入增速。

行业数据放缓的同时，医药上市公司整体业绩却好于上年同期，尤其是部分细分领域龙头公司保持了较强劲的增长，显示“政策大浪淘沙、公司发展分化”下“强者恒强”的趋势。

从收入分项来看，整个医药生物板块的收入和2012年同期相比，整体增速出现了下滑趋势。但是分板块来看，化学制剂，医药商业，医疗服务三个板块的收入同比增速出现下滑；其余板块收入增速均出现上涨趋势。

从毛利率来看，整个医药生物的毛利率是上升的，只有化学原料药、医疗器械、医药商业的毛利率出现下滑。整体医药生物的销售费用率、管理费用率和财务费用率变化都不大。

但从在建工程增速来看，整个行业处于收缩的过程，环比增速放缓。出现逆市扩张的是医疗器械和医药商业板块，其在建工程增速同比上升。医疗器械行业在建工程的逆势，行业正在成长期，又有政策层面的有力支撑，整个行业处于跑马圈地状态。

总结上面几个指标，如果以在建工程增速这个指标来衡量行业是不是处于扩张的话，我们可以看到，整个医药生物行业没有处于扩张期，医疗器械行业是处于逆市扩张的行业。但整个医药行业向好，除了化学原料药板块受欧美景气未完全复苏影响，盈利未恢复外，其他板块处于恢复上升期，盈利能力较强。

二、政策趋势：改革力度加大，鼓励社会化发展

变化莫测的各省招标等政策、医药反腐等系列事件显示医改进入迷茫时期，政策的不确定性在加大。随着广东模式靴子落地，医药反腐度过舆情高峰期，近期对行业发展影响较大的政策来自于国务院2013年10月14日发布的《国务院关于促进健康服务业发展的若干意见》，《意见》的要点及对医药行业的影响主要有以下五点：

（1）《意见》第一次明确了大健康服务产业的具体涵盖内容，第一次指出发展健康服务业对调结构、稳增长、转变经济发展方式的重大意义，第一次提出健康服务产业的发展目标和规模。因此，对整个医药行业构成长期利好。

《意见》指出“健康服务业以维护和促进人民群众身心健康为目标，主要包括医疗服务、健康管理与促进、健康保险以及相关服务，涉及药品、医疗器械、保健用品、保健食品、健身产品等支撑产业，覆盖面广，产业链长。加快发展健康服务业，是深化医改、改善民生、提升全民健康素质的必然要求，是进一步扩大内需、促进就业、转变经济发展方式的重要举措，对稳增长、调结构、促改革、惠民生，全面建成小康社会具有重要意义。”“到 2020 年，基本建立覆盖全生命周期、内涵丰富、结构合理的健康服务业体系，打造一批知名品牌和良性循环的健康服务产业集群，并形成一定的国际竞争力，基本满足广大人民群众的健康服务需求。健康服务业总规模达到 8 万亿元以上，成为推动经济社会持续发展的重要力量。”

（2）鼓励各类社会资本举办医疗服务机构是《意见》内容的重中之重。

《意见》明确要求解除目前社会资本办医所面临的各种禁锢，并在连锁医院牌照、医院用地审批等方面给予便利。“加快落实对非公立医疗机构和公立医疗机构在市场准入、社会保险定点、重点专科建设、职称评定、学术地位、等级评审、技术准入等方面同等对待的政策。对出资举办非营利性医疗机构的非公经济主体的上下游产业链项目，优先按相关产业政策给予扶持。”

《意见》放宽了社会资本举办医疗服务机构的条件。《意见》指出“凡是法律法规没有明令禁入的领域，都要向社会资本开放，并不断扩大开放领域；”“研究取消不合理的前置审批事项。放宽对营利性医院的数量、规模、布局以及大型医用设备配置的限制。”

《意见》对社会资本举办康复医院、老年病医院、儿童医院、护理院等紧缺型医疗机构给予更多扶持。

目前先行先试的有实力和规模的项目和专业医院管理集团将得到重点扶持。“鼓励地方加大改革创新力度，在社会办医方面先行先试，国家选择有条件的地区和重点项目作为推进社会办医联系点。”“国家确定部分地区进行公立医院改制试点。引导非公立医疗机构向高水平、规模化方向发展，鼓励发展专业性医院管理集团。”

（3）《意见》同时鼓励发展与健康服务业相关的医药研发、医疗器械、第三方服务等支撑产业。与老年人、残疾人相关的保健用品、康复医疗仪器的发展受到鼓励。

“支持自主知识产权药品、医疗器械和其他相关健康产品的研发制造和应用。继续通过相关科技、建设专项资金和产业基金，支持创新药物、医疗器械、新型生物医药材料研发和产业化，支持到期专利药品仿制，支持老年人、残疾人专用保健用品、康复辅助器具研发生产。支持数字化医疗产品和适用于个人及家庭的健康检测、监测与健康物联网等产品的研发。加大政策支持力度，提高具有自主知识产权的医学设备、材料、保健用品的国内市场占有率和国际竞争力。”

“大力发展第三方服务。引导发展专业的医学检验中心和影像中心。支持发展第三方的医疗服务评价、健康管理服务评价，以及健康市场调查和咨询服务。公平对待社会力量提供食品药品检测服务。鼓励药学研究、临床试验等生物医药研发服务外包。完善科技中介体系，大力发展专业化、市场化的医药科技成果转化服务。”

“支持发展健康服务产业集群。鼓励各地结合本地实际和特色优势，合理定位、科学规划，在土地规划、市政配套、机构准入、人才引进、执业环境等方面给予政策扶持和倾斜，打造健康服务产业集群，探索体制创新。要通过加大科技支撑、深化行政审批制度改革、产业政策引导等综合措施，培育一批医疗、药品、医疗器械、中医药等重点产业，打造一批具有国际影响力的知名品牌。”

（4）《意见》重视发展健康信息化，重视发展远程诊断设备、便携式健康数据采集设备。“推进健康服务信息化。制定相关信息数据标准，加强医院、医疗保障等信息管理系统建设，充分利用现有信息和网络设施，尽快实现医疗保障、医疗服务、健康管理等信息的共享。积极发展网上预约挂号、在线咨询、交流互动等健康服务。以面向基层、偏远和欠发达地区的远程影像诊断、远程会诊、远程监护指导、远程手术指导、远程教育等为主要内容，发展远程医疗。探索发展公开透明、规范运作、平等竞争的药品和医疗器械电子商务平台。支持研制、推广适应广大乡镇和农村地区需求的低成本数字化健康设备与信息系统。逐步扩大数字化医疗设备配备，探索发展便携式健康数据采集设备，与物联网、移动互联网融合，不断提升自动化、智能化健康信息服务水平。”

（5）《意见》突出强调发挥中医药的医疗保健功能。

“提升中医健康服务能力。充分发挥中医医疗预防保健特色优势，提升基层中医药服务能力，力争使所有社区卫生服务机构、乡镇卫生院和70%的村卫生室具备中医药服务能力。推动医疗机构开展中医医疗预防保健服务，鼓励零售药店提供中医坐堂诊疗服务。开发中医诊疗、中医药养生保健仪器设备。推广科学规范的中医保健知识及产品。加强药食同用中药材的种植及产品研发与应用，开发适合当地环境和生活习惯的保健养生产品。宣传普及中医药养生保健知识，推广科学有效的中医药养生、保健服务，鼓励有资质的中医师在养生保健机构提供保健咨询和调理等服务。鼓励和扶持优秀的中医药机构到境外开办中医医院、连锁诊所等，培育国际知名的中医药品牌和服务机构。”

上述政策充分显示中央层面对社会化办医的支持，由于是国家层面的政策导向，具体受益情况有待各地政府的具体配套政策出台和发力。

（百度文库）

政策暖风难改医药业增速下滑之势

低价药目录出台、各省药物招标不再唯低价是取、鼓励社会办医……2014年以来，我国医药行业政策亮点频出，与以往动辄降价的严厉政策相比，可谓暖意甚浓。但在2014年6月25日召开的第五届中国与世界医药企业家高峰会上所透露的行业最新数据则显示，虽然政策利好超预期，但2014年医药行业增速下滑的颓势难改。

2013年我国医药产业利润增长17.6%，2014年1～4月则为14.3%，仍处于继续下滑的通道中。

在中国医保商会副会长许铭看来，除了国内市场增长乏力外，中国医药企业的出口情况也呈现萎缩态势。2013年，医药进口总额增长6.8%，出口达到15%。而2014年1～5月份的出口数据显示，增长仅为5%，进口额则增长13%。许铭预测，2014年全年医药行业的出口总额增长在4%～5%之间，对企业出口业务的前景谨慎看好。

对于医药产业增速下降的深层次原因，CFDA南方医药经济研究所所长林建宁分析，主要有三方面：一是医疗卫生投入放缓，新医改3年来已投完8500亿元资金，到2013年，医改投入下降了；二是医院实施医保控费，导致终端销售明显下降；三是出口不理想，也是影响医药板块快速增长的重要因素。

许铭则指出，医药行业目前处于发展不均衡的局面中：一些企业竭泽而渔，如原料药、中间体、仿制药领域，多年来高能耗、高污染、粗放型的发展特征不改，与环境保护之间矛盾突出。在研发方向上，也有一窝蜂的趋势，比如小分子药物的研发已经到头了，我国现在还在大量研究、申报替尼类药品。此外，他认为，医药行业的发展，要有强大的金融体系来支撑，目前投资资金是“漂浮在产业上面”，对创新性、中小型企业的支持不够。

即便如此，2014年政策环境趋暖，也为医药行业带来一抹亮色。在林建宁看来，2014年低价药目录开始实施，药品降价压力比前几年减轻，西药的价格有望保持上涨。据他介绍，“2014 年的政策使采购模式出现变化，属于结构性利好。独家、品牌企业的利好较大。”

政策环境暖风频吹，好于预期，但国内医药企业在应对全球化竞争中却显得步履蹒跚。峰会上，企业界人士一致表示，仍期待市场化政策的导入，希望以此充分发挥医药企业自身的积极性与开拓力。

（《上海证券报》）

■资本市场

医药行业整体回调　行业分化成趋势

以高成长、高防御性著称的医药板块 2013 年下半年以来增速明显放缓，无论是业绩还是股价。在行业分析人士看来，这正是医药行业分化的开始。

第一财经最佳分析师医药行业第一名、海通证券医药行业首席分析师周锐 2014 年 6 月 14 日表示，板块未来将因成长预期出现较大分化，在投资方向上，医疗服务细分领域将在未来 3～5 年强于药品制造领域，而创新和并购也将助力提升个股的高成长预期。

一、行业分化

“半年来，医药行业高成长的公司增速在下降，以防御著称的医药股估值一直在向下走。”周锐在第一财经最佳分析师评选现场回顾板块走势时说，2009 年医药行业爆发增长的顶峰期，行业内有六成公司利润增长达 30% 左右；目前仍保持该增速的行业公司比重已经缩减至 25%。

受 2013 年下半年以来的板块整体回调、一季度业绩低于预期、中成药降价、招标延迟等因素影响，曾经风光无限的医药板块现在则阴云笼罩。

申银万国一级行业指数显示，医药行业板块在 2014 年 3、4 月连续走跌，分别达 4.4%、3.08%。

第一财经最佳分析师医药行业第二名、兴业证券医药行业研究小组的研究报告显示，2014 年前两月医药制造业销售收入增长 13.46%，利润总额增长 15.00%。

周锐对此表示，医药行业在 2013 年底已进入平稳增长期，这背后有政府购药资金投入增长趋缓的影响，也是行业发展分化中的必然趋势，但准确进入细分领域、追寻高成长的公司，仍能在医药板块中发掘出 3～5 年的稳定增长行情。

创新被周锐认为是药企发力的跳板，此前以安全无效仿制药为主的产业生产现状将被打破，创新已成制药行业发展方向，并已对上市公司显效。

外延并购也被多家券商列为年内行业投资主线。周锐表示，当公司依靠内生增长支撑不住发展增速时，外延需求进一步凸显；虽成功率仍尚难保证，但通过并购提升企业规模仍是未来 3～5 年可探讨的发展路径之一。

“对医药板块来说，当前更重要的是成长性而非防御性。”周锐表示，成长性预期差异将致板块逐步分化，低成长性公司长期处于低估值和亏损的高成长公司研发阶段便获百倍估值的现象，都有可能在未来共存。

二、热点轮换

估值调整阶段的医药行业上半年也并不平静，受政策影响频现热点切换。

2014年4月，发改委、卫计委、人保部三部委联合下发《关于非公立医疗机构医疗服务实行市场调节价有关问题的通知》，强调要进一步推进医疗服务价格自主定价政策，并鼓励多元化办医。2014年6月1日新修订《医疗器械监督管理条例》正式施行，相比旧条例，监管放松、鼓励创新和软件要求被着重强调。

备受市场关注的低价药相关政策也在近期落地。2014年5月，发改委下发《关于改进低价药品价格管理有关问题的通知》，通知在改进低价药品价格管理方式、确定低价药品日均费用标准、建立低价药品清单进入和退出机制及加强市场价格行为监管方面取得突破。

对于政策影响的争论也未曾停止。以低价药政策出台为例，第一财经最佳分析师第二名、国金证券医药行业研究小组在报告中表示，该政策将利好于行业，但效果仍要依赖于更多的配套政策及各部门合作。

周锐则直言，低价药目录本身就不符合以往药品消费的逻辑；即便提价，低价药仍处于低价范畴，并有丧失市场的可能，并不会带来实际业绩贡献。

而对于上半年来由热点引发的二级市场波动，周锐向记者表示，目前仍是资金的短期行为为主；依靠外延并购以及基因测序等当下热炒的新技术和新产品引发的行情周期会很长，行业及公司目前的基本面仍未发生改变。

周锐同时称，由于上半年市场对中成药降价、低价药政策出台等的预期基本释放，未来政策执行并不会给市场带来较大波动。“对板块来说，更重要的是新的东西，包括行业数据有没有好转，和有无新政策推动。比如现在更应该去关注包括医保目录等未来新的招标预期，而不是再去关注旧的政策落地”。

（《第一财经日报》）

2014年医药融资分析：投资人开打算盘

2014年6月10日传出消息，华润集团旗下医药B2C健一网完成一轮3亿元的融资，医药电商融资终破冰。回看医药行业过去一段时间的融资历史，医药电商微乎其微。不过，国家食品药品监督管理总局发文《互联网食品药品经营监督管理办法征求意见稿》，明确了处方药可以在网上销售，业内普遍认为，这或许将成为医药电商融资的转折。

一、网上药店融资仍是少数

搜索2014年上半年医药行业融资案例，可以发现融资面覆盖医疗机构、医疗硬件、医药B2C网站、医疗招聘、制药集团、健康体检等，真正能与医药B2C挂钩的只有华润健一网。

而查看过去几年时间医药电商的融资消息中，很多传言最终不了了之，除了线下药房本身充当天使外，公布的其他融资暂未发现。

从图1可以发现，接受大额美元基金投资的主要是爱康国宾、瑞尔齿科这样的垂直医疗机构。而部分传统医疗结构更多接受人民币基金投资，且金额相对较小。

归属互联网行业的看处方、医疗人才港等接受的投资金额相对较小，不过华润旗下健一网为医药 B2C 争取到了第一笔 3 亿元大单。业内评价，这将有可能真正激起医药 B2C 的投资热度。

二、投资人开始打算盘

大量关注医药行业的风投对于医药电商的普遍疑虑，在于处方药的销售限制和医保支付的尚未接通。而此次食药监总局的征求意见稿，基本透露了处方药网上可售的消息。

数据显示，中国药品消费约为 9000 亿元，其中 4000 亿元是医保，还有 5000 亿元自费市场。中国传统药店 2400 亿元的销售规模，只有约 25% 是医保支付，还有 1800 亿元的自费市场。

融资方	金额	投资机构	时间
卓正医疗	未透露	经纬中国	2014年1月1日
国方医药	RMB1000万	粤科风投	2014年1月20日
四环药业	未透露	滨海海胜|瑞华投资|盛宇投资	2014年3月3日
医疗人才港	RMB1000万		2014年3月9日
康康血压	RMB3000万		2014年3月21日
爱康国宾	USD4000万	中国投资	2014年3月31日
看处方	USD100万	光速安振	2014年4月
瑞尔齿科	USD7000万	新天域资本|德福资本|凯鹏华盈|启明维创|普思投资|凯门资本|才金基金	2014年4月
健一网	RMB 3亿	国际创投	2014年6月4日

图 1　2014 年上半年融资额

而处方药开放流通的价值同样巨大，处方药目前占国内药品整体销售额的 70% ～ 80%，因此，国内处方药市场规模毋庸置疑。即便以 2013 年 9000 亿元的医药整体市场规模计算，处方药总额将超过 7000 亿元，且处方药利润远远高过非处方药。

有投资人看来，“处方药一旦在互联网渠道批准销售，医药 B2C 可能会进入融资期。不过，由于医药产品本身的特殊属性，融资规模应该不会太大。毕竟投资圈看待这个行业相对偏谨慎。”

处方药网络销售开闸和医保支付的一旦畅通，等于直接将线上市场打开，排除了投资人的后顾之忧。在此之外，放大去看医药电商的产品线，将包括医药及健康产业，涵盖药品、家用医疗器械、营养保健品、食品、日用品、药材类、药妆等，市场规模至少 2 万亿。

“按照这样的市场规模，未来几年内成长出几家十亿规模以上的医药电商是很有可能的。按照行业 1 ～ 1.5 倍之间的市销率，未来几年定能出现估值 10 亿～ 20 亿的独立医药电商平台。”一位投资人预测。

三、医药周边值得关注

华润健一网成为国内首家融资成功的网上药店。而据业内人士透露，至少有 6 ～ 7 家网上药店正在询洽风投，但暂时没有传出第二家网上药店获得融资的消息。“这样的现象充分说明投资人对医药 B2C 仍然十分谨慎，多数保持观望。”某电商人士称。

如同上面总结的 2014 年上半年公开的医药行业部分融资案例，其实医药 B2C 融资仅有一家，除去滨海海胜、瑞华投资、经纬创投、中国投资等机构关注的实体医药企业外，与互联网、社会化相关的“看处方”、“医疗人才港”也分别获得光速安振百万美元投资和相关机构的 1000 万元人民币的投资。

“看处方”的突破性在于：它没有简单地把线下医疗体验复制到网上，而是抓住患者的终极诉求“寻找值得信任的医疗答案”做文章。“我们打造了患者、医生和‘看处方’三方融合的就医体验。患者得到服务，医生得到回报包括经济和临床两个方面，我们发展自己的平台。”“看处方”相关负责人曾这样谈到他们的发展。

早在2012年，医药类社会化平台丁香园完成千万美元融资，投资方包括顺为基金和DCM。丁香园的优势在于多点触及，旗下网站包括论坛、招聘平台、生物医药商业信息平台、微博平台、播客视频分享和医药会展类网站。在移动端方面，也有自己的App包括工具类应用“用药助手”和“家庭用药”。

有电商人士说，移动医疗也在这两年备受关注，尤其是春雨医生等一类。依靠“自诊问诊”的手机客户端模式进行服务，同时推广医生电话直通业务。春雨医生已经拿到两轮共计超过1000万美元的投资。

“网上药店皆是由传统药店发展而来，传统药店充当了天使角色，因此网上药店大多不需要天使投资人，更迫切需要的是专注于企业发展中期投资的VC，这对VC的要求也会较高。但周边很多医疗应用、服务类网站并非线下药房所为，所以这些周边产品给投资机构留下了很大的空间。”某医药行业资深人士说。

“其实医药电商在未来是刚需，受宏观经济影响不太大；同样也有门槛，生意不容易被抢走。”一位投资人道出了他看到的医药电商未来的机会。

而按照国内大型医药B2C七乐康董事长石振洋推测，2015年将迎来医药行业变革的重要阶段，不过政策性引导也是决定医药电商未来走势的“风向标”，必须紧密跟踪。

附：2014年上半年医药相关企业融资表

➢ 2014年1月1日，经纬中国入股卓正医疗投资咨询有限公司。

➢ 2014年1月20日，国方医药获得粤科风投1000万元投资。

➢ 2014年3月3日，滨海海胜、瑞华投资和盛宇投资等投资四环药业。

➢ 2014年3月9日，医疗人才港获得1000万元投资。

➢ 2014年3月21日，康康血压获得3000万元人民币的A轮融资。

➢ 2014年3月31日，中国投资投资爱康国宾4000万美元，占股4.60%。

➢ 2014年4月，看处方获光速安振百万美元投资，100万美元。

➢ 2014年4月，新天域资本、德福资本 、凯鹏华盈、启明维创、普思投资、凯门资本和才金基金联合投资深圳瑞尔齿科7000万美元。

➢ 2014年5月14日，宸乾投资投资瑞一医药738万人民币。

➢ 2014年6月4日，国际创投投资华润旗下健一网3亿人民币。

（亿邦动力网）

2014年上半年医药并购总额300亿元，17家药企停牌

2014年以来，国内医疗保健领域并购额总值约为300亿元，其中，并购已经完成的价值约为108.39亿元，未完成的价值189.91亿元。在这场并购盛宴里，有52家上市药企公布了并购方案。截至2014年6月28日，17家公司处于停牌阶段，大部分与重组有关。包括梅花生物、姚记扑克、亚太实业等在内的非医药类上市公司也纷纷涉足医药领域。

北大纵横高级医药合伙人史立臣在接受《证券日报》记者采访时表示，目前中国医药行业已经

进入整体转型升级时期，加上新版 GMP 和新版 GSP 的推波助澜，整个医药行业从产品时代进入资源整合和多元化时代，这时需要在战略明晰的前提下，提前抢夺更多的医药医疗资源，才能在未来的竞争中获得发展机遇。

一、并购重组延续高增长

2013 年，国务院公布了《关于促进健康服务业发展的若干意见》。至 2020 年，健康服务业总规模将超过 8 万亿元。国家对医疗健康的支持激发了资本进入这一领域的热情，医疗市场的并购重组不断升温。有分析人士表示，政策的支持促使医疗服务行业已步入投资窗口期，各路资本都想分享来自医疗服务行业的高成长。

数据显示，2014 年以来，A 股医疗保健领域的并购额度近 300 亿元，涉及 168 个并购事件，其中已经完成的有 85 家；证监会受理的有 3 家；证监会出具反馈意见回复的有 1 家；国资委通过的有 2 家；达成转让协议的有 5 家；签署转让协议的有 26 家；通过董事会预案的有 36 家；股东大会通过的有 3 家。

截至 2014 年 6 月 28 日，共有 17 家医药类上市公司停牌，包括天目药业、西南药业、溢多利、楚天科技、翰宇药业在内的多家上市公司都涉及重大资产重组。包括北大医药收购一体医疗，上海莱士收购邦和药业，这些并购重组事件均受到了市场的追捧。

业内人士认为，随着新医改制度红利边际效应的递减，在招标降价、医保控费等负面政策压制下，医药板块上市公司的业绩增幅也逐渐放缓。医药上市公司为了延续高成长性，外延式并购成为其首选方式。

此外，新版 GMP 认证也对一些中小企业产生了冲击。数据显示，截至 2013 年年底，仅有 60% 的制药企业通过了新版 GMP 认证。不符合条件的中小企业不得不停产，被收购成其重生的重要方式。一些有资金实力的企业可通过并购获得这些企业的好品种、资源等。

二、医疗器械成重组多发区

我国目前医药行业并购主要集中在独家产品连带性并购、生物医药并购、医疗器械并购、产品线补充并购、治疗领域强化型并购和产业链布局并购。

数据显示，涉及中药领域的并购案有 10 起；制药领域的并购案有 22 起；医疗保健设备和技术领域有 47 起；生物科技领域有 32 起；西药领域有 37 起。

一位分析人士表示，目前生物医药和医疗器械是投资者比较看好的领域，这些领域有着较好的技术级别，未来发展潜力也较好，备受非医药行业投资者和资本的青睐。

与此同时，2014 年 5 月份，国家主席习近平在上海市视察时提出“加快高端医疗设备国产化”。此后，国家卫生计生委发布通知，委托中国医学装备协会启动第一批优秀国产医疗设备产品遴选工作，并制定优秀产品目录，遴选范围包括仪器设备、器械、耗材等。在该行动实施后，一些地区相关部门明文规定大型医疗设备必须采购国货。

无疑，该政策的出台利好大型国产医疗设备企业。

三、非医药类企业进入需谨慎

在国家多项政策的支持下，一些非药类企业蠢蠢欲动，想进入这一行业。数据显示，在医药行业的并购大军中，不仅有来自医药行业的上市公司，也有来自非医药领域的上市公司。

食品饮料板块的梅花生物 2014 年相继并购了大连汉信 100% 股权和广生医药 51.76% 股权，收购共计花费 8.8 亿元。2014 年 6 月 4 日，姚记扑克发布公告称，拟以支付对价 1.3 亿元收购上海细胞治疗工程技术研究中心有限公司 22% 股权，这是公司进入生物医疗产业的新尝试。亚太实业收购兰州伟慈制药100%股权，公司主营业务将由房地产开发与商品房销售转变为凝血酶冻干粉、板蓝根等产品的生产与销售。

以控股的方式收购成为非医药类企业进入医药行业的显著特点。这样就可以布局一个较为完整的产业板块，同时也能在把控控股权的前提下，在医药板块从事更多的并购和经营，利于医药板块的整体发展。

分析人士认为，非医药类企业进入医药行业时，首先要对自身以及这个行业有个清醒的认识。据了解，一些非医药企业在进入医药行业时，并不清楚未来自身在医药产业链中的定位，部分企业后来才发现进入了竞争激烈的红海。另外，医药行业的门槛较高，一些非医药类企业缺乏行业经营经验，并购后的医药资产并没有带来预期的收益，公司反而背上了收益率很低的医药资产包袱。

（张敏）

■低价药破局

21省低价药品清单新鲜出炉，大普药迎来翻身机会？

随着2014年7月1日截止日期的临近，各省低价药物目录增补遴选工作渐入尾声，部分省市已率先公布了目录。截至6月24日，已经有21个省份公示了各自的低价药品清单。另外，上海及重庆也公布自己的低价药品清单。

从安徽、贵州、河南、湖北、上海、云南、福建等省市公布的地方低价药物目录来看，湖北最多为341种，海南最少为149种。相较于国家发改委公布的530种产品的目录，以及过去医保和基药目录的增补，地方谨慎了许多。

一、上海：304种低价药品有进退出机制

2014年6月19日，上海市发改委公布了《本市定价范围内的低价药品清单》，包括庆大霉素滴眼液、克霉唑软膏、布洛芬缓释片等112种西药，感冒疏风片、维C银翘片、小柴胡片等192种中成药。市发改委表示，从2014年7月1日起，对列入国家和本市低价药品清单的药品，取消政府制定的最高零售价格，在日均费用标准内，由生产经营者根据药品生产成本和市场供求及竞争状况制定具体购销价格。按照国家有关规定，现阶段低价药品日均费用标准为：西药不超过3元，中成药不超过5元。

上海市社会零售药房及其他药品经营单位销售国家及本市低价药品清单内的药品，其零售价格不得高于国家低价药品日均费用标准的规定。

同时，对低价药品清单进入和退出机制也做了明确说明。因价格或用法、用量发生变化导致日均费用符合低价药品标准、但尚未列入国家和本市低价药品清单的，由生产经营者向市价格主管部门提出申请，市价格主管部门按照国家有关规定进行审核，经审核通过后将其纳入低价药品清单。

一旦因成本上涨或用法、用量发生变化导致日均费用需突破低价药品标准的，则由生产经营者向市价格主管部门提出申请，市价格主管部门综合考虑药品市场供求、成本变动及临床使用等因素，经审核可退出低价药品清单，并按权限重新制定最高零售价格。

二、四川：236 种药品实行省级集中采购

2014 年 6 月 20 日，四川的低价药品清单已对外公布。87 种西药、149 种中药入选“大名单”。这意味着，在控制日均费用的前提下，今后至少有 236 种低价药不再设最高零售价并由省级政府统一采购。此举旨在鼓励企业生产低价药的热情。

在四川公布的低价药品清单中，西药包含有复方盐酸伪麻黄碱、复方愈创木酚磺酸钾、复合维生素 B、盖胃平、甘油和干酵母等常见药，中药包含银柴颗粒、银黄含片、银翘解毒合剂、余甘子喉片、越鞠保和丸（水丸）、正柴胡饮颗粒、知柏地黄颗粒、止咳丸和治咳川贝枇杷糖浆等药品，都是家常药。

四川省发改委有关人士介绍，入选低价药目录后，药品实行省级集中采购，可以在地方集中招标中采取直接挂网的形式，而且不设最高零售价，给予企业在日均费用标准内自主定价的权利，“目的就是要鼓励药企生产低价药，避免‘药荒’的情况出现。”

三、业内：执行的许多细则尚待指明方向

总体来看，低价药物目录的地方增补表现极其谨慎，基本严格按照国家要求稳步推进。但一方面，低价药遴选从基药目录和医保目录中产生，三大目录如何衔接配套仍不明确；另一方面，低价药执行的许多细则也待指明方向。

而在企业层面，低价药能带来多大利好仍迷雾重重，由于招标、使用、提价和退出等问题不明晰，无论是独家品种还是普通大路货，具体品种和厂家谈利好尚存在不确定性。对于地方的态度，国药控股高级行业研究员干荣富认为，从已公布目录的省份来看，低价药目录基本从当地医保目录中遴选，由于低价药都在医保范畴，因此各地增补多少主要根据地方财力和人均用药习惯来定。

（黄丽丘）

304 种低价药取消最高零售价，老药将重出江湖

2014 年 7 月 1 日起，庆大霉素滴眼液、克霉唑软膏、布洛芬缓释片等 112 种西药，感冒疏风片、维 C 银翘片、小柴胡片等 304 种药品将取消最高零售价，在日均费用标准（目前为西药不超过 3 元，中成药不超过 5 元）内定价。对此，业内人士认为，取消最高零售价后，部分低价药品有望重回市场，而且只要加强监管，上海市民的医疗总体支出不会增加。

一、现状：每年都有低价药退市

平时，如果身体得了一些小毛病，市民往往会去医院或者药房买些物美价廉的药品，可是让市民感慨的是，一些以前常见的廉价药，如今在市场上却看不到了。

“小时候长痱子，妈妈就帮我买一款 5 元左右的去痱水。”在市民王小姐的记忆中，这款浅蓝色的去痱水，包装简单，却极其好用。王小姐回忆，20 世纪 60 年代去痱水很流行，不少单位发的防暑用品里都有它。但最近两年，许多药房都不卖这种廉价药了。

王小姐想买的痱子水，之前的零售价是 5.1 元/100 毫升，价廉物美，但是王小姐奔波了五六家药房，都找不到这款药。药店工作人员给出的解释是：“我们也跟厂家联系过，厂家回复称，原料

涨价，完全是亏本经营，所以没有办法生产。”之后，工作人员给王小姐推荐了一个可替代药品，但是价格高出不少，组合装的价格为26元。

事实上，玩失踪的不止痱子水，像金霉素药膏，老的达克宁这种药都不好买，不止是药房里没有，甚至在医院也配不到这些药物。“之前临床上一直使用的一些常用药，现在也经常停产停药，替代品种也没有。”某医院负责人告诉记者。

在浦东的某三甲医院，常规临床用药有一千多种，其中40%都是15元以下的常规药物，但是其中有些药已经没有了。“我们医院大概有15种药品基本上是断药的，原因就是这些药便宜，厂家不愿意生产；此外每年都还有不同的廉价药在退市。”该医院负责人告诉青年报记者。

二、改变：定价交还给市场供求

据2014年6月18日上海市发改委（物价局）发出的关于转发国家发改委《关于改进低价药品价格管理有关问题的通知》的通知，对列入国家和本市低价药品清单的药品，取消政府制定的最高零售价格，在日均费用标准内，由生产经营者根据药品生产成本和市场供求及竞争状况制定具体购销价格。

按照国家有关规定，现阶段低价药品日均费用标准为，西药不超过3元，中成药不超过5元。

通知明确，沪上公立医疗机构销售国家及上海市低价药品清单内的药品，按照上海市医疗机构低价药品集中采购有关规定，在不突破规定的日均费用标准下，按实际采购价格顺加不超过规定的加价率销售，其中，按规定实施零差率政策的医疗机构应实行零差率销售。

全市社会零售药房及其他的药品经营单位销售国家及上海市低价药品清单内的药品，其零售价格不得高于国家低价药品日均费用标准的规定。

三、幕后

药品限定最高零售价看起来对老百姓是件好事，此次为何会取消？

对此，相关负责人解释说，相较高价药品，低价药品盈利水平较为薄弱，消化成本上涨能力有限，对成本变动也比较敏感。加之近年来药品企业生产成本上升，企业生产供应低价药品的意愿下降，医院也缺乏使用积极性，导致一些低价药品出现短缺和断供。

（《青年报》）

244种药品取消最高零售价，“亲民”廉价药回归市场

从2014年7月1日起，布洛芬、阿司匹林等81种西药和维C银翘片、小柴胡片等163种中成药，取消最高零售价，改为在日均费用标准（西药不超过3元，中成药不超过5元）内定价。2014年6月底，山东省物价部门公布低价药品清单，并于7月1日起执行。这就意味着，一些价格低廉、效果显著但却难觅踪影的经典老药，有望重返市场。

一、现状：药店难觅廉价药

在很多市民的记忆里，眼睛不舒服，一瓶眼药水只需几毛钱；得了感冒，花几元钱买一盒药就能搞定。但到了今天，药品价格明显提高，尽管有物价上涨等因素影响。同时，有些传统低价老药

却已经退市，或者已经不再成为药店里的“主力军”。

以维C银翘片为例，在城区某药店，店员首先推荐的是一盒价格为12元的产品。当记者点名要买最便宜的维C银翘片时，店员才从药架底层拿出一盒。同样的剂量，都是一盒24片，但这一盒价格却仅为3元，两者相差了9元。

在一些自助式药店里，一些售价在两元左右的低价药品，多数藏身在药架的最底层。另外，还有一些低价药，如香砂平胃丸（蜜丸）、蛇胆川贝枇杷膏等，也存在缺货现象。

药店廉价药之所以短缺，一名药店负责人向记者透露，无非与利润有关。“药厂卖低价药利润低，从而降低产量甚至干脆停产；药店嫌不赚钱，要么不进货，要么向顾客推荐利润较高、价格也较高的药品。”

二、新政：244种药品有了保护价

此次山东省公布的低价药品清单中，共包括81种西药和163种中成药，其中有很多百姓耳熟能详的药品，比如维生素A、维生素B1、干酵母、复方感冒灵颗粒、藿香正气丸等。这些药品价格都将按照现阶段低价药品日均费用标准（西药不超过3元，中成药不超过5元）执行。据了解，日均费用均按代表品的零售价格和按药品说明书测算的平均日用量计算。

据物价部门工作人员介绍，从2014年7月1日开始，这244种药品都将取消政府制定的最高零售价格，在日均费用标准内，由生产经营者根据药品生产成本和市场供求及竞争状况制定具体购销价格。另外，社会零售药店也将自主制定销售价格。

同时，山东省物价部门将建立低价药品清单动态管理机制。实行政府指导价的药品，因价格或用法、用量发生变化导致日均费用符合低价药品标准的，将及时将其纳入低价药品清单中。因成本上涨或用法、用量发生变化导致日均费用需突破低价药品标准的，将退出低价药品清单，由省物价局重新制定最高零售价格；属国家发展改革委定价的，在国家定价前，由省物价局制定临时最高零售价格，确保低价药品价格合理。另外，德州市物价部门将加强对低价药品的监测，严查不合理的提价行为。

（德州新闻网）

■市场研判

零售药店或迎来长达7年的新财富周期

2013年10月14日，《国务院关于促进健康服务业发展的若干意见》（以下简称《意见》）正式公布，这是国务院出台的第一个促进健康服务业发展的文件。《意见》明确，“到2020年，基本建立覆盖全生命周期的健康服务业体系，健康服务业总规模达到8万亿元以上。”而且发展健康服务业实行“非禁即入”、向社会资本开放，我国医疗卫生行业有望迎来巨大的变革和全新的投资机会，“健康保健时代”的财富契机已经走来。

作为健康服务业体系的重要一环，我国医药流通企业、零售药店将迎来长达7年的新财富周期。

一、连锁药店有优势

如果说医疗服务业是以医院等医疗机构唱主角的话，那么毫无疑问，在健康服务行业体系里，包括连锁药店在内的医药流通企业将承担起重要而艰巨的任务。与医疗机构相比，连锁药店、医药流通企业具有以下优势：

（1）地理位置优势。各类基层药店遍布大街小巷，特别是各社区、居民区基本实现了“五分钟便民服务圈”，居民有点小病小痛去药店而不是去医院已经成为习惯。

（2）品牌和顾客形象优势。尽管近年来医院服务质量大有改善，但看病难、看病贵仍然存在，而药店在顾客满意度、美誉度方面要好得多。

（3）品类优势。一个中型连锁药店的经营品类与品规，往往强于三甲医院，何况还有流通企业作为后盾，可以更好地满足居民的健康服务需求。

（4）顾客数据优势。经过十几年精耕细作，很多药店已经建立健全了顾客档案、会员档案，拥有几万甚至十几万顾客的用药习惯、药历、购买力等基础数据，若对这部分数据信息进行开发，可大大提高健康服务的针对性、指导性。

（5）机制灵活，决策转型快的优势。“船小好调头”，只要有文章可做有利可图，连锁药店无论是进产品、选合作伙伴抑或上项目，投资决策的效率之高，是医院特别是公立医院所无法比拟的。此外就是在上新项目时，连锁药店可以选择在部分门店试点，试点成功后再推开，降低了经营风险。

另外药店也有能力开展居家养老服务，可以一对一，也可以一对多。服务的方式包括送药上门、定期回访、建立居民健康档案、为个人定制健康方案等，也可以试点代理健康保险业务等。

二、大健康商机无限

（1）坚定不移做强做大“大健康产业”。如果说此前由于政策不稳定，连锁药店在大健康产业方面尚存疑虑的话，那么《意见》的发布则给药店吃了“定心丸”。除了此前各药店普遍已经开展的大健康产品经营、药店多元化等外，预计中医坐堂诊疗服务、药食同源服务、治未病服务、健康自我诊断服务等都将成为热点，或可成为连锁药店新的增长点。如果今后政策放开或支持，力度将更大。

（2）参股控股医院等医疗机构。医院投资为何成了各类资本眼里的“香饽饽”？就大环境看，目前我国医疗服务供需关系不平衡，医疗机构连锁化和集团化成为大趋势，根据《“十二五”期间深化医药卫生体制改革规划暨实施方案》，到2015年非公立医疗机构的床位数和服务量将由目前占总量的10%提高到20%，发展空间巨大。就医院投资的回报看，医疗服务尚带有一定垄断性质，其竞争性与毛利率等远好于流通行业、零售行业，投资回报率较高。就行业的协同性看，药企进军医疗机构可以发挥产业链优势，形成稳定的消费渠道。

复星医药是这方面的典型代表。10月初，其全资子公司上海医诚医院投资管理有限公司出资不超过6.93亿元，受让佛山三甲医院禅城医院60%的股权，之前曾公告表示拟控股广州南洋肿瘤医院50%的股权。据悉，目前复星医药旗下已控股5家医院，参股5家医院及7家诊所。在布局医院方面，独一味更是突飞猛进。其先于2014年初斥资1.2亿元拿下四川红十字肿瘤医院肿瘤中心15年85%经营收益权，随后又拿下四川3家医院100%股权，10月29日再度公告拟收购邛崃福利医院100%股权，一年内仅在四川地区就发起收购5家民营医院。目前A股市场中已有数十家制药类上市公司经过并购涉足医院业务。

（3）掘金银发工程，与养老机构合作。《意见》中提出加快发展健康养老服务，2014年9月国务院下发《关于加快发展养老服务业的若干意见》中也提出“积极推进医疗卫生与养老服务相结合，支持有条件的养老机构设置医疗机构”。毫无疑问这为医药流通企业、连锁药店等提供了商机，包括定期为养老院、托老所等养老机构提供健康查体、定期巡诊、医药保健、场所消毒、制定健康方案等服务。

连锁药店与养老机构合作的渠道、方式有很多。自2012年7月1日起，济宁市市中区城乡居民社会养老保险试点就选择了在当地有60家连锁药店的广联医药连锁公司合作，其中22家广联药店作为城区养老金的代付点，60岁以上的老人可以到药店提取养老金，既简单方便还可刷卡买药，很受老年人欢迎。

（4）开展居家养老健康服务。在居家养老方面，北京市走在前列，目前全市已试点建立了196个居家养老管理服务中心，2014年将新建200个，保证全市16个区县全覆盖，力争在“十二五”期间覆盖2000余个社区，今后有关老年人身体监测、康复护理等各种社会化服务项目和设施均由北京市各级居家养老管理服务中心集纳和监管。北京市自2010年起还向符合条件的老年人（残疾人）发放养老（助残）卡，也可以在部分基层药店使用。

（《21世纪药店》）

零售药店未来发展的重新定位

在新医改环境下，我们可以预测药品零售行业的格局将会发生变化：

（1）医药分家趋势下，电子处方外流将越来越有可能推行。

（2）全国医保体系不断整合，市县医保统一、全省医保统一、各类别医保统一、全国医保统一、医保刷卡电子化等，都将会陆续实现。

（3）医药电商未来将有可能突破现有政策环境，以医保刷卡形式实现处方药网络销售。

（4）药品零售业的竞争由原来药店之间的竞争变为电商与电商、电商与实体药店、实体药店与实体药店之间的多维竞争。

（5）健康养生类消费增速超过药品增速，消费金额超过药品。

（6）以地域为单位的零售药店体系被全面打破，全国药品零售业快速整合，集中化程度大幅提高，行业重新洗牌。

（7）药品生产企业与药品零售企业联动整合，以地区销售为核心的药品品种受到严重冲击。

（8）不同行业间跨界发展。原先非药品零售行业的企业将全面跨界进入药品零售业。而未来成功的药品零售企业将有机会跨界进入其他行业。

（9）未来零售药店总数将会大幅减少，大量门店将会因销售额低于盈亏平衡点而关闭。

（10）大数据管理能力成为未来主要核心竞争力，与海量客户一对一互动的营销成为企业主要营销手段。

（11）药品零售企业成为高资金密集、高技术密集、高人才密集企业。

要适应以上发展趋势，零售药店在未来的运营体系必须进行重建。如实现线上线下一体化经营，按新的商品分类规则重建经营系统，向大健康商品全面发展，多方向跨界经营，全面调整门店布局，建立全新的互联网体系，提升企业信息化水平等等。

但要实现以上重建，都离不开一项要素——企业人才业务水平和储备。因此，针对企业发展的需求，我们目前需要重点完成人才储备及业务水平提升，全面重塑企业员工的知识结构，提升员工的综合知识水平和业务能力，以适应未来发展要求。大量增加专业信息化人才的储备，力求在培育熟练的电子商务运作能力前提下，提高企业的信息化能力，实现医药电商的突破。

同时，还需要对一线门店店员店长的知识结构进行调整，除夯实现有的医药知识基础外，还接受多元化、大健康商品相关知识培训，提高员工整体素质，为行业发展打下坚实基础。

（第一药店财智）

中国零售药店下一波扩张与开店趋势预测

《国家药品安全“十二五”规划》，要求所有新开设的零售药店都必须配备执业药师。这意味着，从2014年开始，你到药店买药，就可以找到专业药师咨询了。党的十八大文件中把城镇化作为新四化之一，未来十年城镇化重点在于中小城市和县城是未来城镇化的主流区域和中西部地区。开店拓展的重点应该是中西部中小城镇。

2014年6月，中国医药联盟邀请到康美药业股份有限OTC事业部总经理李从选先生就中国零售药店下一波扩张与开店趋势进行预测。

中国医药联盟：中国城镇的医药保健品市场如何以及推动城镇化的意义所在是什么？

李从选：党的十八大文件中把城镇化作为新四化之一，2014年“两会”城镇化的提案达到500多件，城镇化也是中国经济社会发展的基本国策。

李克强总理认为中国城镇化是人类历史上最大的一个事件，是前所未有的富农政策，目前每年会把1.2%的农民转化为市民，这是一项复杂的系统工程，城镇化将改变中国自然、经济、社会、人文面貌。城镇化将有两亿多农民进入大中小城市和县城，加上现有的1.6亿人口，新增城镇人口将达到4亿左右，未来十年中国城镇化将拉动40万亿元的投资，这是潜力巨大的市场。

2011年，城乡居民人均消费差距为3.34:1，城镇化率每提高1个百分点，意味着至少有1300余万人将从农民变为市民，这将直接带来1740亿元的新增消费。而这个消费者，对医药保健品的需求则是刚性的、必需的，因为人不可能不得病。

此外，必须注意到，这次城镇化是政府主动推动的城镇化，这意味着政治制度、经济体制、投资政策、经济结构等方面将发生重大调整与变化，可以认为是工业化创造供给，但城镇化创造需求，这次汹涌澎湃的新型城镇化是以人为中心的城镇化，而提升和满足人的需求才是城镇化的根本，因此李克强总理认为城镇化是扩大内需的最大潜力，总理在答记者问时说，本届政府在城镇化中要着力解决1000万户以上棚户区居民的问题，因此城镇化将是投资和消费的重要载体。

还必须注意的是：未来十年城镇化重点在于中小城市和县城是未来城镇化的主流区域和中西部地区。开店拓展的重点应该是中西部中小城镇。

中国医药联盟：零售药店管理规范新修订版的执行，表明哪些新的发展趋势？

李从选：《国家药品安全“十二五”规划》，要求所有新开设的零售药店都必须配备执业药师。这意味着，从2014年开始，你到药店买药，就可以找到专业药师咨询了。

将于2013年6月1日施行的新修订《药品经营质量管理规范》对于药品零售企业配备执业药师有强制规定，新开药店没有职业药师不能开业，药店负责人（散店老板）必须是职业药师，连锁主要负责人也非得是执业药师。

发达国家职业药师制度有600年历史，我国职业药师制度，从1995年7月5日，原国家中医药管理局与人事部联合颁发了《执业中药师资格制度暂行规定》算起，实施还不足20年的历史。发达国家，每700～1500人就配备一名职业药师，如果按照这一水平的上线1500人配备1名，全国对执业药师的需求将达到86万人；目前我国的职业药师的水平约为7000人拥有一个职业药师；因此有人预测，到2020年约需要70万人，目前具有资格证的还不足20万人，注册的仅8万人，可谓差距巨大。

职业药师的考证资格取得是非常困难的，且拿到资格证书的职业药师，往往到药厂、医院、医药公司、研发单位产业，尤其是在医院收入较高，较少愿意到药店，因此可以预测，下一步药店扩张竞争，不是通过自己开店，而是并购，并购不是连锁之间，而是连锁对散店的并购，如果届时散店没有药师资格也不能开，经营上又不具有优势，国家不可能一下子倒闭那么多社会散店，连锁准备好各种执业药师替代品（各种其他级别药师），就能流速并购，实现扩张。

产生这一判断另外一种原因是以前开办社会散店开店都是有关系的人，且投入成本不高，而新版GSP大大提高了相应的软硬件标准，准入门槛收紧，投入增加，社会散店老板在盈利不可预期的情况下，就会慢慢做不下去，也许会选择退出策略，这也许是连锁并购潮中最大的一块蛋糕。

中国医药联盟：大健康大保健时代势不可挡缘由何在？

李从选：新医改、基药制度，将改变连锁药店的品类结构，基药由于零差率和按照比例报销，将会导致其消费都在政府举办的基层医疗机构实现，不论在怎么方便，都抵不过不花钱的诱惑大。因此药店发展或者开拓的趋势必将随着新医改的深入而变化，具体的趋势是："大病进医院，小病进社区（卫生机构），保健（健康）来药店"。

这一政策的推进和实施，必然引来药店的定位细分化和大健康快速发展的必然趋势，不管你愿不愿意，都会是药的比例逐步减少，中国医院人满为患，服务质量低劣，大健康（治疗保健、养生、预防、康复、调理、养生、护理、检测、美容、理疗和性保健）需求未被医院满足，这是市场留给药店的空当。也是未来药店发展的大趋势之一。

转型开拓的领域，可以在保健、养生、预防、康复、调理、养生、护理、检测、美容、理疗和性保健选择方面进行定位，比如家庭康复护理服务，在国外有些就是通过药店来实施的。

大健康趋势其所以来势汹涌，还有一个重要原因就是中国进入老年化，老年人健康就是生命的全部，因为除了健康，人生没有一样东西是必须拥有的；老年人保健养生的需求，必将与日俱增。然而快速富裕起来的中国老百姓，健康的观念、意识、知识、自我健康、自我医疗与自我药疗的能力还有待大幅度提升，这方面的潜力是无穷的。而治疗尽管是必需的，但治疗、吃药、打针、手术，都不是人的需求。健康才是，健康需要大健康

中国医药联盟：中国药店的数量42万家，按照13亿大陆人口计算，每6000人需要一家药店，只需要约22万家，现在数量正好超过一半。有些地方还在政策松绑，比如武汉市最近取消了距离限制和医保点的限制，这样竞争更为激烈，还有城市兴起的健康会所、养生中心、健康管理机构也会加入到药店的竞争行列，药店除了大健康到底要怎么走？

李从选：听到过一位连锁高管这样的说法："一半以上的店员卖错了药，一半以上的药被错卖了"这里的错是应对的，不可能人家要买感冒药，你给人家肠胃药这种错，但是高血压和糖尿病的一、二、三期的治疗荐药，感冒的风寒风热暑湿辩证分型与用药可能会搞错，再加上劣质的高毛利主推产品，等于疗效无保证，等于把消费者推到医疗机构。

鉴于此，我认为，下一个阶段，除了专业大健康产品与服务，另外一个趋势就是准确、到位、

有效的医药专业服务和专科产品构建趋势，让专业化取得顾客信任，让专业的高端产品战胜社区医疗机构的基药和输液。

药店必须记住，专业化是根本，是顾客满意度的根本，是多元化的根本。是战胜异业与同行的根本！

中国医药联盟：药店开大店是未来的主流方向吗？

李从选：由于业态模式、盈利模式不清晰，中药药店业态都还处于探索阶段，除了海王等少数一些药店业态模式清晰外，绝大多数连锁药店都是集中业态模式并存，甚至照顾地区差异，保留远远超过门店销售数量的产品群；由于业态定位不清，小店往往在群店包围中没有特色，无法突破，如同鸡肋，因此一些连锁药店，开始放弃不盈利，做不起来的小店，转而加大力度经营大店，而大店的贡献也是小店根本无法比拟的，大参林的一位领导说过，大参林的100多家大店，销售完全符合二八原理，可见大店贡献之大了。

中国医药联盟：请您分析下药店与品牌工业药业的合作。

李从选：品牌工业的集中度在飞速提升，品牌工业是各种终端推广资源的代名词、是创新的代名词、是助销的代名词。品牌也是固定客源的保证，消费者口碑的保证。

与品牌企业的战略合作还有一个最好的资源是品牌企业，都有地面终端推广团队、服务连锁、规范终端价格战和进行人员助销。而小厂家是根本配不起人的，也就没有了服务。

还有一点就是：连锁药店的高毛利产品已经走火入魔，武汉会《中药药店》论坛上，公布百强连锁高毛利产品数量平均竟然达到1400种，这是利令智昏的数据，结果很多所谓高毛利产品都不动销。

你们高毛利产品到底多少合适呢，OTC市场把疾病一般细分为110～120种之间，每种疾病治疗的产品，分为固体制剂和液体制剂，加上儿童剂型，也就是三种剂型规格，高毛利产品的数量应该是110～120乘以3左右，就是330～360个之间。加上大保健100多种产品（多为软胶囊剂型），也就450个品类左右，就是所有品类都有高毛利了。

专家和业内人士普遍认为，高毛利产品数量，占比20%较合适，一般门店平均产品数量为3000个，则最多也是600个左右了。

必须明白，自营高毛利产品源于剥夺品牌药和常用药，应该围绕品牌药的价格和品规来规划。中国目前阶段，药店还没有真正的自有品牌。培育品牌需要大量人力物力投入，仅仅依靠药店的行政主推，只能是拦截了其他产品，培育了某个产品的销量，连锁药店切不可沾沾自喜，以为自己可以培育起品牌，品牌是附着在产品上，产品的产权不是你的，何来品牌！如果你的高毛利产品品质过关，恭喜你，否则，后果是严重的，劣质产品驱逐客流是温水煮青蛙！

拥抱品牌厂家，优先占有品牌厂商的稀缺 ，就能在竞争中取胜，这确实要求连锁有品牌心态。不以毛利为第一诉求。

（中国医药联盟）

实体药店盈利难　引发关店潮

观察动机：2014 年 6 月，记者探访发现，北京多家大型连锁零售药店的发展目前正处于停滞状态。很多实体药店由于租金压力、顾客稀少、利润微薄等原因，不但并未发展新店，就连很多已有的店面都难以为继、陆续闭店。2014 年 6 月 6 日，市食药监局出台进一步规范药品零售业管理办法，要求新开药店企业法人必须为执业药师。同时，药店禁售杂物、日用品的消息多次被媒体报道。面对医保涵盖范围日益扩充，社区医院 90% 的报销比例等一系列冲击，北京连锁零售药店的发展面临多重难题。

一、现场

一把大锁锁住了两块裂开了几道缝隙的玻璃，在朝阳区东坝中街与驹子房路交叉路口一直向西，几棵树木挡住了一家底商的招牌。在相邻的饮品店与烧饼店中间，这家标注着“24 小时售药”的药店大门紧锁。

“不赚钱，关了至少有一个月了。”相邻店铺的一位老板对记者念叨着。透过玻璃，记者看到屋内货柜家具等都已经被清空，只有墙上仍挂着的减肥药品宣传单证明着这里曾存在过一家药店。“买药只能再往前走走，走个四五百米，能找到另一家药店。”据了解，由于附近的村子近期正在进行拆迁，导致到这里的顾客量锐减，这家药店终于在一个月前彻底关停。几周之内，原本的货柜、药品及工作人员迅速撤出，只有每天开车路过此地，偶尔会捎上几包感冒药的出租车司机任师傅，在兜了一圈没有找到药店后，发现了它的终结。

“买药的人很少，有医保的都去社区医院开药，只有急用或是路过的人偶尔会买点。”一位住在此地的居民告诉记者。

二、现状：知名连锁药店三年闭店 15 家

“近几年，北京几家大型连锁零售药店基本处于发展的停滞状态。”据北京一家著名药店的管理者介绍，新开的店寥寥无几，三年来闭店却已经达到了 15 家左右的数量。而其中，七成店铺关闭的原因，都由于经营成本上升，导致难以支撑。尽管每年的销售额都有所增长，然而增长的幅度却远不及成本上升的速度。

按照药店的经营模式，一家新店从开业到盈利，基本需要两三年的时间。也就是说，如果两三年内没有盈利，这家店就面临关闭的命运。而两三年间，房租、人力成本的几番上涨，导致新开店能够盈利的可能性极低，因此近几年，医保全新、嘉事堂、金象等几家北京市大型连锁零售药店都将运营模式从扩展新店，转向了深入发展现有店铺的方向。

据《中国药店》杂志报道，过去一年，北京几大主流连锁药店中，金象直营店减少 21 家，医保全新关店 4 家，好得快关闭 2 家店，永安堂关店 1 家。而医保全新大药房更是在 3 年内关闭了一半门店，从 50 家缩减至目前的 26 家。

三、探因

（1）租房成本高，房租涨幅大。

“不好干，生意能持平就很不容易，不敢奢望盈利或是扩充。”北京市一家著名连锁药店的总经理在接受记者采访时表示。记者经调查了解到，这也是近几年北京市连锁零售药店经营的普遍现象。

据了解，对于连锁药店而言，影响利润的主要因素除药价和人工成本外，房租是其中最大的成本开销。而近年来，受到房租不断上涨而无奈关店的例子不在少数。

“比如原来的房租是10万一年，一年到期后就变成30万一年，想要找到一个15万的都寥寥无几。”据了解，依赖于租赁门店进行经营的连锁药店，此前大多都是按照五年、十年的周期签订合同，而近年来，合同从三年一签逐渐缩短到一年一签，每年租金的增长幅度在20%～30%到50%～60%不等，平均涨幅25%～30%。

此前曾在石景山万商大厦经营的一家药店，由于2013年合同到期，原本的28万房租涨到了37万，加上商圈的变迁带来了整体销售水平的下降，使原本就略有亏损的效益更加雪上加霜，最终于2013年关店。在海淀区世纪城远大园，高端社区的房租上涨使成本的提升更为严峻。据某著名连锁药店管理者介绍，社区内的两家药店租金已经从几年前的35万～36万元，涨到了58万元上下，相较每月最多2万元的营业额，经营已达到入不敷出的程度，只能勉强支撑。

（2）社区报销比例高，老年群体流失严重。

2013年10月，伴随着氨氯地平、二甲双胍等224种治疗常见病、慢性病和老年病的药品纳入北京市社区药品医保报销范围，北京市社区医院报销比例统一提高到了90%，参保人员可在全市1200余家社区医疗机构买到这些药。

而同时，据了解，在北京市5300余家药店之中，拥有医保刷卡系统的药店则只有97家，其中嘉事堂、医保全新、金象大药房三大主流连锁的医保药店一共也只有二十几家。

不能享受医保报销，意味着消费者走进药店需要从自己的钱包里掏出更多的钱来为药品买单。以治疗糖尿病的二甲双胍片为例，如果消费者在药店购买，一盒药36元，一个月要花费162元。而在社区医院，自己担负的费用仅为16.2元。再以常见的速效救心丸为例，如果消费者在药店购买，要花费三十几元钱。而在社区医院内，自己仅需要担负几元钱。

与社区药房人满为患的现象比起来，大部分选择开在社区周边的零售药店则生意惨淡。据了解，社区医院开放医保报销后，靠近社区医院的零售药店门店客流量下降明显，最少也有20%～30%，严重的甚至可以达到70%左右。“甚至有时，我们自己的员工都会去社区医院买药。”一位经营者无奈地表示。

记者了解到，原本客户群体多为社区居民，因此门店选址多数靠近社区的几家大型连锁药店，目前都遭遇了大量老年消费人群流失的尴尬局面，目前的消费者大多以不愿排队开药的年轻白领，或是临时急用等人群为主。

（3）品牌药利润低，相关产品销售遇尴尬。

“大型连锁药店要维护自己的品牌口碑，经营的药品大多都是高知名度的品牌药品，利润空间很小。而如果经营那些不知名的小品牌药品，毛利润最高可以达到60%～70%”。

在经营成本升高，利润不足以维持经营的情况下，洗发水、药妆、保健品等等和药品相关的保健、食品、洗护类生活用品摆上了药店的货柜。与社区医院经营商品差异化寻找出路，也是一些药店应对生存困境的经营策略。

“尽管仍然是药品的销量更大，但这类商品确实起到了留住顾客，增加一定客流量的作用。”据内部人士介绍。然而此前市食药监局局长张志宽在某访谈节目中曾表示的，在全市5300余家药店严禁擅自扩大经营范围销售日用品的说法，也令他们一时间受到了不小的“打击”。

“我们了解到，目前食药监局发布的文件中提到，药店要以销售药品、医疗器械、保健品、婴儿奶粉等相关健康产品为主。目前没有具体确定禁售的商品品种。”记者了解到，文件中的“相关”二字给了不少药店管理者信心，药妆、洗发水，是否与健康“相关”，目前仍无定论。

（《北京青年报》）

药店办药厂，是趋势还是陷阱？

药厂办药店早就不新鲜了，太极集团、同仁堂、宛西制药、神威药业、江苏先声等企业的零售板块都已有一定规模，近期以岭药业也加入了这一阵营，修正药业则开始大举扩张零售网络。反之，药店办药厂也有不少案例，全国主流的大型连锁如老百姓、一心堂、大参林、海王星辰等，均涉足上游生产，一些区域性连锁药店如金天医药、甘肃众友、厦门鹭燕等，也有规模不等的生产业务。

无论从上下游的哪一端发起、以哪块为主业，他们的终极目标都指向产业链协同，在上下游之间实现提高效率、降低成本的多赢局面，通过产业链的高效运转，提升企业竞争力。

对于零售药店来说，传统模式面临诸多挑战，因此向上游延伸业务、从单纯的零售业走向零售制造业，成为转型的一种选择。但普遍性的规模问题又成为这一模式的阻力，如果零售规模不够的话，产业链扩张造成的公司内生成本，反而比市场交易成本更大。在这一点上，迈克尔·波特总是不断地提醒企业，在进行成本比较分析时，一定要把管理一个规模扩大的联合企业的成本与困难等因素也考虑在内。

从目前的药店实践来看，不少企业都能从自办药厂中获益，但如果站在产业链的角度，联动和协同的效果还不太明显。

中国海王星辰连锁药店有限公司 CEO 张福祥认为，零售制造业会成为一种趋势，“横向是做并购，纵向是做深产业链，向上游延伸，比如联合博姿的药妆，先做贴牌，后来又收购药妆厂。中国的零售制造业还在起步阶段，还有很大发展空间。”

一、一体化要义

无论是药厂办药店还是反过来，都属于企业的纵向一体化战略。纵向一体化（或垂直一体化）是企业经常选择的战略体系，是企业在产、销两种不同方向上扩大企业生产经营规模的增长方式，扩展现有经营业务的一种发展战略。

从上游往下游延伸是前向一体化，指企业的业务向消费它的产品或服务行业发展，建立自己的营销系统，如药厂自建零售网络；从下游走向上游则被称为后向一体化，指企业向为它目前的产品或服务提供作为原料的产品或服务的行业扩展，建立自己的供应系统，如药店兴建或收购药厂。

纵向一体化的初衷，是希望建立起强大的规模生产能力来获得更高的回报，并通过面向销售终端的方略获得来自于市场各种信息的直接反馈，从而促进不断改进产品和降低成本，来取得竞争优势。

零售药店是否选择后向一体化，不能仅仅关注提高零售毛利、保障供应渠道的稳定等单一条件，如果当成企业战略来做，需要满足更多要点，如：当前的供应商供货成本太高或不可靠，不能满足企业需求；供应商数量少、需求方竞争者数量多；企业具备介入上游生产所需的资金和人才；供货价格的稳定性；现有供应商利润丰厚，这意味着值得投入；等等。

从上述条件来看，并不是所有零售药店都有进军上游的能力，也不是所有品类都值得企业去建立自己的供应系统。此外，零售药店在考虑后向一体化时，通常还要对自行生产与对外采购的成本进行比较，这通常又涉及企业的市场规模问题，从企业实践来看，带有批发业务的零售药店，其自有产品除了内部供应，还走向了市场，因此比纯零售企业更能体现后向一体化的价值。

二、立足产业链

当企业具备了向上游延伸的条件后，还应当考虑，涉足生产业务能否与现有的零售板块进行互动，也就是能否起到产业链的协同作用，否则，企业只是增加了一个获利机会而已，甚至会因操作不当得不偿失。

从供应链管理技术的三个阶段即“渠道管理阶段”、“供应链战略整合阶段”和“价值链整合阶段”来看，零售商正在从以商品流通为主轴、实现商品供应能力和利润生成能力的渠道管理阶段，向供零协同运作、全面压缩中间环节的供应链战略整合阶段转移，药店自办药厂符合这一趋势，甚至也具备了一定的价值链整合功能，即：从消费者需求出发，利用零售商对市场和消费者需求的了解，从产品开发阶段就形成了生产商与零售商的全面合作，从而使生产出来的商品更加符合消费者需求，避免产品开发的盲目性，减少产品错误开发带来的巨大浪费；并且在商品的市场营销方面，直接建立与消费者一对一的沟通方式，使商品的流通效率更高，实现价值最大化。

例如，湖南养天和大药房在日本成立太和堂株式会社操作化妆品、生活品等品类，终端则进行门店的细分与转型，配合产品特点进行新的经营定位，在产品开发阶段就形成了生产端与零售端的紧密合作。

海王星辰近期推出的保健品战略也是如此。海王星辰与海王生物全面合作，推出了营养素系列保健品，并实行低价策略。在内部供应链的合作上，虽然海王集团每个板块都是独立的运作体系，但交集部分会形成战略合力，即上下游公司成为战略合作伙伴，加强营销互动。尤其在营养素产品部分，海王星辰和海王生物达成了更多共识，均希望将保健品打造为各自的优势品类。操作层面是内部分工明确，由于这些产品尚未进入公开市场，海王星辰承担了市场营销功能，当未来产能扩大、产品进入公开市场渠道时，也会由海王星辰主持做市场推广。

“现在的产品趋势是从采购向产品研究和开发转变。”张福祥表示，海王星辰的产品开发战略与门店定位相关，即针对门店多布点在一、二线城市以及居民消费力强、保健品需求大的特点，集团内部上下游联动，推行实施了保健品战略。

鹭燕（厦门）药业股份有限公司在其招股说明书中明确提到了业务协同发展与产业链延伸的战略。鹭燕下辖燕福来制药和博肽生物两家生产型企业，分别负责中药饮片和天然食品的生产业务。鹭燕披露的四阶段业务发展模式中，第三阶段被定位为产业链延伸和协同发展期。

“随着在各区域内分销网络的完善，分销业务达到相应规模，公司充分发挥网络、管理等协同效应，对经营业务和产业链进行拓展和延伸……完善零售连锁业务在各区域的网络布局，与分销业务形成批零一体化格局，实现分销和零售连锁业务的增长……向医药生产领域发展，利用自有分销网络优势，培育具有区域优势的医药产品，形成新的利润增长点。”

鹭燕方面还表示，目前公司及其子公司在采购、销售、资金、物流配合上已形成有效的运营体系，并在库存、资金、渠道共享等方面发挥了协同作用。

三、规模是瓶颈

对于药店自建药厂的问题，不少业内人士提出了质疑，主要分歧在于目前药店规模不足以支撑药厂，自行生产与对外采购相比不能体现成本优势。

鸿翔一心堂药业集团常务副总裁赵飚认为，药店做药厂的后向一体化，战略上是一种模式，但要实现产业链联动面临很多障碍，一是药店渠道为帮助工业增长，可能放弃同类更有竞争力的产品，采购时不是最优比较；二是工业支撑药店，但药店如果没有对外的量以支撑采购规模，就没有成本优势，“目前还看不到成功案例。”

浙江华瑞投资管理集团战略顾问刘毅认为，以目前零售药店的吞吐能力，自建药厂与药店之间没有契合度，工业规模小的话没有意义，想做大又很难让产品走出去，竞争对手会抵制你的产品。“药店根本不需要自己开药厂，做好你的核心优势，把盘子做大，任何药厂都可以是你的工厂。”刘毅说。

张福祥则认为，随着零售规模的扩大，药店必然会走向上游，“工业的成本在于直接生产成本和市场营销成本，自建药厂可以减少市场成本。”另一方面，还需要明白这一模式应以零售为主，工业为辅，因为工业是单品思维，而零售更了解顾客，是以品类为单位去研究产品，了解消费者的综合需求，“所以在选择投资哪个生产板块时，要看自己哪个产品的销售能力更强。”

对于这一点，赵飚也表示了认同，“国内的药品普遍是以经营而非产品力为核心的，强调单品销售，所以药店营销能力好的话，涉足工业也未尝不可。”

（《中国药店》）

中国药店发展鉴

企业行踪

■名店素描

吉林大药房：药店、医疗、电商，一个不能少

2014年3月，吉林省首张《互联网药品交易资格证》诞生，吉林大药房拔得头筹。记者从吉林大药房总经理冯伟杰处获悉，吉林大药房线上板块正蓄势待发，预计于今年7月正式上线。同时，冯伟杰还表示，吉林大药房计划在2014年内开办40家“益生堂”名医馆及20家健康调理中心，从过去“以医促药”的经营模式转变为“医药互动”，打造吉林大药房大健康概念新模式。

一、开设名医馆实现“医药互动”

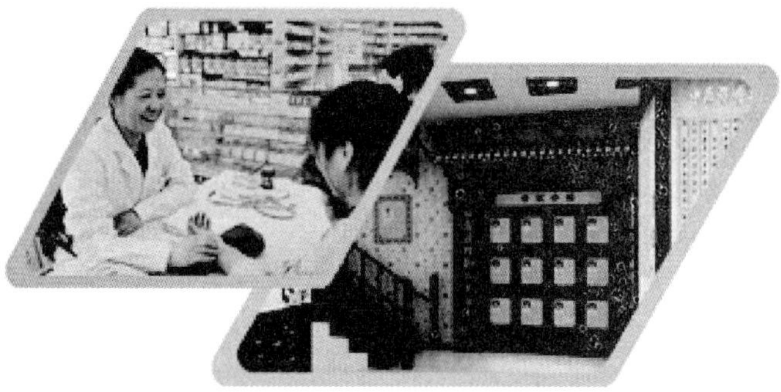

早在2014年年初，冯伟杰接受本报采访时就曾表示，计划要在2014年开办25家“益生堂”名医馆以及20家健康调理中心。由于项目推进顺利，目前益生堂名医馆数量已经达到了30家，预计年内将增加到40家，同时健康调理中心也已经开办8家，预计到年底要开到20家。

事实上，“药店+诊所”的模式一直以来都备受药店经营者们所推崇，但受限于医生资源的稀缺，开办名医馆的想法一直难以得到落实。对此，冯伟杰表示，得益于吉林大药房多年来的品牌美誉度经营以及公益营销建立起来的良好企业形象，吉林大药房开办名医馆的想法得到了许多医生的大力支持，目前益生堂名医馆已经拥有超过100人的医生团队。“很多情况下，对于医生尤其是名医而言，金钱往往不是吸引他们到药店从业的首要条件，名医非常重视自己服务的企业的声誉。吉林大药房深耕市场多年，长期投身公益事业以及诚信经营为企业建立起了良好的美誉度，因此名医们都热衷于到吉林大药房执业。吉林大药房举办一些公益活动时，医生们甚至愿意义务参与，这也是其他竞争对手难以复制的独特优势。”冯伟杰如是说。

据悉，吉林大药房过去拥有约10家医疗门诊，随着人们大健康意识的提高，吉林大药房调整了原本“以医促药”的经营策略，转变为“医药互动”的经营模式，将医疗板块提升到与药店板块一个平衡的高度进行发展。为了进一步完善大健康链条，吉林大药房还出资130万元购置了大型体检车，把体检车开进社区与居民零距离互动，在开展公益事业的同时，传播吉林大药房以及益生堂名医馆的企业形象。冯伟杰表示，随着名医馆的建设完善，未来的吉林大药房还将开办大型医疗机构，并最终建设成为大型医疗机构、连锁药店、名医馆、调理中心、流动体检车组合而成的大健康服务链条。

二、天猫、官网、亚泰E家稳步推进

随着《互联网药品交易资格证》获批，吉林大药房线上板块的筹备工作也在有条不紊地进行当中。事实上，早在《互联网药品交易资格证》尚未获批前，吉林大药房就已经在淘宝网上开设了以销售保健食品为主的淘宝网店，积累线上经营的经验。

冯伟杰告诉记者，根据规划，吉林大药房的线上板块发展将包括3个部分：天猫旗舰店、自建官网以及亚泰E家。“第一阶段是今年下半年开设天猫医药馆旗舰店，这个阶段主要以扩大规模、

打响品牌知名度为主；第二阶段是建立官网，并实现官网与天猫医药馆的互动；第三阶段则是逐步把天猫流量引流到官网，并实现盈利。”

吉林大药房隶属于亚泰集团旗下的连锁板块，因此也纳入到了亚泰集团旗下综合性购物网站——亚泰 E 家当中。冯伟杰表示，亚泰 E 家属于区域性的综合性购物网站，进驻其中主要可以实现与亚泰集团其他板块的会员互动，增加流量的同时，还将为吉林大药房网上药店的会员提供增值服务。

为了让网上药店摆脱传统药店思维的限制，吉林大药房还专门为网上药店成立了一个独立的部门，并且大量招聘敢做敢想的大学生，连锁药店仅抽调少量员工协助负责线上线下的对接工作，利用吉林大药房的网点优势以及超过上百人的送药队伍，为线上消费的购药者提供送药服务，实现 O2O 的运营。

常州中诚：品牌打造重在深耕细作

在中诚名医馆针对“冬病夏治”推出的主题活动中，仅夏至日（2014 年 6 月 21 日）一天销售收入就达 18. 28 万元，比去年同期增长 15. 8%。从 2009 年第一家中医馆开业至今，中诚开办的中医馆数量增加得并不多，目前只有 3 家，预计今年还会增设 2 家。对此，常州中诚医药连锁有限公司总经理张荣伟认为，品牌的打造并不是一天两天能做到的事情，重在深耕细作。

一、“中医人才”的积累

在张荣伟看来，中医馆业务已跳出零售竞争范围，经营重点应从单一的药学服务向多元化医药学服务转变。因此，医生的名望、医术对于中医馆吸引客流来说显得尤为重要。

据了解，中诚每开一个中医馆，在邀请医生专家方面就投入很多精力。名医馆是中诚开办的第一家中医馆，从 2007 年投资立项到 2009 年正式开张，仅邀请专家团队就用了 1 年的时间。目前，江苏省中医院和孟河医派研究会是常州中诚的长期合作伙伴。丰富的老中医资源给中诚中医馆带来了很多特色诊疗、理疗项目，同时也为中诚中医馆带来了大量客流，许多患者慕名前来，其中不乏外地患者。

张荣伟说，“每个中医馆都有它自身的特色，比如在中诚名医馆，由正高级以上的教授坐诊，以骨伤科为主打特色，骨伤科的诊疗收入占其总收入的 1/3。即将在 7 月新开张的中医馆主打特色则为妇科。”据了解，目前中诚的 3 家中医馆均开设了心血管、脑科、肿瘤科、骨伤科、牙科等科室类别，同时还推出很多理疗服务项目，如针灸、推拿、小针刀等。

二、引入顾客监督制

作为中医馆，饮片的质量也是衡量中医馆经营好坏的标准之一。张荣伟坦言，常州不是药材产地，自供药材并不具备成本优势。为了保障饮片质量，中诚都会细心挑选饮片供应商，并形成一套严格的采购质量管理体系，以此保证药材的地道和质量。

此外，对药材的炮制，中诚也是严格要求。丸药、膏方、散方、酒方等都必须由老药工把关，保证药品质量。对于贵重药材的炮制，还要求患者或委托人必须到现场观看整个炮制过程。

目前中诚名医馆推出的治疗跌打损伤、风湿骨痛的黑膏药很受市场青睐，来中诚购药的消费者不仅是自家门诊的客源，还有外部门诊的客源以及慕名前来购买丸散膏丹的消费者。据统计，在中诚名医馆，中药销售占整个医馆收入的比重超过80%。

对于未来的规划，张荣伟谈到，“未来我们会增加更多的特色项目，所有的项目经营宗旨首先是服务大众，其次是张扬品牌，而盈利是放在第三位的。”

深圳和顺堂：成功与否，中医中药是根本

2014年4月24日，深圳市和顺堂医药有限公司注册的“和顺堂”商标荣获“广东省著名商标”称号，标志着深圳市和顺堂医药有限公司的品牌知名度又上升了一个新台阶。2007年，深圳作为中医坐堂首个试点城市，重新放开药店中医坐堂医诊所的申请。取得试点资格的深圳和顺堂医药有限公司坚持以“中医诊疗+精品中药”的服务模式，专注发展国医药馆，在广东地区全面铺开网络。近7年过去，如今和顺堂已发展成为深圳乃至珠三角地区家喻户晓的国医馆名片。

三、中医“坐堂”，医药要结合

不少人认为，中医人才是目前零售药店开展中医坐堂最难突破的瓶颈。由于中医坐堂医诊所只允许提供中药饮片处方服务，这就意味着为患者看病的中医必须拥有丰富的中医经验和技术方能胜任，这也是中医馆能够吸引客流的“招牌”。因此大部分经营者在开办中医坐堂及中医馆时，首先想到的就是聘请老中医、名中医，名气越大越好。对此，深圳市和顺堂医药有限公司总裁助理易根林却认为，以中医为核心竞争力的经营管理模式如果不结合诊疗服务和中药质量，过多地押宝在中医上，缺乏发展的稳定性和持续性，更谈不上连锁和复制。名中医坐堂刚开始的确能吸引大量顾客，但是一旦名老中医离开和流失，同时流失的还有大量的客源，这对中医馆来说损失非常大，甚至是致命的。中医馆光靠名医来支撑会存在很多不确定性，好的中医馆品牌还需要有高品质、疗效好的中药作为支撑。

据了解，在和顺堂，中医不跟各种创收指标挂钩，也没有任何业务压力，这使得大夫们能有更多的时间和耐心来详细问诊，从而提高服务质量和客户满意度。另一方面，“地道、安全、有效、稳定”的精品中药保证了医生处方的治疗效果，提高了客户的复诊和回头率，反过来又增加了医生的门诊量。这样医药结合，相互依赖，相互支持，形成良性循环，既保证客流又能稳定医生队伍。

2009年，和顺堂投资将近1亿元建立了自己的精品中药饮片厂，将发展重心落在中药饮片的制作上，并参考学习日本、香港等其他国际中药企业的先进经验，大幅提高中药品质。如今和顺堂的精品中药饮片有700多个品规，不仅能够满足和顺堂50家国医药馆的处方要求，同时还能满足很多外来处方取药的需求，并且外来处方占了整个处方销售总数的20%以上，从而让门店能够直接从中药上创造收入。

四、去小社区看大名医

目前，和顺堂已在深圳、广州、东莞、惠州及香港地区开设了共50家国医馆，其中中医坐堂医有250名。易根林告诉记者，一般有中医坐堂的药店，以开在商业区或者街区居多，而和顺堂则以社区服务为主，门店基本开设在社区，便于服务社区居民，同时建立一批忠实的老顾客群体。

在谈到未来规划时，易根林表示，现如今很多中医馆只注重聘请名医，却没有在药材上下功夫，加上一律古色古香的传统装修，导致中医馆同质化现象非常严重。未来和顺堂会继续采用“名厂出名药、名药配名医、名医驻名馆”的连锁经营模式，构筑以深圳为中心、立足珠三角，影响全国、辐射海外的网点格局。

据了解，目前深圳共有30多家中医馆在经营。作为首个试点中医坐堂的城市，这个数量并不算多。对此，深圳友和医药有限公司副总裁詹文禄表示，目前国家虽然允许开办中医坐堂医诊所，但是对这方面的监管却暂时放不开，对药店的处方权管得十分严格，药店无法获得医保处方权，对于药店来说，这失去了一个很大的赢利点。同时，中医资源也是十分匮乏的，现有中医资源很难满足市场的需求。

杭州九洲大药房：老字号品牌的复兴

对于未来的发展，詹文禄则表示，会根据监管政策的进一步放开，大力发展中医药事业。目前，友和共有4家门店开设了中医坐堂，并拥有自己的研发机构，中医坐堂医诊所的收入占到友和门店总收入的5%。

对于中医馆来说，老字号带来的品牌增值毋庸置疑。随着中医馆热的再度升温，老字号品牌的再增值越来越受到企业的重视。2014年7月19—20日，杭州九洲大药房寿安堂中医门诊部与北京炎黄中医医院专家团队在杭州萧山区举行“关爱女性乳腺健康”大型义诊活动，并提供200个乳腺患者免费名额（免挂号费、免检查费、免治疗费、免汤药费）。

五、统一老字号品牌

创立于1330年的寿安堂至今已有684年历史，是杭州最早的药铺。为了统一品牌宣传，2013年8月9日九洲（中国）医药股份有限公司健康会所九瀛堂所属中医门诊部正式更名为“寿安堂中医门诊部”。九洲（中国）医药股份有限公司总裁齐丽告诉记者：“我们将寿安堂定位于传统中国文化和中医文化基础上的一个中医、中药品牌。之前的‘九瀛堂’未能让潜在消费者感受到我们的产品和服务与他们之间的联系。另外，‘瀛’字太难写，也不利于传播。”

从2013年起九洲开始注重挖掘老字号品牌价值，并陆续开发了山参、燕窝、青钱柳等寿安堂产品，在媒体上也大力宣传“寿安堂”品牌，今年更是将把这一品牌的知名度做一次新的提升。据了解，“寿安堂”在2011年分别取得浙江省和杭州市的老字号称号。九洲（中国）医药股份有限公司副总裁徐鹏表示：“寿安堂固有的品牌资产，包括其历史和传奇故事，很容易让熟悉中国文化、中医文化的人产生亲切感，且容易记住它，这是品牌非常重要的特质。”

六、经营要注重“疗效”

杭州是历史文化古城，汇聚了很多本土老字号药行，如胡庆余堂、方回春堂、万承志堂等，新开张的老字号中医馆也不计其数。2014 年 5 月 27 日，在上城区就有 3 家百年老字号国医馆三慎泰、傅同春、天禄堂正式开馆营业。

面对竞争，齐丽认为对于中医馆的经营和发展来说，尽管广告和营销非常重要，但最终还是要靠“疗效”来维持，而寿安堂打造的疗效主要靠中医专家和中药饮片质量这两个口碑。齐丽表示，“中医人才的竞争无非是薪酬之争、感情之争。面对人才，有时需要企业先付出，需要领导人认真观察和了解员工的内在需求，通过各种关心建立相互间深厚的感情。此外我们也通过高薪聘请药工和药检所药师来把质量关。”徐鹏告诉记者：“尽管中医资源稀缺，但企业如果能在分配制度上占有优势，还是能够吸引人才的。只要企业确定人才是做中医的决定因素，那么就要有长远眼光，有先付出的勇气来做这件事。”

七、客户分层维护

由于消费习惯尚未养成，中医馆客流量不足也是制约目前中医馆发展的另一瓶颈。武汉秋友健康管理有限公司总经理尚锋表示，目前中医坐诊对于中医馆来说属于微利，大部分中医馆的主要收入还是依靠贵细药材来拉动。因此，如何增加客流考验着中医馆的吸客能力。不少业内人士认为，老字号品牌的资产增值还需加强对当下消费需求的洞察，不然很容易被新兴品牌替代。

在这方面，九洲则通过对内部管理系统进行升级、整合，对客户采取分层维护的方法。据了解，九洲利用自身的医疗资源，为客户提供检查诊断治疗等增值服务，将会员管理纳入员工的考核体系，同时不断摸索会员管理的信息化手段，开发了 BI 商业智能系统，通过对客户数据的挖掘，对不同的客户需求进行有针对性的营销。齐丽透露，九洲对 80 万名会员及高端客户的增值服务目前仍在进行中，BI 系统的第二阶段开发将能更好地满足消费者需求。

无锡山禾：从顾客需求出发创品牌

2014 年 4 月底，无锡山禾集团健康参药连锁有限公司“李同丰参药店”滨湖万达店开张迎客。至此，无锡山禾集团在无锡已拥有两家同字号参药店及两家同字号中医馆，且每家参药店的规模都达到 1400 平方米，经营品规超过 1600 种。

一、恢复“李同丰”字号

据了解，“李同丰”是无锡山禾集团健康参药连锁公司下辖的一个重点品牌店。始建于清末宣统三年（1911 年），至今已有百年历史，鼎盛时位居无锡中药业三大巨头之一。抗日战争期间，李同丰曾毁于战火，新中国成立后，李同丰于 1956 年公私合营迁址中山路，1966 年改名为“健康参药店”。2009 年年底，为配合市政建设的需要，该店移址五爱北路。2010 年年初，为了传承老字号的传统特色，无锡山禾集团恢复百年老字号“李同丰参药店”。

无锡山禾集团健康参药连锁有限公司总经理刘宏告诉记者，恢复“李同丰”这个百年老字号品牌主要是为了传承中医中药文化和响应很多老顾客的要求，同时也想借“李同丰”的名气吸引更多的顾客前来消费。

二、国医大师造名气

中医馆是目前很多药店进行多元化经营的一个尝试，也是药店获取新的盈利增长点的一个重要契机。对此，刘宏认为，中医中药需要有机结合才能取得共赢，好的中医开出好的药方，而好的药方则需要搭配好的药材，二者结合才能获得好的疗效。

据了解，早期的无锡山禾集团主要是以经营普药、中药饮片、参茸等为主，对中医人才方面的投入很少。即使药店规模很大，药品种类众多，药材品质也很好，但是中医馆却一直做不起来，中医坐堂医也只有两三名。2009 年，山禾改变发展战略，在恢复“李同丰参药店”的同时建立了“李同丰中医馆”，并加大对中医队伍人才的投入。

据刘宏介绍，他们聘请了 5 名国医大师，通过这 5 名国医大师的影响力，吸引更多优秀中医人才的加入。如今，李同丰的中医人才队伍已达到 50 多人的规模，其中包括享受国务院政府特殊津贴的中医专家 11 人以及多名副主任医师以上名医。现在参药店每天接到的处方量提升很快，最多的时候一天能达到两百多单，而国医大师的个人影响力已经对无锡山禾的品牌塑造和日后经营带来了深远的影响。

三、未来将向周边发展

如今，越来越多的企业看好中医坐堂医诊所的发展，很多药店也经营得很好，发展很快，面对同质化越来越严重的中医馆之争，药店要想取得长足发展还必须稳扎稳打。如何抓住顾客的需求，从细微处着手开展服务就是其中一个重要的环节。

据了解，李同丰不仅为顾客提供小病问询、小药品供应等传统的“七小服务”以及代客包装药品、代客缺药登记到货通知等“八个代客”服务，同时还开辟了电话咨询，为顾客提供购药、门诊和便民资讯等服务内容。此外，通过严格健全的管理和考核机制对员工的行为规范进行约束，并定期对员工进行培训，以保证员工能为顾客提供专业的服务和拥有良好的服务态度。刘宏透露，未来“李同丰”计划向周边地区发展，争取扩大“李同丰”品牌的影响力。

管理有方

恒泰：新股权模式重在激励团队

好的股权激励能够留住核心、骨干店员并提高大多数店员的积极性，同时激励员工把聪明才智运用到经营管理上，让员工在自身成长进步的同时得以分享药店发展的成果。而这正是常州市恒泰医药连锁有限公司深化内部管理的内容之一。2014 年，恒泰将在员工股权配置上做出调整。此次调整有何不同？调整之后的恒泰又有哪些新动向？

以前，为了激发门店一线从业人员实现更高业绩的增长，恒泰对店长采取虚拟股份的激励形式，如公司给予店长所在门店利润 10% 的职务股，即 10 万元利润中店长可拿到 1 万元的分红。今年，在深化内部管理上，恒泰将采取引股的方式建立新的股权模式。常州市恒泰医药连锁有限公司董事长杨一峰说，“之前的股权分配，店长只共享利益，但是没有共享风险，新的股权模式就是让店长能投入 5%～15% 的股份，以进一步调动其积极性。”

一、员工是企业发展的基础

从 2002 年创办至今，恒泰医药稳稳立足江苏常州市场，占据着常州药品零售市场的龙头地位。谈及创业以来的发展，董事长杨一峰用两个词概括：感动客户、专业服务。

“要感动客户，首先要感动员工。”杨一峰说。与其他企业不同，在做好客户关系维护上，恒泰首先从感动员工方面做起。在杨一峰看来，只有感动了员工，员工才能把企业的客户当作自己的客户，更好地为客户服务。

通过薪酬体系的建立、股权配置和绩效考核等方式，恒泰让员工获得归属感。在面对顾客时，员工就会首先考虑患者用药的有效性和合理性，而不是为了眼前利益破坏企业的诚信，毛利是必须建立在合理用药基础上的。

除此之外，恒泰还从品牌政策和价格形象等方面积极维护与客户的关系。在恒泰的门店，品牌厂家的品牌产品必须陈列在显眼的位置，通过品牌产品的易购买打造恒泰的品牌形象。在价格上，不论是负毛利产品还是低毛利产品，顾客都能够在恒泰的门店找到他们需要的产品 。

二、专业是企业立足之本

一直以来，恒泰将专业服务作为企业的核心价值理念。为了提高门店的专业服务水平，恒泰积极培养药师，做到一家门店配备一个药师，从用药安全、联合用药等方面给予顾客专业的指导。

此外，恒泰十分重视对基层员工专业知识的培养。每个月推出 10 ～ 15 种品牌厂家的明星产品，同时要求厂家给予配套支持，提供培训师从产品知识、联合用药、用药安全等多方面对门店员工进行培训，“将产品、培训、绩效揉在一起，店员的培训才会有积极性，效果才会好。这样既能提高员工的专业水平，又能提升产品的销量。”杨一峰说。

三、统一管理，深耕苏南

对于未来的发展，恒泰在调整内部管理的同时，也积极着手外部扩张。经过 12 年的发展，恒泰目前在常州已经建立起 130 家门店。2014 年，恒泰将在立足常州的基础上走出常州，在苏南地区建立新的门店。计划新增直营门店 20 家，销售规模达 5 亿元。与此同时，尘封多年的加盟店模式也将启动，“不过必须建立在双方达成统一管理的基础上。”杨一峰说，加盟店的基础和核心是统一管理，否则将对自身形象产生影响。

天津瑞澄大药房：强化薪酬体系的激励效果

2014 年，天津瑞澄大药房连锁有限公司在已建立的薪酬体系制度上再次对员工进行调薪。据了解，瑞澄大药房员工的工资继 2013 年上调 10% 以后，2014 年所有员工的薪资水平再次以不低于 10% 的幅度上调。

一直以来，药店是个劳动密集型产业，人员流动性大，店员聚集社会财富的能力也不高，如何建立富有竞争力的薪酬体系和科学实用的激励机制，既是店员关心的问题，也是企业解决“留人难”的关键。

一、“胡萝卜”不可少

据瑞澄大药房人事行政总监周娟介绍，2014 年瑞澄大药房的薪资调整在结合了企业上一年度的盈利状况、行业水平（天津的中上收入水平）、当地物价水平以及当地政府最低工资水平的基础上，对员工薪资进行 10% 的普调，同时对在工作上有积极表现的员工进行进一步的调薪奖励。

瑞澄大药房总经理闵丽表示，通过薪资调整，可以增强员工的稳定性，但是整个公司积极向上氛围的营造，必须通过一套完善的薪酬体系来实现。瑞澄大药房从 2013 年开始进行薪酬体系的建设，对于建设的初衷，闵丽表示，一是为了提高瑞澄大药房薪资水平在当地的竞争力，二是为了让不同岗位在整个组织体系中的职责、重要性、决策及执行角色更加明确。

根据瑞澄大药房制定的薪酬体系，其共分为25个职等和10个职级，职等是按照职位划分而定，职级则是根据个人能力所制定。据了解，在瑞澄大药房制定的25个职等中，1～5的职等为普通员工，6～10的职等是一般技术人员和主管，11～15的职等则是核心技术人员和经理级人员，16～20的职等则是总监级，21～25的职等是公司副总、总经理及董事长级人员。闵丽表示，通过薪酬体系的建设，员工可以清晰地看到自己可晋升的空间在哪里，从而制定自己近期和远期的发展规划，激发员工的积极性。

二、内部竞争也需要

薪酬体系的设计和管理作为强化药品零售企业内部管理、保住人才、使人力资源运作规范化、流程化、制度化必不可少的一项机制，如今已经开始被越来越多的企业尤其是一些具有长远发展规划的企业所重视。

瑞澄大药房目前有门店75家，会员数40多万。按照公司未来的发展规划，瑞澄大药房将立足本区域，专注于“药学服务”，将瑞澄的服务理念深入到消费者心中。闵丽表示，薪酬体系的建立，对推动企业的发展和企业理念的实现有积极的影响。

午马猎头（中国）人才发展控股集团董事总经理伍江平说，薪资体系是否有效的判定标准有两方面：一是能否在该地区同行业、不同行业间形成竞争力；二是能否激发员工正能量的发挥。

从瑞澄2013年薪资体系执行后的情况来看，员工的工作方式确实发生了很大变化，由之前的等候被告知、询问做什么变成了主动行动，员工的目标性更明确、时间管理观念更强、执行力更加到位。另外，其人员的稳定性也得到了极大的增强，目前公司的员工月流失率在2%左右。

不过，闵丽表示，在保持企业活力和稳定性的同时，2015年公司将强化薪酬体系的激励效果，将对30%的员工进行大幅调薪，以进一步调动员工积极性。

（刘丹 卢冬虎）

广西康全：让员工当家做主

2014年4月18日，广西康全药业连锁有限公司在南宁举办了主题为“大爱康全 成就梦想”的2013年度表彰大会。会上公司对年度冠军人物、先进个人、优秀员工、业务标兵、健康能手、优秀集体等进行了表彰，并奖励了价值不等的现金和实物。康全药业董事长庞云表示，几年来，通过合理而有力的激励制度，康全药业实现了销售额以及利润的大幅提升，实现了企业员工共同成长的既定目标。

一、父母培育奖彰显“孝文化”

广西康全药业成立于1995年，目前在广西南宁、百色、河池、钦州等地拥有45家直营店，150余家加盟店，是目前广西最大的连锁药店之一。

随着广西药品零售行业的发展，药店人才的竞争愈发激烈。为了能够留住更多的人才，康全不仅为员工制定了完整的晋升曲线图，同时还设置了一系列的福利措施，如为了鼓励员工“永争第一，没有第二”的精神，通过绩效考核评分等方式设立“年度冠军奖励”，这些举措让康全的员工流失率大大低于业内同行。在本次的表彰大会上，除了给优秀员工发放奖励以外，康全还给冠亚季军的父母分别发放了18000元、8000元、3000元的现金奖励，并组织优秀员工和父母一同参加北京6日游。

对此，庞云表示，药店业是关乎消费者生命健康的行业，“道德”对于药店员工而言至关重要，“‘孝道’作为道德当中最基础的组成部分，一直以来都是康全所提倡的企业管理理念之一。因此康全特设立了‘父母培育奖’，一方面感谢员工父母为企业培养了优秀的人才，另一方面也藉此向康全的全体员工弘扬‘孝’文化，并藉由北京旅游的机会，让平常忙于工作的员工能够多陪陪家人。”据了解，在康全总部三楼还设有专门的道德讲堂，定期组织员工进行道德培训。

二、承包制让员工成为企业主人

为了调动员工的工作积极性，让员工成为企业的主人，康全从去年4月开始实施门店承包制，拿出14家经营状况良好的门店让门店经理竞标承包。据了解，经过一年的承包期，承包的所有门店都实现了盈利，其中8家实现了超额盈利。

一名康全的员工告诉记者，康全药业执行内部承包制，开放门店让员工竞标承包，让员工感到公司更有人情味，也进一步激发了员工的积极性，增强了员工的责任感及使命感，同时也提高了员工的收入。在大会上，庞云表示，接下来康全还将继续拿出经营良好的门店给员工竞标承包，让员工拥有属于自己的药店。

作为同行以及上游工业的代表，中山中智总经理曹晓俊在致辞时评价说，康全药业通过彰显“孝”文化，以孝道经营企业，让企业文化充满了对员工及其家人的关怀。

庞云也说，“希望通过这些奖励机制，让员工成为企业的主人，成就一直追随我的人。”并表示将用5～10年的时间把康全打造成一个最受百姓喜爱的、最专业、最有大爱的全国连锁药房。

2013年广东大参林连锁药店共拓展门店270家，年度任务完成率为153%，比2009年拓展鼎盛时期的243家还多出27家。其中主动拓展223家，收购门店47家，通过与店长签订《新店布点目标责任书》拓展门店47家。因管理有方、业绩突出，大参林拓展部在“大参林集团20周年庆暨总部乔迁盛典”上获得“最佳管理奖”的殊荣。而让大参林拓展业绩突出的关键因素是什么呢?

三、员工总动员，效果超预期

大参林拓展部总监谭锡盟总结为关键因素是公司对拓展工作的重视。

每次大参林开主管会议或者拓展条线会议时，董事长柯云峰都会强调拓展工作的重要性，并就拓展、收购的方式方法对与会人员进行培训，比如，怎样获得业主信息等。柯云峰除了重视拓展数量，更注重新店的质量，所以他亲自设计了很多非常有效的表格来推进和跟踪各项工作，如《新店布点目标责任》、《新店经营分析表》、《季度门店基本情况表》、《季度亏损门店基本情况表》等。柯云峰还会教员工通过表格去分析数据、控制进度、掌握工作结果等，效果非常好。

2013年年初，大参林与其店长签订《新店布点目标责任书》及《优化布点责任书》，要求店长、班长、片区主任等均要参与拓展，根据布点规划，在指定的路段寻找铺位，搜集店铺业主信息。该方案推行后效果很好，大家踊跃参与拓展工作，申报的铺位增加了很多。据了解很多店长甚至发动了自己的亲人、朋友参与，在一定程度上增加了拓展力量。

谭锡盟作为拓展部的主管，很少坐在办公室，相对外出的时间比较多，主要是去评估新铺是否合适，同时还要看地区的布点规划、优化布点及到亏损店现场进行调查分析。可以说，新铺审核得快，跟前期他对地区布点位置熟悉有很大的关系。工作方法很重要。

四、"没有一点不重要"

大参林拓展部除了新店拓展和门店收购外，还要负责门店续租、门店优化、亏损控制、工程队招聘的工作。在谭锡盟看来，这几项工作没有一点是不重要的。

"有的人认为续租问题不是很重要，那是因为对市场不了解。现在店铺的租金增长很厉害，如果不能有效控制租金和把租期签长，就会造成经营成本的提高，对持续发展不利。很简单的一个计算题：每个月每家店多1000元的租金，全公司1000多家店1个月就要多支出100多万的租金成本，但如果租金控制得好，一家店减少500元，公司1个月就可以省下50万，相对的利润比就会增加。另外，租期长也能避免升租及转让费的可能。"

五、拓展工作需放长线

2013年大参林广西营运大区拓展门店40家，指标完成达192%；新开门店36家，指标完成达到144%。虽然拓展成绩突出，但还是有很过困难和问题存在，比如租赁商铺方面，业主集中打包致使商铺总面积过大、租金高、转让费高，因而导致经营成本增大，优质铺位难促成等。针对这些情况，大参林给出了以下解决办法：

（1）针对业主"商铺打包"的情况，大参林积极寻找愿意与公司合作的进驻商，共同进驻，共同分担租金，以解决租金高、转让费用高的情况，同时保留了优质铺资源，进而减轻经营压力，快速盈利；

（2）结合公司战略和商圈形态，药监及医保要求评估开店类型及开店面积。

另外，在应对地方保护政策和准入条件方面，大参林广西营运大区统一制定拓展规划，逐级市场细分，按农村包围城市策略，以点带网、以网促点形式快速扩张，遵从小城市开中心大店，大城市开旗舰店或多开店或多类型店策略；在选定意向铺位后，以示范药店进入市场为主要方向与药监沟通，邀请其察看现场，同意后再布点，避免公司损失。

从2013年的拓展工作中，广西营运大区副总监韩国光领悟到，拓展工作不能只盯紧眼前，务必要有完善的统一的为期不少于三年的拓展规划，然后将规划逐级市场细分；拓展人员及负责人要积极走访定位布点，根据市场商圈、铺位位置等进行全面评估；不能仅凭感觉或经验，而是要有科学数据来作证，减少选址风险，避免损失；谨记"与其开个大店铺，不如选个好店址"的理念，有重点有计划地去展开拓展工作，快速扩张的同时，确保盈利。

六、转变思路，让不可能变成可能

新版GSP政策的出台以及限距等一系列法规的出现，为大参林新店拓展带来了阻碍。

据了解，2013年年初大参林清远营运区原有门店51家，拓展开业门店3间，随着9月份地区主管交接，清远营运区经理刘娟用了2个月的时间将清远市区、佛冈、英德、连阳4大区域的竞争对手情况和商圈做了一个全面摸底，并重新规划了地区战略布点，甚至与拓展员、司机一起踩点、调研。为了加强大家对于拓展工作的关注度，刘娟每次开会都会强调拓展工作的重要性，与片区主任及部分店长按局部位置签订了拓展责任书，划分任务、明确责任、设立奖金分配制度，并鼓励所有的店长和员工都积极参与到拓展工作中来，为加快拓展速度提供了更多渠道和方向。

除了单体店的拓展外，刘娟也将部分拓展精力转向当地连锁药店的收购洽谈上，虽然这种拓展模式比单体店所面临的困难多得多，无论是从洽谈模式还是审批过程，都有更大的挑战。刘娟用了差不多两个多月完全"车轮战式"的谈判，并对将收购门店的销售情况进行摸底后，终于洽谈成功。收购合同的签订，意味着大参林清远营运区一下子就增添了18家门店。随后，刘娟又组织人力对收购门店进行全面的商品盘点、对账，并相继开展后续工作。当大家知道刘娟他们收购了当地颇有影响力的连锁店的消息时，都觉得不可思议。但他们就是将这一切不可思议变成了可能。

七、质量问题高于一切

2014 年大参林公司拓展部的任务是 516 家，差不多是去年任务量的三倍。谭锡盟认为，虽然压力不小，但这个压力不是来自于对数量上的要求，而是质量。“新开一家门店不是难事，如果质量把关放松一点就很容易找到铺位，但要找到符合公司的要求的 516 家新店，比如未来能做大的潜力、能提升品牌的能力、布点合理、有营业能力，尤其董事长还要求单店销售不能低于去年，租金率不能高于去年，完成这项任务绝非易事！”谭锡盟如是说。

大参林每个地区的门店拓展量在年初的时候已经定好，甚至未来十年要开多少家店也都已经规划完毕。地区要做的就是按照任务量来做地区布点规划，大参林会通过以下措施来帮助地区加快拓展速度：

（1）多渠道收集信息，加快收购速度；

（2）继续推进签订责任书，壮大拓展队伍；

（3）完善《布点规划》，精确定位，提高效率，把布点位置分配到责任人进行跟踪；

（4）引入竞争机制，制定 PK 分案；

（5）每季度召开一次拓展培训会，对拓展员进行技能培训。

（《中国药店》）

■药店上市路

一心堂深交所成功挂牌，募资近 8 亿元

2014 年 7 月 2 日，云南鸿翔一心堂药业（集团）股份有限公司（以下简称“一心堂股份”）在深圳证券交易所中小企业板正式挂牌交易。

一、用新概念楔进资本市场

一心堂股份的前身为成立于2000年11月8日的云南鸿翔药业有限公司，2009年5月10日经股东会同意由后者改组为股份有限公司，主营业务为医药零售连锁和医药批发，其中医药零售连锁是其核心业务。

据招股说明书披露，截至2013年12月31日，一心堂股份共开设直营药店2389家，其中云南省内1842家，云南省外547家，主要分布在川（125家）、黔（90家）、晋（44家）、桂（251家）、渝（37家）。2011年、2012年及2013年，公司业绩快速增长，营业收入分别为221850.82万元、284213.95万元和354666.21万元，扣除非经常性损益后归属于母公司股东净利润分别为13309.76万元、17748.36万元及23607.74万元。2011—2013年营业收入和扣除非经常性损益后归属于母公司股东净利润的复合增长率分别达到26.44%和33.18%。

在一心堂股份负责人看来，成功上市标志着公司获得了资本市场的认可，多年来坚持的发展理念和经营策略在资本市场上得到了更大的价值体现，将成为中国医药零售连锁行业的新典范，将在多个层面产生正面的意义：

（1）在行业层面，其优秀的经营模式、成熟的商业模式将形成示范效应，促进医药零售行业进一步升级发展；

（2）在产业链层面，医药生产企业与大型流通企业通过与一心堂股份合作，可以使产品迅速进入终端市场，获取完整可靠的市场信息，大幅降低营销费用；

（3）在消费者层面，一心堂股份将获得更好的品牌形象，终端规模优势将进一步凸显，进而在流通领域可获得更大的议价权，有利于降低药品价格，使老百姓得到更多实惠；

（4）公司的成功上市，在激发国内医药流通行业的创新力，释放医药产品流通的市场能量的同时，也将推动国内医疗体制改革。正如公司创始人阮鸿献所说，“药店里的药品价格，实际上会对医院的药品价格提供市场参考，从而抑制医院里药品价格的虚高，促使药价回归理性，从而推动‘看病贵’这样的医改核心问题得到解决！”

二、夯实再腾飞的基础

公开数据显示，一心堂股份本次上市募集资金金额为79422万元，扣除发行费用约4521.10万元后，募集资金净额为74900.90万元，主要用于直营连锁营销网络建设项目、信息化电子商务建设项目、补充流动资金和偿还银行贷款等。其中，直营连锁营销网络建设项目计划投入46926万元，共包括新设门店1350家（截至2013年12月31日，已累计开店780家，未来计划将再开设570家），新增租赁面积162000平方米，项目总投资46926万元，建设周期为3年；信息化电子商务建设项目计划投入6000万元，共包含“SAP优化升级及会员系统、企业专网改造、远程会议和远程培训系统、企业协同办公”，建设周期为3年；1亿元将用于补充流动资金，以保证直营连锁营销网络建设项目的顺利实施，维持门店的正常运转；另外，还有1.2亿元在一年内用于偿还银行贷款。

（《中国药店》）

老百姓大药房再冲 IPO　药品降价风险致利润承压

2014 年 4 月 29 日，证监会公布了“老百姓大药房”IPO 招股说明书（申报稿）。这家成立已经 13 年的药品零售企业，继 2012 年上市折戟之后，再度向资本市场发起冲击。

此次老百姓大药房拟募集资金超 10 亿元，拟向社会公众发行新股及股东公开发售股份合计不超过 6700 万股。在募集资金扣除发行费用后，主要将用于投资新店建设、老店改造、物流配送项目、其他股权收购、补充流动资金等。

招股说明书显示，该公司主要从事医药产业链终端的药品零售业务，至今拥有 12 家全资子公司和 9 家合资控股子公司，采用直营连锁模式进行经营。

根据中国药品零售发展研究中心数据，国内零售药店市场规模从 2005 年的 790 亿增长到 2012 年的 2309 亿，年复合增长率达到 16.56%。

而目前，这个庞大的市场正处在一个“混战时代”。经过近十年的快速扩张，截至 2012 年年底，全国零售药店数量超过 40 万家，但小而散的竞争格局非常明显。同时，业内领先企业不断掀起整合力度，使得市场竞争愈发激烈。其中，老百姓大药房的直接竞争对手海王星辰，已经于 2007 年在美国上市。这对于第二次冲击 IPO 的“老百姓”来讲，要获得资本市场认可的心情可能更为迫切。

在这份公开的招股说明书中，不止一次提到政策风险对公司经营的影响。就老百姓大药房而言，其主要销售中西成药、健康食品及中药饮片等。盈利模式则主要来自零售药品的进销差价和供应商返利。

搜狐财经查询发现，目前中西成药的销售收入占该公司主营业务的比重，近三年来都超过了 65%，且逐年上升。同时中西成药采购成本占主营业务成本的比重，也均达到 70% 以上。老百姓大药房对中西成药的销售情况依赖严重，而新近推行的药品价格新规，恰恰带来某种程度的冲击。

2014 年 5 月 8 日，发改委公布低价药品清单，并要求地方价格主管部门于 2014 年 7 月 1 日前公布本级定价范围内的低价药品清单。招股书中虽然表示，当前发改委调低药品零售价格上限，公司涉及的范围不是很大，但不排除未来扩大限价范围或进一步调低药品零售价格，这都将使销售毛利水平降低。

此外，招股书中称，2009 年推动新医改以来，如果再出台政策对行业进行限制，公司的经营和盈利能力面临挑战。可见，政策方向的调整，对盈利业务较为单一的老百姓大药房来讲，存在不容忽视的隐忧。

可能正是因为如此，老百姓大药房表示将大力发展 B2C 和 O2O 等电商业务，不排除通过此种扩张来分担来自政策方面压力的可能性。

除去经营层面，招股书中也详细罗列了其在财务层面的若干风险。就老百姓大药房当前的合并资产负债率来看，2013 年为 57.9%，2012 年为 54.6%，2011 年为 60%，负债率连续三年超过了 50%。经过查询，其短期贷款余额近一年来出现明显上升趋势，利息支出相比 2011 年也大幅上升。

应收账款方面，老百姓大药房的应收账款主要集中在应收各地医保管理机构的医保卡结算款，报告期内计提应收账款坏账共 1201 万元。招股书显示，从 2011 年至 2013 年，合并资产负债表中，应收账款分别为从 1.6 亿、2.1 亿、2.6 亿，也呈现上升趋势。而应收账款周转率却逐年下降，三年间分别为 17.67（次/年）、15.15（次/年）、13.79（次/年），这显示其迅速回款能力正逐年减弱。

（搜狐财经）

■探索与创新

仁和："药店+门诊"走出新模式

相比成立之初的"摸着石头过河"，十年后，杨全柱希望把仁和大药房的蓝图做得更大，"药店+诊所"的模式发展将越来越成熟。

一、社会办医新变革

在太原，仁和大药房与其他5大连锁（万民大药房、长城药房、荣华大药房、同仁堂、益源药房）并称为太原6大连锁。并非医药行业出身的杨全柱在误打误撞下以"药店+诊所"的模式进入了药品零售行业，起步阶段因为牌照办理与医生资源等困难，仁和大药房的发展略为缓慢。经过不断的努力和摸索，仁和大药房现在以其独特的经营模式在太原药品零售市场争得了一席之位，目前共有93家门店，2013年销售额超过2亿元。

"诊所+药店"是仁和大药房的核心竞争力。首先，仁和率先在太原开创了这种模式，实现了与同行之间的差异化经营；其次，仁和大药房以1：1的比例配置药店与诊所，门店的面积必须能同时容纳诊所和药店，不少诊所都被安置在了药店的楼上，或者直接和药店同处一室，与传统药店相比经营更加灵活。

二、专业做事，诚信做人

连锁诊所，在太原乃至整个山西可以算得上是一个首创。不过，诊所毕竟与药店不同，老百姓有一个很长的接受过程。为了避免群众"诊所与药店同开，医生故意开高价药"的顾虑，仁和特意为诊所的出诊大夫制定了一套考核方案：每月开出的处方单中，中草药标准是30元，低于或等于30元按标准提成发放，提成的百分比与总价的高低成反比，输液用药也有类似规定。这意味着大夫开药的价格越高，拿到的提成可能越少，有效地防止了开高价处方和"以药养医"的现象。

不过，尽管"诊所+药店"的模式为仁和大药房在太原争得一席之地，但开设诊所也存在一定的医疗风险，这一点对仁和大药房的管理与监管提出了高要求。杨全柱坦言，"诊所+药店"使得仁和大药房在新开门店的速度上比传统药店要多出很多时间，无论是在牌照申请上还是门面装修上。但是，药店与诊所可相互补充，促进发展：诊所可体现药店的专业服务水平，为药店带来更多忠实顾客；药店可以给诊所带来大量客流，加强对诊所的宣传力度。现在，虽然药店和诊所的经营场所都在一起，但却是单独核算的市场化运作，目前仁和诊所为仁和大药店带来的药品销售已经超过总销售额的30%。

三、向物流园进发

2012年，仁和并不满足于仅在太原的发展，他们牵头成立了山西药店联盟。虽然联盟以联采为主要职能，但信息交流的作用同样非常明显，通过山西药店联盟搭建的平台，仁和大药房不断吸收同行业之间优秀的思想与经验，为自己规划更大的蓝图。

谈到仁和大药房的未来，杨全柱自己已经有了非常清晰的规划，并且一部分已经在实行。仁和大药房将在太原建立大型的物流园区，通过山西药店联盟的影响力，吸引志同道合的企业进驻到物流园区，整合后形成更大规模的药品批发配送集团，为全省乃至区域进行药品的配送，正在兴建的物流园预计 2 年后能初具规模。

至于连锁药店方面，将通过整合、兼并的方式，进一步扩大门店的覆盖区域。现在，太原正在逐步放宽民办连锁诊所的申请，这既是对仁和诊所的认同与支持，但同时也为仁和诊所带来了其他连锁诊所的竞争，机遇与挑战并存。不过，随着行业越来越规范，相信无论是药房或诊所都会在竞争中不断发展壮大。

北京医保全新大药房：DTP 模式重塑服务价值

随着新版 GSP 的推进和新医改的深入，很多药店往非药领域发展大健康产品，北京医保全新大药房却逆向思维，在专业化服务领域深耕细作。在北京医保全新大药房有限责任公司总经理李庆福看来，"大健康属药店整体格局的改变，而专业化是它里边的一个核心，两者相辅相成，并不冲突。"

据李庆福透露，目前北京医保全新大药房 DTP 业务的收入已占其整个销售收入的 30%，"DTP 药房不仅仅是简单的服务模式，它能够带来价值，是一种商业模式。"记者了解到，从去年开始，北京医保全新大药房已开始配合华润医药集团在全国范围内推广 DTP 模式。

四、"金字塔型"产品反映利润诉求

2009 年 3 月，北京医保全新开始运作 DTP 药房，并第一次尝试与拜耳公司进行抗癌品种的合作。目前，医保全新大药房在北京共有 5 家门店提供 DTP 服务。

对于为什么会选择开展 DTP 药房，李庆福说，从药店经营角度可把药品按价格分成高中低 3 类，成金字塔型。最底层的是普通药品，中间主要是大品牌，包括合资企业和国内一些知名企业的品牌产品，再往上就是高端产品，如新特药。这一类产品厂家研发出来后首先会推向临床，但仍未形成销售规模，属于进入市场的初级阶段。产品一旦成熟，会逐步转成金字塔中间的产品，即大品牌畅销商品。金字塔模型不仅反映了药品的价格分层，同时也反映了药店的产品利润诉求。而目前，很多药店只做了金字塔最底层和中间这两方面的业务，并未涉足塔尖。

五、DTP 专业服务体系的高标准

对于 DTP 药房来说，新特药的储存、运输条件与普通药品不同，其经营需要配备专业化的物流配送体系。对此，李庆福表示，"DTP 专业化服务体系的搭建是一个系统工程，随着逐步探索，我们建立了专业化的物流配送体系、信息系统和资金流管理系统。目前北京医保全新在药店建立了全程自动化冷链配送体系，这是全国唯一一家。此外，我们还租用集团库房，门店持有比正常商品高的合理库存，能够解决患者临时性的集中购买。如有大量的购买需求，我们会提供快速送货通道，由门店工作人员到物流中心取件，几个小时就能送货上门。"

除了为患者提供贴心的专业化服务，医保全新 DTP 药房还为经济有困难的患者提供免费赠药。李庆福说，"企业除了承担企业责任，也要兼顾社会责任。"

六、构建战略合作伙伴网络

对于零售药店来说，新特药多为外资或合资品牌，拿到其产品代理权实属不易。一方面，高端药品的客户多由厂商医药代表从医院推荐而来；另一方面，高端药品并不追求终端全覆盖，而要对销售点进行筛选。谈到门店的选址，李庆福认为，地理位置是首要条件，“DTP 门店靠近医院，目前北京医保全新的 DTP 服务已覆盖全国 80 家医院，在北京共有 58 家合作的医院，北京二甲以上的医院全部覆盖。

是否获得上游工业企业的产品代理权是决定 DTP 模式能否开展的关键。得到厂商授权后，零售药店可以得到更多产品及服务方面的支持。如目前就有 3 家公益性组织和 3 家药企把为患者提供公益性服务授权给北京医保全新。“除了从供应商处获得产品的经销权和专业化的培训支持外，开展 DTP 模式也为工商合作增加了很大的发展空间。打个比方，过去药店可能只是单一渠道单一品类经营，也可能只经营大众商品，现在高端产品也可以经营。我们整个集团与上游工业企业形成一种战略联盟伙伴关系，提供全网络、全渠道服务。”李庆福说。

七、DTP 商业模式可复制？

DTP 模式在国外发展已趋成熟，国内这几年才刚刚起步。对于新特药直销药店的前景，业内人士普遍看好。然而，受制于上游企业资源、企业的规模、品牌效应、物流配送能力和专业服务能力，这种模式能否被广泛复制？

对此，李庆福认为，“DTP 模式的市场潜力很大，大家都想做，但是做成功并不容易。一个是要有上游厂家提供产品，要有这个服务的权限。获得授权后，能否提供专业化人员、专业化服务、专业化的系统支持，这些都是考验。”不过，李庆福也坦言，“DTP 商业模式可复制性很强。国药和上药也在抢占金字塔的制高点，预计未来竞争会更加激烈。因为大家看到 DTP 的发展潜力，看到它将来可以带来的价值。但是我们走在前面了，相对来说，专业化水平比较高，优势会大一些。”

金宝康：“改造升级”谋求发展

如今，药品零售行业在经历了“黄金十年”的快速发展后，进入到实质性的拐点。从政策层面而言，药店的“政策红利”逐渐消失；从市场角度来看，药店经营面临前所未有的店租、人工成本压力；与此同时，药店经过多年的经营，其门店也开始显现出陈旧、非现代的视觉效果。在种种压力下，要想逆境突围，“升级改造”成为不少药店时下的主要工作。

于2013年5月完成改造升级的淮北市金宝康药业有限公司，在升级改造后的一年内实现营业额20%～30%的增长。

据了解，金宝康是一家成立于2003年的药店连锁企业，目前门店数为20家，销售额为4000多万元。按照淮北市当地的市场排名，金宝康位居前三。其总经理廖春雷表示，对于之前金宝康的发展现状并不是很满意，企业要发展壮大还得不断地摸索改进。于是，金宝康开始对门店进行改造。

八、八大色系分区管理

从整体上来看，金宝康的门店布局和升级改造，都按照八大色系管理对商品进行分区陈列。据其升级改造的指导师、安徽省药店运营管理有限公司董事长李晓介绍，金宝康目前按品类划分，可分为中西成药、中药饮片、养生中药、健康食品、医疗器械、普通食品、个人护理和生活用品八大类，每一品类分别陈列于不同的色系区域，如中西成药陈列于蓝色区域，中药饮片陈列于玫红色区域。

同样，在每一个区域内，又按照四大级别对不同商品进行陈列。如妇科药按照内服和外用进行分别陈列；在内服药下又按照病种进行陈列，如按照痛经等病种进行陈列；痛经分类下又按照具体的病症进行产品的陈列。

门店进行色系管理后，除了在视觉效果上，让进店消费者感受到门店的现代感以及充满活力的色彩跳跃感外，还能让消费者快速找到自己所需的产品。与此同时，对于药店经营者而言，则能通过视觉及时捕捉到哪些产品动销速度快，哪些产品周转期较长，这也便于经营者对门店品类进行及时的调整。

九、建立系统化会员营销

漱玉平民：与媒体“联姻”初显成效

除了对门店的形象进行升级改造，打造“第四代店”的视觉效果外，金宝康还对内部各系统进行了改造升级，其中会员管理体系是其打造的重点。

在过去的经营中，金宝康没有所谓的会员营销。进行升级改造后，金宝康引入了会员营销体系。“要做好会员营销，就必须有一个连贯的操作系统，而不只是简单的或单纯的会员促销。”李晓说。例如，在会员日还没到来之前，金宝康就会通过DM单宣传、门店宣传等形式对会员日进行宣传、预热。会员日当天，则不仅会在门店内进行会员日的氛围营造，在药店门口以及附近区域也会进行会员日气氛的营造和宣传，将消费者引进门店。

廖春雷告诉记者，会员日当天的销售额相当于平时销售额的2～3倍，这也直接拉动了门店全年销售业绩的增长。对于金宝康未来的发展，廖春雷表示，希望可以在2～3年内，实现直营门店数30家，销售额上亿元的目标。“改造升级后，取得了很好的效果，但是还没有达到预期的目的，还需要继续努力去做。”

在刚刚结束不久的济南漱玉平民大药房有限公司12周年庆活动中，漱玉平民与济南私家车广播电台和云南白药共同举办了“为爱奔跑”公益活动。活动通过长跑的方式为贫困山区的孩子募集字典，每位参与者只要跑完全程，就可以为孩子们募集到一本字典。

自2012年漱玉平民大药房开始集团化运作以来，与媒体的全范围合作也正式启动。除了与广播电台、平面媒体、电视媒体等传统媒体合作外，漱玉平民还将继续向其他新媒体延伸，包括漱玉平民大药房网上药店、微信平台等。

十、品类选择很重要

据了解，漱玉平民从2013年就开始与当地的平面媒体（主要是济南当地的日报），围绕参茸贵细类药材等进行合作。纸媒负责产品的宣传与推广，漱玉平民负责产品的渠道管控与销售，合作双方根据销量进行分成。合作一段时间后，漱玉平民大药房的参茸贵细品类的销量都有所提升，直至目前漱玉平民大药房仍然与当地纸媒进行着长期的合作。

据济南漱玉平民大药房有限公司营销总监李强介绍，其实早在2012年漱玉平民大药房就启动了与媒体的合作，自漱玉平民大药房开始集团化运作以来，“漱玉平民大药房一改以往只局限于与厂家的合作，开始将合作的范围扩大到社会各个行业和团体。”转变思路后，漱玉平民大药房开始与当地的媒体展开合作，起步阶段是选择与电视媒体进行合作，但由于产品销量及合作模式并没有达到理想的效果，与电视媒体的合作也由此暂停。

在与纸媒的合作过程中，漱玉平民大药房才算真正找准了方法，李强总结，在与媒体的合作上，品类的选择非常重要，而媒体的宣传方式也起到关键的作用。李强坦言，与媒体及其他社会团体的合作能够给连锁药店的经营带来很多帮助，不仅可以加强连锁药店在当地的品牌影响力与竞争优势，还可以通过合作寻找并推广新品，为新品的推出营造气氛。

十一、宣传更接地气

除了与传统媒体进行合作，在济南的各个社区，漱玉平民也保持着与监管机构、厂家、协会和福利机构的合作，以社区为单位进行活动的推广，如与济南市质量监督局联合举办的“计量检测?健康生活”公益惠民活动，与中国健康促进协会、北京卫视《养生堂》等共同举办的“骨动中国”大型公益活动等，为济南市民免费提供各种健康检测服务。

2014年是漱玉平民大药房进行集团化运作的第3年，不仅门店数量有明显的增长，竞争实力上显然也增长得更加迅速。“漱玉平民一直希望能把握更多的资源”，李强透露，在与媒体的合作中，漱玉平民大药房将继续向其他媒体进行延伸，包括漱玉平民大药房网上药店、微信平台等，与电视媒体的合作也在重新洽谈中，只要选择好了产品，就能马上展开合作。在未来，漱玉平民将有意收购当地媒体，将产品、门店、媒体、消费者真正地联系起来。

（逄李翌 宋清宇）

北京德威治：器械销售，合作是基础

2014年6月1日，新修订的《医疗器械监督管理条例》（以下简称《条例》）正式实施，业内认为，新版《条例》的实施，将有利于药店更好地开展医疗器械经营工作。

然而，经过多年的试水和探索，不少药店的器械经营却如同“鸡肋”，但也有部分药店在器械经营上取得了不错的成绩，北京德威治医药连锁有限责任公司就是其中的佼佼者。据了解，德威治对新政关注已久，《条例》实施后，将从器械品类上再度发力，将差异化竞争继续做大。

一、术业有专攻

对于很多药店来说，由于受场地限制和人员及相关服务的专业性影响，对医疗器械销售投入的精力并不多，德威治却在医疗器械品类上一直保持自己的优势。目前器械品类占德威治大药房整体销售的16%，这个比例还在不断加大，其一直强调器械的适配性以及现场试用，一定程度上也降低了网上药店对器械销售带来的冲击。

对于根据风险高低对医疗器械实行分类监管的《条例》来说，降低门槛、简化手续后可能会有更多业态参与到新一轮的医疗器械竞争中来，北京德威治副总经理左志颖表示，德威治早已做好准备，在市场竞争不断加剧的环境下，德威治仍将器械作为从竞争中突围的品类，并将继续保持器械品类新而全且专业的形象，在器械品类的竞争中取得优势。

二、选址差异化

其实，被德威治视为最大竞争对手的并不是连锁药店，而是北京王府井商场的医疗器械专区。无论是王府井的地理位置、展示面积，还是商场的客流量都是药店难以企及的，对此德威治选择避其锋芒，通过在北京东部的两家面积分别为900m^2 与700m^2 的旗舰店，与王府井的器械卖场形成差异化竞争。

不过，对于药店店员来说，由于医疗器械涉及的产品种类非常多，而且很多产品都需要对应具体病症来做辅助诊断、治疗和康复，加之他们以前重点学习的是药品知识，因此，专业性问题成了药店销售医疗器械的最大考验。对此，德威治积极与厂家合作，通过密集的培训，使员工对器械品类有较深的理解，能通过专业的术语以及详细的讲解让消费者更深入地了解器械的作用。同时通过门店覆盖的社区，对周边购买器械产品的顾客做进一步的售后服务。

三、积极与上游沟通

截至2014年6月，德威治大药房在北京有40家门店，除两家旗舰店外，其余门店面积大都在100m^2 以上。面对成本上涨、市场竞争压力以及二级器械品类销售的门槛降低，德威治大药房并没有过多担心，“德威治一直与上游保持着沟通，在许多新品推广及活动上都获得过上游的支持，我们有信心比其他药店要做得更好一些”，左志颖告诉记者。

通过数年对器械品类的耕耘，德威治与上游许多器械厂家保持着紧密的合作。2013年，德威治联合北京当地残联与残疾人辅助器具中心举办公益活动，推广残疾人辅助器具，向社区百姓传递辅助器具中的适配理念与延展服务。活动吸引了许多厂家的主动进驻，并在活动期间向消费者展示了许多还未上市的新品。活动结束后，中国残疾人辅助器具中心为德威治大药房授予了“全国残疾人用品开发供应总站辅助器具服务中心社区服务站”牌匾，一定程度上肯定了德威治在器械经营方面的专业服务能力。

（逄李翌 张桂英）

新兴药房：再度革命，瞄准低价药

“买药贵”一直是大多数患者普遍反映强烈的问题，如今，为了满足患者对“价格低、疗效好”药品的需求，河北石家庄新兴药房连锁有限公司在推出关于品牌药的“陈列大革命”后，再次推出了“低价药革命”。

一、站着也能买到低价药

2012年年底，“去药店买药一定要蹲下来！”曾一度被热议。在消费者看来，性价比高的药物都在货架最下面，同样的药物，消费者视线范围内、显眼位置摆放的要比药架底层摆放的贵好几倍。

此次新兴药房推出的“低价药革命”，则首先在陈列上对商品进行了调整，在门店设置了“低价不低效药品”专柜，专门用来陈列低价但是疗效好的药品。其次，通过店员培训、奖惩制度等，引导店员主动销售低价药。

新兴药房培训总监魏玉秀告诉记者，为了让店员能够自觉、自愿地去推荐低价药，在公司的十大禁令里明确规定：“柜台里有顾客需要的低价药，但是店员拒绝销售的，店员一律被开除。”所有店员必须根据消费者的疾病、症状情况，从便宜的、有效的药开始推荐。

对此，新兴药房还专门针对30种常见的疾病总结出低价位的用药组合和推荐方案，并对店员进行培训。在实际的售药过程中，店员根据患者的具体症状优先推荐或组合推荐这些低价药品。

二、要财气更要人气

目前，药店的经营费用很高，新兴此时推出“低价药革命”，无疑会对门店商品的利润产生冲击。不过其董事长郭生荣表示，药店应该把能为顾客做什么放在第一位。新兴药房曾经推出的“陈列大革命”，强调品牌药的重要性，“从高毛利产品回归品牌药”。此举不仅能满足消费者的需求，给药店带来客流，还能实现50%的高额利润。去年，新兴药房与品牌企业的合作就达到上亿元规模。

而现在之所以开展“低价药革命”，郭生荣表示，是因为新兴药房对销售数据进行分析后发现，客单在减少，顾客满意度在下降，其中一个原因就是有些员工给顾客推荐贵的、提成高的药品造成的。

杭州博顾多企业管理咨询有限公司总经理郑金林表示，药店销售的产品，一部分是用来集客的，一部分是用来集财的。开店首先聚集的是人气，没有人气，门店的财气也无从谈起。低价药虽然不是消费者的全部需求，但却是消费者真的需求。一般来说，低价药在门店占比25%是一个较为合理的比例，既可以拉升人气，又可以起到提升门店整体销售的作用。

金象大药房西单店：创新转型，驱动业绩

北京金象大药房医药连锁有限责任公司 2014 年 1 月发布的最新数据显示，2013 年金象西单店年销售额突破亿元大关，其中 2013 年 12 月单月销售额达到 1120 余万元，创单月销售历史新高。

金象西单店选址北京西单商圈，每月客流量为 4 万多人，全年客流量达 51 万人左右，良好的地理位置为门店的高销售额提供了可能性。2012 年，金象西单店进行了门店形象的转型升级，增加了国医馆和更多时尚元素，充分满足消费者的多样需求。此外，不断淘汰滞销商品，丰富商品品类，优化商品结构，并加强商品数据分析，坚持每月开展大型主题营销活动等，有力地拉动了销售增长。

为了将西单店的业绩拉升，金象西单店还制定出合理的奖惩政策以调动员工的积极性。如将亿元指标层层分解到各柜组和个人，连锁总部与各职能部门签订目标责任状，而且配套制定了以奖为主、以罚为辅的激励政策。在此激励政策的影响下，店长和店员主动加班，在各自的岗位不敢懈怠。

（刘丹 宋益刚）

苏好：慢病生活馆开业

药店开设慢病生活馆会否成为一种趋势，又该如何与社区卫生机构实现差异化竞争呢？2014 年 1 月上旬，江苏盐城苏好医药连锁建军东路店三代店暨慢性病生活馆新装开业。在开业庆典活动期间，慢性病生活馆客流量成倍增加，销售业绩亦达到苏好大药房最初设定的目标。

苏好慢性病馆开设于建军东路店内，面积在 $30m^2$ 左右，是苏好大药房开设的第一家慢性病馆。之所以在此时进军慢性病馆领域，苏好大药房总经理蔡文兵表示，中国零售药店在近十几年的竞争中，通常采用价格战竞争模式。但这种模式容易被模仿，药店需要一种差异化模式来提升企业的竞争力和盈利点。另外，国家的政策变化和宏观调控，也对药店产生一定冲击，要求药店有所改变。

在苏好慢性病馆内，除了有针对“三高”等慢性病患者的药品销售外，还聘请了中医、西医和执业药师驻店为患者提供慢性病的相关用药咨询。对于为什么会选择在老城区开出第一家慢性病馆，该店执业药师祁萍告诉记者，“会员日时，来店购买的多为中老年人，为本店积累了一批黏性较强的中老年用户群体。另外，从店里的消费者购物篮数据分析来看，本店的消费者对慢性病用药有着较大的需求。因此，苏好大药房最终选择在该门店开出第一家慢性病馆。”据悉，按照苏好大药房的规划，未来会择机选择合适的门店再开出第二家、第三家慢性病生活馆。

一、慢病馆非苏好首创

其实，慢病馆并非苏好首创。2013 年 12 月 25 日，老百姓大药房在湖北、广东、上海、广西等地的 4 家慢病馆同步开业。至此，老百姓大药房在全国共有 14 家慢病管理中心。老百姓大药房相关负责人曾表示，老百姓大药房的目标不只是一个单纯售卖药品的中转站，更是一个针对消费者需

求不断推动健康产业发展的企业。

除此之外，在作出战略调整的珠海嘉宝华健康药房连锁股份有限公司，也于 2013 年 11 月 14 日第七个糖尿病日开出广东省首家糖尿病生活馆，为糖尿病患者提供药品、保健食品、健康讲座、专家义诊、仪器体验等多种服务。

二、服务更加个性和专业化

药店在经历第一个“黄金十年”后，政策红利等逐渐消失，要想谋求更大的发展，求新求变是药店当务之急。在之前的便利店、药妆店探索不见成效后，新出现的慢病馆业态普遍被业界看好。但是随着我国新医改的逐步推进，医保覆盖面逐渐扩大的情况下，“大病进医院，小病进社区”的现象也逐渐显现，业界开始担忧在这种背景下，药店该如何与社区竞争？

四川德仁堂集团总经理邹康禄表示，如果仅仅与社区医疗机构进行基药产品的竞争，药店并无多大竞争力，“社区医疗机构基药零加价，加上报销比例均高于药店。”不过，在邹康禄看来，药店可以避开社区品类的锋芒之处，在针对中高端人群的中高端产品和面向亚健康人群的调理、预防和保健产品上做足功夫。嘉宝华董事长黄赋则认为，我国的慢病患者众多，仅糖尿病患者，全国患病人数就达 1.5 亿，但是社区医疗机构资源有限，其并不能为慢病患者提供百分百满意的服务，药店可以在专业化服务及增值服务上下工夫，这样可以吸引更多的慢病患者进药店。

（本章内容除署名外，均据《21 世纪药店》）

中国药店发展评鉴

风云人物

■点睛

2013—2014年度中国连锁药店魅力人物
——那些药店圈的“弄潮儿”

一个企业的大变化，往往能够折射出时代发展的某种必然性。而个体的觉醒，却有可能推动一个行业的发展与进步。这是一个需要创新、远见和魄力的时代，越来越多的医药人愿意突破自我，为企业乃至整个医药行业带来变化，推动进步。我们从中遴选出2013—2014年度中国连锁药店魅力人物，表达我们的敬意，感谢他们为推动行业进步所做的努力和贡献。

“医药电商是连锁药店躲不过的革命。”

——阮鸿献　云南鸿翔一心堂药业（集团）股份有限公司董事长

自引领一心堂药业成功过会后，阮鸿献并没有停下脚步，为了迎接电商时代的到来，在一心堂召开的2013年供应商年会上，他提出了“全渠道合作”的创新思路：建立深层次战略合作伙伴关系；线上线下一体化合作；共同进行全渠道销售开发；产品品牌与药店品牌协同建设等。这个思路除了销售渠道，还包括价值链整合以及物流体系的整合。

除了打造企业自身的品牌，阮鸿献也积极参与社会活动。在今年各省召开的“两会”上，针对以获取药物为目的的慢病患者“看病难”等问题，作为云南省人大常委会常委的阮鸿献提出了“慢病由社会药房来管理”的建议，建议定点社会药房为患者建立个人健康档案，并定期对患者进行日常生活饮食指导、提供药物、进行简单项目检测（如量血压、测血糖）等服务。4月29日，云南省药品流通行业协会成立，阮鸿献被推选为首任会长。新成立的云南省药品流通行业协会不仅有利于加强药品流通企业之间的交流与协作，加强药品流通企业与政府间的密切联系，也有利于促进药品流通企业的培育和发展，维护企业合法权益。

“人力成本、房租成本不断上涨，对连锁药店经营是个挑战，不过办法总比困难多。”

——罗晓燕　重庆桐君阁大药房连锁有限责任公司董事长

经过十几年的历练，如今罗晓燕已经是桐君阁大药房连锁有限责任公司的董事长，掌管旗下的8000多家门店。上任后，罗晓燕正式推动了重庆桐君阁、西部医药商城和重庆太极大药房三大零售品牌的整合。

对于此次整合，罗晓燕有着自己清晰的思路，桐君阁的定位是进一步发挥其中药特色、彰显历史文化底蕴和充分发挥其强大的药品零售平台作用；西部药城的定位则是做药店中的

“沃尔玛”，西部药城是太极集团在零售市场上布下的最后一道防线，将在价格上给消费者带来更多实惠；而太极大药房则着力于打造时尚、健康的多元化形象，其目标群体更倾向于年轻人。三大药品零售品牌整合后，将得到上游更多的支持，在价格等方面，三大零售品牌也更具优势。

罗晓燕表示，未来桐君阁将作为重庆本土连锁企业继续扎根重庆药品零售市场，而太极品牌则将作为全国品牌，在全国范围内扩张。

“在企业发展过程中，管理比企业规模更重要。企业只要有人才，有管理能力，是可以不断发展壮大的。”

——柯云峰　大参林医药集团股份有限公司董事长

柯云峰把企业规模分为几个层次：连锁药店发展到10间店会遇到一个门槛，当发展到100间店时又是一个门槛，而今，走过20年的大参林门店数早已突破1000家，这是过了第三个门槛。2011年，大参林新开门店约100家，是历史上新开门店最少的一年；2012年新开门店100多家；2013年，门店拓展数量达到280多家，还有80多家新店在装修。这一轮发力，大参林的转型之路走得更为谨慎，在运营高管的引进和团队培养上也有了更清晰的认识。

对于业界非常想知道的大参林的门店拓展、商品规划、营销策略甚至是分公司管理制度等问题，柯云峰最后总能归结到企业的管理能力上。在柯云峰看来，药品零售连锁企业的规模很重要，但企业的管理能力更重要。“当企业发展到100个店时，人才就很重要了，流程、框架、管理模式等的建立都需要人。老板并非无所不能，也没有必要事必躬亲，企业要发展，关键要看老板舍不舍得用人。”

“作为医药企业，应当时刻关注老百姓的身心健康需求，慈善也是其中一个方面。”

——何煜　西安怡康医药连锁有限责任公司董事长

在怡康拥有了规模效应后，何煜开始在业态上发力。从药妆到孕婴店、中医馆，每一次尝试都经过深思熟虑。

在收购了西安双鹤药房后，怡康的药妆也得到了进一步发展。除了药妆，孕婴店、中医馆也是怡康的主要发展项目，并将多元化作为公司的长远发展项目来做，在人员招聘、人员培训、管理要求、门店陈列和销售方面都有了具体明确的要求。何煜表示，从药妆店目前的经营情况来看，确实经营业绩还不是太好，但是我们还会坚持做，企业要有所发展就必须有突破，多元化前景很好，需要企业从现在开始长期坚持下去。

如今，怡康已稳稳占据西安药品市场的龙头地位。不过，作为企业家，何煜并没有将自己仅仅定位为利润的创造者，他还积极参与社会慈善事业、践行社会责任。当2003年SARS肆虐、山西渭南华阴县发生洪灾、2010年甘肃舟曲发生泥石流时，怡康都在积极为灾区尽自己的绵薄之力。

海王星辰一直是业内多元化经营的先锋，自开店之初就售卖化妆品、日用品。从2009年开始，海王星辰开始涉足家庭生活必需品，进一步拓宽健康药房的概念，并开始为这个品类探索适合的运营模式。2011年下半年，海王星辰正式推出“U品”概念，对家庭生活必需品进行归类、筛选。2013年海王星辰又推出“星辰U品”，选择一个品类中实力最强的1～2家供应商建立战略合作，加上海王星辰连锁药店在渠道和品牌上的优势，把消费者家庭日常健康需求的食品和用品，统一贴上“星辰U品”的商标重新引进药店，大家共同把这个品类做大。

除了在多元化方面的创新尝试，张福祥也积极带领海王星辰全力发展O2O模式。2011年，海王星辰大力打造旗下的官方网站，对其网上药店“星辰商城”进行全新改版，并全新定位为“海王星辰网上药房”。2012年，海王星辰成为首批入驻天猫医药馆的客户。2014年2月，海王星辰又宣布与支付宝钱包达成合作，用户去杭州和深圳等地区的海王星辰门店消费，可直接使用支付宝钱包支付。

“当你差异化的时候，不需要假想敌，如果你没有差异化，当然要找一个对手。”

——张福祥　中国海王星辰连锁药店有限公司总裁兼首席执行官

特格尔的出现，不仅让“自由连锁、联盟”成为行业里的热词，刘丰盛每年提出的引领联盟会员发展进步的概念，也成为行业炙手热门的话题。

2014年，刘丰盛提出了特格尔中国合伙人的概念。按照规划，特格尔将用3～5年的时间在全国范围内寻找30个合作伙伴，通过股权合作的模式成立省级公司（联盟），并组建中国特格尔股份有限公司。随着新版GSP进一步细化药品经营管理和质量控制的基本准则，刘丰盛也将持续关注医药冷链的管理和提升工作，从特格尔云南药店采购联盟的物流系统建设开始发力，争取实现全程温控，降低损耗，保证质量。

“特格尔联盟提供的是一个平台，引导会员们用创新改变行业，用服务创造属于自己的未来。”

——刘丰盛　特格尔（集团）医药股份有限公司董事长

刘丰盛指出，提升物流效率只是特格尔寻找中国合伙人的一个短期目的，从长远来看，成为“合伙人”将加深特格尔与会员企业的资本联系，成为资本共同体，为未来进一步的资本整合甚至联合上市打下基础。

2012年，德仁堂主动申请10余家门店退出医保，引起行业震撼。医保定点资格向来是药店苦苦追寻的香饽饽，在行业甚至有“得医保资格者得销售”的说法，但邹康禄却毅然做出取消11家医保店的决定，其坚持多元化发展的决心可见一斑。

早在2006年，德仁堂集团就制定了以中药养生为特色的发展方向，并且一直延续至今。目前，旗下三分之一的门店都有注册中医坐诊。为了更好地发展中药品类，德仁堂花重金改造养生馆门店，以复古的装修向顾客展示其中医药文化特色。同时，成立了自己的中药饮片生产企业。除了给德仁堂所有门店配送中药饮片外，也与不少社会药房建立了合作关系。2013 年至今，德仁堂门店的中药饮片销量明显上升，饮片加工厂的订单数量也大幅提升。

不过，尽管国家出台的《关于促进健康服务业发展的若干意见》释放出积极的信号，但医师资源的匮乏仍然制约着药店发展中医馆的速度。邹康禄表示，2014 年德仁堂加紧与监管部门的沟通，希望通过医师注册在连锁药店总部，实现医师在连锁药店中医馆之间轮流，坐诊。同时，继续扩大门店与中医馆的数量，并争取再拿 10 家中医馆牌照。

“当所有药店都有医保定点资格时，医保定点就不算是优势，必须另辟蹊径。”

——邹康禄　四川德仁堂医药连锁有限公司总经理

当别人追逐平价大卖场模式、粗放式扩张时，高毅构建了药店精细化管理的运营模式，独创六大核心系统：客户满意度系统、核心产品运作系统、绩效考核系统、门店营运分析系统、新店开业策略系统和公司标准化管理系统，在中小型卖场中精耕细作，推动企业向供应链管理模式转变。

当药店纷纷转型大健康时，高毅又积极创新，总结出连锁药店转型升级的路径：“传统药房—健康大药房—健康美丽大药房—健康美丽便利大药房”，先后创建尚薇个人护理店和益好便利店新业态，领跑业界多元化转型。

药品零售业的特点就是细致、繁琐，如果没有精细的数字管理思维，就无法将商业模式标准化、信息化。在高毅看来，数字思维方式对于零售的区域拓展是基础工程，对于整个行业来说也是如此。

“没有市场份额，就没有商业地位，而市场份额同样要用数据说话。”

——高毅　益丰大药房连锁股份有限公司董事长

在杨一峰的带领下，恒泰医药不断进行业态的创新。目前恒泰旗下门店呈多业态、多层次发展，并拥有了大卖场类型的“人民大药房”和社区便利型的“恒泰医药”两大品牌。

2014 年，恒泰再次打造全新样板店。不仅是将人民大药房和恒泰医药两个 LOGO 整合，商品陈列上也划分出保健品区、医疗器械区、中医馆和精制饮片区等区域。杨一峰给这次的新样板店做了重新定位：“不同于人

“零售行业要保持竞争力、进一步提高顾客服务质量的话，必须要有新的技术，要以最新科技为导向，去跟顾客群建立全新的客户关系。”

——杨一峰　常州市恒泰医药连锁有限公司董事长

民大药房的平价卖场，也不同于恒泰社区店的便利小巧，样板店是让药房真正成为家庭健康顾问，以专业的药学服务，整体提升社区居民的满意度，从药店布局上更突出新定位。”

同时，杨一峰还是国内第一家股份制药店联盟——江苏药店联盟的首届理事长。江苏药店联盟成立3年来，杨一峰在如何增加商品品种、降低商品采购价格以及培训店长、店员和门店活动策划等方面，都给联盟单位带来了有效的信息和积极的帮助。

2010年11月，徐郁平任中国医药物资协会连锁药店委员会主任委员。徐郁平认为，“抱团取暖”的时机已经成熟，于是，在连锁药店委员会正式成立后，又促成了第一个省级药店联盟——江苏药店联盟的成立。

“无论商业模式如何创新，核心理念就是要以顾客为先。”

——徐郁平　江苏百佳惠苏禾大药房连锁有限公司董事长

至今，省级药店联盟全面开花，徐郁平依然奔走在各个省级药店联盟之间，促进联盟成员之间、省级联盟之间、联盟与上游之间的交流与合作。在省级药店联盟的影响下，不少地区也在省级药店联盟的基础上，进一步形成股份制公司，实现更加紧密的股份制联盟。

在担任连锁药店委员会主任委员后，徐郁平更多的时间是放在与业内同行和上游的交流中，工作重心也放在了全国各个省级药店联盟成立的指导工作上，对昆山百佳惠的管理越来越少，精力有限的他更多的是将百佳惠放权给运营团队管理。徐郁平表示，他主要抓百佳惠的“510”工程，培养5个过百万销售的单品，10个过50万元的单品，在公司的时间，主要就抓好这15个品种，同时也平衡了他在社会职务与连锁药店总经理之间的关系。

■素描

陈正洪：沉下心只做医药

一、30 年独爱医药行业

1980 年，陈正洪毕业后进入都江堰医药公司工作，一干就是 14 年。1994 年，都江堰医药保健品有限公司成立，有着十几年丰富行业经验的陈正洪被派往该公司担任总经理一职。1997 年国有企业改制，陈正洪以 3 万元的价格接手都江堰医药保健品公司，开始了 20 年的创业之路。

陈正洪，都江堰医药保健品公司总经理，都江堰市医疗器械协会会长。1980 年毕业后进入医药行业，历经医药行业 30 年变迁。他说，在医药行业做的时间越长，就越喜欢这个行业。

陈正洪告诉记者，当时的都江堰医药保健品有限公司并没有太多的资产："仓库是租的，门面也是租的，3 万元购买的仅仅是该公司的一块招牌。但自己出来工作 10 多年，一直寻思着要做一番自己的事业，但要创立一个新的品牌以及招揽人才并不是一件容易的事。都江堰医药保健品有限公司作为都江堰老牌的医药公司，在消费者中拥有良好的口碑，因此 3 万元的价格不能不说是一笔划算的交易。当时我也没有多想便拿下了这块招牌。"在陈正洪的苦心经营下，都江堰医药保健品有限公司的国企陋习逐步发生了改变，公司的经营状况也日趋好转。

从 1980 年算起，陈正洪的医药生涯已经超过 34 年。在一个行业全心全意工作 34 年，陈正洪面对的诱惑一点都不少。陈正洪说，让他坚持下来的动力正是出于对医药行业的热爱。陈正洪告诉记者，2004 年，一位医药厂家的朋友想与他合伙经营房地产生意，但他婉拒了朋友的邀请。在短短的十年间，这位朋友就累积了大量的财富，并邀请陈正洪到他的公司参观。"他 10 年所赚的钱比起大多数做医药行业 20 年的人要多得多，但我从来没有后悔当初拒绝了他的邀请。在我从业生涯的 30 多年里，医药行业本身的发展也经过了不少跌宕起伏。但我始终认为，医药行业是一个救死扶伤、行善积德的行当，人总是离不开药品的。这意味着医药行业是一个永远的朝阳行业。尽管做医药不一定会给你带来巨大的财富，但它能给你一个相对平稳的发展前景，以及良好的社会形象。医药行业既不像一些行业那样需要大量的资金堆砌，也不需要太多的裙带关系，只需要经营者能沉下心来用心服务好消费者。"陈正洪说。

在参观完朋友的公司后，陈正洪不仅没有对房地产行业产生兴趣，反而大力鼓动朋友重投医药产业，利用更多的资金推动当地医药产业的发展。

二、经营理念与时俱进

位于成都市附近的都江堰是个旅游城市，连锁药店在当地药品零售市场所占的份额并不多，反而是单体药店盛行。但陈正洪一直关注连锁药店的发展，2014 年，在都江堰医药保健品有限公司发展进入第20个年头时，陈正洪推出了多项改革措施。

据了解，都江堰医药保健品公司多年来一直沿用过去国企门市部的经营形式，目前拥有15家直营店和20余家加盟店。今年，陈正洪改变了公司原有的经营模式，正在向相关部门申请成立连锁公司，计划以“聚仁堂”作为连锁品牌。在陈正洪看来，随着新版GSP的推进，即使在都江堰这个不大的区域药品零售市场上，过去单体药店的经营优势正在逐步消失，连锁经营必将成为主流，加之消费者品牌意识渐强，已经到了必须统一品牌运营的时候了。

在准备成立连锁公司的同时，都江堰医药保健品有限公司还利用其批发零售兼营的优势，取得了多元化经营的先机。陈正洪告诉记者，公司早在2011年3月就取得了四川省基层医疗卫生机构基本药物配送企业资格，2012年3月21日取得都江堰市基层医疗卫生机构基本药物配送企业资格，并于2012年4月1日起对都江堰市基层医疗机构基本药物配送实现全面覆盖。公司目前共配备了6辆专用配送车辆，专职配送人员12人，售后服务人员8人，库房面积达2000余m^2。

目前在批发业务方面，都江堰医药保健品有限公司经营4500多个品种的产品，其中医疗器械200余种。因为有着批发业务的优势，都江堰医药保健品有限公司旗下的药店能够上架其他药店难以拿到的医院品种，并且库存量大也能很好地满足药店经营品种的周转需求。陈正洪告诉记者，由于了解医院渠道销售的医疗器械的品类结构，利用门店面积较大的优势，都江堰医药保健品有限公司旗下药店配备了其他药店不敢大量陈列的医疗器械品种，成为最早在都江堰经营医疗器械并取得了成功药店之一，在其部分门店，医疗器械的销售占比甚至高达30%。

尽管与都江堰当地药店形成差异化竞争优势，但陈正洪并没有安于现状。随着网上药店的崛起，他意识到，医疗器械市场份额正在被网上药店迅速侵蚀：“从产品性质来看，医疗器械非常适合在网上销售，政策在医疗器械方面也没有太大的限制。在不远的将来，医疗器械必将是网上药店的天下，而我们公司在这方面的优势正在不断丧失。”对此，陈正洪又开始考虑另外一个多元化经营的方向——中医馆，准备着手申请相应证照。

都江堰药品零售市场很小，但小市场同样有大竞争，小药店一样有自己的精彩，陈正洪正是凭着与时俱进的经营理念，让他的企业在都江堰牢牢占据一席之地。

◆面对面

《21世纪药店》：都江堰医药保健品有限公司的医疗器械品类的销售一直不错，为什么今年又打算开拓中医馆？

陈正洪：医药电商正在迅速崛起，市场规模已经从2012年的16.5亿元增加到2013年的40亿元，其中医疗器械占据了很大的比例。药品属于特殊商品，在网上药店销售受政策所限，规模不大。但医疗器械却非常适合在线上交易。因此线下药店必须寻找新的突破点，否则将会被新兴的业务模式打败。

中药饮片与医疗器械的标准化产品又不一样，中药饮片行业目前还缺乏一套统一而规范的标准化体系，产品还没有标准化，但随着“治未病”、“大健康”概念的盛行，中医药在养生方面的优势正逐步凸显，消费者对于中药材的需求正快速增长。同时，中药材的销售依赖于中医师的诊疗，网上药店难以提供直观的服务。我认为，这是传统药店抵御线上冲击的一个可靠的手段，而且，发展中医馆也顺应了现今的大健康潮流。

《21世纪药店》：对于开办中医馆，都江堰医药保健品有限公司有什么计划？

陈正洪：目前，我们在一家药店的基础上，筹备一个面积约200平方米的“聚仁堂中医馆”，装修风格以古色古香为基调，建成后将开展诊疗、保健、推拿、理疗等多个医疗服务项目。事实上，我们的中医坐堂医诊所业务已开展多年，积累了一大批名老中医资源。但要开办中医馆，医生资源仍然是主要的制约因素，因此在准备开办手续的同时，也在加紧扩大医生资源。

近年来，在大健康潮的推动和政策的利好之下，中医中药的发展正在提速。但在不少地方，仍然存在不相信中医药的不利局面。作为一个老医药人，这样的情况是我不愿意看到的。我们之所以计划建设中医馆，一方面是想提高消费者的养生水平与意识，另一方面，通过中医馆向消费者宣传中医药文化，为博大精深的中医药文化的传承出一份力。

黄劲松：十年做好一件事

黄劲松，云南淞茂医药集团董事长。1988 年进入思茅地区医药总公司，1998 年成为当时思茅地区医药总公司最年轻的科长。2003 年国有企业改制，思茅地区医药总公司 99% 的员工联名同意他竞买。改制后，思茅地区医药总公司改名为云南淞茂医药集团。发展至今，仅集团的零售业务——济安堂的销售额就由之前的 2000 多万元上升到过亿元，门店数由之前的十几家门店增长为 80 多家门店。

2013 年 9 月，记者在参加特格尔中国药店联盟（以下简称特格尔）的会员大会时，在慈善晚宴上认识了云南淞茂医药集团董事长黄劲松。特格尔媒介高级主管严文瑾向记者透露，黄劲松一直热衷于慈善，在得知特格尔将举办慈善晚宴为需要帮助的人筹措善款时，黄劲松拿出自己珍藏多年的一幅画进行拍卖，并最终以 3 万元的价格自己拍了下来。这引起了记者的好奇，在几次联络后，黄劲松接受了记者的采访，谈起了他在医药行业 26 年的工作经历与人生感悟。

一、献爱心，参与但从不出面

2014 年春节前，特格尔爱心基金会一行抵达云南省澜沧县勐朗镇下谷地村，为该村的君康达希望小学带去了 67500 元现金捐款以及捐赠的 150 份学习用品和体育用品。不过，人们并没有在捐赠现场找到此次捐赠活动的发起人——云南淞茂医药集团董事长黄劲松。特格尔中国药店采购联盟市场部媒介高级主管严文瑾告诉记者，君康达希望小学由黄劲松出资建立，每年还要给这所小学再捐赠现金和相关物品，但他本人从未出面，所有捐赠活动都是由公司人员代为执行。在这次君康达的捐赠仪式上，就是淞茂医药集团旗下的云南普洱淞茂济安堂医药有限公司蒋慧作为公司代表向希望小学捐助现金和物品。

记者也了解到，每年的新生入学、校运动会、六一儿童节等，黄劲松都会对君康达希望小学进行捐赠，并且保证每笔钱都交到受捐人手中。除此之外，黄劲松对在校的每个学生的学习成绩也十分关心，最初学校会将学生的成绩单寄给他，他都会仔细查看。年末公司举行年会时，他还派人接学校的老师和优秀学生参加公司的年会。而黄劲松每年也都会接到君康达的邀请出席当地的媒体采访等活动，但他从未去过。“现在我做的这些是出于我对普洱市、对社会的感恩，我不希望把捐赠变成个人炒作。之前普洱市组织制作企业名誉录时，我也没有说出这件事。”黄劲松说。

二、国企改制，获员工支持成功竞买

1988 年，黄劲松高中毕业后，以第 2 名的成绩考进思茅地区医药总公司。刚进公司时，黄劲松担任中药材仓库管理员一职。黄劲松说，虽然只是小小的仓库管理员，但因为考进了国企，幸福感顿时提升了很多，“感觉有了这份工作，就能有幸福的生活，就能娶妻生子，有个幸福的家庭；而且，因为之前对中医药一直心怀敬仰之情，进了医药公司后意识到普洱市各大名老中医用的中药材，消费者服用的中药都是从自己管理的仓库出去的，觉得这份工作很神圣。”

因为这份神圣感，因为对中药材的极大兴趣，黄劲松全身心地投入到对中药材的功能、属性的学习了解中。积极的表现，再加上看到他具备的潜力，1990—1994 年，公司送黄劲松到云南中医学院学习中药鉴别专业。

1998 年，28 岁的黄劲松通过考试、面试等多个环节，晋级为成药科科长，成为当时思茅地区医药总公司最年轻的科长。在 2003 年国有企业改制的大背景下，思茅地区医药总公司 99% 的员工联名同意由黄劲松购买该企业进行改制。“之所以选择让我购买，并不是因为我有多出色。那时国有企业一点都不缺人才，可以说是人才辈出，但是他们来来走走，只有我坚持下来了。”黄劲松说。

按照当时的估值，思茅地区医药总公司的净资产值 1198 万元，黄劲松发动财务经理、药品科科长等 8 人以 1368 万元竞买了思茅医药总公司。黄劲松回忆道：“当时资金很困难，公司的经营也很困难。1999 年是公司最好的时候，当年的年销售额达 9000 多万元，但是到 2003 年改制的时候，公司全年的销售额回落到 2000 多万元。那时候，人心涣散，继续经营的风险也很大，但是我们都没想那么多，当时企业对我们来说就是家，没有了公司就是没有了家，所以不管今后会怎样，我们都决定先买下来，做了再说。”

在竞买过程中，普洱市政府也给了黄劲松很大的支持。在他向市政府汇报时，当时自己说的一句话到现在还记忆深刻，“整个普洱市人民的用药安全还得靠我们国有企业的这帮人”，或许正是这句话打动了当时的普洱市政府领导班子，最终决定把购买权交给黄劲松。

三、员工第一，帮他们实现心中的愿望

20 世纪 90 年代，思茅地区医药总公司在普洱市算得上是一枝独秀，基本没有市场竞争，也就没有什么经营压力，但是进入 21 世纪后，在零售业务方面，一心堂、健之家纷纷进入普洱市场，改制后的济安堂面临前所未有的挑战和竞争，但却能够以极快的速度增长，并且占据普洱市场的有利地位。发展至今，济安堂的销售额由之前的 2000 多万上升到过亿元，门店数由之前的十几家门店上升到 80 多家门店。原因何在？从特格尔对黄劲松的评价中或许能够找到答案：“他前十年做的事就是让员工认同企业。”

企业的宗旨是“顾客第一、职工第一，股东利益第二”，黄劲松的目标是实现员工家庭和工作的双赢。像济安堂的员工以女性为主，通常女性对家庭的付出会更多，而济安堂的女员工却将很多精力放在工作上。黄劲松认为，员工能这么认真负责地去工作，得益于家庭的支持，所以站在企业角度，除了感恩员工外，更应该感恩支持他们工作的家人。

为此，济安堂经常举办感恩职工家人的“超值感恩”活动。有一年的超值感恩活动上，黄劲松让 400 多名员工将自己的愿望写下来，一个个帮助员工实现愿望。据黄劲松回忆，400 多个愿望归纳起来有 18 大类，比如带家人旅游，有位员工希望带家人去美国迪士尼乐园游玩；有的希望黄劲松给家人做贺卡、打电话；有的则希望能休长假。最终，想去旅游的由公司出费用，想要放假的也都休了假，打电话寄贺卡的，黄劲松也一个都不落下。“当时这件事情办完后，很多人都说我太感性，说这么做不行，但既然是超值感恩，我当时唯一想的就是帮员工实现他们想要实现的愿望。”黄劲松说。

不过自那次后，黄劲松听取了意见，采取“评优超值感恩”的方式对员工进行奖励和鼓励：凡是评上优秀的，由公司接家里人到普洱市过年过节，由公司为单身员工操办婚礼等。并且，为了让员工有归属感，公司建起自己的新办公楼，每位员工都有分配的住房。

此外，年轻时在云南中医学院进修学习的经历，不仅提升了黄劲松的能力，也让黄劲松意识到重视人才、培养人才对企业的重要性。在黄劲松当上董事长后，每年都要输送优秀人才去北大、清华的EMBA班学习。目前在济安堂，获得北大、清华EMBA结业证的员工已经达32人。对于高层管理人员，黄劲松也鼓励他们参加职业经理人考试。另外，对于优秀人才，公司不仅送他们出去学习，回来后还大胆重用。目前担任淞茂医药集团零售公司济安堂总经理的蒋慧，就是一位年轻的高管人员，在其接受记者采访时谈到为什么这么年轻就能当上总经理时，她说："董事长重视培养人，并且敢用新人。""没有人才的企业，会销声匿迹；有人才而不用的企业，则更可悲。"黄劲松这样说。

黄治林：专业药店的坚守者

从20世纪90年代进入湖南省中医药大学求学到现在，黄治林与医药行业打交道已有20多年了。1994年，他进入湖南省药材公司，开始从事药品的经营销售和管理；1996年接触药品零售，2000年正式进入药品连锁企业，开始了他在药品零售行业的职业生涯。

黄治林，贵州芝林大药房零售连锁有限公司总经理，在药品零售领域耕耘近20年，在管理一家药品零售连锁企业的同时，致力于对行业的研究，坚守着药店的"专业化"路径。在他看来，药店的专业化形象还未被认可之前，还有很多基础性工作要做，还要积累很长的时间。

一、还有很多基础工作要做

在药品零售领域耕耘近20年，与他同期进入连锁初创时期的风云人物大多已风流云散，但黄治林却一直在这一行坚守。如他所说，"只有持之以恒，只有坚韧不拔、百折不挠，才能为药品零售连锁行业奉献微薄之力。现在我们这一代人对中国健康事业的探索是从零开始的，这个漫长的过程就像烧开水一样，好不容易已经达到了90°C，如果此时放弃，下一代人又要重新探索，一方面会造成人力、物力的浪费，更重要的是会造成近20年的探索时间成本的浪费。"

缘于心中对健康事业的坚守，黄治林在面对药店"多元化转型"和"专业化坚守"的抉择时，毫不犹豫地选择了"专业化"路径。在他看来，我国药品零售行业的专业化程度还远远不够，根本没有得到社会的认可，在专业化上，行业还有很多事情需要做，还有很多的基础需要夯实，而积累的过程将是漫长的，需要两代、三代甚至四代人的付出。"专业的人做专业的事，只有行业的专业性得到社会的公认，老百姓下意识地做到'看病到医院，买药到药店'时，才可以考虑跨界到其他领域。"当然，对于行业发展多元化，他也并不持完全否定态度。

二、沉迷于行业发展研究

如今，黄治林常与行业内的有识之士一起研究行业规律，对行业未来发展趋势进行预判。"很多人只关注今天、明天的天气，但我关注的是下一个月甚至是下一个季度的气候。我喜欢对行业的发展趋势进行预估，比如我在很早之前就提出了'区域为王'的概念、门店租金上涨对药店将形成经营成本压力、时空转换的概念等。”而黄治林预判的基础主要来自以下几个方面：第一，过去近20年积累的经营数据和经营资料；第二，国外药品零售业和其他零售业的发展资料和发展情况；第三，未来市场动态迁移和消费者健康需求的引导和改变。他认为，“不治已病，治微病；不知已病，治未病，将成为未来药品零售市场发展的主旋律。”

能对未来的经营形势和发展趋势进行预判是黄治林引以为豪的事情，但他也说正是因为沉迷于此，没有花更多精力将理论研究应用于实践，让他错过了不少发展机遇。

在与黄治林聊天时，从他的话语中，记者能强烈地感受到他“自信”及“张扬”的个性。在谈及贵州芝林未来的发展规划与愿景时，黄治林告诉记者，贵州芝林未来的目标是与有识之士共同打造行业内的“黄埔军校”。而“黄埔军校”包含三方面的内涵：一线服务人员的专业化、后台支撑管理人员的专业化、研究和规划行业发展的人员的标准化。对于如何打造人员的专业化，他认为，一是药品说明书工程，二是联合配伍用药，三是问病用药专业化的学习和训练；管理人员的专业化和行业规划人员的标准化，则需要成立专业的职业学校或者专业的研究机构，通过对基础数据的分析、在一线的实践以及业内人士研讨来实现。

◆面对面

《21世纪药店》：*金沙大药房是您进入的第一家药品零售企业，跨省连锁企业的工作经验对您以后的职业发展有何影响？*

黄治林：在金沙大药房的经历，对我之后在连锁工作的影响可以说有利有弊。有利的一面是让我在具体操作层面上有了很多实战心得，比如如何过GSP，如何做连锁管理，如何培养员工的专业技能，如何开发新的门店资源等。但因为过于关注这些技术层面的学习，让我在药品零售企业的发展观和大局观上有所欠缺，让我在后来的工作中错失一些机会。

《21世纪药店》：*您进入药品零售领域后，平价药店逐渐兴起并不断发展，您如何看待平价药店出现的意义？*

黄治林：平价药店的最大意义，一般人看到的是它对药品价格产生的巨大冲击，但我认为更重要的一点是，平价药店的开架经营对消费者教育产生的巨大影响。这个观点也是我首次在媒体上公开。为什么这么说呢？因为开架打破了专业化的壁垒以及信息不对称的门槛，让更多的消费者可以自己接触到药品，阅读药品说明书。这种消费者自主、自助了解药品知识的行为，比店员和医生进行的专业教育来得更普遍、更方便。并且，开架经营对消费者药品知识的教育、对其自身健康教育的影响是潜移默化的，也是随时随地进行的，它打破了时间和成本对健康教育最大的制约。我认为这是平价药房出现的更大意义所在。

《21世纪药店》：*您是一个喜欢对未来形势进行预判的人，您很早就意识到了房租成本有可能影响零售药店的发展，所以如今诸多连锁药店受制于房租成本大幅度上涨的影响，而芝林受到的影响却不大，您是如何做到的？*

黄治林：是的。很多年前我就意识到这个问题的存在，也相应地采取了一些措施。比如，贵州芝林当时在选门店店址，签订租赁合同时都会主动要求签订长期合同。这其实就是我所说的用时间资源换空间资源的概念。比如，有些新开门店或者新兴市场没有商业气氛，客流也不够，可能前5～8年是亏损的，但是随着时间的推移、商圈的成熟，门店也慢慢扭亏为盈，可能在第9年盈利。这就是以第9年的盈利来弥补前8年的亏损。

《21世纪药店》：您之前提出“区域为王”的概念，如今又是如何看待这个观点？

黄治林：我之前提出“区域为王”的概念，也是基于时间与空间的数学概念而提出来的，因为药品的空间转移成本和单位时间成本，不符合成本领先的战略。不过，现在随着电子商务的兴起，这种时间与空间的成本制约逐渐弱化，时间与空间上的巨大成本鸿沟逐渐被电子商务填平。

《21世纪药店》：您在药品零售行业积累了近20年时间，对于未来的职业前景，您有何计划？

黄治林：今后，我希望自己能与行业有识之士一起在这个行业继续探索、奋斗，最终能为这个行业作出我们应有的贡献。行业的发展、消费者的健康教育，还需要我们脚踏实地地去做大量基础性的工作，希望药品零售行业以及我们这些从业者能成为人类健康的守护者。

黄治林在接受采访的过程中还透露，贵州芝林日前还做出了与中国药店管理学院的“晶药师”学习平台进行合作的选择，以应对新版GSP所带来的挑战，并借此提高贵州芝林的三个能力。

何发智：做公益才配得上这个行业

一、一个老兵的情怀

2014年1月10日晚，浙江滋福堂医药有限公司及旗下产业与衢州市民营经济发展促进会在衢州市老年大学联合举办了一场迎新年慈善晚会，晚会的主角是为捍卫祖国和平发展作出巨大贡献的抗战、援越老兵。滋福堂医药有限公司董事长何发智告诉记者，他走访过一些为保家卫国作出巨大贡献的军人家庭，曾经意气风发的老兵如今都已年老体衰。而他，作为一名曾经的军人，现在办企业的人，有义务为老兵提供一些力所能及的帮助。

何发智，浙江滋福堂医药有限公司董事长。2000年离开机关单位下海创业，创办客运公司。2002年进入医药行业，开办浙江滋福堂医药有限公司经营药品批发业务，2006年，成立了浙江滋福堂得心医药零售连锁有限公司。目前滋福堂已成为衢州最大的药品零售企业，拥有门店超过60家，年销售额超过8000万元。

记者了解到，何发智自2000年创业，到2013年建立常山县前山“滋福堂希望小学”，他在公益事业的投入已经超过600万元。点开滋福堂的企业网站，企业新闻一栏基本以公益活动为主。仅去年一年，滋福堂就发起了向雅安地区捐款、帮助重病群体等公益活动，同时还正式启动成立“滋福帮困基金”，为首批获助单位——常山县新桥乡前山教学点提供了6万元的现金资助。

事实上，由于多年来热衷公益事业，也让何发智与他的滋福堂得到了政府部门、媒体以及消费者的关注与认可。2014年1月，浙江省衢州市龙游县刚成立了县义工总会，何发智当选为第一任会长。何发智告诉记者，2013年，滋福堂在公益事业上的投入超过20万元：“我做得还远远不够，担任会长后，我感觉自己肩上的担子更重了，但同时，在这个岗位上，我可以做的事情也更多了。2014年，我计划以企业的名义投入50万元从事公益事业。公益并不是一个人或者一个企业就能做好的，我以自己微薄的力量带头，号召更多的人参与到公益活动当中来。”

二、工作重心 80% 在医药

1998 年从部队退伍后，何发智进入机关单位工作，仅仅两年不到的时间，何发智就做出了辞职创业的决定。“机关单位的生活其实挺好的，但是一杯茶、一张报纸过一天的日子对我来说太难受了。”何发智告诉记者。当时的他倾尽所有向银行贷款，买下了一家拥有 21 辆客车的客运公司，开始了创业的生涯。

2002 年，通过经营客运公司积累了一定资金基础的何发智，出资收购了具有百年历史的滋福堂。尽管滋福堂拥有悠久的历史沉淀，但由于多年来国有企业的痼疾导致滋福堂亏损严重。何发智告诉记者，在参与滋福堂改制的时候，对于医药行业，他完全是个外行：“我希望能够做些对社会更有意义的事。医药行业是一个救死扶伤的行业，这样一个偶然的机会摆在我面前，我当然不能错过。”

滋福堂始创于清光绪九年（公元 1883 年），经历时代变迁及公私合营后，1984 年恢复“滋福堂”店号，归属浙江龙游县医药公司。2002 年 12 月，何发智注册资金 2000 万元，对原龙游县医药公司进行改制，成立了“浙江滋福堂医药有限公司”。2006 年 8 月，成立浙江滋福堂得心医药零售连锁有限公司，是当时衢州市龙游县首家医药零售连锁企业。

何发智上任后，一边着手对药品质量的监控和内部管理的加强，订货、销售渠道的整合，一边努力学习医药行业知识。“企业的管理模式是相通的，加之我不懂就问，大约半年之后，企业的日常管理工作就基本上手了。”

目前，何发智名下除了拥有医药产业外，同时还拥有客运公司、酒店等多家企业，但何发智表示，他 80% 的精力都放在医药相关业务上：“这倒不是因为药品行业有多好做，事实上近年来药品零售市场环境越来越差，但我认为，医药行业是积德的行业，我希望能够在这个行业投入更多一些。”

如今，滋福堂已经成为了衢州当地最大的药品零售企业，但何发智对此并不满意：“滋福堂既然叫做浙江滋福堂，未来的目标当然是走出龙游、走出衢州，否则就应该叫做‘龙游滋福堂’了。但我们也并不急于走出衢州。虽然滋福堂是本地最大的药品零售企业，但目前企业的实力还不够，占据衢州药品零售市场份额尚不足 30%。因此在未来的几年里，企业的目标还是以深耕本地，扩大滋福堂市场份额为主，让滋福堂在衢州做到绝对优势，再考虑走出去的事。”

◆面对面

《21 世纪药店》：为什么对公益事业投入这么多？你希望借此为企业品牌带来好处吗？

何发智：好处？参与公益事业时，其实从来没有想过要起到什么样的效果或者达到什么目的。我认为，医药行业原本就是一个救死扶伤的积德行业，不做点公益活动总感觉配不上这个行业。更何况，任何企业的发展，都是建立在社会互助之上的，回馈社会是企业义不容辞的责任。

《21 世纪药店》：目前，滋福堂已经是衢州市规模最大的药品零售企业，未来滋福堂还有什么样的发展规划？

何发智：事实上，衢州市的竞争环境相对比较激烈，滋福堂依靠自身的百年品牌，经过多年来的深耕细作逐步建立了良好的品牌度。滋福堂除了拥有零售板块以外，同时还拥有自己的批发公司，因此能够取得比同行更大的竞争优势。

近年来，滋福堂引入了药妆、奶粉等多元化经营品类，还率先引入足部保健项目，目前已有 7 家门店开设了这项服务，未来还会继续扩大这方面的布点。我们还与移动通讯企业合作，在滋福堂门店提供话费充值等增值服务，一方面实现了与电讯行业的资源共享，同时也带动门店客流量的提升。

另外，我们还着手成立滋福堂商学院，加强内部员工的思想建设，打造滋福堂子弟兵，提高企业的凝聚力。商学院的培训内容将以人文教育为主。我认为，专业技能也好，销售技能也罢，都必须建立在人文思想的基础上。

我把 80% 的精力都放在了医药产业，倒不是因为药品行业有多好做，事实上近年来药品零售市场环境越来越差，但我认为，医药行业是积德的行业，我希望能够在这个行业投入得更多一些。

柯云峰：管理能力比企业规模更重要

2014 年 2 月 22 日，大参林医药集团股份有限公司在广州举行了隆重的 20 周年庆典，同时宣布正式迁址于广州荔湾区龙溪大道。

柯云峰，第十二届全国人大代表，大参林医药集团股份有限公司董事长

大参林，发源于茂名，成立于 1993 年 2 月；1998 年 10 月开始跨区发展；2004 年将总部迁至广州；2006 年实施全国发展战略。20 年励精图治，如今的大参林，连锁门店已跨越广东、广西、福建、江西、浙江、河南等 6 个省区，成为拥有 25 个营运区、1400 多家门店、12000 名员工、6 大配送中心及 3 家制药厂，集生产、物流、销售于一体的大型集团化企业。在由 CFDA 南方医药经济研究所指导、《21 世纪药店》报发布的《2012—2013 年度中国连锁药店综合实力百强榜》上，广东大参林连锁药店有限公司位居第一。

从当年的业界“黑马”到如今的“小沃尔玛”，大参林的核心竞争力是如何炼成的？

在大参林创业 20 周年之际，董事长柯云峰为我们解读了他对人才管理、企业文化以及这几年大参林走过的多元化转型之路的感悟。

一、只要有人才，有管理能力，企业就能发展壮大

在一般人看来，药品零售连锁企业是规模经济体，必须通过不断的复制来壮大，当规模达到一定程度可使经营成本降低，企业获利，从而持续发展。

可在柯云峰看来，规模很重要，但一个企业的管理能力更重要。对业界非常想知道的大参林的门店拓展、商品规划、营销策略甚至是分公司管理制度等问题，他最后总能归结到企业的管理能力上。

二、发展战略就是一局棋

谈起大参林走过的这 20 年，柯云峰印象最深的还是 2011 年，那年的转型行动给大参林带来了深远影响。“我们的第一个十年，政策还没有放开，第二个十年，市场放开了，但其中的 2011 年可以说是‘危’与‘机’并存。当年，我们尝试转型多元化，引进了屈臣氏的高管，经营理念不同

了，可业绩下降了，但是这种理念上的冲击给企业带来了置之死地而后生的勇气与机会。”

柯云峰这样评价大参林走过的这三年：“2011 年，我们寻找新的盈利模式，2012 年休养生息，2013 年又重新发力。”2011 年，大参林新开门店约 100 家新店，是历史上新开门店最少的一年；2012 年新开门店 100 多家；2013 年，门店拓展数量达到 280 多家，还有 80 多家新店在装修。而这一轮发力，他让企业的转型之路走得更为谨慎，在运营高管的引进和团队培养上也有了更清晰的认识。企业的发展战略在柯云峰心中俨然是一盘棋局，他很清楚地知道下一步棋该下在哪里。

三、兵不在多在于精

从企业管理角度来理解，柯云峰把企业规模分为几个层次：连锁药店发展到 10 个店会遇到一个门槛，当发展到 100 个店时又是一个门槛，而今，走过 20 年的大参林门店数突破 1000 家，这是过了第三个门槛。“我一直认为在企业发展过程中，管理比企业规模更重要。历史上为什么有这么多以少胜多的案例？就是因为兵不在多，而在于精。当然，规模也很重要，但规模比起精细化的管理，我认为还是管理更重要。企业只要有人才，有管理能力，是可以不断发展壮大的。”作为公司的一把手，柯云峰“极度”重视人才——新员工的培训亲自抓，所有片区经理以上的人事权亲自抓。

四、管理还是集权好

而公司总部与分公司实行集权还是分权的管理制度，他认为还是集权好。连锁扩张单纯追求速度的时代已经过去了，药店一定要有自己的经营特色，不然门店开得快关得也快。此外，企业向外扩张，但当管理没有规范，人才梯队也没有建立起来时，如果放权，企业就会乱。“拓展不会放，商品不会放，营销不会放，用人不会放，财务不会放。我跟我的中层讲，我不放权，你们各个级别也不能放权。”

对于业界把大参林比喻成医药零售业的“小沃尔玛”，因为从开店模式来看，采取的都是农村包围城市的拓展模式。柯云峰则直言，“我其实并不清楚沃尔玛的开店模式是怎样的，但我认为我们的企业文化与沃尔玛是相似的，都讲忠诚、敬业、追求卓越。”

◆面对面

《21 世纪药店》：*您反复提到 2011 年对于大参林的影响，这一年引进了“空降兵”帮助企业转型，也经历了转型的“阵痛”。那么，您如何评价当年的这一决策？*

柯云峰：应该说，屈臣氏团队给我们带来了很多新东西，比如新的观念，以人为本、互相尊重、团队协作等精神，让我们公司上下级之间的距离拉近了，工作效率提高了。其次，他们带来了新的商品陈列技术、信息技术等。引进新品类，员工的视野开阔了，新品的销售也提升较快。现在我们新装修的门店里，这一类新品的销售占比可以达到 10%，我认为已经是一个不错的业绩了。

但是我们也看到，2011 年引入屈臣氏团队做转型时，步子一下子跨得太大，影响了企业的业绩。药店做多元化，首先必须有足够的门店面积，至少是 200 ～ 500 平方米的门店才能为顾客提供体验场所，从而体现出竞争优势；第二还是消费习惯的培养问题，市场推广是需要时间的。因此，我认为不能走得太急，但大方向是对的。

《21 世纪药店》：*大参林的发展已经跨越 6 省区，总公司与分公司的管理除了您提倡的集权管理，在用人上有何建议？*

柯云峰：当企业发展到 100 个店时，人才就很重要了，流程、框架、管理模式等的建立都需要人。老板并不是无所不能，也没有必要事必躬亲，企业要发展，关键要看老板舍不舍得用人。

所以我经常跟我的团队讲，你们挑100斤，老板挑50斤就好。那这样老板可以走在前头，你们就只需要跟上老板的步伐。但是假如你们挑100斤，老板挑200斤。老板就会落在你们后面，无法看清楚企业发展方向。所以，老板的压力不能太大。

《21世纪药店》：*那么，现在您倡导的人才战略是怎样的？*

柯云峰：大参林尝试引进过两批外来人才。第一批是国美的高管，第二批是屈臣氏的团队，两个团队的整体素质都不错，但外来人才对企业不熟悉，对行业也不熟悉，存在水土不服的问题。我们现在的人才战略是：吸收全国的人才，用好现有的人才，培养忠诚的人才。像我们现在正在重点培养的算是第三批高端人才，他们都是在大参林中成长起来的高管。

一个企业为什么要注意培养忠诚员工？因为只有员工对企业有忠诚度，才会对自己的工作负责。大参林每年都会从大学毕业生中招收100～200个新员工来培养，从中发现一些优秀人才，虽然他们也会流失，但留下来的就是企业后续发展的中坚力量。我们现在店长以上级别的员工，在大参林工作超过10年的共有171个。而这几年的人员流失率一直控制在30%以下。

“我经常跟我的团队讲，你们挑100斤，老板挑50斤就好。这样老板可以走在前头，你们就只需要跟上老板的步伐。但是假如你们挑100斤，老板挑200斤，这样老板就会落在你们后面，无法看清楚企业发展方向。所以，老板的压力不能太大。”

张立俊：企业运营要职业化

3月28日，在山东中盟医药咨询管理有限公司（以下简称“山东中盟”）成立大会上，张立俊以董事长的身份上台演讲。山东中盟的成立，无疑对山东省药品零售市场的资源整合，乃至当地药品零售行业的发展产生积极的影响。在参加山东中盟成立大会认识张立俊后，记者对他的经历产生了兴趣——他是怎么进入药品零售行业，如何从经营一家药店发展成为一个联盟的掌舵人？他又打算如何通过中盟这一平台帮助立健医药城实现更快发展呢？

张立俊，山东立健医药城连锁有限公司、山东康诺盛世医药有限公司、山东中盟医药咨询管理有限公司董事长。2006年，张立俊创建立健医药城，经过8年时间的发展，目前，立健医药城拥有400多家门店，年销售额5.5亿元。

一、白手起家，先康诺后立健再中盟

张立俊秉承了山东人的豪爽与好客，尽管与记者是第一次见面，张立俊与记者也攀谈了近一个小时。在交流的过程中，时不时有前来拜访的合作商，张立俊并不见外，一一接待并邀请其一起参与访谈。在聊天式的访谈中，张立俊向记者讲述了他的创业史。

张立俊的家庭条件普通，毕业之后，在当时的烟台药材站当了一名业务员，负责威海的业务。之后药材站进行股份改制，搞起了承包，张立俊从中发现了商机，四处筹措资金后，他承包下药材站的批发业务，这就是山东康诺盛世医药有限公司的前身。1997年，张立俊正式成立康诺盛世，以对医院批发为主要业务，并连续六年蝉联医药批发全国百强。2005 年，张立俊在游历欧美及日韩等国家时发现，医药分家，即医院药品由药店连锁销售应是未来的趋势，2006 年，他毅然成立立健医药城连锁有限公司，借助康诺盛世的产品优势，开始向药品零售行业发力。

二、用人不疑，事业部制吸引人才

从康诺盛世到立健医药城，再到刚刚成立的山东中盟，在企业管理上，张立俊都坚持采取事业部制。张立俊告诉记者，他虽然是两家公司的董事长，但企业平常的运营都交给职业化团队去管理，这让他能有比较充足的时间放在新项目上。

据了解，在山东药品零售市场，立健医药城是率先采取事业部制管理的企业，而正是这一管理制度的实施，使得立健医药城在短期内实现了快速发展。如今立健医药城的 400 多家门店遍布山东省 8 个地市，成为山东药品零售市场的领头羊之一。

张立俊告诉记者，事业部制为立健医药城和康诺盛世吸引来了一大批高管人才，如立健医药城的总经理朱永全、康诺盛世的副总裁张波、孙吉平等。在他看来，应由专业人才组成的团队来带领企业发展，而他的职责就是抓企业发展的战略方向与人才培养。

山东中盟由于组建的时间比较短，组织架构还不完善，张立俊目前的主要精力就放在中盟的运作上。张立俊预计，到 6 月份，山东中盟的管理团队将正式成立，也将采用职业化的运营模式。

张立俊认为，企业在用人方面不应该有局限，要“用人所长”、“用人不疑”，让员工和企业一起成长。张立俊自己也是广交天下朋友，把交朋友当成自己的学习模式，“每个人的经历都会给自己带来启发，这一点我也经常向各个高层灌输。”张立俊说。

◆面对面

《21 世纪药店》：山东省内目前有两个实体联盟公司——鲁和与山东中盟，您如何为山东中盟定位？

张立俊：山东中盟的股东对象以县级城市、区域龙头药品零售企业为主，今年的目标是发展至 100 家股东单位，药店数量达到 2000 家，讲究小市场大份额。山东中盟也是一个市场化的联盟，鼓励连锁发展，通过山东中盟的平台形成资源共享，在未来可以通过各种模式合作发展，如管理托管、资本运作等。总之，只要是有利于山东中盟或者连锁药店发展的模式都可以尝试。

许多联盟把产品作为纽带，但商品采购对中盟来说只是一小部分。中盟与品牌厂家合作，意在降低门槛，使品牌厂家更容易将产品输送到连锁药店，换来的是品牌厂家对连锁药店培训、营销活动上的支持。山东中盟做的更多的是研究药店的定位，抱团取暖仅是山东中盟起步阶段的作用，未来将成为连锁药店跨界发展的平台。医药分开是大趋势，县一级的医院将会是第一批试点单位，这也与山东中盟股东成员的布点是一致的，我们计划通过山东中盟这一平台，与县级医院药房展开合作。

《21 世纪药店》：您管理着批发企业、零售企业和联盟，三方在工商合作中如何配合？

张立俊：通过山东中盟与品牌厂家签订统购分销协议，康诺盛世与山东中盟联合不同区域股东的商业公司，成为山东中盟辅助品牌厂家配送的载体，从而达到控制运输成本的目的。

在连锁方面，从山东中盟中采购的商品，将自动成为立健医药城的主推商品。在立健医药城的每一个门店中都能得到最好的陈列；而产品营销活动将由厂家、山东中盟、立健医药城三方共同商讨、共同出力、共同完成，达到真正的工商合作，三方共赢。

胡飚：两次成功的逆袭

胡飚，江西采森大药房（连锁）有限公司董事长、南昌世纪天鑫健康产业有限公司董事长、江西药店联盟理事长。2008 年以前，作为保健品批发商的胡飚，感受到来自终端的压力越来越大，2008 年 6 月，胡飚毅然带领企业转型，成立江西采森大药房（连锁）有限公司。以连锁药店的身份，与终端药店同行有更多的共同语言；以连锁药店的身份，直面消费者，将企业的产品更好地导入市场。

当药店都在打价格战，挤压供应商利润空间时，作为商业公司的老板，他决定自己开药店；当药店行业竞争进入白热化，他回头再抓起保健品批发，做糖尿病生活馆。或许他的步子不是迈得最早的，但总是那么适时与坚定。两次转型，他都为企业找到了继续发展的契机。

一、赶上“价格战”，竞争态势逼企业转型

2002 年，胡飚进入保健品行业，作为保健品供应商在江西打拼，也是在 2002 年，胡飚开始和药店打起了交道。胡飚回忆，当时正是平价药店刚刚兴起的时候，保健品批发业务做得红红火火，销售最旺时，江西全省的销售队伍达到了 500 人。随着平价药店的深入发展，不少药店开始发展成为连锁药店，药店企业间的竞争加剧。2006 年，药店行业进入“价格战”竞争阶段，“终端为王”的态势也逐渐显现，连锁药店在竞争中不断挤压供应商的利润空间，胡飚的保健品批发业务的销售额也大幅缩水，这让他感受到巨大的压力，觉得不能固守批发业务，企业转型迫在眉睫。

2007 年，胡飚在南昌市开了 4 家保健品专卖店，试水产品直营店模式。一年做下来，他发现销售情况还算不错，此时开始有意识地收拢资金，酝酿进入药品零售行业。2008 年，南昌药品零售市场的价格战进入喘息阶段，市场竞争态势放缓，6 月，采森大药房第一家门店开业，有供应商优势的采森大药房得以快速发展。同年 10 月，采森大药房旗舰店开业，2009 年上半年，采森大药房直营门店已扩张至 14 家。

二、发展遇强敌，练“内功”提升门店潜力

采森大药房在南昌的快速发展，激活了当地原本沉寂的药品零售市场，也迎来了南昌连锁药店的“围攻”。在发展初期，采森大药房遭遇本土连锁药店开心人大药房的挑战；2009 年初，湖南益丰大药房跨区发展，进入了南昌药品零售市场；随后老百姓大药房、大参林等都在南昌开设旗舰店，一时间，南昌药品零售市场硝烟弥漫。

胡飚告诉记者，当时益丰大药房进入南昌后，本土连锁一开始没有“一致对外”，反而“无人应战”，面对这种局面，采森大药房选择了与益丰对抗。“我们主动与益丰交手，但在竞争过程中，却明显感到采森大药房与益丰大药房在经营理念、管理手法等方面上存在较大的差距。”胡飚这样分析两家药店的首轮交锋。因为多年以商业公司模式在市场打拼，胡飚掌舵的采森大药房的强项在于营销与策划，而在药房管理上与同行相比有一定差距。认识到己方的不足，胡飚开始着手提升连

锁药店的内部管理，放缓了门店扩张的步伐。采森大药房在勤练内功的同时，寻找二次发展的契机。

2010 年，国内药品零售市场的第一批省级药店联盟逐渐成立，并在业内产生了很大的影响，“联盟”、“抱团取暖” 成为行业热词，这引起了胡飚的关注。在对各个省级药店联盟进行考察过后，2011 年 11 月，胡飚召集江西省各个地市的连锁药店龙头企业，就成立江西药店联盟的想法进行了一次深入研讨，获得参会连锁代表的一致认同，推举他担任联盟筹备组秘书长。

三、糖尿病生活馆，差异化竞争抢占新市场

通过成立药店联盟，胡飚不仅为江西的连锁药店寻找到一条新的渠道，同时也为自己开拓了视野，促使企业走上再次转型之路。胡飚在走访了全国许多药店联盟成员的门店后，回到采森大药房，开始尝试建立糖尿病生活馆。

为何想尝试糖尿病生活馆这一新业态？胡飚告诉记者，首先，采森大药房原本就有保健品批发业务，其中有很大一部分产品属于辅助降血糖类别，为糖尿病生活馆提供了产品支持；其次，面对江西药品零售市场的激烈竞争，在管理与理念尚有差距的情况下，采取差异化发展策略，可避免与竞争对手的正面对抗。

胡飚坦言，仅以南昌市场来说，虽然连锁率不足 30%，但采森大药房要追赶的连锁仍然不少：本土的黄庆仁栈华氏大药房、开心人大药房、昌盛大药房、惠仁堂，跨区发展的益丰大药房、老百姓大药房以及大参林，都是实力强劲的对手。采森大药房若与他们硬碰硬，占不到任何便宜，通过差异化竞争反而可以避开与其他连锁药店的正面肉搏，去抢占尚未被开拓的新市场，从而提高采森大药房在南昌药品零售市场的占有率。

◆面对面

《21 世纪药店》：*您是采森大药房的董事长，同时身兼保健品批发公司董事长与江西药店联盟理事长之职，如何在这几个职位之间取得平衡？*

胡飚：人的精力是有限的。所以在当初进入药品零售行业之前，我就已经有意收缩批发公司的业务，整体业务缩减了一半。因为当时连锁药店的管理还显落后，在初期竞争中我们一直处于被动，这要求我投入更多的精力。虽然因此失去了批发公司一大块业务，但换来了采森在药品零售市场上的立足。

同样，在江西药店联盟筹备阶段，我又把大部分精力放在联盟成立的事情上。现在回想起来，采森大药房因此错过了最佳的扩张时期，但换来的是开阔的眼界与思路，从而帮助我们解决了许多连锁药店发展中的困惑。

随着采森大药房的再次转型，我现在的主要精力又回归到保健品业务上，一方面为采森大药房开设更多的糖尿病生活馆，另一方面是在全省招募加盟店，拓展市场。目前进展比较顺利，保健品批发业务也重新走回正轨。2013 年，采森大药房旗下 11 家门店的销售总额为 4000 万元，保健品批发业务达到 7000 万元。

《21 世纪药店》：*据了解，去年江西出台新规，对医保药店销售非药品做出限制。针对这一政策，您对采森大药房未来发展有何规划？*

胡飚：2013 年 7 月，江西相关部门出台新规：7 月 1 日以后新批准的医保定点药店一律不准陈列非药品。一刀切的政策让连锁药店的发展一下子陷入困局：医保刷卡收入占医保定点药店销售收入的很大比重，药店不可能放弃医保资格；而随着新医改相关政策的落实，药品价格一降再降，药

品利润已不足以支撑药店的生存，非药品成为为药店“降压”的品类，医保定点药店却又被明令禁止陈列。多元化与专业化似乎已经成为药店无法融合的两种模式。

面对这一政策环境，目前采森大药房的策略是，通过糖尿病生活馆为医保定点药店与非药品之间找到一个衔接点。采森大药房在医保门店里开设糖尿病生活馆，产品以糖尿病相关的药品、食品、保健品为主，以会员制的形式增加顾客黏度，进行差异化竞争。这也是为医保定点药店与非医保药店多提供一个合作的选择。

张冬明：探索创新的脚步不能停

张冬明，浙江瑞人堂医药连锁有限公司董事长。1998年，张冬明放弃公务员工作，下海开起了药店，从一家20平方米的小药店起家，发展至今，拥有152家门店的瑞人堂成为浙江台州地区药品零售市场龙头老大；而从贵细、药妆，再到中医坐堂，张冬明先人一步的探索也从未停止。

记者联系张冬明预约本次采访时，他正在国内某知名中药厂参观。参观结束后，张冬明依约接受了记者的专访。张冬明说，目前药品零售企业所处的经营环境发生了很大的变化，零售药店发展面临五座大山的压力——医改冲击、经营成本提高、同行竞争激烈、电商冲击以及高毛利产品受到消费者质疑。在此背景下，中医中药因为获得国家政策的扶持，可以作为零售药店的破局方向。而选择中医中药也是张冬明继放弃公务员身份下海，药店率先引进参茸贵细、药妆和快消品后，又一次魄力十足的转型。

一、下海卖药，深耕台州市场不动摇

1995年，张冬明通过会计师考试，顺利进入政府部门工作。1998年，浙江等沿海地区兴起下海热潮，张冬明也毅然放弃了公务员的铁饭碗。因为爱人是学医学专业的关系，在选择将进入的行业时，张冬明决定开药店。当时以一家20平方米的小药店起家，发展到现在，瑞人堂医药连锁拥有152家门店，稳居台州市区域龙头老大的位置，在浙江省也名列前茅的药品零售连锁企业。张冬明笑称，“没想到一卖药就卖了十几二十年。”对于如今的企业规模，在他看来，瑞人堂的路还很长，仅在台州市还有很大的发展空间。“台州容纳瑞人堂300家门店不是问题，瑞人堂下一步是要做深做透做细台州市场。”张冬明告诉记者。

20世纪90年代，放弃公务员身份需要极大的勇气和魄力，张冬明大胆地迈出了华丽转身的一步，进入药品零售行业。在瑞人堂的发展过程中，张冬明仍然不失“浙商”的果敢和创新，抓住机遇，几次成功转型。

二、居安思危，培育参茸贵细消费群体

早在2002年，当大部分药品零售企业享受着政策的“红利”平稳发展时，张冬明已居安思危，

“那时全国药品零售市场刚刚放开，很多资本开始向药品零售行业涌入，我们预计今后行业内的竞争一定会非常激烈；并且从医改的政策走向来看，预测今后的发展态势会对药店形成巨大冲击。”于是，瑞人堂于2002年引入参茸贵细品类，成为浙江省第一家引入同仁堂专柜和胡庆余堂专柜的零售药店。张冬明告诉记者，那时引入同仁堂专柜其实根本没有什么利润，同仁堂给瑞人堂的是80扣，利润空间很小。之所以要引进同仁堂专柜并且坚持经营下来，就是为了借同仁堂的品牌提升瑞人堂的品牌形象，同时也为瑞人堂后来的参茸贵细销售培育消费者。现今，参茸贵细已经占到瑞人堂总销售额的18%，对于抵御五座大山的压力，贵细参茸产品功不可没。谈到这次转型，张冬明非常坚定地说：“这个项目很成功，因为消费者培育工作我们做得比较早，并且具备良好的品牌效应，现在台州的消费者如果要买参茸贵细，都会想到来瑞人堂。”

三、敢为人先，引进药妆专柜

时间证明，瑞人堂的参茸贵细之路是成功的，不过张冬明的探索并未止于此。继引进参茸贵细品类后，2003年，瑞人堂引入了药妆品类。那一年在温岭市（台州市下辖的县级市），瑞人堂鸣远路店率先引进薇姿专柜，其后又相继引入雅漾、理肤泉等品牌药妆专柜，销售异常火爆。直到现在，这家门店的薇姿、雅漾专柜的年销售额分别达到200万元，理肤泉的年销售额也有100万元。张冬明分析，之所以药妆产品能在鸣远路店一炮打响，一是温岭女性消费者的消费水平比较高，在薇姿进入温岭以前，很多女性消费者跑到杭州等地购买薇姿、雅漾产品；二是在当时，温岭的商场尚未引进薇姿、雅漾等专柜，瑞人堂抢占了市场先机。据了解，目前，瑞人堂仍有5家门店设立薇姿、雅漾专柜，年销售总额在1300万元左右。

瑞人堂为什么没有继续向药妆大规模转型，零售药店是否适合在当下发展药妆？对于记者提出的问题，张冬明表示，药品零售企业转型药妆的时机已经不在，一是上游企业不重视药店渠道，药店很难获得上游企业在营销政策上的倾斜；二是商超已经牢牢抓住了消费者，药店要重新培养消费者的消费习惯，与商超抢客难度很大。

在当时引进药妆产品时，为了近距离学习药妆的经营经验，瑞人堂在2007年与屈臣氏达成合作——在位于温岭市最繁华的地段、经营面积约500平方米的瑞人堂门店里，将一半的经营区域拆分后租给屈臣氏，当起了屈臣氏的“二房东”。张冬明说，现在这家门店仍在与屈臣氏合作，既学习屈臣氏的成熟营销经验，也可以借屈臣氏带来客源。据他介绍，现在这家门店租出的经营面积可为屈臣氏带去1500万元的年销售额，同时也能为瑞人堂创造同样的价值。

四、紧跟政策，发力中医药特色服务

在药店转型路上，张冬明一直在不断的探索，“敢为人先”的浙商精神在他身上体现的淋漓尽致。2007年，瑞人堂还曾尝试引进快消品。不过在多品类尝试后，如今张冬明将目光锁定参茸贵细和中医中药两大类，“中医中药是国家重点扶持的项目，而药店在这方面也有良好的消费者基础，可以发力。”

在今年的地方“两会”上，张冬明作为温岭市政协委员提交的提案就是关于“大力扶持中医药事业发展”的，内容主要与“中医坐堂医”有关。张冬明在提案中指出：“开办坐堂医设定了许多准入条件……按照规定，坐堂医诊室及独立的中药饮片区都有最低面积限制，这加大了药店的经营压力，能否在原有基础上做适度调整，降低中药饮片营业区的经营面积限制；其次，中医坐堂医诊所必需配备足量的优质中医医师。”在温岭，经过药店人的多次呼吁，中医坐堂医于去年开禁。按照瑞人堂的实践经验，中医坐堂医诊所对药店中药材的经营至关重要，自2013年中医坐堂开禁后，瑞人堂中药材的年销售额增长幅度达10%。张冬明表示，中医坐堂医诊所的面积准入条件限制了很多药店中医坐堂的快速发展，不利于“药店+诊所”的模式给老百姓带去实惠和利益，所以应当适

当降低面积准入条件，但是在医师质量上必须有保障。如今，瑞人堂20多家获得中医坐堂资质的门店聘请了当地300多名名老中医坐诊，以确保为顾客提供高质量的医疗服务。

对于未来的发展，张冬明表示，经营环境会变得越来越复杂，药店应该以药品为支撑，大力发展参茸贵细和中医中药。尽管药妆、快消品让张冬明曾经信心满满，不过在当前的市场和政策形势下，他清晰地看到，药店发展这两个品类的时机已过。至于医疗器械，张冬明觉得可以发展，但是必须与电商形成差异化竞争。“药店要生存发展，就必须不断的探索。瑞人堂不会停下探索创新的脚步。”张冬明说。

胡宏敏：个性化创新永不言弃

胡宏敏，四川杏林医药连锁有限责任公司董事长兼总经理，成都市人大代表。《21世纪药店》2013年度新锐人物获得者。

记者好几次和胡宏敏见面，都是在医药零售的各种行业会议中。他给人的第一印象是举止儒雅，声音温润。刚接触他的人会发现，胡宏敏的气质不像一个打拼了20多年的商界精英，而更像一个学者。记者也注意到，每每在会议上提问时，胡宏敏总是特别关注具体数据。这次接受《21世纪药店》报专访，前前后后历时一周时间，因为他一直处于出差模式。胡宏敏告诉记者：“每年我都会花很多时间和同行学习、交流，希望更多地了解同行的发展现状，让我们企业更进一步。”

从20世纪90年代弃医从商，到2001年在四川成都投资开出第一家成都杏林大药房，胡宏敏的事业一直稳健发展。这固然与他对行业大势的敏锐预判和前瞻的投资眼光有关，更与他一直坚持不断的学习分不开。

20世纪90年代初，主修临床医学的胡宏敏弃医从商，做过销售代理，也承包过医药公司。进入21世纪后，国内的医药零售产业开始进入市场化发展阶段，他没有错过机会，开办第一家杏林大药房。13年时间过去，杏林大药房发展成为在四川省成都市、绵阳市、南充市等城市拥有七八十家门店，并迅速向周边城市覆盖的医药零售连锁公司。其间，作为掌门人的胡宏敏一直适时调整公司规划：根据政策以及市场需求，杏林医药不断对门店形态进行升级，比如从最开始的平价社区型药房，到现在的药妆店、中医馆等。在胡宏敏的带领下，门店不多的杏林医药连锁成为四川省内盈利能力很强的连锁药店企业。

新医改在全国推开后，药品零售行业开始显现出政策逼仄、顾客分流、价格空间缩小等问题，既而药店生存模式的转变、大健康盈利模式的建立成为业内热议的焦点话题。这时候，胡宏敏又看到并抓住了国家大力发展中医中药事业的有利契机，将早在2005年就成立的“金杏林名老中医馆”于2011年升级成为杏林春堂国医馆，把“名医+好药”发展为核心业务，为提升药店专业服务能力，吸引了一批中医名家前来坐诊。目前，杏林春堂国医馆发展渐入佳境，不少成都当地同行都觉得，这一业态极可能帮助该店发展成为杏林医药的亿元大店。

作为前后实践过平价社区药房、专业药房、药妆店、中医馆等不同业态的零售连锁企业负责人，胡宏敏认为，产业的发展出路还是在创新。“在商品创新，业态创新、价格创新都不能再带来革命性的转变时，连锁企业只能通过发挥管理上的竞争优势，将优势转变为销售业绩，从社区中心或者单体药店等竞争者那里赢得市场份额。”胡宏敏如是表示。

在采访中，胡宏敏告诉记者，每年他都会花很多时间走访国内外同行，向他们学习。即使在谈到今年即将召开的又一届药店年会时，他还是说，希望在年会上和更多的药店同行交流，看看他们的发展现状。他认为，只有不断的学习实践，哪怕无数次失败，都不要放弃自己个性化的创新：管理上创新，服务上的创新，最终都必须体现在业绩上。

◆面对面

《21世纪药店》：*近年来，连锁药店的经营业态不断创新，多元化和大健康一直是热点。对于大家普遍把大健康作为发展战略，您怎么看？*

胡宏敏：事实上，这几年我们国内的药店一直在试验大健康模式。比如前几年国内药店寄予很大希望的药妆店就属于大健康模式，倾向于“美丽”。很多连锁药店企业老总到日本、中国台湾地区考察模式和商品，后来上海等沿海城市也开过一些不同品牌的药妆店。但是可以说，目前业内还没有找到能够在连锁药店复制的模式。因为药妆店对商圈和消费层次的依赖比较高，不像平价模式那样能在连锁企业里铺开。

另外，药妆店创新这条路的效果不好，还与各地的政策约束有关系。像我们药店的品类格局依次是处方药、OTC、大保健等，也没有办法进行革命性的创新。不过，药店利润排名首位的虽然还是处方药，但处方药销售在新医改推行后，受到了社区医疗机构分流的影响，加之房租、人力成本一直在上涨，所以现在比较热的是中药，药食同源产品，利润空间较大的中药饮片、膏方甚至贵细药材等的销售，这也是很多连锁向中医馆转型的原因之一，也可以说是另一种方向的大健康。大健康是国家的政策方向，发展一定会越来越好，加上国家扶持中医药产业的趋势，我想应该比药妆店好做。

《21世纪药店》：*在把大健康作为发展战略的同时，近几年连锁企业对拓展门店的思路也在进行调整。您认为这其中的原因何在？*

胡宏敏：现在你会发现连锁企业对拓展门店的态度都相对谨慎，不但开得少，而且有一些连锁企业还坚决把经营不好的门店关停。这是因为连锁药店已经过了野蛮生长阶段，从经营上讲，是因为现在新开门店的产出不足以达到盈利的平均线。

另外，从不同类型的企业来看，如果要考察新开门店的销售业绩，可能优秀的大连锁的新开门店产出不如小型连锁，小型连锁的产出又不如单店。我想，这其中一个很重要的原因可以归纳为“管理上的竞争优势”发挥出的程度不一样。

《21世纪药店》：*那么，您认为该如何解决这个问题呢？*

胡宏敏：我认为，企业还是不要放弃自己的个性化创新，包括管理上创新、服务上的创新，最终都必须体现在业绩上。

在目前的市场环境下，以执业药师为代表的专业服务价值在销售价格上还很难得到体现。现在新开门店的辐射范围在缩小，以前有5公里，现在可能在1公里以内，而且1公里之内还有好几十家门店竞争。而管理上的竞争优势体现在：新开门店如何通过店面形象、员工专业服务等让顾客去感知你的优势，通过热情、周到而专业的服务吸引更多的客流，让他愿意成为你的门店的忠实顾客。在这一点上，越小的连锁可能越容易做好，竞争效果与企业规模出现了倒挂。我想，这值得所有的连锁企业负责人认真思考，因为在这个竞争激烈的年代，管理的竞争优势会直接影响门店的销售业绩。

《21 世纪药店》：谈到创新，不能不谈的一个话题是现在很火的医药电商。近几年，越来越多的连锁药店企业开始重视在医药电商方面发展，比如自己开网店，与天猫医药馆、京东等第三方平台合作开设旗舰店等。您是否感受到电商大潮对实体药店的冲击?

胡宏敏：医药零售还是一个专业服务型的行业，我就从来没想过通过网络来盈利，开网店的目的主要是为了提高企业关注度。医药电商需要物流做支撑，这对于纯零售连锁企业来说是无法企及的。在我看来，目前连锁企业做得更多的是 O2O 模式，借助第三方平台来涉足电商。这样做的目的其实仍然是为药店品牌加分，提升上网的顾客对药店品牌的认知度以及黏度，最终还是为了吸引更多的顾客到门店来购买。

杨孝华：围绕多元化，打造“五个一”工程

杨孝华，先声再康江苏药业有限公司董事长。1993 年进入先声药业，2010 年转战药品零售板块。目前，先声再康是江苏地区最大的药品零售企业，拥有门店 176 家，2013 年销售额超过 6 亿元。

一、转战零售，最大感触是行业发展不易

1993 年，杨孝华离开了医院药剂科，选择到先声药业当了一名普通的医药代表。从杨孝华长长的履历中可以看到，他的足迹几乎遍及大江南北，从湖南、江苏到四川、东北，再到山东、安徽、河南，职务也从一名普通的医药代表，一步步走到了先声药业营销副总裁的位置上。先声药业在美国上市前，作为先声药业旗下的零售连锁板块，先声再康从中被剥离出来。先声药业董事长任晋生对零售板块有着较高的期许，希望先声再康未来能够做大做强，可以独立运作上市。杨孝华带着这样的使命和任务，于 2010 年年底担任先声再康江苏药业有限公司董事长。

做了 18 年的工业销售工作，杨孝华进入医药零售圈后最大的感触，是感叹这个行业的艰难：“与上游不同，药品零售业毛利空间很低，面对不断疯长的房租、人力成本和不断下降的药品价格，每一分钱都必须精打细算，还要积极扩大销售，否则就无法达到预期的盈利目标。另外，整个医药零售行业从业人员的层次也不及上游高，因此在带队伍时会更有挑战性。做零售就是做细节，零售的工作非常繁琐，对于每一个细节的把控都必须足够细致。应该说医药零售行业能走到这一步已是

非常不易了。”

二、战略升级，专业化、多元化并行

到任先声再康董事长不久，杨孝华就针对员工服务提出了“四个一”的要求，“四个一”指的是：一个微笑，一张名片，一句问候，一杯茶水。“四个一”概括了先声再康门店服务准则，简单易记且行之有效，很快获得了消费者与市场的认可。在杨孝华执掌先声再康的这些年里，企业取得了不俗的成绩，门店从原有的90多家增加到目前的176家，销售额也从原来的3亿元增长到了6亿元。杨孝华表示，这距离先声再康独立上市的目标还有着很远的距离，“我们必须谋求更大的突破”。

“过去，先声再康一直努力寻求专业化的突破。目前，先声再康的员工当中，95%来自于医药专业院校，销售品类中，药品（含处方药、OTC及中药饮片）占比超过70%。先声再康要取得进一步的突破，需要在强调专业化的基础上，开始谋求非药品类的提升。另外，南京等地医保政策限制，也要求非医保店药店必须走非药经营的道路，才能够取得经营上的突破，因此我对店员们提出了新的‘五个一’工程。”杨孝华说。

事实上，多年来，南京市医保门店审批速度缓慢，南京市区1480家药店当中，仅有298家医保药店，医保店数量仅占药店总数的20%，但南京参保人群已经超过95%。医保资源的高度集中使得医保药店有着巨大的经营优势，而没有医保资质的药店经营起来则倍感吃力，这也是外来连锁在南京市难以立足的主要原因之一。

相对于其他连锁而言，先声再康医保店的比例并不低。但在杨孝华看来，政策的保护是暂时的，“政策随时都可能调整，占据医保优势资源，固守阵地不求发展，万一政策改变就随时都可能面临被市场淘汰的风险，优势资源反而成为发展的牵绊。因此，我更倾向于让药店提前转型，以应对未来可能面临的一切冲击，医保店与非医保店同时发展，让先声再康的路走得更加平稳。”

杨孝华提出的“五个一”工程，即指每个店员每天发展一个新会员，卖出一个医疗器械、一盒饮片、一盒健康食品、一盒奶粉。不难看出，“五个一”工程围绕的是多元化经营，这意味着多元化经营在先声再康已经被提升到战略层面的高度。杨孝华表示，由于消费习惯等原因，多元化经营在南京药店并不算成功，但在医保资源稀缺的情况下，几乎所有没有医保资质的药店都或多或少地涉足多元化经营，消费习惯正在逐步发生转变；并且，从整个行业发展来看，多元化经营也是大势所趋。

◆面对面

《21世纪药店》：对于南京的药店而言，医保药店资源的紧缺，让南京当地的许多药店放缓甚至停止了扩张，以保证门店的盈利。但先声再康并没有停止扩张的脚步，在南京以及周边地区进行扩张，对此您是如何考虑的？

杨孝华：如你所说，近年来零售药店盈利状况并不乐观，门店扩张承担着不小的风险，南京的药店受到医保店资源限制更是如此。但先声再康有着更远大的理想与目标，那就是独立上市，因此我们不能够停下发展的脚步。对于连锁药店而言，扩张是发展的一项重要指标。

过去两年，先声再康的扩张策略主要以自主开店为主，几乎没有并购与加盟。到了2014年，我们的扩张策略发生了转变，未来将以并购为主，加盟、托管为辅，自主开店放在后续层面。因为随着药店密度加大，良好的选址越来越难；房租上涨过快，盈利周期越来越长，总体门店数量过多等原因，促使我们相应调整了扩张策略。

过去，先声再康几乎没有开展加盟店业务。但根据我在国外考察所得，美国排名前十位的药店中，有6家都是通过加盟模式开展业务的。加盟/托管的做法能够帮助药店快速壮大，同时也符合商务部对于提高行业集中度的要求。国内大连锁对于加盟模式认可度较低的原因，我认为是还没有找到对于加盟店很好的管理手段。目前，先声再康已经成立专门部门并配置专门人员，对加盟模式进行研究并展开试点，目前已有5家加盟店。现在我们对于加盟店的把控接近于直营店，试点工作还处于起步阶段，未来还有很长的路要走。

《21世纪药店》：江苏省是“奶粉进药店”政策首批试点省份之一，在“五个一”工程中，您提到了“一罐奶粉”。您是如何看待“奶粉进药店”的呢？

杨孝华：目前先声再康已经引进了9个品牌的奶粉，但目前门店的奶粉销售业绩并不尽如人意，“一罐奶粉”的含义在于每个店员每天卖出一罐奶粉，逐步改变消费者的消费观念。

长远来看，药店有着专业性优势，随着政策推动配合媒体的宣传，药店销售奶粉的前景还是可期的。目前，先声再康正在根据消费者进店购买记录，进行定性分析，判定某消费者有奶粉购买意向，然后有选择性地进行定向宣传，以求在这一品类上取得突破。

《21世纪药店》：日前传出处方药网上销售有望开禁，医药电商大潮正愈逼愈近。据了解，先声再康也有电商业务，有药店经营者认为医药电商未来可能威胁实体药店的生存，您对此持什么态度？

杨孝华：对于医药电商的发展，我抱的是一个开放的态度。医药电商崛起是一个大趋势，通过行政手段去阻挠是不现实的。

事实上，如果处方药网售开禁，首先受到冲击的应该是医院市场，大量的消费者会放弃医院渠道转由线上购买，降低医院药价虚高的情况，降低医疗费用，既符合国家利益也符合消费者的利益。

当然，网上药店崛起对于线下实体药店的冲击肯定会有，因此先声再康也正积极开展网上药店业务。先声再康网上药店于2012年上线，是江苏省第一家网上药店。我们也时刻关注网上药店的走向，并逐步加大线上板块的投入。就目前来看，传统药店在线上开店表现并不出彩，我认为要改变这一现状，网上药店应走差异化路线，不要简单粗暴地走“大而全”的路线，而是要对某个细分领域的品类进行强化，同时提供差异化的增值服务，以避免单纯地价格竞争可能引发的恶果。

毛德春：坚持农村路线不动摇

从1980年进入成都利民药业连锁有限公司（以下简称“利民”）前身四川大邑中药材有限公司算起，毛德春在利民已工作了34年。回顾与利民一同走过的岁月，公司从50多个员工发展到1000多人，从1987年始建第1家门店到如今110多家直营店，从单店到进入四川区域品牌连锁之列，从员工到企业掌舵人，毛德春用他质朴的行动诠释了一个平凡却不简单的价值理念，走适合自己的路，实实在在做人，踏踏实实做事。

一、扎根乡镇，走进社区

2002年，四川大邑中药材有限公司将旗下零售业务剥离出来，成立成都利民药业连锁有限公司，时任总经理的毛德春带领利民，从最熟悉的根据地四川大邑县开始，一步一个脚印地践行“扎根乡镇，走进社区”的发展理念。毛德春告诉记者，乡镇居民喜欢就近购买药品和日用品等生活必

需品，

此外，农民到乡镇赶集，也想一次性把生活用品全部买回去，因此，利民在乡镇密集布点，为他们提供一站式购物服务。目前利民的110多家直营店分布在雅安、邛崃，蒲江、名山、荥经、天全、大邑等市、县的城乡，赢得了“质量放心、价格公道、网点多、服务好”的口碑；由于方便和满足了乡镇、农村居民的购物需求，利民多次被政府部门以及行业协会、消费者协会等机构授予农村药品“两网”建设先进企业、农村放心商店建设先进集体、“经营质量信得过单位”等荣誉称号。2011年6月，利民连锁被成都市商务局列入成都品牌连锁企业。

毛德春，成都利民药业连锁有限公司董事长。2002年成都利民药业连锁有限公司成立，担任总经理。2007年任成都利民连锁所属集团——成都利民经营管理有限公司董事长。多年来，毛德春带领利民连锁始终坚持走农村包围城市路线，在乡镇社区发展药品+百货+生鲜的经营模式，让利民连锁在乡镇市场赢得口碑。

二、药品+百货+生鲜，三剑齐发

企业的发展见证着掌舵者的智慧及其团队的执行力，利民也被烙上了务实的标记。以平价模式起家，毛德春和他的经营团队不断探索适合利民发展的经营管理模式。2004年，利民开始涉足日用百货和生鲜食品经营领域，2011年，利民在大邑县悦来镇开设了成都地区下辖乡镇中最大的农村商贸综合服务中心，这家面积近3000平方米的商贸中心旗帜店，集百货、生鲜、家电、服饰、家具、药品、中药等经营项目于一体，实现多种业态优势互补，最大限度地满足消费者“一站式”的购物需求。同年，利民集药品、日用品和生鲜食品经营为一体的便利店模式开始在乡镇布点。毛德春告诉记者：“市场瞬息万变，要求我们不断完善经营模式，不断提升品牌，不断开拓新市场。利民决定发展药品+百货+生鲜模式的便利店，主要基于两点考虑：一是满足消费需求，二是竞争需要。”在他看来，利民花3年时间发展起来的便利店业态之所以能够成功，一方面是迎合了消费者的需求，另一方面也是因为相比其他便利店，利民既有百货和生鲜的经营经验，在药品经营方面又有很大优势。

三、离不开，必须干下去

7年前，毛德春开始担任成都利民药业连锁有限公司所属集团成都利民经营管理有限公司董事长。谈起对利民34年的全心投入，毛德春说，这是一种责任。“年轻的时候喜欢中药，想在这个行业贡献自己的智慧和力量，所以来到利民前身中药材厂。在利民，我所从事的是自己喜欢的工作，因此能全心投入，企业也慢慢做大。担任企业负责人的这些年，我第一个想法是企业要生存就要发展。企业要发展，职工就会增加，有上千号的职工跟着你一起了，你要养得起，必须要发展。对于利民，我这辈子是离不开了，必须要干下去。”

◆面对面

《21世纪药店》：便利店业态，多元化经营也是目前不少区域连锁正在探索的发展路径。以您的经验，在区域零售市场里，如何避免经营模式的同质化？

毛德春：对利民来说，避免同质化竞争，药品＋百货＋生鲜的便利店业态更适合我们发展。利民是做药品经营起家的，对药品经营有市场直觉，而经营生鲜和百货，利民也已积累了10年的经验。在乡镇布点“药品＋百货＋生鲜模式”的便利店，满足消费者就近一站式购物的需求，投入成本大约在30万～40万元，并不算高。目前，国家扶持大健康，支持中医坐堂医诊疗。中医坐堂诊疗能带来人气，拉动门店销量，因此。药店＋门诊模式也是利民在探索的另一条发展路径。

《21世纪药店》：利民连锁下一步的开店计划是怎样的？

毛德春：经济不景气，企业不能盲目扩张，利民暂时不考虑走出四川。直营店布点，企业要考虑经营空间、当地消费习惯、资金投入等因素，也要量力而行。我想，利民仍会坚持“扎根乡镇，走进社区”的宗旨，在本区域市场内，一个县一个县地密集布点，在成熟的地方多开门店，不成熟的地方暂不考虑，扎扎实实地走好每一步，在周边做强做大。

《21世纪药店》：医药电商被称为最后一片蓝海，利民对此有何计划？

毛德春：对于电商业务，我们目前做了两手准备。其一，多在乡镇开实体店，成为未来电商的配送点。因为大电商平台不可能在全国所有地方都建配送点，而我们在乡镇布点更有优势。其二是自己做电商，目前我们内部还在探讨。比如通过微信，官网等获得订单，利用就近的门店送货上门，这样可能更贴近消费者。无论是电商还是实体店，只要方便、服务态度好，企业就能在竞争中生存下去。目前，电商的盈利模式还不成熟，我想发展医药电商，贵细药材品类可能更有潜力。

（本章内容除署名外，均据《21世纪药店》）

中国药店发展针鉴

门店经营

■门店选址

赢在选址——从研究商圈类型开始

商铺选址是企业市场开发的重要环节，是决定商铺发展前途和经营成败的关键因素，正确的选址对商铺成功率的贡献达到60%。不同业态、不同档次的商铺选址要求大相径庭。但什么样的商铺才是最适合的，这是大多数企业不得不思考的问题。

对零售业来说，新的门店形象源于新的顾客群体。当前药品的需求以中老年顾客为主，这是因为随着人们的年岁增长，健康程度随之下降。但是当社会的经济水平发展到一定阶段时，消费者会在更年轻的时候就开始担忧自己的健康状况。当我们面临的顾客发生变化时，自身当然也就需要做同步的调整。比如说，将自己的形象变得更年轻化，而不再是原来那种专业、刻板、单一的老样式。

同时，新的形象源也于新的环境。消费者认为药品消费必须具备两个要素——安全、有效，以此来满足人们对健康的心理需求，因此店面的形象展示就需要充分表达这两个要素。通过环境洁净、空气清新、光线明亮、色调明快、排列整齐等方式，暗示顾客可以将现场的安全管理等同于商品的安全和有效。在此基础上，再配合完善的商品组合、活泼多变的陈列与新颖醒目的指示等来促进顾客的购买欲望。

再者，新的形象还源于新的商品组合。顾客的需求变得年轻化和多样化，因此我们提供的商品也需要体现这种趋势。然而，新增的商品与现有的药品如何实现统一呢？这就要求药店经营的商品必须符合健康这一主题。例如，针对当前药店销售化妆品面临困境，如果从健康的角度来考虑引进合适的化妆品，也许更能满足顾客的潜在需求，帮助顾客体验到药店与百货店之间的差异。

那么，一个多大的店铺能够展示出这样的新形象呢？单从面积上讲，如果你的店铺拥有3500个商品，一般150m^{2}左右的店铺面积就已经足够了。在确定了营业面积后，通过提高坪效和人效，达到降低房租和人工等直接成本的目的。

坪效一般达到60～100元/m^{2}日销量较好。这样150m^{2}店铺面积可实现营业额9000元/天以上的目标。基本人效要保证在人均1500元/天以上。按营业额9000元/天计算，员工将保持在6～8人的编制（两班制人员合计）。

150m^{2}的店铺面积既能保证足够的店铺视觉形象和商品陈列效果，又兼顾了成本控制，这实际上是一个标准的便利店模式。在明确了成本上限与业绩目标后，自然也就明确了所需的商圈类型了。

（第一药店财智　朱静明）

■布局陈列

商品陈列背后的经济学：购买暗示

走进不同的超市、商场，消费者会发现有些货架上的商品摆放色彩艳丽，有温暖舒适之感，容易激发起消费者的购买欲望，有些则不然。还有些商场会将看上去很不搭配的两种货品放在同一个陈列区，比如尿布和啤酒，但销量却出奇的好。

这些其实都是商家经过深度研究和论证后得出的商品陈列学。不过，千万不要小看商品陈列，科学的陈列能大大增加销量，加快商品周转率，反之则会导致客单价低下，货品周转率低，甚至导致货品滞销。但是，要做到合理的商品陈列并不容易，个中的秘密和学问非普通消费者能够参透。

一、陈列的购买暗示

在业内，商品陈列先要看货架，最初的货架是由美国铁道使用的用于堆积沙砾的无顶货车命名而来，通常货架是长方形，比较小型的是 90 厘米，可根据业者的需要进行组合，之后还延伸出橱柜型的封闭式货架、流动平台货架等。

利用不同的货架、商场空间，通常可将商品陈列分为线状陈列、筒状陈列、缝隙陈列、柱状陈列、斜型陈列、堆放陈列等，而就具体的货品陈列表现来看，可将同类货品集中陈列，也可将不同货品对比陈列，有些货品需华丽包装呈现，有些则适合“赤裸”堆放。

而在这些繁多的陈列手法中，最根本的一条是——陈列必须能激发起顾客的购买欲望，因此，陈列手法中蕴藏购买暗示。

“所有的商品陈列最基本的一条是丰富感，或者叫展示溢出感，比如有一些堆头型的陈列必须将货品满满地呈现出来，让顾客一眼望去就觉得这家店铺的商品繁多，货量大、货物新鲜。假如货架上空空如也，或一些堆满、一些空置，顾客则会认为这家店铺周转率差，货品陈旧，不愿意购买。”曾在家乐福工作多年的季先生说。

除了丰富度，顾客最敏感的当属价格，虽然超市内可贴满打折广告牌，但这种令人视觉疲劳的做法有时还不如直接在商品陈列上体现。

研究零售业多年的上海商学院教授周勇指出，以迪亚天天等折扣店为例，折扣店顾名思义就是价格便宜，其就直接体现在箱包式货品陈列上，尤其是有些啤酒、饮料等，并不拆箱，仅是在样品箱上切一个小口，让顾客看到实物，其余货品全部整箱陈列。这种简单且节省人力的箱包式陈列就暗示了这类货品是低价商品。

另有一种“松竹梅”日系陈列法，也是抓住消费者价格敏感心态的暗示消费陈列法。日本营销学专家新山胜利在《完全商品陈列 115 例》中指出，在行为经济学中，有一种“边缘回避性”理论，在日本被通俗地称为“松竹梅”效应，即“松竹梅”代表三档价位，大多数人会选择中档的“竹”类商品。于是很多零售业者在商品陈列时会将三档价位的同类商品并排陈列，且中档货品的货物会摆放最多，这其实是抓住顾客“松竹梅”中档消费心态，以销售更多中档商品。

“与上述理论类似的，在家乐福内部，有专门研究过商品的高中低毛利，并非低价商品就低毛利或高价商品就一定高毛利，关键是如何将高中低毛利商品结合，达到门店最佳利润点。因此在商品陈列上也是做过仔细研究，将最关键毛利的商品突出陈列，这既给了消费者购买暗示，其实也是商家有指向性地提升毛利。”上海中发商业管理集团执行董事、总裁丁浩洲坦言。

还有一种令人意想不到的陈列暗示——时间段陈列法。小李是一家服饰店业主，其店内模特身上的衣服一天之内会更换 3 到 4 次。“基于人们的参考性，模特身上的衣服是卖得最快的，我们研究发现，早上是学生路过最多，下午则是家庭主妇，晚上散步老人很多，这三类人对服饰的需求不同，于是我们会在白天时段展示更多青春款和时尚女装，而到了傍晚开始，则换上价廉物美的中老年休闲装，不少消费者会根据模特身上的服饰陈列暗示来购买，这让我们店内的销售额提升了 30%多。”小李说。

其实，小李的时间段陈列法则在日本早有实行，由于日本的人群生活节奏与时段有明显关联，因此多年前日本很多店铺就根据每个时段不同的主流客群对商品陈列进行更换，以抓住各个层面的顾客。

二、“啤酒+尿布”陈列法

在零售业内有一项著名的商品陈列法则——“啤酒+尿布”，这听起来匪夷所思，但当这两个看似风马牛不相及的东西撞到一起时，居然引发了高销量的化学反应。

“通常，商品陈列会将同类货品放置在一起，但很多你认为根本没有关系的商品其实是有密切联系的，我们需要经过长期研究、数据支持和经验人士的意见等综合观察后，将这些看似不相关但其实有消费关联度的货品摆放在一起。‘啤酒+尿布’就是一个经典案例。我们经过长期研究和分析大量数据后发现，购买婴儿尿布的大部分并不是妈妈，而是爸爸，爸爸们在购买完尿布后通常还会买啤酒，假如啤酒货架距离婴童用品太远，那么有些爸爸就懒得购买啤酒了。而当我们将啤酒直接陈列在尿布货架边上时，明显发现啤酒销量大增。”季先生兴奋地告诉记者。

这种“啤酒+尿布”陈列法则之后被广泛运用于各个商家门店中，而这个法则体现了商品的交叉和关联陈列技巧。要运用这种陈列技巧，首先商家要对货品关联度有深刻认识，比如有些看似并无联系的货品背后究竟有何种关联度、人们的消费习惯究竟如何等。

来自法国的 VICTORIA WICKER 和 WEBER ALEXANDRE 刚加盟了华润系麾下高端超市 OLE，他们的工作关键点就是告诉中国高端超市业者，海外消费者的消费习惯究竟如何，哪些商品之间有关联度，在陈列时必须一起摆放以提高销售量。

“在中国市场，可能奶酪会陈列在乳制品货架，饼干则在食品区，火腿会放置在干货区。但在欧洲，火腿并不是单独作为菜品食用，其必须配上奶酪，有时还会搭配饼干，所以在定位高端且有诸多海外顾客的 OLE 超市内，我们会将进口火腿、奶酪和饼干陈列在一起，而我本人还是这个区域的负责人，会给顾客讲解各种搭配食用方法。”WEBER ALEXANDRE 自豪地说，通过讲解和关联陈列，其所管辖的火腿、奶酪和饼干类商品的销售量明显提升，且顾客回头率很高。

在 WEBER ALEXANDRE 的带领下，记者看到在 OLE 高端超市内有很多交叉关联陈列的货品，比如上述火腿和饼干、生鲜肉和烧烤台、水果和榨汁机、不同的红酒所配置不同的主食陈列等。OLE 超市有时还通过现场演示将不同的商品比如油类、饮料、红酒、牛肉等集中展示，在顾客现场试吃认可后，便会引发集中采购上述货品的欲望，而这些原本陈列在不同区域的商品也被集中摆放在一起，让顾客“顺便”都购买了，这大大提升了该门店的客单价、每平方米绩效等关键指标。

此外，即便不在现场，商家也在努力进行着关联陈列。季先生告诉记者，在科技发达的现在，微信营销也被广泛运用，很多超市卖场会通过微信发布一些家常菜谱，最简单的比如木耳炒鸡蛋，营养美味。接收到“木耳炒鸡蛋”信息的顾客会在店铺内购买这两样关联商品，但假如鸡蛋放在鲜食区而木耳放在杂货区，那么购买可能就会降低，于是商家在微信营销后，特意将木耳陈列在鸡蛋边上，这样大大增加了两种商品的销量。

还有一种关联陈列则是同类商品的不同品牌陈列。比如目前家乐福、TESCO、屈臣氏、万宁等都有自有品牌商品，可根据中国消费者的习惯，自有品牌不如众所周知的大牌来得响亮，因此假如单独设置自有品牌区则销量不会很高。于是很多商家便将低成本、低价格的自有品牌商品与同类货品的大牌们关联陈列，以提升销量。比如万宁研发的自有品牌沐浴乳经常会陈列在宝洁系产品边上，而欧尚的自有品牌茶包、奶茶等则直接挨着立顿、香飘飘等品牌商品陈列。

据业内不完全统计，这种采用交叉关联模式的商品陈列法则会让相关商品的销售量普遍提升20%～30%。

三、陈列辅助手段

除了消费暗示和关联陈列，商品的陈列还有很多辅助手段，而这也能提升商品销量。

“色彩是非常主要的辅助陈列手段，来超市购物的大部分是女性客户，她们对色彩敏感度非常高，有时候女性消费者会纯粹为了一个喜欢的颜色而购买商品。于是，我们做了一期粉色主题的陈列，将一些食品、日用品等只要是涉及粉红色系和相关品牌的货品陈列在一个货架上，让女性消费者一经路过便会多看几眼，增加消费可能。”最令法国姑娘 VICTORIA WICKER 自豪的还不是这个粉红系列，而是其为一家新开业的 OLE 门店所做的蔬菜陈列。

VICTORIA WICKER 向记者展示了一个木制格子型的大货架，这个货架看似很像更衣室的摆放柜，但在每个格子内放着一种不同的蔬菜，包括青椒、红椒、黄椒、黄瓜、番茄等。“原本蔬菜是非常普通的商品，但蔬菜有个特性就是颜色诸多，利用这个色彩理论，我们将红、黄、绿等各类艳丽的蔬菜用时尚的方式呈现出来，激发顾客很大的购买欲望。”VICTORIA WICKER 说。

与色彩相应的还有灯光辅助陈列法。有业者指出，屈臣氏对于不同货品的区域灯光是不同的，有些需要光亮度的商品，其会集中打光，让商品看起来十分具有诱惑力，虽然顾客买回家后所看到的效果可能并不一样，但在商店内，其灯光陈列效果已经达到了。而在 OLE 超市内，红酒区域的灯光则是特意调暗的，为的是显示红酒的高贵感，且红酒本身也不宜强光照射。

还有些货品则需要“裸露”陈列，比如一些果蔬类商品，以往都是包装封起来，但如今顾客更多需要的是新鲜感，所以 OLE、联华等商家越来越多采取“抛售式”开放型“裸露”陈列，去除各种包装后的果蔬直接被放在箩筐或麻袋中陈列，让顾客仿佛置身于农家乐场所，这也表示这些果蔬非常新鲜，值得购买。

此外，专业展示陈列也非常重要。在上海正大广场 8 层，有一家专卖糖果的小店铺，其实单以糖果而言，其销售量不会太大，那么它们如何能承担正大广场这个“黄金商场”的不菲租金呢？诀窍在于，其在商品陈列区做了一个现场制作的玻璃厨房，这引来不少围观者。记者在现场看到，不少人在看了花朵型糖果、彩虹糖果的有趣制作过程后，纷纷掏钱购买。

另有一项最被业界推崇的辅助陈列方式则是主题陈列。比如在各个节庆或重大促销活动时，很多商家贴满了促销海报，但这些海报的效果可能并不如主题陈列来得有效。

“去年复活节的促销，我们并没有在店内呈现过多的海报或广告，而是做了一个主题陈列，我们将与复活节有关的商品，比如彩蛋、巧克力等全部集中起来，然后根据复活节的传说故事在门店做了主题布置，将商品穿插其中，获得很好的销量表现，我们当时的销售额环比有两位数的增长。”VICTORIA WICKER 如是说。

（《第一财经日报》）

■品类管理

商品结构看什么？

一般的店长看自己门店的商品，多是看缺货或者看陈列是否符合要求。看别人的门店，多是看别人的价格是否比我便宜，或者是看别人有啥新品而我没有的。并通常以此作为所谓市场调查的结果，要求相关部门引进新品或者调低售价。

店长们很少认真剖析，别人比我多的商品是否是我所真正需要的？或者我的商品比别人的多，是否有没必要的？或者我缺少什么商品，别人有没有？

我看商品结构，看的是品类的宽度和深度。

品类的宽度，指的是品类的价格带宽度。即某个品类的单品最高价和最低价之间的差价。

品类宽度太宽，指的是价格带区间大于品类商品的最低价。这时候，我们必须得淘汰最高价或者最低价商品，直至价格带宽度低于最低价。

品类宽度太窄，指的是价格带区间虽然低于本类商品最低价，但是由于价格带宽度值太低，导致价格带空白区间太多。这时候，我们就得考虑引进最更高价商品或者最更低价商品，以加宽价格带。

价格带区间 =（单品最高价 – 单品最低价）÷10

价格带宽度决定后，我们就可以研究品类深度了。品类的深度，指的是在不同的价格带区间内的商品的个数，它包括：品牌、规格、包装、功能等。

我们通常应用黄金分割“二八原则”和“双峰图”结构理论来研究品类深度，即在每个价格带区间，我们经营多少个商品才合理。

当对商品结构有了充分分析后，我们就会看自己门店的商品了，就知道我们在哪个品类的哪个价格带区间的商品多了还是少了，需要在哪个价格带区间引进或者淘汰多少个商品。

这时候，再来看标杆门店和竞争对手门店的商品结构，就有了明确的目的性了。我们可以在别人的门店里找到我们所需要的价格带的商品，并有针对性地收集有效的商品信息，找到合理的供应渠道，引进商品。同理，我们也可以研究在各价格带区间的商品的重复性，根据各单品的销售表现，有目的地淘汰相应的单品。

可能的话，还可以研究竞争对手门店的品类宽度和深度，找到我们与对手在不同价格带区间的优劣性，避实击虚，以我们的优势产品打击对手的弱点。

（《超市周刊》 陈静阳）

药店重点品种的管理方法

企业的商品结构要满足“低价格带品规数大于中价格带品规数，中价格带品规数大于高价格带品规数”的分布规律，既不能出现品种数分布的不合理，更不能出现在某一个区间的商品缺失。

目前，大多数连锁药店在“重点品种”的概念和认知上均存在误区，比如认为重点品种就是主推品或高毛品。基于这样的认知，相关企业在管理重点品种时，就容易出现品牌拦截并导致客流下滑的现象。那么，重点品种应该如何定义？又应该如何梳理呢？

一、梳理的原因

大家是否知道，一家 200m^2 的药店，大概有多少种商品呢？根据笔者的调查，少的有 3000 ～ 4000 个品规，多的有 6000 ～ 7000 个品规。这么多的商品要想管理好，做到精细化，的确不容易。可是，企业的发展和外部环境的竞争，又要求我们不得不做到精细化管理。因此，我们就必须把有限的资源，投入到少数给我们带来最大效益的商品上。

根据普遍适用的二八法则，为企业带来 80% 效益的商品应该占总品种数的 20%。而这 20% 的商品，就是我们需要重点关注的对象，也就是所谓的重点品种。需要提醒的是，这里所说的带来 80% 的效益，不是单指销售额或者毛利额，而是指销售额、毛利额、销售数量和客流量的综合因素。也就是说，这 20% 的商品，实际上决定了药店能否长治久安、不断发展。而另外 80% 的商品，则是为了满足尽可能多客户的不同需求，完成药店的社会责任。

需要强调的是，重点品种的概念不同于我们平常所说的主推品、高毛品或者 A 品，两者不是一个概念，有很大区别。不管是主推品还是 A 品，通常情况下都是高毛品。而重点品种呢，前文我们提到，20% 的重点品种带来 80% 的效益，而这个效益是多方面的综合，因此在实际梳理过程中，基于客流量指标的需求，毛利较低的品牌药应在重点品种中占据较大比重。

二、方法论

重点品种的梳理，其实就是确定一份重点品种的商品目录。通过多家连锁药店的实践，笔者建议大家使用“综合排名指数”，这是一种行之有效并且较为科学的方法。

首先需要说明的是，基于顾客进药店的第一需求，也就是疗效需求考虑，在每一个功能主治小类中，都应该有重点品种。所以，梳理品种时应该以功能主治的分类为单位，在每一个分类中都梳理 20% 的商品作为重点品种。

以瑞商数据分析系统为例，我们分别将每一个功能主治分类的商品分别调出来，针对销售额、毛利额、销售数量和客流量等 4 个核心销售指标，对该小类的所有商品分别进行排名，然后对排名结果进行加权合计，得到的数值就是综合排名指数。最后，按此对该小类的所有商品进行排名，前 20% 的商品就是我们所说的重点品种（如图 1 所示）。

	A	B	C	D	E	F	G	H	I	J	K
1			2007								
2			数量	排名	实收金额	排名	进销毛利	排名	客流量	排名	综合排名指数
3	33624_(jc)复方氨酚烷胺片（仁合感克）(HN)	感冒用药	831.00	3	8721.10	3	3120.16	1	793.00	2	2.25
4	34883_复方氨酚烷胺胶囊（万立克）(HN)	感冒用药	795.00	4	7784.20	4	2934.70	2	744.00	3	3.25
5	3902_复方盐酸伪麻黄碱缓释胶囊（新康泰克）(HN)	感冒用药	1477.00	1	15622.00	1	1117.86	12	608.00	4	4.50
6	29940_(jc)感冒灵片(ZN)	感冒用药	549.00	8	7021.30	5	2409.70	3	462.00	8	6.00
7	4013_感冒清热颗粒(成人)(ZN)	感冒用药	1118.00	2	10583.40	2	297.80	25	798.00	1	7.50
8	3869_氨酚伪麻美芬片/氨麻美敏(日夜百服宁)(HN)	感冒用药	603.00	7	6572.30	6	602.60	15	524.00	6	8.50
9	30817_(jc)感冒清胶囊(ZN)	感冒用药	684.00	5	3962.60	15	1377.08	9	606.00	5	8.50
10	3845_氨酚伪麻美芬片/氨麻苯美片(白加黑)(HN)	感冒用药	614.00	6	6180.20	7	562.10	17	510.00	7	9.25
11	35005_(jc)复方感冒灵片(ZN)	感冒用药	402.00	15	5020.60	9	1844.80	4	382.00	11	9.75
12	35374_氨酚烷胺那敏胶囊（严复利康）(HN)	感冒用药	467.00	10	4899.90	10	930.40	13	422.00	10	10.75
13	3850_复方氨酚烷胺片(感康)(HN)	感冒用药	480.00	9	4698.80	12	570.80	16	427.00	9	11.50
14	17185_感冒清热颗粒(ZN)	感冒用药	416.00	14	2714.50	18	1549.70	5	343.00	14	12.75
15	27006_(jc)氨咖黄敏胶囊（司克）(HN)	感冒用药	356.00	16	4437.60	14	1447.20	7	327.00	15	13.00
16	3871_酚麻美敏片(泰诺)(HN)	感冒用药	456.00	12	4858.00	11	526.00	18	381.00	12	13.25
17	31982_(jc)羚黄氨咖敏片(ZN)	感冒用药	241.00	18	4528.40	13	1540.00	6	[illegible]00	[illegible]	[illegible]75
18	4014_感冒清热颗粒(无糖)(ZN)	感冒用药	458.00	11	5378.80	8	285.84	26	354.00	13	14.50

图 1

也许有人会觉得奇怪，为什么要经过这么麻烦的一个过程来确定重点品种呢？从表中能够看到，这个指数是用销售额、毛利额、销售数量和客流量等 4 个指标的排名，按照一定的权重合计得到的。也就是说，借此结果得到的重点品种综合考虑了各个指标的影响，既包含了赚钱的因素，也包含了零售行业的根本——客流的因素。

举个例子，如果只考虑毛利额，不考虑其他因素，那么一些高价格、高毛利的商品（比如一些比较贵的器械），在销售数量和客流都比较低的情况下，也会被认为是重点品种，但这些商品只能赚点小钱。如果企业在这些商品上过多地耗费人力物力资源，是得不偿失的。再比如只考虑客流量，对于一些低价格、低毛利的小商品，如果将其划入重点品种，也会得不偿失。企业只需要提供这些小商品，并能够满足顾客的需求，同样没必要在此方面耗费过多的人力物力。

通过综合排名指数，我们可以确定重点品种目录。而经过产品结构梳理，由于结构性缺失补进的新品，在 3 个月之内也要划入重点品种目录，要按照重点品种的管理要求进行管理。

那么，什么是商品的结构性缺失呢？大家可以先看图 2，这张图称为商品组织结构图。

	A	B	C	D
1		2007		
2		感冒用药		
3		销售品种数		
4		高	中	低
5	非竞销品	2.00	15.00	2.00
6	一般品	4.00	16.00	3.00
7	次竞销品		5.00	1.00
8	竞销品	1.00	2.00	
9				

图2

为了保证商品的丰满度，尽可能多地满足不同顾客的需求，也为了满足企业发展的需求，做到既吸引客流、又能盈利，所以要保证企业的商品在商品组织结构表中有规律地均衡分布。也就是说，在不同价格带和不同毛利区间都要有商品，而且要满足“低价格带品规数大于中价格带品规数，中价格带品规数大于高价格带品规数”的分布规律，既不能出现品种数分布的不合理，更不能出现在某一个区间的商品缺失。一旦有某部分商品的缺失，实际上就意味着企业会丢失对应的顾客群。

由于结构性缺失补进的新品，要划入重点品种目录。那么，为什么这些新品我们要投入资源，按照重点品种的管理方式来进行管理呢?

我们首先需要了解新品引进的过程：通常情况下，有厂家或者供应商找到采购部，采购部对厂家提供的商品有一个初步判断，之后引进药店里试销，好卖就继续进货，反之就退货，这叫常规引进。

而根据商品组织结构表引进的新品，通常不是厂家或者供应商找到企业，而是企业根据商品结构的需求主动引进的，因此可以称之为“非常规引进”。这种方式引进的新品，如果也放到药店里自然销售，当出现了滞销情况时企业就无法判断，到底是顾客不需要这样的商品呢，还是企业没有做好销售导致顾客不了解、不知道呢？尤其是对一些低价格带的商品和低毛利的竞销品，容易出现药店的陈列拦截和店员的导购拦截，我们就更不能对这些非常规引进的新品不管不问了。这也就是我们通常所说的新品培养的过程。

（中国药店网）

特色品类，市场争夺需要多方努力

特色品类，是基于某种疾病的治疗、保健、预防、减少副作用等需要而建立起来的，它涵盖药品、保健食品、医疗器械、中药饮片、中药贵细、药食同源、功能性仿制品、功能性用品等的商品群。既然打上了“特色”的标签，就不应该与药店其他常规品类混为一谈，当有按照它自身销售规律“量体裁衣”，打造一套能够把其“特色”很好推广出去的营销模式。

近几年来，笔者对药店特色品类的构建也投入了极大的热情，在实践中也得出几点经验，非常乐于与广大同行们分享。

一、一站式营销，“追踪”客户需求

从笔者的经历来看，销售人员不能按照非药、处方药、OTC 等区域来分段营销特色品类，而是应该采取一站式营销的模式。为什么这么说呢？如某连锁门店店址大多位于商业繁华地带，商圈人群以年轻女性为主。这时候如果要开展“气血”特色品类构建，挖掘其潜在客户，除需要关注补气养血类药品的购买者外，还可以从失眠保健品的购买者中去寻找。一般来说，失眠人群大多会肝肾阴亏，造成气血不足。

此外，遮瑕类化妆品销售数据也是发现气血不足者的重要渠道之一，如 BB 霜的购买者往往脸色枯黄，也是“黄褐斑、蝴蝶斑”等斑纹的造访对象。还有从服用调经类药品、克霉唑栓等妇科炎症用药的妇女身上往往也能找到气血不足的影子，而这些人都是调理气血不足品类的需求对象。

“一站式营销”往往能够透过顾客所消费的品类来分析他们的身体信息，经过症状询问核实后，比较容易实现向其提出一揽子治疗、康复方案，带动该品类其他商品的销售。

二、宣传与培训，推倒顾客与产品之间的“屏障”

发现潜在顾客只是“一站式营销”的第一步，其关键的一步是给顾客做相应的“健康教育”，其实也是产品教育。这就要求店员们掌握过硬的产品和健康知识，经得起顾客的推敲与追问。教育又分为两个部分，一是对外的宣传，而是对内的培训。

宣传方式既可是传统 DM 单、会员短信、会员课堂、宣传画、POP 等形式，更可以根据健康管理的年龄、文化状况，突出精力建设好微信公共平台，发挥每个员工的积极性，让其吸引更多的“附近的人”加入朋友圈，通过大量转发潜在顾客关心的健康信息，推动其进一步成为微信公共平台。

在内部培训上，笔者主张模块化、碎片化。在开展初期，可由企划或质管牵头组织实操性的标准话术，从与此品类相关的顾客日常指定购买商品引入。针对购买者的不同情况，分别设计应对技巧，并由其以实战演练的方式教会店长，再由店长转授给员工。在店长明了标准话术文本到实操性演练的技巧后，每日下发标准话术，由其在每日晨会和交班会上自主培训。

三、分级提成，“蛋糕”分配要公平

挖掘市场的目的在于占领市场，一个产品能不能称霸市场不仅取决于产品本身，更依赖一线的销售人员。通常来说，药店员工收入与门店整体销售毛利挂钩，相对比较“现实”的一线销售人员，甚至部分管理人员都会下意识地抬高品牌商品的价格，或者对品牌商品进行拦截，这两种行为都极容易导致潜在客户流失，更谈不上通过品类管理和延伸服务，提高销售和毛利了。如美×莲 BB 霜是化妆品店的低价促销商品，很多药店在引进药妆时，要么将该商品排除在外，要么高价销售，或者与低价格放在不显眼的地方，其根源在于“不亏本”思路，而忘记了该商品在特色品类建设中的强大“吸客”和“品类齐全昭示”作用。

因此，要做好特色品类建设，在绩效考核设计上，对相关品类要实行分级提成的方式：核心商品高提成；辅助商品低提成；品牌品种的销售不提成。必须再次强调的是，提成须与整体销售额挂钩，避免一线员工拦截品牌商品。

要保质保量地做好上述工作，如果不能与员工的利益挂钩，就很难保证员工可以始终如一地保持饱满精神，充分发挥个人主观能动性，做好会员和微信好友的拓展工作，以及相关知识的学习工作。考核到个人，即每项经济性指标都下达到个人，其对应的奖励也直接发放到个人；管理人员既要有管理半径内的总指标，也要有个人指标，让其在实践中带动下属前进。

（武汉秋友健康管理有限公司 尚锋）

品类经理的库存管理指标如何设定?

随着供应链管理重要性的日益凸显，各零售连锁药店及药品批发企业已确切认识到库存管理在整个经营过程中的决定性地位，相应日常管理监控力度也随之逐渐加大并加强。对于采购品类经理的绩效考核指标，已经不是简简单单的销售指标考核，已经开始增加诸如库存管理指标等的 KPI 指标考核。但是，库存指标如何制定比较合理呢?

从围绕企业的经营核心——销售入手确定库存管理指标制定应相对科学。与销售相关的常见库存管理指标有以下两种，与品类经理绩效考核直接挂钩。

一、品次请货到货满足率、品项请货到货满足率

所谓“请货到货满足率”是指，各品类经理所辖产品的下游客户请货品次 & 品项的实际满足程度，是各品类经理库存管理工作对客户服务力的具体体现，计算公式为:

请货到货满足率 = 实际到货/计划请货 × 100%

其中，品次是指产品请货 & 到货的数量之和，品项是指产品请货 & 到货的品种计数。

在实际考核中的应用标准为:

与订货员、品类经理、采购部经理绩效工资直接挂钩;

实际到货满足率 - 计划到货满足率 = 达成结果;

达成结果按阶梯式设计考核系数;

计划到货满足率指标设定，结合产品 ABC 分类进行。

计划到货满足率指标设定说明：销售贡献越高的 A 类产品，其到货满足率指标设定就越高。当年度指标设定，通常是在上一年度实际到货满足率数据基础上，结合经营政策和资源倾向，高于上一年度水平或持平。

二、库存周转天数

“库存周转天数”是指，各品类经理所辖产品的实际库存能够满足销售的周期，计算公式为:

周转天数 = 库存金额/销售金额 × 销售天数

在实际考核中的应用标准为:

与订货员、品类经理、采购部经理绩效工资直接挂钩;

实际周转天数 - 计划周转天数 = 达成结果;

达成结果按阶梯式设计考核系数;

实际周转天数计算时，库存金额一般取值平均库存额。

计划周转天数指标设定说明:

通用设定公式:

周转天数指标 = 计划库存额/计划销售额 × 销售周期

计划销售额 = 取自企业年度经营计划分解值

计划库存额制定，按零售连锁药店、批发企业分类方法计算。

零售连锁药店计算方法:

计划库存额 = 基本陈列量库存额 + 门店安全库存额 + 促销备货增加部分的库存额

基本陈列量库存额，根据企业有效经营品种数、单品单店基本陈列量、单品配置存货门店数、

平均库存单价四项因素综合计算。

门店安全库存额，需结合企业仓储配送周期天数、服务力两项因素综合计算。

批发企业计算方法：

计划库存额 = 每家供应商安全库存额之和 + 囤货库存额

每家供应商安全库存额，根据订货间隔天数（也称订货频率）、送货时间（也称订单到货前置期）、安全库存天数（仓库保底库存）三项因素综合计算。

囤货库存额，结合供应商给予的促销政策、供货价调整因素，参照上一年度数据综合计算。

通过合理的库存指标制定，不仅能够令品类管理工作开展有规律可循，进而支持销售及毛利任务的完成，而且还能够赢得库存结构的高效优化和与供应商密切配合程度的提升。同时，加速了企业现金流转，降低了坏货损失，无形中又增加了企业的利润来源。

因此，从库存管理指标合理化制定入手，拥有高效的库存管理模式，是企业核心竞争力提升的关键因素。

（《中国药店》　彭昆）

单品模式热流涌动

随着消费者自我诊疗和预防知识的不断提高，消费者对药品越来越了解，为满足消费者不断提升的需求，药店需要更加专业。2014 年 2 月底，辉瑞健康药物部善存沛优系列保健品在石家庄世纪大饭店举行上市会，这是辉瑞继 2013 年与新兴药房开展合作后，今年再次将系列保健品与新兴药房进行合作推广。

2013 年，石家庄实行医院门诊统筹、社区医疗统筹政策后，医保药店的销售面临不小的压力。携手品牌药厂共同打造为顾客服务的体系，是郭生荣在去年为新兴药房设计的工商合作方案。而随着《21 世纪药店》在 2012 年提出品牌媒体、品牌厂家、品牌连锁、品牌联盟的“四品”合作战略以来，越来越多的连锁药店与厂家也加入到“四品”的合作之中。

一、新兴：品牌是基础

从 2013 年开始，石家庄新兴药房连锁有限公司就开始将单品合作作为新兴药房发展的重点项目来运作。其董事长郭生荣告诉记者，2013 年辉瑞的多个产品与新兴药房有良好的合作关系，新兴药房已经成为辉瑞在北方地区最大的药店渠道合作商之一。因此此次辉瑞引进的保健品系列，新兴药房成了首批合作的商家之一，不仅能拿到厂家直供的产品，同时也能享受比同行更多的优惠政策。

郭生荣认为，随着人民群众健康保健意识的提高，保健品将会为药店带来更多的生命力。虽然国内保健品厂家也很多，但消费者对国内保健品品牌信心不足，相比之下，国外保健品品牌更受消费者青睐。此次引进辉瑞新保健品系列，不仅丰富了新兴药房的保健品品类，导入国外品牌也能吸引更多的消费者。

据了解，为推广新产品与品牌宣传，辉瑞制药与新兴药房合作推出健康讲座，新兴药房将旗舰店内 600 平方米的区域划为辉瑞的健康监测区，由辉瑞提供健康监测的全套测量设备。此外，辉瑞还提供专业支持，负责邀请省内外的名医前来门店进行义诊，为新兴药房的会员提供服务。

通过与品牌厂家的单品合作，仅这一项目涉及的产品销售就为新兴药房的销售额带来了20%的提升。

二、单品非新兴独有

其实，单品合作并非只有新兴药房一家在开展，包括常州市恒泰医药连锁有限公司、山东燕喜堂医药连锁有限公司以及山东鲁和医药投资公司为代表的药店联盟，也在积极探索单品合作模式。自2011年成立以来，鲁和一直推行“名厂、名品、名企、名店”的“四名”战略，寻找国内一线厂家的优秀产品与二线厂家的特色产品进行联合采购，降低采购成本费用。仅2013年完成的订单量就达到1.6亿元，且与齐鲁制药、福胶集团、汤臣倍健等国内一线厂家都有超过千万元的订单，订单量的提升幅度每年达到20%。

三、回归品牌合作

中国药店发展促进会常务副会长王庆刚表示，单品合作模式见效快，为越来越多的连锁与厂家所接受，也是未来工商合作的趋势。同传统的流通模式不同，单品合作，可以将以往连锁与上游的拉锯谈判，通过单品来建立药店与厂家之间的合作与关系。不过，单品的合作目前还仅限于省级联盟，且不同省份的省级联盟运营状况也有差异，并未在所有地区得到推广。

王庆刚还提到，在与连锁药店老板的交流中，普遍发现“老板只抓单品”的现象。即药店每天需要将总经理圈定的10余个单品销售情况总结汇报，总经理重点抓单品的销量。这一现象说明不仅是厂家有单品合作的需求，连锁药店也希望与厂家在单品上建立更深度的合作关系。

（《21世纪药店》　逄李翌）

从入库到卖出，老百姓大药房经营奶粉的一条龙管理办法

一、入库

从事奶粉收货的工作人员，须具有药学或医学、生物、化学等相关专业中专以上学历，熟悉药事法律、法规知识，还须经健康检查合格并通过专业培训（健康检查主要指无传染病、无色盲等）。收货员对票据、实物、运输方式、运输条件等一一验收。

收货时，收货员要按照规定程序和要求对到货奶粉逐批进行收货，防止不合格产品入库。同时要核实运输方式是否符合要求，并对照随货同行单（票）和采购记录核对，做到票、账、货相符。其中，随货同行单（票）上包括供货单位、生产厂商、奶粉的名称、剂型、规格、批号、数量、收货单位、收货地址、发货日期等内容，并加盖供货单位出库专用章原印章。

符合收货要求的奶粉运到仓库二楼，接受质量验收。验收由公司专职质量验收员负责，质量验收的主要内容包括奶粉检验报告单，奶粉外观形状检查，奶粉包装、标签和说明书检查，奶粉的证明文件等。奶粉有以下几种情形不能入库：

（1）奶粉相关证明文件不全或内容与到货产品不符的；

（2）无批准文号或批准文号不符，无生产批号的奶粉；

（3）奶粉未注明有效期或批号不符合合同规定的奶粉；

（4）整件包装箱内没有合格证的奶粉；

（5）包装不牢或外包装破损、污染的奶粉；

（6）对于需电子监管的奶粉（如含特殊复方制剂）未按规定加印，或监管码印刷不符合规定要求，造成扫描设备无法识别的；

（7）其他规定不得销售的奶粉。

在核实无误后，这些奶粉被送进仓库。

二、存储

奶粉在贮藏过程中易受外界环境的影响，如光线、空气、温度、湿度、卫生状况等，因此库房采取了必要的冷藏、避光、通风、防虫、防鼠等措施。老百姓大药房湖南物流配送中心的仓库共有六层，总面积达3万平方米，分常温库、阴凉库和冷库。二楼是阴凉库，人走进去的感觉凉飕飕的，相对湿度不高于70%～75%，温度不高于25℃。在库房，专职养护员对奶粉存储条件进行跟踪检查和督促。

三、出售

买奶粉，不少市民既担心买到各种含量超标的问题产品，也担心买到假货。老百姓大药房出售的奶粉大多有二维码溯源系统，只要拿着手机，对着奶粉罐上的二维码扫一下，即生成了一串数据，将这个数据输入到该奶粉品牌官方网站的查询系统，可查询到：产品描述、生产批号、生产日期、有效期限、奶源国、生产国、出入境检验检疫证明等7项信息，对奶粉进行全程溯源。

老百姓大药房的销售系统还可以查到进货渠道、流通信息等。由于系统记录了消费者购买的奶粉信息及联系方式等，这样，一旦奶粉出现质量安全问题，药店都可以在第一时间联系购买奶粉的消费者，实行召回。

（老百姓大药房）

■营销策略

阻击医保药店

A、B两家药店共处同一商圈，A药店的市场占有率长期高于B药店，但B药店“机缘巧合”下取得了医保定点资质，分流了A药店的部分客流，A药店的销售业绩出现明显下滑。

这样的情境很多药店都会遇到，在医保定点资质依然稀缺的前提下，其往往能够左右市场的走向。那么，A药店该如何提振自身的经营业绩呢？惯常的做法：

（1）开展大规模的促销活动，利用价格手段吸引客流，这在短期内的确能够提升瞬时销售，但由于顾客的忠诚度不足，且损伤药店的利润，往往缺乏可持续性；

（2）提升药学服务水平，用专业性挽留顾客，从长期来看，这是可行的方向，但服务水平的提升非朝夕之功，短期效果未免微弱。

其实，不妨换个角度审视这一问题，网上药店并不具备医保资质，却真实刺痛了实体药店，业内人士认为根源主要在于相对强大的客类管理和品类管理，A药店正可以借鉴这样的思路扭转局面。

从某种意义上讲，长期的市场优势会麻痹经营者的神经，继而忽略管理上的细节；拥有可以一招致胜的医保定点资质又会掩盖药店自身存在的问题，审己度人，未必不能找到突破的方位。

一、留住核心会员

显而易见，A 药店损失的客流多源于医保刷卡的诱惑。在此情形下，A 药店首先应当重新梳理顾客结构，初期可局限在会员范围内。根据会员的流向，可简单将其划分为三个层次：

（1）忠诚会员，即不受医保定点资质影响，仍会留在 A 药店的会员；

（2）弱忠诚会员，即可能同时流转于两家药店的会员，具有一定的“可塑性”；

（3）非忠诚会员，即必然流失的会员。这一客类管理的结果由会员的既往消费记录和近期消费记录动态比较生成。

针对上述三种具有不同行为特征的会员，A 药店可以采取的策略为“保 1 争 2 放 3”，简言之，针对具有不同忠诚度的会员采取不同的销售政策，在可控范围内防止会员的进一步流失。其道理同于网上药店的会员分级——忠诚会员、“休眠”会员和一次会员，在此基础上分析各层级会员的行为特点和消费诉求，从而有的放矢地给予政策吸引和“情感”支持。

对于消费稳定的会员，分析其固化的特点，如年龄结构、性别结构、收入结构、商品结构以及是否有医保卡等，继而分析其消费特点，辅以更大力度的政策支持（如折扣力度、信息提醒等，以往的会员分级往往仅依据消费额度，现可更侧重于消费的动态变化），保证其对销售业绩的持续贡献。

对于消费出现波动的会员，可分析普遍的原因，呈现的结果往往为，医保目录内的产品销售出现明显下降，目录外产品则影响不甚。该部分会员的消费指向性更强，A 药店自然可以更有针对性地投递促销信息和产品信息，寻找其“兴趣点”而增加其进店次数。

对于消费明显转移的会员，其既往消费也大都局限于医保目录内产品，销售贡献通常较小。该部分会员的挽救措施可浅尝即止，一旦无效立即放弃，集中更多的资源用以稳定前两层级的会员。

这样的策略固然不能使 A 药店立马扭转败局，但意义在于可使 A 药店仍然保留核心竞争力（核心会员），保证销售下滑的可控性，是下一步开展“逆袭战”的基础。

二、开发“新”会员

将镜头拉回 B 药店取得医保定点资质之前，A 药店能够取得市场优势必然有其核心竞争优势，B 药店能够占据固定的市场份额也有其可取之处，A 药店重新取得成功的关键也在于此。当然，这考量 A 药店经营者对己对人的了解程度，亦即对整个商圈形态的把控能力。

在长期的经营中，即使无意识也能够使药店建立起自身的利基市场，而现在要做的就是将无意识转化为有意识，将原有的意识进一步强化。A 药店应当找出自身具有而 B 药店始终未能具备的竞争高点。以山西仁和大药房为例，其所拥有的医保店比例（20%～30%）远远低于多数竞争对手（50%～60%），但正是凭借“药店 + 诊所”的模式后来居上。对 A 药店来讲，就是要找出这样的核心竞争利器，并使其“跳出来”，提升在商圈内的知名度。

这种核心竞争力不只是一种模式，还可是一个品类、一项服务等。A 药店必须要寻找出或制造出这样的抓手，并集中资源将其打造其一个品牌。以品类为例，其成长的捷径自然还是促销，但促销的思路应有所改变，以往的促销往往是出于完全目的的市场竞争，“以对手为对手”；而塑造品类的促销，应“以自身为对手”，使目标品类的宣传力度、促销力度优于店内其他品类。

用优势聚拢新会员，是 A 药店必须要做的工作。除此之外，A 药店还可以抢夺 B 药店的会员，策略即业内惯用的“田忌赛马”中的“下马对上马”，以小搏大，用自身的劣势磨损对手的优势。正如自身的会员可以分为三个层级，竞争对手的会员结构同样如此，这一策略的目标指向竞争对手的弱忠诚会员及非忠诚会员。

“田忌赛马”的理论尽管在药店的竞争中被普遍应用，但多数药店仅断取其中的一项，这偏离了该理论的本质，其核心在于策略的组合，A药店或可利用这样的方式在医保目录外产品上建功。

事实上，文章所提及的种种策略均可见于药店的经营实践中，换言之，A药店突破B药店的医保攻势并无真正意义上的捷径可循，可做的正是补己之不足（包括强化自身的优势）以及损人之有余，仅是竞争环境的改变，使得其推进的深度、广度以及速度有所变化，利用节奏变化令对手措手不及而已。

（《中国药店》　周玉涛）

细腻销售：让药店没有卖不出去的药

凡是进入药店的人，一定有需要，必定有需求。因此，营业员在销售药品的时候记住这一点，再加上一点点仔细耐心的服务和销售技巧，我想没有卖不出去的药。

其实，作为一名销售人员，很多的销售技巧我们都了解并且熟练应用，但感觉效果都不是很好。那是因为我们没有做到“细腻”。接下来我就用几个真实感受的经历来和大家分享一下，希望能对各位读者有所启发。

一、开口语

我去过很多药店，一进门很多营业员的第一句话就是：您好。然后盯着你看。至多一句：您买什么？语气之重表情之凝固，让人感觉很是别扭——如果我不买药就得被你们吃掉。如果赶上药店就你一个客人，一群营业员都盯着你，甚是不爽。

为了体验效果，我自己当一次营业员，当我站在药店门口，一位大爷走了进来，我主动帮他把门拉开，并且说：大爷你好，有什么可以帮助你的？大爷的第一表情就是诧异，然后就上下打量我一下，最后问店长说：你家新来的人员吧！

当然了，简简单单的“您好，请问需要什么帮助？”看起来还是较为生硬的。但是如果改变开口语的方式，譬如这位大爷，换成：“哎哟！大爷您这身子骨硬是‘要得’，这大老远过来，有什么小毛病了（要加重这个‘小’字）？”

或者是当母亲牵着小孩进入药店，我们说：“这位小朋友真可爱！来，吃块糖！”在门店中备上几块并不太贵的“外资”糖果，用一元钱拉近与母亲的距离，曲线救国，效果会更好！

别小看这第一句简单的问候，它能瞬间拉近人与人之间的距离，也能让客人对你店面有个良好的第一印象。如果各位营业员认为这么客气的问候方式很别扭，那么我们不如去肯德基、麦当劳、吉野家看看，你就知道礼貌的问候和标准的服务礼仪会让你感觉多亲切。

二、叮嘱

有开口语，就得有结束语。而好的结束语往往意味着下一次的成功开始。大多营业员只要确认顾客付完款，一般都是拿药走人。其实当把药品交到客人手中的时候你要是多叮嘱一下，既能让药品更好地发挥疗效，也能让客人更满意你的服务，并对你这个店面的印象加深。

例如：一名顾客走进药店，要买脚气药，最后又抱着试试看的态度买了另一种药品。当交易结束后，我走了过去，说："先生您知道这个药品怎么使用吗?" 客人回答："不就是往脚上涂抹吗?"

我说："脚气光用药是不行的，您得天天换洗袜子，并且保持鞋内干燥，最好一天一换鞋，还要注意晾晒鞋子，然后每天晚上涂抹药膏。您试着照我说的这么做，再看看效果。"

后来听那家店的店长说，过几天那位客人特意来又买这种药，说这个效果好，并且感谢那个方法让药效更好了。其实我当时还想建议那位客人联合用药，但是又考虑到，如果这位客人再次回来的时候店员再对他联合用药起到更好的效果，这名顾客必成忠实顾客。

其实我们每个店员都知道，很多药品必须遵照特定的方式使用才能达到最好的疗效，但客人不一定了解。如果不把这些细小的东西告诉、叮嘱客人，到头来客人只能认为你家的药品要么是假的，要不就是药效不好。

三、你会免费吗

免费试服试用这项体验服务很多药店都有，而且有的药店用得炉火纯青，多数都用于花茶销售方面。其实药店的免费试服试用，多数是和商场超市学到的经验。

我们走进商场听到最多的一句话就是"买不买没关系，穿上试试也行"。但药店可不能这么说，不然笑话可闹大了，所以药店应该怎么说服客人去试并且购买呢? 这就得在免费试服试用的药品上做文章了。花茶类和中药泡饮类就不用多说了，我想大家都已经用得非常灵活。那么在选择口服药品上一定就得用心了，我观察过很多药店的试服区，里面一般有鱼油、维生素 E、大豆异黄酮，甚至还有螺旋藻。

当时我很诧异——我们都知道鱼油、螺旋藻是疗效非常好的保健品，而这些保健品需要长期服用才能见效，我们只是让消费者尝试一两粒这根本起不到作用的，客人也不会有任何感觉。而且不少鱼油吃起来还有淡淡腥味，螺旋藻更别提了，吃了以后满口都是绿的，和中毒一样，你让顾客试吃之后怎么出门?

这种免费试吃只是无用功，所以我们在免费试服药品时更要领会超市的做法——我们进入超市免费品尝区域，看到最多的就是牛奶、饮料和薯片，这一尝你就会感觉味道很好，并且产生购买欲。

所以药店就应该选择像维生素 C、阿胶、小儿 AD 钙软糖，或是外用的风湿帖等产品。这些产品不但味道好，口感佳，并且很多风湿贴由于里面含有薄荷冰片成分，贴上后马上感觉舒服，所以就能让客人很快喜欢上该商品，并且购买。

那么有的人就会产生疑问了：像阿胶、风湿贴等产品不但价格高，而且一袋里面没有多少，很多药店老板感觉费用开销大，因此不同意。

其实道理很简单，你见过去超市让你品尝牛奶、薯片，管饱的吗? 只要你把阿胶切成小丁，风湿贴剪成小块即可。

最后，还应在应季产品附近贴上明显的 POP，例如："春季易感冒，你吃维生素 C 增强体质了吗?" 或是"你知道阿胶的味道吗?" 等吸引客人的广告语和精美 POP，让他们有兴趣来品尝，增加店面销售额。

以上就是我在走访很多家药店总结的一部分细腻销售的技巧，其实说是技巧倒不如说是一些细节。最好的销售技巧就是我们把一些事情做细、做精，把自己当成一个消费者去发掘药店更多值得做细的地方。

(《中国药店》 国全)

巧借假日做营销

由于公益营销具有权威性、公共性、易打动消费者等特点，深受药企欢迎，但随着时代与政策的不断演变，要想赋予其更深的意义，获得更大的利润已愈发困难。因此，药企在开展相关公益营销时，除了符合市场环境、消费者、产品、渠道等特点外，还应借力相关假日，以便博得更好的反响。

一、案例

五一期间，为了响应国家的亲民惠民政策，表达药企对基层劳动者们的敬意，传递贴心关爱，某药企在重庆市开展了以“关爱劳动者，保护‘棒棒’的腰”为主题的公益活动。在相关地区对来自基层的普通劳动者免费进行了贴膏药品的试用、试贴等活动，并对骨质增生患者进行了相关产品的赠送。另外还组织青年志愿者、专业技术人员，为前来试贴的患者讲解医药疾病知识，并现场为他们按摩、推拿，令参与者们倍感开心。

二、分析

该案例是公益营销的典型案例，其完美地将产品与这一特殊的劳动假日关联起来，巧妙地将产品的适用人群及产品的适用范围准确、清晰地表达了出来。这样的公益营销既凸显了该药企对这些劳动者的腰疼痛的关爱，又体现了其应有的社会责任感。之所以该药企的这种公益营销能获得劳动者们的认可，很大程度上依赖了“产品的关联节假日”。而药企如何将产品关联节假日，笔者认为，应主要从以下几个步骤进行努力：

三、充分挖掘节假日

产品的关联节假日主要应从产品的适用症或功能主治来考虑，如治疗妇科疾病的产品需多考虑的节假日有妇女节、母亲节等，儿童药主要考虑的是儿童节，而治疗骨质增生的大多以中老年人为主，所以考虑重阳节、父亲节、母亲节等。

在挖掘到产品关联的节假日后，药企还应选择合适的活动地点，而这活动地点应以人流量大、人流聚集为主要衡量标准，且尽可能地扩大活动规模，形成最大化的时间影响力。所以，选择地点时，药企除按标准外，一般还要结合其他要素，比如交通便利、客流量大的药企战略合作的药店。而从纯公益的角度来考量，城市的大型广场、公园也是非常好的选择，因为这里不仅人流量大，而且活动给顾客没有商业行为的印象。

四、拟好活动主题

公益营销是药企整合各方资源、打造差异化营销平台的重要方式之一，在提升品牌美誉度、提升品牌价值、增进与目标人群的互动方面，效果尤其明显。药品作为一种特殊商品，历来就与“善、德、良心”等公益性字眼有着天然的紧密联系，药企的社会使命也决定了其在公益营销方面的可行性和贴切性。

而从公益营销的定义我们其实很容易将药品的“善、德、良心”等公益性字眼与关联节假日关联，并树立相关的公益主题。比如以治疗骨质增生为主的贴膏剂产品，确立以“传递贴心关爱”为题；以治疗心脑血管疾病为主的产品，确立以“共铸中国心”为题。这些主题都能将产品的属性与公益内容紧紧地结合起来，让人记忆深刻。

五、做好内容策划

有了前期准备，策划活动内容就会显得非常容易。只要将最重要的“公益”两字体现出来即可。如本案例中，该药企在药店对来自基层的普通劳动者（这其中包括“棒棒”、环卫工人等，还有患有骨质增生的中老年朋友）免费进行了贴膏药品的试用、试贴等活动外，还组织青年志愿者、专业技术人员，为前来试贴的患者讲解医药疾病知识、并现场为他们按摩、推拿。因为此活动完全是无偿免费且不进行任何促销，只为将关爱传递到每个前来试用、按摩的基层劳动者心中，所以才会令前来参与的人络绎不绝。

因此，保障公益性是公益营销中的唯一标准，活动内容与品牌内涵的关联性就显得极为重要，只有围绕“公益”策划与之相关的内容，才能得到大众欢迎与参与度。

六、确保活动持续性

在策划好活动内容的基础上，药企还需将公益活动和公益事件形成新闻爆发点，然后及时借助资源媒体进行放大，扩大活动的影响力，这无疑对提升品牌美誉度将起到很大的推动作用。

另外，药企也需明白，一次、两次的活动只能称之为公益活动，在营销上称之为活动营销。而只有长期性地开展下去，把公益活动做成公益品牌，才能成为一种行之有效的营销策略。所以长期性地开展，并仅仅围绕“公益”主题，活动效应会逐渐放大，药企才会真正受益。

此外，笔者还认为，药企对慈善公益的理念总结应上升为一种经营之道，只有把具有“真、善、美”等核心内涵的公益活动融入营销行为中，才能赢得医疗界乃至社会各界的共同认同。也只有这样，才能最终提升药企的企业品牌价值，利人利己。

（中国营销传播网　吴延兵）

■绩效与激励

连锁药店绩效管理体系建设——过程辅导最关键

绩效管理体系，是保证药店业绩提升和基础管理到位的有效工具，因此，企业的绩效管理体系需要精心维护和建设。发展进程不一样的企业，绩效管理重点并不相同。连锁药店的绩效管理不能只停留在绩效考核本身，而应该形成完整的管理体系。其中，绩效考核的结果应作为改善其他环节的重要依据，由此推动整个体系的完善和进步，为企业的良性发展提供支持。

一、兼顾企业长期和短期发展目标

前面已经讲过，绩效体系包括绩效目标的确定和分解、绩效计划的制定、绩效实施过程的指导与控制、绩效考核、绩效反馈和结果应用、绩效计划改进等多个环节，这多个环节相互衔接后应形成螺旋式上升，才能使整个绩效体系不断完善，并与企业的发展目标相一致。

从功能上看，绩效管理要兼顾企业的长期发展目标和短期目标，因此，在选择绩效考核指标时，既要设定短期经营性指标，也要设定长远发展的要求性指标。提升员工的服务水平是连锁药店发展不可忽视的重要持续性目标。所以企业在制定短期销售目标的同时，还要兼顾服务态度、店容店貌、商品陈列、专业素质等方面的考核指标，并相应制定出阶段性的考核重点，从而避免单纯追求销售业绩导致顾客满意度下降，影响长远发展。

二、具备可操作性并强调沟通指导

绩效考核是绩效管理体系的重要环节，绩效管理体系建设应具备可操作性，而可操作性主要就体现在绩效考核指标的可量化和数据来源的易获得上，管理层在制定绩效考核目标时，一定要考虑其可操作性。同时，清晰的可量化的指标，也会让被考核者更明确考核的方向和目标。

绩效管理体系中，绩效实施与辅导就是绩效目标达成的中间过程，是其中占用时间最长的一个环节，却也是最容易被忽视的环节。连锁药店在制定企业发展规划和近期发展的销售指标后，要重视对门店的过程辅导与控制。一般来说，对于公司总部制定的目标，门店多会认为难以完成，因此，管理层应跟门店将制定目标值的原因分析透彻，并承担起实现目标的指导责任，让门店知道往哪些方面努力就能达成目标。在门店对目标的完成过程中，总部管理者还需要随时了解完成的进度和实施情况，分析在这一过程中哪些方面做得好，哪些方面需要进一步改善提高；在提高员工的知识、技能和经验方面，总部应做哪些工作，给予门店什么样的支持；以及绩效目标是否需要调整和如何调整，管理者需要在哪些方面进行进一步的沟通探讨。

因此，绩效管理体系不是某一个部门能单独完成的，绩效体系的建设需要营运部门与人事部门共同制定，并对相关人员进行培训，使其明确绩效管理体系的操作方法和流程，建立良好的企业协调机制，才能让绩效体系发挥出应有的作用。

连锁药店在制定企业发展规划和近期发展的销售指标后，要重视对门店进行过程辅导与控制。一般来说，对于公司总部制定的目标，门店多会认为难以完成，因此，管理层应跟门店将制定目标值的原因分析透彻，并承担起实现目标的指导责任，让门店知道往哪些方面努力就能达成目标。在门店对目标的实现过程中，总部管理者还需要随时了解完成的进度和实施情况，分析在这一过程中哪些方面做得好，哪些方面需要进一步改善提高。

（楼鸣虹）

有效巡店——区别于竞争对手的法宝

巡店是零售人的必修课和管理精髓所在，有效的巡店是区别于竞争对手的法宝。而这一点在很多连锁药店却得不到认可。

最近微信的药店朋友圈里疯传一篇文章，就是那些世界知名零售商的 CEO、高管们是如何巡店的。其中写到“零售业是低毛利生意，很多时候零售企业需要依靠规模效应来发展，标准化流程可以将规模效应的影响发挥到极致。因此，一般零售企业都制定一套巡店制度，保持一个固定的标准，让下面的门店和部门有计划、有系统执行每件事情，从店员到管理层到高层，都依照这套制度巡店，管理每一个细节”。

作为全球最佳零售商的沃尔玛不仅是这么说的，也是这么做的。沃尔玛中国区总裁高福澜自 2012 年上任以来，已经走过中国 175 个城市的 350 多家商场。

总之，巡店是零售人的必修课和管理精髓所在，有效的巡店是区别于竞争对手的法宝。而这一点在很多连锁药店却得不到认可。笔者分两次对连锁药店的巡店制度进行系统的分析，首先把脉连锁药店的巡店现状，然后针对连锁药店的巡店存在的具体问题提出有针对性的解决措施和可落实可执行的具体方案供业内人士参考。目前连锁药店巡店存在以下共性的问题：

一、老板对巡店作用认识不足

（1）通常认为巡店是营运一个部门的事情，老板偶尔巡店也只是去销售最好的几家店，对销售规模小的门店基本不去或很少去。在很多连锁药店，一谈到巡店都认为是营运一个部门的事情，这是最大的认识误区。

巡店其中一个重要作用就是检核总部各个部门的政策指令、下发到门店的通知在门店的落体、执行情况。比如采购商品部可以检查新品、畅销品在门店是否按照供商协议进行陈列；质管部可以检查 GSP 的各项要求在门店是否严格执行；人力资源部可以跟进员工培训计划在门店的执行结果；财务部巡店能抽查门店的资产安全、资金安全等。总部联合巡店可以提高总部各个部门对门店实际情况的掌握。

举例来讲，很多采购是很少下店的，甚至很多门店在什么位置采购都不是很清楚。很难想象这样的采购在和供应商谈判时如何洽谈门店广告资源的出租的。如果老板认为巡店仅仅是营运部门的事情，那么很多深层次问题是得不到解决的。

（2）老板只看经营结果或者经营数据，在办公室操控一切，认为门店的问题基本都可以在办公室解决，殊不知实体店的业绩来自于第一线，只有在第一线才能真正发现、解决问题。

（3）老板巡店基本限于转一转，看一看，问一问，在门店的时间较短，不能真正发现和解决问题。对于共性的问题不能系统全面的思考，却对个别店存在的非共性问题却又过于关注。

二、管理团队对巡店有认识误区

笔者在连锁药店工作 5 年，面临最大的问题在于连锁药店这个行业对“门店营运管理”的认识相对来讲比较滞后，从而对再正常不过的门店营运管理不接受甚至抵触。因为连锁药店的管理层绝大部分是药学、医学出身，对零售管理尤其是对连锁门店营运管理的重要性认识不足，对营运管理技术、技能掌握得不是很好。

举例来讲，商品异常管理、商品陈列、店面整洁度管理这些最基本的营运管理技术和知识在核心管理层这个层面都不过关，所以会存在“店面整洁了、员工着装规范了销售就会提升了?”、“价签为什么要放在商品左下角”这样的疑问？类似的问题在连锁超市是最基本的营运操作意识，但是在很多连锁药店尤其是中小连锁药店，连核心管理层都不具备这种基本的营运意识。

笔者在连锁药店 5 年，经常会面临类似的问题，在连锁超市必备的营运技术和营运管理技能却得不到连锁药店一些核心管理层的理解，认为连锁超市的那一套在药店根本行不通，障碍往往就在这些核心管理层上。不仅仅没认识到自己的落后，对新的营运技术和技能又不屑一顾，像极了清末的那些士大夫。殊不知，大量数据证明，反倒是执行和坚持这些基本营运技术的门店业绩厚积薄发。

巡店制度作为连锁药店营运管理核心技术得不到核心管理层的重视也是巡店无法坚持和执行的重要原因，具体来讲存在以下现象。

（1）总部巡店没有制度，比较随意。简单来讲就是：想起来就巡巡，忙起来就不巡，认为巡店没多大作用浪费人力物力和时间。

（2）总部把巡店单纯当做对门店检查的工具，门店认为总部巡店就是来“挑毛病的”，总部和门店由此形成对立。

（3）总部巡店结果与公司相关部门、门店管理考核不挂钩，巡店结果的好与坏没有起到应有的奖惩作用。

（4）巡店发现的问题没有追踪，没有解决和结果，下次巡店还是发现同样的问题门店根本没有解决，积累下来就是巡店的严肃性淡化，巡店流于形式。

（5）总部的巡店内容僵化，巡店表的内容很长时间没有更新，没有将公司最近要求门店落实的内容融入到巡店表里去，浪费了巡店机会；比如针对夏季用药特点有针对性的检查门店的夏季药品陈列和门店员工夏季用药专业知识的掌握进行巡查，从而做到有的放矢。

（6）最大的问题在于总部对巡店中存在的共性问题没有进行系统的分析总结，采取针对性的解决措施和管理方案，缺乏全局意识。由此也导致了门店对总部的失望，认为总部只能发现问题却不能解决问题，门店对立情绪加重。

三、门店对巡店抵触心理较严重

（1）从店长开始就基本没有进行店内巡店，普遍认为几百平方米到100多平方米的店没什么可看的，一切都在掌握之中。巡店也就是看看卫生，店内缺货和请货、补货。

（2）对总部巡店存在普遍的抵触情绪，认为巡店就是公司来挑刺儿的，没事找事。

（3）总部的巡店内容和门店的巡店内容不一致，甚至有些内容彼此冲突，让门店无所适从。

通过笔者的把脉，从连锁药店的所有者、核心管理层到门店店长三个角度对目前一些连锁药店巡店存在的问题进行了比较详细的讲解，而这些问题或多或少在一些连锁药店都是存在的。

（中国药店网　吴洪涛）

杜绝脏、乱、差、坏——细节保养让门店持久“高大上”

巡店时，经常到店里看到玻璃碎了、价签缺失一块或掉了、粘贴字体缺少一部分、样品缺三少四、样品破损等事情。偶尔有一两处还情有可原，如果出现得多了，会给消费者会留下什么印象？邋里邋遢、丢三落四，店面尚且如此，药品品质还能好吗？顾客会感觉店员对商品和环境不怎么关心，推此及彼，对顾客的服务还能有什么奢望呢？

一个店面保持一天赏心悦目不难，难的是天天要保持如此，细节之处见功夫！门店如何保持对顾客持久的吸引力，如何持久“高大上”，需要对店面细节的保养，杜绝脏、乱、差、坏才可能实现。

一、脏

这是店面经常出现的问题，必须严肃对待。“脏”按顾客能接触到与否可分为三级：

最严重问题：顾客能用手或身体接触到的物品脏，比如座椅有灰尘、桌面不干净、水杯有污垢、产品一摸一手灰等，这是最严重的不卫生。这些将给顾客带来很不舒服的感受，直接影响顾客购买心情。

一般严重问题：顾客很少用手去接触，但能看到的地方，比如灯具的灰尘、角落的蜘蛛网、裸露的垃圾桶、不洁的地面、杂物的堆放等。这些地方，如果顾客看到会降低门店在顾客心目中的形象，影响信任度。

次严重问题：顾客极少关注或看不到的地方，如高处陈列产品的上沿、墙边盆景凋落的枯叶、陈列物的背面等。这些对顾客影响较小。

根据“脏”带来问题的严重程度不同，对其的打扫和保洁频率也不同，最严重的方面必须每天一打扫、一般严重的2～3天一打扫、次严重的每周一打扫。

二、乱

店内物品摆放不到位，随意摆放，主要表现有：

(1) 收银台上杂物堆放，凌乱不堪。

(2) 店面的产品摆放不整齐，不能形成很好的视觉冲击力。

(3) 店面的促销品、产品随意摆放，影响店面形象。

(4) 店面的促销物料摆放不到位，摆放较凌乱。

(5) 接待顾客后的桌椅、水杯等未能及时清扫打理。

(6) 储物间外露，或者隐蔽部位摆放清洁物品等。

以上是店面日常容易出现的“乱象”，要进行治理，可每周由专人负责管理，发现问题严肃处理。关键是店员一定要树立店面细节保养的责任感和主人翁意识。也可推行店面的5S管理：整理、整顿、清扫、清洁、素养。

三、差

主要表现在装饰、配件用材上，选择比较低廉的产品，不舍得用高档产品，影响店面的整体的形象。

另外在装修的细节上未能很好地处理，如墙面缝隙过大、不均匀，收边不统一，选择有问题的样品陈列，装修局部维护不到位等，不仅会影响产品的美观性，也会影响到消费者对门店的印象。

还有在物料的用材上，材质档次不高，直接让产品“掉价”。

对于“差”的问题，就要求在装修和选材过程中，对细节的处理必须重视，这样才能整体提升装修的水平，树立较好的店面品牌形象。

四、坏

店面出现了损坏、破损的物品，包括展示样品破损或毁坏、各类物料（标签、店面POP等）的破损等。

出现了坏的物品，应该及时维修，以保证此类物品的“健全”。

我们知道，现在的顾客购买的是价值感，并不仅仅是价格。价值感一方面体现在服务商，另一方面，门店本身的形象也是一个很直观的说明。如果顾客从店面的装饰、布置、陈列等综合因素感觉到的是比较高端的品牌形象，当顾客看到价签时，会感觉价格并没有预想那么高，肯定觉得商品非常值得，物美价廉，是一种惊喜。

（《中国药店》）

提升顾客满意度的新途径

自1875年以来，全球第一家日用品邮购公司蒙特哥玛利·沃特就一直实行“如果顾客不满，则全额退款”的政策。时至今日，“致力于顾客满意”也成为很多公司的誓言，并被广泛应用于衡量和管理顾客忠诚度。因为管理者们普遍认为，高度满意的顾客对企业有利。

然而，事实远没有这么简单。在对多个行业进行研究后，我们发现，顾客满意的提高对增加购物支出的影响微乎其微。这意味着，顾客满意度和顾客消费行为之间的关系其实非常弱。于是，管理者们不禁质疑：如果是这样，那么，提高“顾客满意度”是否值得?

通过对300多个品牌、超过10万的消费者开展深入调查研究后，我们认为，答案是肯定的。但有鉴于以往在提升满意度方面的高昂投入，企业可以考虑用更经济的方式达到同样的目的。

一、保持盈利的“赔钱”

在一般情况下，满意度和价格几乎总是负相关，而驱动顾客满意度的关键因素之一是低廉的价格。但对于大多数产品和服务来说，在价格下降的同时，仍保持盈利的潜力是有限的。

例如，有一家大型金融服务公司的大多数顾客都非常满意，但公司在其中超过三分之二的顾客那里无利可图！另外，我们分析了6种最受顾客欢迎的优惠券，其中4种都会使商家赔钱，而这4种优惠券占总数的50%以上！

这些发现揭示了顾客满意度和企业盈利之间几乎总是负相关的。所以，管理者需要找到提高顾客满意度的替代品（例如提供更好的顾客体验或创新商品），但不是所有替代品都有利润，也不能使所有顾客都满意。譬如有些人就不愿为自己得到的服务付钱，另一些人则希望得到更加物超所值的服务。但你必须知道，利润会影响公司提高顾客满意而努力的程度。一旦掌握这个底线后，管理者才可做出正确的决定。

二、规模小，顾客更满意

我们经常看到满意度和市场份额之间成反比的例子。

据美国顾客满意度指数（ASCI）显示，18年来，麦当劳在全行业顾客满意度的排名一直位列Windys和汉堡王之后；而沃尔玛从2007年以来，在ASCI统计的所有零售折扣店中顾客满意度得分最低。尽管如此，麦当劳和沃尔玛在各自行业内仍拥有最大的市场份额。

为什么会有这种情况呢？大型公司的市场份额通常由大部分顾客提供，而并非完全来自于目标核心用户。因此，较小型的公司能更好地服务于他们为数不多的顾客；而那些占市场份额巨大的公司，则必须为大量顾客提供多样化的服务。如果小公司学习这些大公司对顾客满意的做法，其结果将适得其反。

此外，当顾客满意度增加时，常常会出现市场份额下降的情况。ACSI的数据表明，当汉堡王的满意度水平上升时，其市场占有份额被麦当劳和Windys抢走了；当Kmart每年的满意度水平不断增加，甚至排名第一时，却因大量顾客流失而申请了破产保护。原因在于，他们只为那些数量很少的高度满意顾客提供完善的服务，而忽略了其他大部分顾客的需求和感受。

这是否意味着公司不需要通过提高顾客满意度来提高市场份额呢？答案是否定的，只是管理者需要在顾客满意和顾客认可之间寻求平衡。

三、成为顾客的首选品牌

公司的管理者常常相信，高度满意的顾客贡献了更大的钱包份额。然而研究表明，顾客满意度的变化不会对顾客花销产生有意义的影响。

这是为什么呢？对单一品牌的忠诚度，在我们的父辈或祖父母那一代是常见的，而如今已被消费者对多品类多品牌的忠诚所代替。这意味着，努力提高顾客占有率与花销要比提高顾客保留率有更多机会。

由于顾客满意度和钱包份额之间的弱关系，管理者通常无法确定他们的公司怎样才能增加顾客花销。管理者往往认为那些“完全满意”的顾客更可能给公司带来巨大的消费。他们利用净推荐值

（NPS，一种计量某个顾客将会向其他人推荐某个企业或服务可能性的指数）来评估顾客满意度，分数越高，代表顾客更满意。

然而，如果仅仅参考 NPS 就会产生这样的问题：无法如实反映顾客偏好。假设你的品牌有两个顾客：珍妮和约翰。他们都对你的品牌打出了 9 分（10 分为满分）。然而，珍妮和约翰还使用其他两种品牌：A 和 B。珍妮给 A 评 9 分，B 评 10 分；约翰给 A 评 7 分，B 评 8 分。虽然他们都给了你的品牌 9 分，但很显然，你一定是约翰的第一选择；对珍妮来说，你的品牌是并列倒数第一。分析的结果是，你是约翰的首选品牌，他在你的品牌花费的份额一定高于珍妮。

这种情况每天都在发生。对于大多数行业，顾客会在多个竞争品牌间进行消费，但不是所有品牌都能满足顾客。我们都希望顾客在喜爱的品牌上增加支出，重要的不是顾客满意度的百分比，而是和竞争对手争夺更高的满意度。

（Timothy 富基商业评论）

会员考核的利弊

某企业推行了办会员卡激励新政策：不以办卡数量为员工考核标准，而是以每张新会员卡办理后产生的销售额来发放提成。

新政策一出，大家众说纷纭，有人认为新政策下，会员卡不是办了就了事，而是需加强对顾客的维护才能拿到奖励，所以会使员工转化思维、提高积极性。但也有人认为，此政策操作性差，漏洞百出。究竟如何呢？

一、员工和企业双赢

我觉得从门店管理的角度上来说，这种新政是有意义的。

以前的“以新增办卡数量”为标准的考核方法，把会员卡和门店销售割裂开来。会员数量的增加不能直接给店里带来效益，店员们纯粹“为了办卡而办卡”，很多“新会员”办卡之后不见了踪影，白白损失了公司的赠品、赠金……再后来门店实在完不成任务了，就会想很多“歪门邪道”来“应对”，假姓名、假地址、假电话层出不穷，我们为此很是头疼。

新的政策将会员卡的办理和门店销售直接挂钩，大大凸显了会员卡的重要性，增强了导向作用。新政如果实施，新办卡的数量增幅可能没有以前大，但卡的有效性会大大提高。办卡不是终点，门店必须在后期进行一定的维护，这的确增加了工作量，但当门店和会员产生了良性互动时，辛勤的付出也就有了回报。从长远来看，这是一种可持续发展，是员工和公司的双赢。

（莫浅浅 门管部人员）

二、不用新政也可以考核

会员销售其实可以通过系统软件来考核。按月进行店员销售分析，看他的会员销售有多少，或是分析其会员销售占总销售的比例，比例大自然就是开发得多、维护得好。当然，这需要公司的销售软件有记录详细信息的功能。

（冯丽 店长）

三、会员卡不是个人资源

消费者凭会员卡可以享受打折等优惠，有时还可以得到一份小礼品，这些不是营业员对消费者的恩施，而是药店整体的营销策略。会员卡不是营业员个人提成的凭证，而是药店与消费者沟通的纽带。

我认为，门店应该成立会员卡管理小组，对持卡客户进行统一的开发运作。

首先要对会员卡进行归类梳理，归类的线条可以按年龄，也可以按用药类别、疾病分类、消费金额等；同时应建立会员用药档案，包括历次购药的药品名称、剂量、疗程、不良反应、过敏史等，这是一项基础的日常性工作，是开发利用会员卡资源的前提；并且，应经常进行温馨提示，通过手机、电话和电子邮件等形式，给消费者送去生日祝福或提醒服药等；给病卧在床的会员上门送药；还可以举办会员俱乐部的沙龙活动；更可以邀请医药学界的专家深入社区，进行专题讲座，将预防疾病、延年益寿的知识送到会员手中。

总之，会员卡是商店的重要营销资源，应该由商店综合开发利用，不应该被肢解为个人提成工具！

（殷博武 门店药师）

四、细节问题众多

这样好不好管理呢？办会员卡之后的消费是一个长期行为，发提成是根据每个月所有会员的销售额来算呢？还是只算新入会员的当月销售额？

再者，连锁药店的会员卡，是只在办卡的这个店消费有提成呢？还是全部连锁店都有？

而且，顾客持卡来店，可能每次都是不同的店员接待，这样的话，提成不好分，操作起来是不是比较麻烦？

我估计新政如果施行的话，店员会和顾客约好每次都找他一个人买药，这样每个人手里面都会握有一批固定的客户。但是，如果这个店员辞职了，会不会把这批客户也带走呢？

（宁艳洁 药厂培训师）

五、会员数量与销售考核并重

这种办法是好的，利于会员的长期维护，可提高有效会员卡的使用率，但细节操作对不少连锁药店来说还是有难度的，需要系统支持。

开店密集的企业，可能存在顾客在相邻店购买的情况；而且，一个会员，小王办的卡，销售人员可能是小张，这种情况，提成是给办卡的员工还是给销售人员呢，我认为还是应该给销售人员。所以，办卡是办卡的考核标准，销售是销售的提成标准，两个考核标准应该兼用。

（于怡 总经理助理）

六、有奖有罚

我认为，每张会员卡所产生的销售提成应归办卡的店员所有。

那别人接待了怎么办？我们应设定处罚机制，比如我有 10 个亲情客户，丢失一个就给予一次处罚，是否算丢失可以考核有无近期购药。比如说，一个月未购买就可以给一次处罚，这样大家不仅会积极维护自己的亲情客户，还会积极接待同事的客户，反过来也如此，如果自己孤军作战，那客户必然会丢失，丢失了就会有处罚！所以，更改会员卡提成机制，就必须附带罚，奖罚并施才可以有进步！

（李超 采购部人员）

七、专家意见

考核办卡数量还是考核会员卡产生的销售额，这实际上与“两熊赛蜜”故事中黑熊与棕熊的考核方法相似，黑熊认为蜜的产量取决于蜜蜂对花的“访问量”，因此考核蜜蜂的访问量，结果换来的是蜜蜂少采、且隐藏花蜜信息；而棕熊认为决定蜂蜜产量的主要因素是蜜蜂采回多少花蜜，因此直接考核采回来的花蜜数量和整个蜂箱每天产出的蜂蜜数量，换来的是蜜蜂的相互合作、想办法多采蜜。

回到办会员卡激励上，企业希望通过办会员卡增加顾客黏性，这种黏性主要体现在顾客在本店的消费金额占其同类支出总额的比例，占比越大，说明顾客越忠诚。可见，企业真正需要的并不是办卡的数量，而是顾客办卡后对企业的黏性增加。现实中很难获取同类商品支出总额，通常以其本店消费金额进行衡量，只有办完会员卡后继续来门店消费的，才会对企业产生贡献。

企业需要什么就考核什么，考核指标将直接对员工的行为产生影响，进而产生相应的结果。如果考核办卡数量，员工只管办卡，不对顾客做任何判断，也不关注会员信息的完整度，只图尽快填完了事，结果只会给企业增加会员卡制作及信息维护成本；如果考核会员卡的销售额，员工工作的重点则是劝说那些购买需求较多的顾客办卡，而且会主动宣传会员利益，想办法吸引顾客再次进店消费，甚至会进行后期跟踪，真正达到企业想要的会员销售增加的目的。因此，考核会员卡的销售而非会员卡的数量是回归绩效考核的本质。（北京博目企业管理顾问有限公司高级顾问 罗朝松）

新政的关注点，是从会员量的提升转移到了质的提升。要想会员产生销售就得针对每个会员不同的消费需求做好个性化的服务。

不过，这种新政对于新开门店不适用，稳定门店则可以。因为新开门店要最大程度地把顾客吸引过来，数量考核无疑更符合企业此时的需求。

目前我服务的企业中，已有两家连锁进行了这种考核方式的探索，探索几个月后，发现会员消费金额有所提升，月平均消费金额大约提升了20%，特别是慢性病会员的消费金额提升很明显。

对于可发放提成的品规，会员销售提成比例和非会员销售提成比例是一样的，都是从0.2%～8%不等，但是不同的是，非会员销售提成由班组统一分配，会员销售提成由员工个人所得。

（杭州博顾多企业管理咨询有限公司总经理 郑金林）

（《中国药店》 赵安琪）

药房管理：员工“瞎忙”八大病因

许多中小型成长企业往往有这样的怪现象出现：企业内几乎每个人都忙不过来，但就是整体效率低下！而且也很难找出原因，不知该如何改善。本文告诉你该从何入手寻找病因。

一、流程不完善

流程是企业日常运营的基础。一个企业的效率低下，首先应检查：企业的流程是否合理，是否简洁和高效，能否有改进的地方，改进的可能性有多大。

检查流程，应首先要检查流程系统本身。组成企业的流程系统绝不是简单的业务链条，而是复杂而封闭的循环系统，就像人体的血液循环系统，包括：总系统、各支系统、各细支系统，以及末梢系统。因此，首先应检查企业流程的循环系统从起点到末梢是否畅通，是否闭合，有没有断裂、梗阻、栓塞的地方，有没有冗余和不够的地方，是否需要添加新的系统。其次，还应该检查流程是否格式化、模版化，流量是否合理稳定，每一管道上的设计的流量是否合理，而实际流动中是否达标、超标。

流程检查还应包括检查流程上流的是什么内容。近年来，许多企业都在优化、再造流程，那么流程上究竟流的是什么呢？概括起来有四方面：一是物流；二是信息流；三是现金流；四是文化流——流程上流的是企业的个性和特色，也就是企业文化。之所以企业能够在竞争激烈的市场上被顾客识别出来，关键原因是流程上流动着企业与众不同的基因，流动着企业的形象代言人，即员工的行为方式，流动着企业基本的价值趋向和理念。

二、制度不支持

如果流程没有什么问题，就检查管理制度是否真的支持流程及流动的内容，制度是否充分尊重人文情怀：过于严格了，大家会变着法子钻制度的漏洞，甚至集体对抗制度；过于宽松了，约束力又不够。如果说，流程是水的话，那么制度就是流水的管线。如果管子不严密，管子粗细搭配不合理，或管子根本没有对接起来，那么将直接影响系统流水。此外，还应关注流程上流的内容是否正确，内容是否为乱流？

三、监管不到位

即便企业有很好的流程和管理制度，但如监管不力，或监管不到位，或监管越位，或监管手段落后，或监管人员素质有问题，甚或组织架构太复杂，都会大大降低整个系统的运营效率。流程和制度都是固化的，而监管是灵活的，监管必须按原则办事。

如果监管者办事不公，会极大降低人们对流程和制度的忠诚；如监管者素质低下，根本不懂得如何监管，那么势必会监管无力，导致不知道大家都在忙什么，是否忙得对了，乃至是否真在忙；如监管过于严格和僵化，不知道原则和灵活相结合，固守过时的制度，那么将极大限制人们的积极性和创造，甚至促使员工为了迎合监管而忙；如身处高位的人没有被监管的意识，甚至领导带头忙超越流程和制度，那么监管力量也将大大削弱。

四、技术不匹配

大家都很忙，都喊累，但整体效率不高的第四个原因是管理手段问题。正常情况下，管理手段落后会极大限制企业的管理效率，尤其是制造业里最明显。同样是电脑，286 和奔腾的运行速度和工作品质是天壤之别；同样是信息传递，宽带和拨号上网的速度也有成倍的差别。更重要的是，设备落后会影响到员工的情绪，而情绪是相互传染的，进而影响到工作积极性。

但是，如果技术手段太超前了，也会限制企业内部的工作效率。这是因为企业环境不支持设备的运作，影响设备正常工作能量的发挥。因此，可能放着高级设备反而用不上，或用时又发挥不出其应有的效率，而且在与其他流可能是一般程环节对接时提高了工作成本，自然也会降低工作效率。

同时，管理技术手段不仅要与企业的实际环境相适应，而且应与企业的外部环境相适应。如果企业内部的局部工作效率高，但与之对接的外部环境的工作效率低，大家就只能处在无休止地无奈等待之中，必然工作效率也会随之降下来。

五、员工素质不高

很显然，员工的职业素质在极大地决定着工作效率。员工的职业素质就是整体员工的职业品质。什么是品？品就是员工与工作有关的社会属性，主要是指与岗位有关的职业道德。什么是质？质是指与岗位有关的自然属性，包括：职业意识、知识、技能、智慧、资源等。而其中的职业意识又是至关重要的。职业意识是什么呢？就是指在岗人员应该知道自己该干什么和怎么干。

有些企业之所以效率低下，就是与企业员工的品质有关，尤其与质有关。一个质地很好的员工，其工作效率可能是一般员工的两倍、3 倍甚至 10 倍以上，更重要的是工作质量不一样。布置同样的工作，质地优异的员工可能一天之内就完成了，而质地差的员工非常努力，却一周后才完成，而且工作质量根本不可能与质地好的员工同日而语。仅从花费的时间量来说就有 7 倍的差距，更不用考量质的差距了。但在长期平均思想的支配下，员工之间显然不可能有 7 倍的薪金待遇，自然那些质地优秀的员工会逐渐流失，沉淀下质地一般的员工。留下的员工虽然职业道德很好，非常努力，都很忙，但企业的整体工作效率却很低下。

六、主管能力有限

俗话讲："兵熊熊一个，将熊熊一窝"。尽管大家都十分忙，但由于高级管理人员能力有限，不具备战略上布局谋篇，不会在战术上指挥调度协调，更不能很好地识人、用人，不能有效地充分利用有限的资源，不能够做到知己知彼、知天知地，所以造成在错误的时间、错误的地点、用很优秀的士兵打错误的战斗，失败肯定是必然的。

作为主管，尤其高级主管，千万注意不要让员工无为的劳作，要知道你的一个指令将会传导到基层，各级员工都会为你的指令而忙。如果忙了半天没有效果，是无为的劳作，甚至是负面的劳作，若领导者又不敢承担责任，试想其结局会如何？如果这样的次数多了，员工也就疲了。然而又不能违抗命令，怎么办？员工就会兵来将挡，你有千条令我不行，我就自扫门前雪。结果大家都在忙，其实是各忙各的，是装着忙的样子给上级主管看，一级骗一级。

还有一种情况，就是朝令夕改。作为企业主管，做决策前不慎重，或决策力不够，或耳根子软，做了决策发布指令后又感觉原来决策不好，想修改决策，于是出现决策指令正在实施过程中，随意、随时、随便、随机修改指令，导致随意文化滋生。刚开始下属对此不舒服，时间长了摸准了上司的秉性和行事风格，尽管上司发布了命令，又估计上司会修改指令，于是就开始佯动而不真动。结果上司看见下属在动也就心满意足了，可就是迟迟不出结果，没有效率。

七、文化导向有误

企业文化的导向也影响着企业整体的效率。如果企业鼓励个人英雄主义，不注意培养团队意识和协同作战能力，那么尽管每个人都想当英雄，每个人都很忙，但是大家没有养成协同作战的意识和习惯，个人、部门之间存在着边界高墙，效率也高不了。更为严重者，担心他人可能成为英雄影响自己，于是掣肘他人，甚至使绊儿。

如果企业倡导"忙"文化，那么员工必将为忙而忙，这在一些成长型企业特别明显。老板最看不惯的就是大家闲，员工一闲，老板心里就堵得慌。于是不问员工是否完成了任务，而只看是不是在忙。有的老板不直接说闲的员工，而是转弯抹角地去表扬忙的员工，尤其重点表扬加班加点的员工。殊不知，员工之所以加班，大多是因为质地不行，上班时间忙不到点子上，瞎忙；而有的人，就爱下班干活；更有甚者是品的问题，故意加班给老板看的。结果老板发现了加班者就表扬，下面就必然会为忙而忙。结果是越忙越受到老板的表扬，越表扬人们就会越忙，忙而无效。

八、企业战略有问题

大家都很忙，而企业整体效率低下的另外一个原因就是企业的战略定位和战略导向有问题。俗话讲，“男怕入错行，女怕嫁错郎”，作为一个企业，最怕的也是入错行，企业现有的资源不支持企业开拓某一领域，而企业的战略制定者自认为可以，结果误进某一行业。

这样的话，无论员工多忙，都无法产生客观的效益，累死也够不着。企业的战略定位出错除了表现为行业战略错位以外，还表现为目标顾客定位、商域定位、经营模式定位等出问题。无论是哪一方面定位出问题，都将影响企业整体的效率和效益，大家都很忙，就是看不到效益，当然也就谈不上效率。

企业在战略导向上容易出的问题是，战略方向错误和战略方向不定。如果是战略方向错误，整个南辕北辙，无论员工如何忙，也都是负效益和负效益；如果是战略方向摇摆不定，忽左忽右，员工很忙，但尽是重复劳动和无谓劳动，谈何效率和效益。

企业的战略决定着企业所做的事情是否有价值？企业发展的生命周期决定了企业发展必须不断地进行战略定位和战略调整，企业每遇到发展瓶颈都需要战略突破，行业竞争的规律导致企业必须适时地进行战略转型。

如果战略定位不准，战略突破和战略转型没有适时做到位，企业必然会出现瞎忙的状况，忙而低效、忙而无效。尤其当行业成熟后，整个行业开始走下坡路时，无论员工多忙都会出现低效；即使企业所处行业正在发展壮大的过程中，如果企业自身的发展走向衰亡期，同样会遇到员工忙而无效的状况。

如果企业处在战略突破和战略转型的过程中没有实现真正的转型时，同样会出现员工忙而无效的状况。企业发展初期，企业的战略定位不清晰，左右摇摆，员工同样得忙，但忙而无果，忙而无效。综上，企业战略出问题，会出现上下很忙，但忙而低效，忙而无效。

所以企业应改变“忙”文化，把每个人的工作安排细化，要求在规定的时间完成规定任务，把关注形式转变为关注结果和过程相结合上来。但也不能走上另一极端——只关注结果，以致出现为结果而结果的现象，那会导致更恶劣的企业文化。

（24 小时药店网　景素奇）

中国药店发展年鉴

药店多元化

■乳品进药店

药店迎来母婴品类第二春?

2014年6月起，深圳药店全面试行专柜销售婴幼儿乳粉。不仅婴幼儿乳粉的质量必须按照药品管理办法严格监管，且药店必须是诚信药店才会被许可。至于诚信的标准，则主要参考深圳市药监局每年对全市药品零售企业进行的信用等级评价结果。而在青岛，也已开始“婴幼儿乳粉药店专柜销售”试点工作，专区专柜不仅要具备销售婴幼儿配方乳粉的经营环境、条件和设施，从业人员还必须参加培训，学习科学喂养知识，具有专业指导能力，并持健康证上岗。

随着“婴幼儿乳粉药店专柜销售”试点政策的进一步推行，不少乳粉上游厂家加大了对药店的关注和支持力度，药店也开始积极通过乳粉销售拓宽其他品类的销售渠道，以期谋求多元化发展的新契机。

青岛春天之星大药房连锁有限公司总经理孙代勤告诉记者，春天之星曾尝试过在药店销售乳粉，但以失败告终，主要原因是销量上不去，没有很好的渠道，品种也不是很多，所以做了一段时间效果不理想就放弃了。2013年6月，国家食品药品监管总局等九部委联合发布了《关于进一步加强婴幼儿配方乳粉质量安全工作的意见》（以下简称《意见》），全国多地开始试行婴幼儿配方乳粉药店专柜销售。法国合生元也在青岛与门店面积较大的药店开展合作，春天之星的旗舰店就在合作之列。合作的方式是合生元在药店的旗舰店设立专柜，并在每个门店派专员进行乳粉销售。孙代勤坦言，在乳粉专柜的带领下，春天之星的奶粉销售逐渐有了起色。

而在深圳友和医药有限公司，其销售母婴品类已经有一段时间，从一开始没有渠道到目前建立起比较成熟的渠道，深圳友和医药有限公司董事长詹文禄认为，这是公司长期坚持开发母婴品类的成果。《意见》出台后，詹文禄也专门前往老百姓大药房、海王星辰等设立了婴幼儿配方乳粉专柜的药店考察。他表示，药店试行乳粉专柜销售，不能仅仅从乳粉这个品类来看，如果只是看中乳粉品类的销量，相信很多连锁药店都不会去尝试。乳粉作为母婴品类中的一个分类，应该通过即将实施的政策，想方设法提高整个母婴品类的销售，提高与婴儿、孕妇相关联的药品、食品的销售，思考如何通过设立专柜丰富药店的经营品类，调整药店的客流结构，增加关联销售的有效率，而不是只关注乳粉一个品类。

据了解，2014年年初青岛开始尝试乳粉药店专柜销售，可以说给了关注乳粉品类销售的连锁药店很大的鼓舞。目前，春天之星已经在旗舰店着手扩大乳粉专柜的销售区域，除了与合生元合作之外，也有不少乳粉厂家开始与春天之星接触。孙代勤透露，已经与两家乳粉厂家谈好合作。此外，春天之星还将连锁内有营养师资格或者对食品销售比较有经验的员工组织起来，参加乳粉销售的各类培训，为接下来的乳粉专柜试点工作打好基础。据孙代勤介绍，青岛多元化氛围浓，但涉及母婴品类的连锁还不多，渠道和品类是目前连锁药店尝试母婴产品销售的阻碍，而乳粉品类利润空间低也使得许多连锁不愿意去做。

对于是否会引发药店销售乳粉的热潮，詹文禄则表示应该理性对待，药店在近几年积极尝试多元化发展，但多元化并不是药店的“救命稻草”，一个成熟的品类在药店销售应该占整体销售的15%左右，如果要依靠这15%来盘活整个药店是不现实的。从友和医药目前的销售情况来看，母婴品类正好占药店整体销售的15%，加上与母婴品类关联的药品，整体贡献率在25%左右。从这样的数据来看，母婴品类确实应该作为连锁药店重点发展的品类，但不应该成为药店的发展方向，当这个品类超过25%，则药店整体的定位将会改变，所以药店应该把握好不同品类的平衡，真正做到多元化发展。

（《21 世纪药店》）

■论道大健康

大健康产业有哪些创业机会?

在 2014 年 6 月 27 日克莱斯勒杯黑马大赛智慧医疗行业决赛的现场，美年大健康创始人、黑马导师俞熔作了题为《寻找健康大潮下的创业之路》的主题演讲，内容精彩纷呈，对创始人很有借鉴意义。以下为演讲全文。

在健康产业，不管你私底下如何艰苦，如何烦恼，在他人的眼中，你做的就是一份高大上的事业。市场超大体量不说，这个行业的需求有目共睹。无数的重量级人物都讲了下一个 10 年看好咱们。

生物医药医疗领域的创业公司在每一个高新区和创业园都是当地重点扶持的产业，最近重量级的消息大家也知道。习主席在视察完某医疗行业的知名企业后，对国产医疗，特别是医疗器械设备行业的发展有一个重要的指示，所以你看最近政府给的待遇支持倾斜超乎想象，所以我说是超级待遇。

每次健康赛的场子人气都非常火爆，每天都能看到微信微博各种互联网媒体关于健康主题的分享报道，而在各大 APP 下载的排行榜上，健康类永远占据鳌头。

最后还有一点是我们智慧医疗健康行业的创业者是受人尊重的。不管企业大小，不管发展快慢，在健康行业和医疗行业里，我们都受到百姓的尊重，大家还有什么好后悔和犹豫的呢?

我们在做创业选择的时候，该怎么做? 我说你可以问自己四个问题：首先，你做的项目的市场容量有多大? 其次，技术门槛有多高? 再次，你的资源够不够充沛? 最后，你的项目有没有插上互联网的翅膀?

大家可以看看自己，占两项以上，机会就是大大的，如果只有一项，我估计还得努力，如果你已经有三条甚至四条，那你就是说的风口上面的猪，腾飞在望。

目前我们看到这 4 条创业路径，医药、服务、器械耗材、健康管理，再加上两个非常重要的工具，一个是信息化，第二个是健康产品。医疗健康产业跟别的产业有所不同，对技术能力和对市场判断能力都有相当高的要求，还有对资源政策制度的依赖远远大过别的行业，因而在这个行业创业有一定门槛，恰恰如此也造就了这个行业一旦上路之后巨大的成长空间。

一、创业者需要根据自己的资源优势和市场洞察构筑商业模式

说到这个健康产品，其实大家不要光关注医和疗这个行业，其实健康的外延非常大，我们关注健康领域外延产业，这里头的商业机会也是非常庞大的。高大上和新快灵，这是不同的创业选择和创业方向。高大上包括生物医药，高端的医疗器械，还有一些创新的服务，这个都是现在当下非常时髦的，或者非常引领潮流的一些内容，具体的就不展开了。医药领域的生物医药方面，包括结构式的改良、创新的剂型、靶向的药物，包括曹总的泰格在医药体系创新的模式，这些都是高大上的代表，器械领域里高端植入的耗材、影像、可穿戴设备，以及我们现在非常热门的高端的医疗机

构，专科连锁的医院，这些都是高大上的选择，而这些选择，所需要的资源、所匹配的团队和资本要求当然也是比较高的，再有一类大家可以考虑的就是新快灵，这个里面其实我们在这次黑马赛当中发现众多这样的企业非常多：健康管理，针对现在亚健康人群需求的专业的健康管理，个体化的医疗，还有我们李英睿代表的基因检测，移动医疗又是一个非常热点的话题，还有我们以提升医院管理和效率的各种智能化解决方案、智能的病房、手术室、管理体系以及健康电商，等等。所以这两类的创业选择门槛不同，起点不同，根据创业者自身的条件和外部环境，大家可以做一些选择。

另外，是做 B2B 还是 B2C？我们把医疗设备卖给医院，这个是 B2B，我们开设一家专业的医疗机构接待患者这个是 B2C，他们有什么区别呢？B2B 企业和 B2C 医疗健康企业在商业模式方面的有一些差异，体现在下面几个方面：

B2B 的起步比较快，B2C 的潜力更大，如果你有更好的路径创造 B2B2C 的模式，会有更大的潜力。这个里面还有很多差别的，举个例子，从管理强度来讲，B2C 的管理强度更大，管理难度更大，我剖析一下，美年大健康现在 1 万人，虽然我们从 B 开端，面对的管理压力，包括后续对系统、人才团队的要求非常高。

二、持续成长潜力也是重要的维度

最后一点是品牌和估值。B2B 和 B2C，无论是医药器械还是医疗服务都能找到相应的位置，从哪里切入取决于创业者自身原有的优势和对市场的剖析，相对来说今后跟用户端打交道的估值会提升更多，郑总（指郑早明）他直接跟 C 端的密切，你现在每天的访问量数百万上千万，这种 C 端在互联网时代带来的估值的提升是每一位创业者需要考虑得，B 端而言每年买了一次设备，今年买了一批设备，明年未必会买，这种持续成长的潜力还需要深入的挖掘。

三、核心创始人的精神气质是创业成功的重要条件

再跟大家谈谈人，这个也是一个老话题，每个创业者有不同的理解，我认为这个精神气质有 4 个方面是创业成功的重要素质，第一个是坚韧，第二个是包容，第三个是激情，最后是果敢。内涵不展开，大家看看身边创业成功的人除了运气，有没有这种特质，为什么我认为好的创始人是王宝强 + 周星驰呢？王宝强就是打不死的小强，周星驰的忽悠能力，表达能力善于把自己内在的优点发挥出来，善于把自己的团队手下凝聚起来，这种忽悠能力非常专业，我们说 BAT 三家里面马云的忽悠能力最强，如果有这种组合的话，大家看一看成功概率会更高。

四、智慧医疗产业存在另类的创业路径

我们通常的创业路径时大家几个创始人，依靠老的商业模式，相互扶植发展壮大，或者是不断试错，然后修正再出发。但是在健康产业大家可以寻找另外一种途径。

创业之前对商业模式的反复验证和探讨非常重要，然后时在创业之前就把资源匹配好，比如说到黑马营黑马会当中洗礼一下，学习一下，找到跟自己匹配的资源和超高能量的导师。第三个创始团队的配置可能要有一定的超前性，我说要高配，这个行业跟别的行业不一样，很难在创业当中随时调整人员配置。如果三点都做到，我觉得有机会就可能快速上位，小米的成功我个人感觉源自于这种创业模式，起步的时候资本资源的配置，对后来的快速上位创造了非常有利的条件，这个是要根据每个创业团队的条件和时空背景决定的，这个是一个另类创业路径，如果有条件一定要这么做，所以我说我们黑马大赛就是创造这样一个另类创业选择的非常好的舞台。

五、移动医疗该如何破局

最后我还想谈一点对移动医疗的看法，这个是当下医疗健康与互联网结合最热的话题，有一点

老生常谈，如果移动互联和大数据比作两大翅膀，那么线下闭环和碎片化就是移动医疗的两大瓶颈。

今后你要想在这个行业创造出你的一片空间，第一个要看你能不能装上这两片翅膀，第二个有没有办法克服两个瓶颈，翅膀就不说了，互联数据不说了。我讲讲瓶颈，医疗行业毕竟是需要真正做许多物理接触的行业，很多服务很多行为不可能在线上完成，线下的闭环谁做得最好，这个是移动医疗成功的重要的因素，线下的团队、场地资源、人力专家这些如何跟线上的互动这个是值得大家思考的。

第二个谁能解决碎片化的问题，实际上我们在做专家还有许多创业者都清楚，现在的数据是碎片，我们个人的健康信息，我们的病例各种各样的检查数据都分散在各个医疗机构的角落里，不要说互联互通和共享分析了，收集整理挖掘出来都有非常大的难度，不整合起来如何对下面的商业模式和个体化的解决方案产生价值呢？所以解决碎片化的问题里面蕴含很多的机会，这个是对美国模式的研究。

我上次在杭州活动的时候简单跟大家汇报过，我说美国的移动医疗模式大概有四个特征，择优、降费、分享、便利。找好医生就是择优，降费以降低保险公司支付为盈利模式，分享就更多了，昨天我们分组讨论的时候，对个体病患做分享，和贡献医生智慧的这种平台，便利就更多了，类似这样的模式有非常多。这些都是在美国成功的融资，有的已经登录资本市场，有的则有和大的集团合作成功的案例，美国的模式很少复制到中国，因为我前面讲了医疗行业还是环境政策高度相关的，但是他的思维方式和逻辑理念是值得我们认真学习和研究的。

六、医疗健康产业的创业机会在哪里？

我讲了4点，我们在医疗创业的机会，特别是在插上移动互联的翅膀后，第一个是重塑关系，第二个是重新定价，第三个是重在预防，第四个是重视个体。

重塑关系，我们这次参赛的很多商业模式都是在重塑关系，重塑医生和医院的关系，重塑医生和患者的关系，把传统的互动模式即看病模式和治疗方案打碎了重新来。

重新定价，我举个例子，昨天我们小组当中一个做第三方医药平台的创业企业，医药电商的兴起，再加上阿里巴巴京东这样重量级玩家的进入，整个医药体系面临重新定价，这里面会发生很深刻的变革，而且会把原来的利益全部打散，大乱之后的大智蕴含巨大的创业机会。

第三个重在预防，我说预防重要，不是说因为我重视医疗体检和预防行业，预防保健所需要的社会资源和社会需求甚至要远远大于我们在治疗方面的需求，现在当下这样的时代背景在防病，保健抗衰老以及一切的锦上添花的医疗服务，这方面的需求的想象空间蕴含的商业机会有的时候超出你的想象，所以我说重在预防。我们创业者当中也有许多企业围绕健康管理、围绕抗衰老、围绕保健、围绕疾病的筛查和预防构筑商业模式。

最后我说是重视个体，所谓重视个体跟我前面讲的数据有关系，当我们把个体数据加以分析整理挖掘的时候，个体化的医疗治疗、针对癌症的基因检测、靶向的药物，包括在预防医学方面，根据个体化的数据，并依靠健康数据预测你将来患病或者评估你患病风险的模式，这些都是将来非常有成长性，非常有机会取得成就的模式。个体化的治疗和保健是我们的机会。

（黑马）

掘金8万亿元大健康产业

最新统计数据显示，2014年以来，A股公司陆续披露了131起医药医疗并购或投资的公告，与文化产业成为A股最热板块。在此背景下，PE精英与实业家在2014年6月19日举办的第四届中国医疗健康产业投资与并购大会上，纵论了8万亿元大健康产业"蛋糕"哪部分"最好吃"。从讨论结果看，高端医疗器械、专科连锁医院及移动医疗三大领域最受青睐。

一、高端器械国产化存商机

据上证报资讯统计，截至2014年6月20日，今年披露的131起医药板块投资事项中，涉及医疗保健设备的共39起，最新案例是北大医药拟斥资14亿元收购一体医疗100%股权。另据清科数据显示，2013年VC/PE共投资了210家医疗健康企业，创2008年以来新高。

为何医疗器械领域突然走俏?《上证报》记者采访获悉，目前全国医疗器械制造商逾万家，远超制药厂，但该行业相对散乱，低端市场基本是国产，中端国产和进口对半分，高端市场大部分被洋品牌占据。有业界资深人士认为，如此市场格局蕴藏着并购及投资大机会。

曾一手打造了九鼎投资医药基金辉煌战绩的禹勃，这次以中融康健资本董事长身份亮相并购大会，他表示，与药品相比较，他更看重医疗器械行业的机会。因为医疗器械比较复杂，CT也好，核磁也好，是一个系统工程，国外的GE、飞利浦和西门子在每个领域都有各自专利，很难有任何一家公司把整个CT从头到尾都申请了专利，这就给中国企业提供了很大的机会。

"未来十年之内，中国的家用医疗器械市场会超越美国，成为全球最大的市场，甚至这个时间点还能提前几年。"北京康复之家医疗器械连锁经营有限公司董事长柏煜乐观预计，他还认为该领域的并购也将风生水起，"未来几年会出现多起'蛇吞象'式的并购，比如，国内家用医疗器械生产商并购某跨国公司的中国业务，或者某诊断业务。"

从事高端耗材类医疗器械的博迈科技董事长李斌表示，高端医疗器械前景广阔，在国家鼓励高端医疗器械发展的背景下，只要国产技术站得住脚，有代替进口的实力，政策层面自然会大力扶持国产产品。

二、投资专科连锁有门道

除了高端医疗器械，PE机构还看好专科连锁医疗服务企业。不过这里面的投资需要"去粗存精"。

IDG资本合伙人余征坤认为，医疗服务可以分两个领域：一类偏重于服务为主（如体检、坐月子服务），这是非治疗机构；一类是医疗机构（如妇产科医院）。他指出，在治疗性领域的一个重要经验教训是，只能投那些专科连锁，综合医院一般不去碰。因为在某个专科里比较容易聘请到领军医生和主任加盟，且可以逐步培养专科医师团队和梯队，而大而粗的综合医院很难驾驭。另外，最好投资那些偏服务的专科连锁机构。因为类似胸外科（心脏手术）和脑外科（开颅手术）这种手术难度大的专科非常难复制，不宜以连锁方式大规模发展。

余征坤称，IDG在医疗服务领域就注重上述两点。现在该PE在医疗服务领域投了三家，分别是做健康体检、美容整形以及做妇产的企业。

资料显示，IDG耕耘医疗领域已有十年，共投了20多家公司，其中6家在国内外资本市场实现了IPO。

三、短线不宜投移动医疗

与医疗器械、专科连锁相比，移动医疗看起来更性感也更具想象空间。不过，PE 机构认为这是长线投资，非短线所能斩获。

在上述医疗健康产业投资与并购大会上，清科集团创始人倪正东称，移动医疗将成为未来 3 – 5 年最热门的投资领域之一。“现在整个投资界最关心的两大行业，一是移动互联网，一是医疗健康，这两个最热门行业的交集，就是移动医疗，所以说未来三五年，移动医疗会有巨大的机会。”倪正东如此推测。

然而，IDG 合伙人余征坤则审慎乐观，他认为移动医疗领域短期没机会，长期是大机会。余征坤介绍称，IDG 投资了 A 股市场上正宗的移动医疗公司九安医疗。“目前看九安医疗此类公司，其投入非常大，所以短期你看不到收益的，这是以娱乐为主的。还有一类是以治疗为主，主要是糖尿病和高血压等慢病的管理，美国这个模式已经成立了。德康医疗在美国上市了，虽然现在不盈利，但是从收入增长的情况来看非常快，这一块在美国有非常成熟的模式。”余征坤认为，如果想着三年投完就能赚钱退出，这肯定不行。

（《上海证券报》）

抢滩 8 万亿元大健康市场，药店需要练就五大招

美国医疗行业在 20 世纪 50 年代至 70 年代期间进入全面扩张增长阶段，政府介入向社会提供福利制度这一举措加之私人医疗保险公司顺势纷纷成立，使得医疗费用大幅上扬。70 年代后到 90 年代间政府开始对医药成本进行严格管制，推出各种成本遏制措施并限制用药，使得药价下跌、药品利润大幅下降。这之后到现在为止美国医疗已经走入成果测量与负责期，引入专业药师，对药房转型这些新角色功能受到了社会的确认与肯定，并在疾病管理和健康管理方面做出了突出的成就。

在美国，药店满足人们“一站购足”式的消费需求，涉足健康、美容、家庭护理、生活用品、文具等领域，药品营业额占比 59%。在日本，复合式的药妆店则经营医药品、化妆品、日用杂货品及其他产品，药品营业额占比 30.3%。在隔海相望的台湾，药房也逐渐提升商品多元化营业额，涉及家庭医护、母婴健康、营养健康、口腔护理及个人护理等领域，并加强药房专业功能与药学服务。

现阶段我国的医疗水平和发展阶段还处在美国对等 20 世纪 70 年代至 90 年代期间的路程。面对政策动荡不安的冲击，一方面来自国家医改政策对于降低药价限制用药的规定，另一方面新 GSP 政策的提出对执业药师的配置功能，这些都加剧了药品零售领域的激烈竞争和毛利的降低。日益只增不减的房租租金、源源不断的人力投入和经营成本上涨，在这种综合的情况下，药店无疑要采取新的管理方式才能有新的出路。

目前我国国内药房也还上演着传统的药房商品策略：走同质化的商品线，处方和非处方药品仍占到 78%；始终以商品导向为主而非顾客导向；坚持推销而非营销；追求毛利忽视顾客满意；采用单品零星作战缺乏品类管理作业技术。在国际上，药店已经在经历大健康商品多元化发展、药房专业功能与药学服务发展和 IT 科技提供运营效率的结合与运用发展轨迹。

纵观经济消费需求，随着我国人均名义 GDP 迈过 6000 美元，我国居民消费已经进入结构升级时期，以健康为代表的服务消费将持续扩张，健康消费需求将大幅增加。人口方面，截至 2013 年底，全国 60 岁及以上老年人口 20243 万人，占总人口的 14.9%，其中 65 岁及以上人口 13161 万人，占总人口的 9.7%，“老龄化时代”的到来将进一步释放健康养生等健康产业的市场需求，国务院提出 2020 年国内健康服务业将会达到 8 万亿的市场，这都将大幅扩展药店营业额与利润（图 1）。

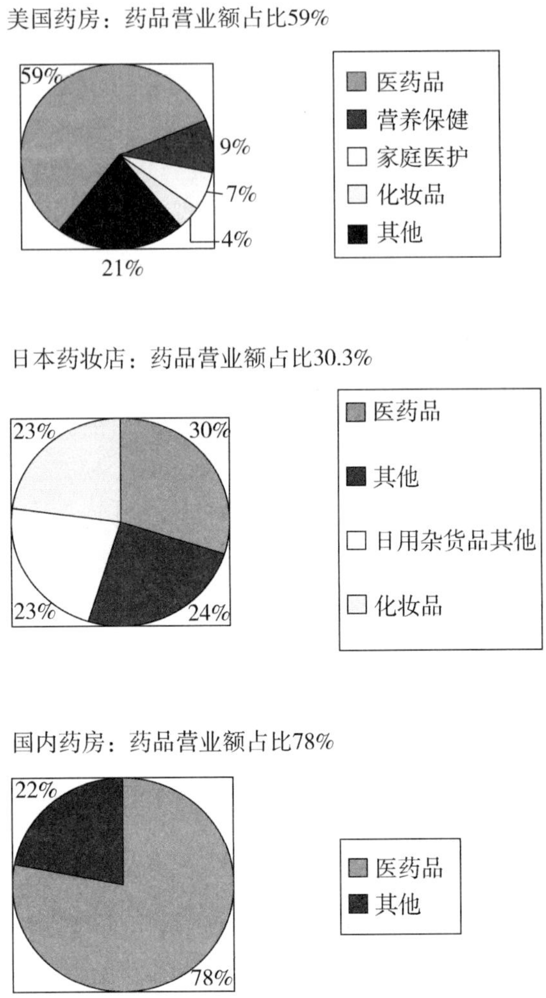

图 1　美国、日本、中国药房药品营业额占比分布图

近年来，“大健康”作为药品零售行业发展新机遇已成共识，甚至以“大健康”时代来命名这一趋势。从国外的有效经验来看，“大健康”的目标是摆脱传统药房经营模式，建立有效的商品与品类的领先优势与竞争力。

“大健康”的未来令人期待，纵观国内市场，药房参差不齐，发展缓慢。发展大健康，要根据消费者需求的发展前提，拿出“大健康商品战略与品类作业”方案。具体包含：

一、大健康商品线规划

设置现代化目标重点品类：药店战略一定要走多元化、大健康，因为所有医改政策、医疗保险都会令药品利润越来越低。大健康是一种战略，但兼顾到商品多元化愈广，跨度越大，所面临的市场风险，所需资源与投入，技术管理都会相应增大，商品线必须定义清楚，设置好优先次序，逐步放大品类，大健康路径该遵循“医药→健康→护理→美丽→便利”的顺序，其中医药、健康和护理是目标重点品类。对此 CAMORE（康顾多）集中经营家庭医护产品、营养健康产品、口腔护理产品、个人保健产品等，将非药品营业额占比由 22% 增加至 40%。

创造“差异化”商品：针对市场上顾客“低关心度”产品，企业的产品及服务要求也必须做到“独特”。大健康要多元化还应创造差异化，顺应消费者个性化需求的趋势，着眼药房“立基”产品，摆脱传统药房“同质化”药品的价格竞争，提早创造出市场差异化的领先优势。

二、大健康品类管理作业

品类管理：商品按品类分类管理，决定重点品类并规划商品线；组织按品类分工，商品采购人员需转型提升为品类管理人才；卖场按品类分区经营，设置重点品类专区与品类专区负责人。

品类经营：以 CAMORE（康顾多）为例，我们推出了四个品类专区支持方案：家庭医护专区、口腔护理专区、营养健康专区和个人保健专区，并提供品类专区启始作业指导包括启始作业手册、启始设置物料、启始产品陈列图、启始营销活动与文宣物料等。

品类营销：不断推出持续性季度营销方案、品类暨疾病知识教育训练和品类管理培训课程。

三、大健康品类营销方案

传统药店提升营业额始终主要借重于“推销的力量”，通过主推产品奖金，店员销售竞赛，进行品牌产品拦截。“大健康”形势下的现代药房则借重于“营销的力量”提升营业额，通过商品陈列与标示，商品促销特价活动，提供健康信息与健康服务，会员数据挖掘与会员营销。

“大品牌跟随策略”非处方药品的营销模式：效仿国际上“大品牌跟随策略”，采用大品牌跟随策略取代目前药房普遍使用的大品牌拦截策略，这样做到了兼顾毛利与顾客满意双赢。

会员营销方案：通过制订会员营销方案层层兼顾包括关联性产品推荐、新会员感谢、顾客推荐活动并提供个别需求的健康解决方案，在真正意义上维持了企业的客户。

顾客需求导向的营销方案：通过关联性销售与顾客推荐活动不断找出潜在有需求的顾客，建立采购焦点与产品促销活动来激发顾客需求，针对已购买的顾客定期电话或短信回访以建立顾客重复购买与忠诚度。

四、不断提升药房专业功能与药学服务作业

美国、日本、台湾的药房都非常注重药房专业功能的提升和药学服务的匹配，国内药房必须跟上。比如，CAMORE（康顾多）设置了专业的药学服务培训课程、专业的药房加盟方案和执业药师创业加盟方案。全球互联网的兴起，使药房也正经历 IT 科技的渗透与运用，CAMORE（康顾多）自身也配备了药房计算机管理系统，透过计算机操作系统，可以随时随地轻松掌握门店的营运状况，调整商品品类组合及毛利组合结构，优化库存结构并提高门店的会员忠诚度。通过计算机管理系统，还可以在线查询药师用药参考，参与药店在线培训等。

五、与时俱进，生存于互联网 O2O 时代

在如今 O2O 一并盛行的社会体系中，CAMORE（康顾多）同样走在药房前列并精心策划了药店微信 O2O 平台，包含微药店官网、微药师咨询、微药店商城和微药店会员。不同于一般药房，CAMORE（康顾多）还有自己专门别致的药房决策作业平台，可以进行药房会员数据挖掘、药房经营数据分析、药房基础作业诊断和药房经营策略决策。

未来的“大健康”之路还很长，国内政策还未稳扎落实，药房数量也在逐年减少，网络药房伴随互联网时代不断衍生，新型药房面临的境遇与挑战还很多，如何坚定科学的布局，药店必须顺应“大健康”趋势和消费者诉求。

（张汕琼）

药店健康管理正当时

国务院印发《关于促进健康服务业发展的若干意见》，这是我国首个健康服务业的指导文件。根据《意见》，我国将大力发展健康服务业，力争到 2020 年，总规模达到 8 万亿元以上，并对扩大就业、促进经济转型升级和形成新的增长点起到巨大作用。

业内人士指出，健康服务业主要包括医疗服务、健康管理与促进、健康保险以及相关服务，涉

及药品、医疗器械、保健用品、保健食品、健身产品等支撑产业，覆盖面广、产业链长。

笔者曾参加由某个知名药企举办的论坛，受邀参会者大部分是全国各地连锁药店的负责人。该药企董事长发言时谈起一次在国外的购药经历，令人印象深刻：他在某药房购药，当药吃剩两片时，收到该药房发来的信息，了解他的用药情况，并提醒他药已经用完。开始他以为是药房搞错了，后来才发现自己因忙碌而忘记，少吃了一次药。

这样的事情，放在国内的药店简直是不可思议，虽然药店已经普遍重视网络渠道，但发给顾客的短信多是促销或优惠的信息。但笔者毫不怀疑，对顾客进行健康管理，是中国药店未来发展的方向。

无独有偶，最近国家中医药管理局发布了一则消息，称我国中医药管理年内目标人群覆盖率要达到30%以上，乡镇卫生院、村卫生室和社区卫生服务中心为“目标人群”之一——65岁及以上的老年人，要提供中医药保健指导包括情志调节、饮食调养、运动保健等服务。由此看来，国家对加强基层医疗卫生机构“预防保健”功能的力度正在加大。在国家推进基层卫生医疗机构转向健康管理的同时，药店何不顺势而为？

药店发展到今天，适合“健康管理”的土壤已经形成：其一，药店的价格战已经没有什么“虚高”可言，只是比拼谁的让利幅度更大，结果顾客对降价越来越不敏感，忠诚度越来越低；其二，随着国家的大力宣传与推广，健康管理的理念将会逐渐被人们所认识并深入人心；其三，受工作压力、环境污染等因素影响，亚健康人群规模扩大，某些疾病如高血压出现了年轻化的趋势，对健康管理的需求逐步上升。

目前，有些药店已意识到这一点，希望通过引进中医坐堂来实现专业化的转向。不过，从有些药店的实践来看，只有老中医的吸引力较大，但老中医的资源有限，这种模式不可能大面积复制，药店还是要从内部挖潜力。

开展健康管理，并不是一个非此即彼的选择，而是一个1+1>2的形式，即在药店原有的基础上，增加这方面的内容。如药店平常发给会员的信息，除了促销、优惠的内容，还可增加疾病预防、用药知识、保健等方面的知识，这样做的好处是可以增加药店的亲和力，提升药店的专业形象，提高顾客的忠诚度。从店员的角度来说，如果药店重视对顾客的健康管理，则可以促进他们提升专业知识，从而带动销售业绩的增长。许多顾客来到药店，通常都会问两方面的问题：一是药在哪里？二是应该买什么药或这个药好不好？第一个问题对店员来说不成问题，但对第二个问题的回答就有高下之分了，销售业绩较好的店员不仅能熟练地说出药品说明书上的内容，还能从病因上分析，解答顾客的疑问。不过，这需要他们平常有意识地学习与积累，假如药店经营者注重对顾客的健康管理，并在考核机制上体现，相信有意识提高专业素质与能力、能够赢得顾客信任的店员会越来越多。

最理想的状态是，药店可为顾客建立个人用药档案，由专门的部门进行常态化的追踪管理，不过以国内药店目前的实力与条件来看，一步到位既不现实也没必要。药店应先从转变观念开始，循序渐进，在这个过程中与患者形成良好的互动，建立信任的同时，健康管理的能力也得到不断的提升。

（《21世纪药店》）

大健康支招：营销升级三部曲

为了获得持续发展，营销副总或决策者需要依次解决三个层次的营销模式问题。如果想使“让平凡者成功”不只是一种愿望，就必须为能力平凡的员工创造做出业绩的条件。员工的能力问题，不论企业规模大小都存在，只不过在小企业直接表现为“能干的业务员太少”，在中等规模企业表现为“能干的管理人员太少”，而在大企业表现为“组织僵化、效率低下、沟通困难”等，也就是说，能干的人很多但就是业绩平平。所以，对这个问题不能简单地就事论事，而要做深入分析。

一个企业想获得持续发展，从初创开始，在不同阶段需要解决的是三个不同层次的问题：营销个体问题、营销团队问题和营销组织问题。从某种意义上说，企业在每个阶段的成就和营销表现，取决于这些核心问题解决的程度；企业能否取得持续发展，员工能否有持续的出色表现，则取决于能否顺利地从一个阶段进入另一个阶段。

一、小企业：让普通营销个体出业绩

营销个体主要涉及两个问题：一是素质和能力，二是稳定性。

对中小企业来说，一般不可能批量地招收高素质员工，因此很难从素质上着手解决营销个体的问题；同时，中小企业也不可能招到足够多的能力较强的员工。这是中小企业与知名企业、大企业的本质区别。要解开这个“结”，关键是中小企业必须建立“有效提升素质一般员工的业务能力”的企业能力。建立这种企业能力需三个前提：

（1）拥有相对成熟的营销模式。对中小企业来说，仅仅依靠业务员个人能力，想取得整体业绩突破是十分困难甚至不可能的，只有解决了营销模式问题，企业才能取得整体突破。

什么是营销模式？它大致包括目标市场的选择标准，客户选择标准，具有市场推广空间和推广价值的基本产品组合，经过实践验证的、有效的市场推广方法，对经销商有影响力的业务政策等。有了相对成熟的营销模式，企业才有可能有效扩大营销团队，否则无论招多少人，他们都会因为出不了业绩而在短时间内主动或被迫离开企业。

理解上述观点需要先明确一个认识：对一般业务人员来说，到底是有了能力才做出业绩，还是做出了业绩才有能力？现实的情况是：因为做出了业绩，业务人员才具有能力和信心，而不是有了能力才做出业绩。一个没有营销模式的企业，给业务员的只能是不知如何推广的产品和无尽的业绩压力。这要求业务员必须具有市场策划能力和创业能力，但这种人很少。

（2）一个具有营销策划能力与指导、培训能力的营销副总。营销模式不大可能照搬其他企业，必须根据市场提供的可能或机会，充分调动内部的营销资源，策划具有本企业特色的营销模式，并且有能力帮助业务员运行这个模式。这项任务只能由企业的决策者或营销副总承担。

一个企业想从小到大持续发展，考验的不是业务人员，而是企业的营销副总或决策者。为了获得持续发展，营销副总或决策者需要按顺序解决三个层次的营销模式问题：

1）市场开发模式。更准确地说，是“单个市场开发营销模式”，这是最基础的工作，过不了这一关，企业就不可能获得初步发展。

2）区域市场开发模式。这是在单个市场开发成功的基础上，使其稳定、上规模，并围绕已经成功的单个市场进行成片开发的能力。

许多企业有能力初步开发市场，却不能使其上规模；有些企业虽然能够继续推动市场增长，却没有能力围绕这些市场进行成片开发。这些情况都不足以推动企业持续发展。

从单个市场开发模式到区域市场开发模式，对企业提出两大挑战：一是如何促进单个市场规模的持续扩大；二是如何围绕单个市场，在规划的区域内进行全面的市场开发。前者需要啃的“硬骨头”是如何赶上甚至超越市场主导品牌；后者需要解决如何由“根据可能”有选择地开发市场，过渡到“根据需要”有针对性地开发市场。这两大挑战对企业的开发能力和营销策划提出了更高的要求。

3）战略性区域市场开发模式。战略性区域市场与一般性区域市场的本质区别，是企业在区域市场内是否拥有竞争优势。能够建立竞争优势的区域市场，就是企业的战略性区域市场。战略性区域市场必须有品牌和战略性产品支撑，也就是说，解决战略性区域市场开发营销模式的关键，是解决品牌建设模式和战略性产品推广模式这两大问题。

只要企业营销副总或决策者能够分别解决这三个层次的营销模式问题，就不用担心找不到能力相当的业务人员。

（3）产品创新能力。产品是“皮”，营销技术是“毛”。一个适销对路的产品，本身就代表着策略。企业初创阶段营销业绩不佳，更主要的原因是没有设计出合适的产品。那么，这个时期企业的产品决策，应该倾向于创新还是倾向于跟进呢？

从实质上说，创新更重要。中小企业如果在产品问题上不能取得突破，想获得业绩的突破几乎不可能。从形式上说，中小企业创新更可行的途径是“创造性模仿”。虽然大企业在产品创新的研发速度上也许会更快，但由于效率、惰性和市场范围广等原因，在推广速度上却可能会慢一些。通过“创造性模仿”和提高运作效率，中小企业完全可以取得更好的成果。

许多中小企业业绩不佳，表面看是业务人员能力的问题，本质上却主要是产品没有特色、没有竞争力所致。为了找到问题的关键，我们有必要厘清下列问题：

是大企业业务人员的能力更强，还是中小企业业务人员的能力更强？当然是大企业。但是原因并不是大企业招到了能力更强的业务员，而是大企业为业务人员能力提升创造了更多的条件和更宽松的空间。

是大企业更需要有竞争力的产品和有竞争力的策略，还是中小企业更需要？当然是中小企业。没有这些，中小企业永远不可能弥补与大企业业务能力的差距，也不会拥有提升业务人员能力的空间。区别仅仅是，大企业靠的是硬实力，中小企业靠的是软实力，即建立差异性优势，在点上获得突破。

上面所讲的这些思维方式，也许是许多中小企业的决策者无法接受的，但这是迄今为止中国企业发展实践表现出来的规律。接受它虽然痛苦，但却可以付出更少的代价，进步速度会更快。

相应地，中小企业在引进高级人才时，必须首先确认能否为引进的人才提供可执行的东西，或者引进的人才有没有能力执行企业需要他们实施的东西。其次，必须确认引进的人才能否帮助企业设计所需要的东西。最后，必须确认引进的人才是否有能力调理业务人员，换句话说，是否因为引进人员的存在，企业业务人员变得更加能干。

上述问题都解决了，中小企业将不再为缺乏能干的营销个体而苦恼。

此外，对于绝大多数中小企业来说，在初创时期不需要太多的外来培训。这个时期的培训必须由营销副总和企业领导承担，即使要借助外力，也必须是基于企业营销模式的顾问式培训，而不能是基于发展的素质培训。业务员素质的提升是一个长期的系统工程，而解决企业短期的业绩提升问题，只需要抓住执行要点并着力强化。

二、中等规模企业：建立目标责任体系

当营销个体变得能干之后，并不代表企业就拥有了合格的营销团队。从营销个体到营销团队，关键是要解决管理层次的问题。营销团队是否合格或者是否优秀，关键要看人才结构。只有拥有了

合格的营销管理骨干，营销个体才能从一盘散沙上升为一个组织严密的营销团队，才有可能号令严明、步调一致，才有可能形成分层次的责任体系。

企业达到中等规模以后，尽管营销个体的能力依然十分重要，但决定企业营销业绩的已经不再是营销个体的能力，而是企业能否建立以各级主管为中心的目标责任体系。完成这个转变的关键是建立合格的营销管理团队，这是继续“让平凡的人做出不平凡的业绩”的前提。让平凡的管理者带领平凡的业务员，“做出不平凡的业绩”是不可能的。

营销个体培养的结果是产生业务骨干，多数企业将业务骨干自然地升级为营销主管，结果是具有不同特长的营销人员“自然地”进入了管理阶层，但问题是，培养业务骨干与培养管理骨干是性质不同的两项工作。科特勒这样描述其区别：“营销管理人员，首先是个专业经理，然后才具有某些专长。”也就是说，对营销管理人员而言，最重要的是必须具备管理素质和能力，然后才是业务能力。从业务骨干到专业的营销主管，需要解决哪些问题呢？

（1）主观问题。

1）管理愿望。管理愿望是管理人员胜任管理工作最基本的条件，所有成功的管理者都有一种强烈的愿望去管理和影响他人，并通过下级的努力与合作取得成果。许多主管恰恰在这里出了问题。

2）沟通意识。主管的另一个重要特性，是通过信件、交谈、演讲和讨论实施沟通的能力，这是一种理解、影响他人的能力。沟通要求清晰，但更重要的是要能产生共鸣。一个人在组织中得到提升时，首先就意味着沟通工作的增加。

3）正直和诚实。主管必须具有良好的道德品质并且讲信用，包括对金钱问题和对待他人的诚实、努力使上级持续得到信息、坚持实事求是、坚持个性，以及根据道德规范和标准行事。

4）勇于面对问题。这也是基层主管最容易出现的问题。主管的重要任务之一就是发现、解决问题，并避免出现问题，只有勇于面对问题，主管才能走向成熟。不合格的主管往往是见了问题躲着走，而对那些由于自身原因造成的问题，则倾向于遮掩。

5）责任意识高于权力意识。许多刚上任的基层主管，往往能够清楚地意识到自己得到了什么，而忽视了应该承担什么，权力意识高于管理意识。只有具有责任意识的人，才会感到自己是“痛苦难当的人”；而那些具有权力意识的人，极容易“不可一世”。

6）明知有害而不为。尽管我们不能保证自己的行为一定是有益的，但必须保证明知有害而不为，这是管理人员的基本准则。

（2）角色转换问题。

1）学会站在组织的角度思考和处理问题，而不是像一般成员那样对组织评头论足。

2）从发挥自己的能力实现目标，转换到发挥下属的能力实现目标。

3）从计划的执行者，转换到计划的策划者。

4）从运用和建立个人影响力，转换到运用和建立组织影响力。

5）从接受管理，转换到指导、培训、控制和评价下属。

从业务骨干到专业营销主管，在技能上要重点解决规划能力、组织能力、控制能力、指导能力、处置能力和评价能力，这是企业在帮助主管完成意识和角色转变后，需要重点解决并系统提升的关键问题。

各级营销主管是支撑大厦的支柱，他们若立不起来，业务团队越大，问题就越多。教育、培训、扶持、教练、淘汰是锤炼一个营销管理团队必不可少的手段，只有当企业的着眼点从业务员身上转移到营销管理人员身上时，才有可能解决这个问题。

三、大企业：从营销团队上升为营销组织

营销团队建设并不止于营销个体提升和管理团队建设，更加关键的是营销组织问题。一个优秀的营销团队只能解决一定时间内企业业绩做多大、效益有多好的问题，但决定企业能否持续发展、能够走多远的却是营销组织。从营销团队建设上升到营销组织建设，中等规模企业就具备了向更大规模发展的可能。从某种意义上说，关注营销个体建设、关注营销团队建设和关注营销组织建设，是企业三种境界的分水岭。具体地说，营销组织建设必须从下列问题着手：

（1）企业战略。上升到组织角度思考团队建设时，着眼点就必须从单纯的业绩观念，上升到战略高度。营销组织模式是为企业战略服务的，不同的战略需要不同的组织模式支持，比如是建立产品事业部，或是建立区域事业部，或是垂直一体化，直接受制于企业是选择多元化战略还是选择集中化战略。

（2）企业文化。在营销团队建设阶段，也许仅有目标就足以有效地统领和驾驭团队了，但上升到组织建设后，就必须考虑企业文化这个影响更加深远的手段，因为组织的灵魂就是文化。没有企业文化的支撑，仅靠管理去实现一个庞大的企业体系的高效运行是不可想象的。

（3）组织原则和流程。企业大了，不可避免地会产生大企业病。大企业病虽然不可避免，但却可以控制，而科学制定组织原则和流程，是防止和减轻大企业病最有效的手段。

（4）管理技能。组织模式受制于企业整体的管理技能（管理技能比管理水平更能说明问题，一种模式下的管理技能未必能够胜任另一种模式的需要），当企业不能削足适履地根据整体管理技能去设计组织模式时，就必须根据企业营销战略所需要的组织模式，来充实和建立新的管理技能，这将是企业管理人员面对的最大挑战。许多企业满足于组织模式的创新，而忽视管理技能的创新，最终使创新努力功亏一篑。

（5）薪资体系。在上述四个要素中，文化与技能是支持体系，战略与组织是核心问题。战略与组织仅靠文化与技能还不足以支撑起来，必须利用更加强势的薪资体系，才能最终形成一个完整的营销组织体系。当组织模式发生质变后，就意味着责任体系也发生了质变，如果薪资体系不做相应改变，就无法体现责权利的统一，必然为组织创新的推进埋下隐患。

（《营销与市场》）

■市场经纬

保健品业绩增长遇“瓶颈”　药企跨界成最大亮点

提起保健品行业，大多调研机构持积极态度。多位分析师表示，随着我国老龄化问题加剧和人们生活水平提高，保健品行业大有可为。

支持机构看多的理由之一，是2012年的《食品工业“十二五”发展规划》，其中首次将“营养与保健食品制造业”列为我国重点发展行业。规划指出，到2015年中国营养与保健食品产值达到1万亿元，年均增长20%，并形成10家以上产品销售收入在100亿元以上企业。

不过理想很丰满，现实很骨感。《2013年中国保健食品行业研究报告》显示，截至2012年底，全国保健食品生产企业共有2006家，产值仅2800亿元左右，与万亿元目标仍有较大差距，且仅4.8%的同比增长速度也很难引爆兴奋点。

那么保健品行业的理想何时照进现实？2014年1月1日起出台的保健品新政是否会搅动千亿市场，迎来变局？

一、快进快出：火一把就死

还记得太阳神或中华鳖精么？提起保健品，“旋风般席卷全国”后相继“销声匿迹”是我国保健品行业宿命般的流行病。

20世纪80年代末风靡全国的蜂王浆启蒙了中国保健品市场，90年代初太阳神担纲领头，推动中国保健品走向巅峰，保健品市场突破百亿规模。再往后，三株口服液、中华鳖精、生命核能口服液、脑黄金、脑白金、太太口服液、哈慈五行针、红桃K……相继举过接力棒，各领风骚三五年后又相继淡出市场。可以说，没有一个行业像保健品行业这样玩得如此风生水起，快进快出。

从1993年到1995年初，中国保健品行业进入了第一个高速发展时期，保健品消费市场火爆异常。在这一阶段，由于保健品的高额利润和相对较低的政策壁垒和技术壁垒，全国保健品生产厂家也从几十家激增至3000多家，产品品种更是多达2.8万种，年产值也由16亿元增至300亿元以上，短短两三年间，生产企业增加30倍，年销售额增长了10多倍。

之后从1995年到1998年，保健品行业经历了一个漫长的低谷期，企业数量和销售额大面积缩水，仅剩下1000家左右的生产厂家和总共逾100亿元的年产值，其中60%左右的是中小型企业。

自1996年国家相继出台了一系列有关保健品行业的制度规定后，从1998年开始，保健品行业逐渐走出低谷，又进入了新一轮高速发展期，到2000年，生产厂家恢复到3000多家，年产值超过500亿元，企业数量和年产值都达到了历史最高点。

之后，保健品公司进一步扩容，至今有约10家登陆资本市场。其中以东阿阿胶销售保健品最多，收入28.25亿元，销售额位列第二的是哈药股份，汤臣倍健排第三位，2012年共创收10.62亿元。总体而言，保健品市场业绩增长乏力。

对此，一位长期跟踪保健业动态的私募认为，目前行业经历了快速成长期，正面临成熟期的发展瓶颈，虽然行业长期趋势看涨，但周期性明显，正等待下一轮发展契机。

二、汤臣倍健：成长的烦恼

如今，捧过品牌接力棒的，是汤臣倍健。作为A股保健品行业的龙头股和行业风向标，它的业绩几乎可以代表整个行业的增长现状。

据悉，中国保健品行业可分为膳食营养补充剂、减肥类食品、传统滋补类保健品等类别，其中膳食营养补充剂以625亿的零售额占据全行业的62.2%。像安利、汤臣倍健等榜上有名的保健品公司都是销售膳食营养补充剂的龙头。

资料显示，安利2012年全球销售业绩为113亿美元，在2007年至2012年的五年中，安利基本实现了业绩翻一番的战略目标。其中中国的业绩43.6亿美元占比已经接近40%，毫无疑问地成长为安利全球最大市场。因看好中国保健品市场的潜力，安利2012年增投6亿元人民币在广州兴建第二生产基地，同时在无锡开建植物研发中心，在保健食品领域做进一步开发。

不过，没安利那么好运，A股保健品上市公司中，即使如龙头股汤臣倍健，这两年的绿色王国也搭建得并不顺畅。

保健品大佬汤臣倍健，其凭借着44个营养素补充剂及保健食品批文，自2010年12月底上市以来汤臣倍健开始了爆发式增长，给股民和投资者讲述了一个又一个高增长神话。2011年，其归属母公司逐季的净利润增长分别为25.32%、64.24%、103.19%、102.41%，2012年一季末，增速达到161.1%，势头迅猛。

汤臣倍健还制定了《2011—2015年度经营规划纲要》，显示终端销售额短期内的目标是200亿元，折算成销售报表销售额约60亿元。然而这一目标对比去年10亿左右的销售额来看，似乎过于自信。去年第二季度，受累于3月份的螺旋藻事件和4月份的毒胶囊事件，汤臣倍健盈利增速开始出现放缓，当季增长50%。之后，汤臣倍健增速仍在进一步放缓，其三季报显示，前三季度，公司实现营收11.63亿元，同比增长43.61%。1～9月盈利3.54亿元，同比增长46.12%。

其它公司这两年更是遭遇了业绩增长的瓶颈。同样主营营养补充剂的交大昂立，其保健品业务2012年全年营收仅增长了9.7%，2013年突然转头，上半年营业收入出乎意料地下滑13.93%；主打补钙系列保健品的哈药股份2012年营收增长8.29%，同样在2013年上半年保健品板块业绩下滑38.17%。

为何在保健品高速发展的黄金十年，各大行业龙头却面临成长的烦恼？对此，医药保健品行业分析师章峰认为，前几年企业初创期和品牌培育期，保健品的高速增长主要依靠开店、零售终端网店布局，以及向渠道压货。但随着这两年营养补充剂的竞争越来越激烈，“老三样”销售手法的边际效应越来越弱。“一方面，电子商务兴起增加了海外品牌销售渠道，很多国人更愿意选择全球知名的保健产品；另一方面，国际生物保健研发技术的不断更新，国内一些技术落后、品牌形象老化的企业业绩势必受到巨大影响。另外，这两年营养补充剂市场鱼龙混杂、品牌产品众多和低价产品的竞争越来越激烈，对分化市场起到了一定作用。”

三、东阿阿胶：腹背也受敌

膳食营养补充剂类企业的发展遭遇滞涨，传统滋补类保健品也面临着成长的烦恼。

细数滋补类产品，近年来玩得风生水起的是东阿阿胶。翻查其多份业绩报告发现，靠着阿胶的品牌以及400万消费者的捧场，其业绩始终保持增长，只是去年以来，增长的幅度开始下滑。报告显示，公司业绩增速在2011年达到50%的顶峰，之后受清理渠道存货、行业竞争加剧等因素影响，2012年的净利润同比增速降至21.5%，2013年一季度以来始终保持16%左右的增幅。

一位医药行业分析师表示，2012年是业绩的分水岭。之前阿胶块产品经过多次提价维持了高利润的增长，这样的做法引发的“后遗症”在2012年开始显现：中低端消费者的流失以及外来竞争者的导入。

上述分析师告诉记者，自从抛出打造“药中茅台”的战略后，东阿阿胶不断提高销售价格。2013年8月，公司7年来第13次提价，1斤盒装的东阿阿胶涨到了1098元。公司方多次将提价表示2013年年初再度调高胶类产品价格，是缘于公司驴皮收购成本不断走高。公司目前虽然建有17个毛驴养殖示范基地，但养殖基地示范作用较大，公司大部分驴皮仍然需要通过收购和进口。

由于阿胶行业“赚钱效应”的出现，给自己招来了更多对手。近几年同仁堂、太极集团、佛慈制药等多家上市公司先后杀入阿胶市场或加大阿胶生产供应，打破了东阿阿胶几十年来一家独大的局面。而随着竞争的逐渐加剧，直接导致其主要原料驴皮价格的大幅上涨。于是，驴皮涨价、阿胶涨价、更多公司加大生产，导致驴皮价格再次走高……这种竞争态势进一步恶化未来的驴皮供应形势，“众人拾柴”式的发展将东阿阿胶带入资源危局，“涨与不涨”成了两难的选择。

不过，在巨大的产能和萎缩的原料供应市场的矛盾下，东阿阿胶还是大胆选择了涨价来化解近渴，保障利润。从2010年的零售价每斤400多元到如今每斤1098元，东阿阿胶价格已经上涨超过150%。而其他品牌阿胶价格大多只有六七百元。

似乎公司高层对涨价的风险不以为然。东阿阿胶总经理秦玉峰曾公开表示，东阿阿胶提价空间很大，目前还处在“价值回归”的过程中。他按明代史料算了一笔老账：明代阿胶价格大致为每斤三两二钱白银，折算到现在相当于每公斤8000元～12000元。按此推算，东阿阿胶的提价空间还是相当大的。公司数据显示，每提价30%，东阿阿胶现有客户便流失10%，但这一数据被正面解读为：公司已将目标消费者锁定为200万具有高消费能力的人群，走“高端奢侈品路线”。

不过市场的反馈却颇令人担心。由于其近年来不断的提价，产品不好卖，消费者转投其他品牌阿胶，导致库存挤压严重。很多药店2013年在售的东阿阿胶还是2012年生产的存货。同仁堂药店销售人员告诉记者，东阿阿胶涨价后超过千元，跟其他品牌的价格差距拉大，他建议选择其他品牌阿胶，理由是“便宜几百块，品质也不一定差。”同时记者从淘宝网看到，冬季各大阿胶产品走俏，但销量最好是价格百元上下的阿胶糕点，而非纯阿胶。多数食用阿胶的女性认为，阿胶应该是一种普通消费者能够买得起的补养品，而非高贵药材。

四、限制三公：冬季滑铁卢

又逢一年冬令进补时，各式滋补品销售走俏。不过2013年的保健品市场有些反常，冬虫夏草的价格意外出现近5年来的首次“下跌”。还有燕窝、鱼翅、石斛等保健品销售也少见地出现了“遇冷”的局面。

记者走访了本市多家商场、药店后发现，去年同期价格大涨却依旧卖得火爆的冬虫夏草，2013年却受到冷遇。一款规格标示为16的大号盒装虫草，其50克的标价为33000元，每克单价不到700元。工作人员告诉记者，这个品类是该柜面最贵的顶级虫草，同时店里针对部分产品还打出了“买一赠一”、全场5折的促销价格。同时，鱼翅、燕窝、阿胶、雪蛤等保健品的销售，也同样遭遇“滑铁卢”。

某医药商店店员向记者介绍称，2013年冬季高档保健补品的销售大幅回落，预期再过两个月的2013年年底也不会有太大的变化。“2012年顶级虫草的价格高达三四十万元，照样有人买，2013年最贵的不过20万元，一盒也没卖出去。降价幅度根据不同等级，从10%～40%不等。”店员还表示，为了提高销量，店里进的多数是中低端货，大多几千元到一万元，减少了精装礼盒的比例。

说到市场反转的缘由，业内大多归因于“三公”消费的限制。“受2013年初“国八条”影响，2014年以来高档保健品市场一度呈现低迷，购买大规格虫草的消费者大幅减少，更多消费者选择价格中低的虫草产品。”

不过，相比于其它遇冷产品，阿胶的销售还算有点人气。冬令进补的习惯培养，近年来申城膏方定制量不断提升，阿胶又几乎是每一料膏方中必不可少的一味，因此有庞大的膏方市场托底，尽管阿胶连年涨价，其销售也并未受太大影响。

有不少上海消费者偏爱膏方定制，每一料膏方中阿胶的使用量在150～200克之间，平均一料膏方的价格在1800～2000元之间，可食用整整一个冬季，市民普遍比较接受。

五、药企跨界：最大的亮点

虽然保健品市场鱼龙混杂且大多绕不过“卖三五年玩完”的宿命，但看中保健品这块蛋糕的新进者不在少数。京、沪等地的市场调查显示，93%的儿童、78%的老人、50%的中青年在消费保健品，95%以上家庭常备有不同类型的营养保健品。保健食品列入我国“十二五”规划，成为国民追求健康的刚性需求。

特别是《食品工业“十二五”发展规划》发出的万亿目标号召，让嗅觉灵敏的上市公司闻风而动。在近两年医药工业利润增速放缓的背景下，不少制药企业将目光转向了营养与保健品，纷纷玩起了“跨界”。在A股上市公司中，除东阿阿胶、同仁堂、海南椰岛外，天士力、江中药业等新进者纷纷试水阿胶、虫草、人参等。

不过，在竞争激烈，行业垄断性强的保健品行业抢占份额，并非易事。细数业内的成功典范，首先想到的是全球直销业老大，并在中国创造保健销售神话的安利。这家“模板”企业2013年销售额高达271亿元，遥遥领先行业其他公司。而在其成功的主因中，直销无疑是最大的亮点。

据了解，近年来国内销售规模居前的保健品公司均采用直销模式，除了安利，完美和无限极两家公司在国内的直销规模也均超过120亿元。

安利等直销企业每年可观的利润让药企看到了吸引力，看好高毛利率优势的直销业前景，各“涉保”的药企纷纷向直销领域进军。早在2012年6月，康美药业即联手中国人民健康保险股份有限公司旗下的人保资本投资管理有限公司在京合资成立健康管理公司，其中康美药业控股健康管理公司55%股权，康美药业的直销梦由此开始。2013年5月份，康美药业以公司为主体正式向商务部提出直销申请，5个月后，也就是2013年10月29日，康美药业公告称收到商务部批复，拿到了直销经营牌照。公司工作人员表示，将通过直销方式销售新开河参、西洋参、冬虫夏草、菊皇茶等40多种自主品牌保健产品。公司希望用直销直接面对消费者，打造中药材全产业模式。

事实上，在康美药业之前，就有香雪制药、白云山、哈药集团、广东康力医药、厦门金日制药、广东九极生物等前后申请直销牌照，试水直销保健品。2013年1月16日，广州药业宣布将以公司为主体申报直销资质，其目的是利用直销方式销售广药旗下的大健康产品，包括保健食品和药妆等。

不过，药企做直销，还真没有成功的先例。国内首家获得直销牌照的哈药集团，曾重金下注，打出“3亿元启动资金，3年内不求利润，直接使用价值152亿元的哈药品牌。”的口号，还制定了8到10年直销业务销售100亿元的目标。但直销业务运行半年后却陷入了“被传销”丑闻，最后无疾而终。

六、信誉危机：行业的暴利

1元钱的东西也能卖到100多元，在保健品市场这并不新鲜，行业的暴利早已不是秘密。据业内人士透露，保健品利润一般可达100%～200%，甚至更高。暴利诱惑着大量的逐利者进入保健品市场。暴利加上监管乏力，让整个市场产品假冒伪劣现象屡惩不断、违法广告泛滥，行业面临着整体的信誉危机。

2013年年底，国家拟再出台一系列有关保健食品生产、销售、宣传等方面的新管理办法，以进一步整顿和规范保健食品生产经营和市场秩序。这些正在征求意见的新规一旦实施，打着“食字号”的“药品”或“保健品”，如备受争议的冬虫夏草含片，都有可能成为违规产品。

在2013年9月底发布的国家食品药品监督管理总局发布的《关于进一步规范保健食品监督管理严厉打击违法违规行为有关事项的公告》征求意见稿中，记者看到，该新规拟规定：于2014年1月1日起，使用片剂、胶囊、口服液、冲剂、丸剂等形态，需定量食用且有每日食用限量的产品，不纳入食品生产许可（QS标志）范围。新规还在虚假宣传的惩处上加以说明，据该征求意见稿称，“未获保健食品批准文号的食品不得在标签、说明书上声称保健功能，若声称有保健功能的，已获食品生产许可，一律按食品虚假、夸大宣传违法行为予以严厉查处；若涉及其他部门职责的，应依法移送有关部门查处。”

同时还规定“不得生产、经营和进口贴牌保健食品”。也就是说，新政的核心是将普通食品与保健食品严格区分，以往以普通食品名义进口的保健品将会纳入监管范围。

那么新政对保健品上市公司有何影响？汤臣倍健表示，行业整顿在即，规范市场对于大型的保健品生产企业来说是长期的利好。且针对治理规范、渠道加价率高、终端拓展能力强的企业来说，有望在行业清理整顿中抢占更多市场份额。但目前正式的文件尚未出台，且新政策的执行可能会存在一定的缓冲期和滞后性，不排除企业消化库存期的可能。业内表示，随着保健食品监管机制的到位，一些投机型的企业在未来将被整合，市场份额将迅速集中，有实力的规范企业将更有可为。

（人民网）

湖北：刷医保卡可买保健品

职工医保账户资金，2014 年起可用于支付在定点医疗机构就医、体检、接种疫苗发生的药品、诊疗和医疗服务设施费用了。记者于 2013 年 12 月 3 日获悉，湖北省人力资源和社会保障厅近日下发通知，2014 年 1 月 1 日起放宽职工基本医疗保险个人账户使用范围。

通知要求，在原有支付范围的基础上，适当扩大个人账户资金的使用范围。个人账户资金可用于支付在定点医疗机构就医、体检、接种疫苗发生的各类药品、诊疗项目和医疗服务设施费用，在定点零售药店购买药品、食健字号保健食品、经卫生部门批准的消杀类产品、家用医疗器械及耗材的费用。有条件的地方可允许参保人员用个人账户资金为家属支付医疗费用，为本人和家属缴纳医疗保险费。

对于已办理异地安置相关手续的退休人员，其个人账户余额经本人申请可一次性支付给本人；此后的个人账户配置资金经本人申请可定期支付给本人。对于跨统筹地区就业或其他原因流动的参保人员，在办理医疗保险关系转移手续时，经本人申请，可将个人账户余额支付给本人；因故不能办理医疗保险关系转移接续或转移接续后无个人账户的，经本人申请可将个人账户余额支付给本人。

参保人死亡的，注销个人账户，其个人账户余额可一次性支付给其法定继承人或指定受益人；没有法定继承人或指定受益人的，资金划入统筹基金。

（《长江日报》）

首个非药健康品 B2B 平台上线　或助小药店转型

由中国医药保健品进出口商会（以下简称“医保商会”）联合有关机构、企业共同搭建的国内首个非药健康品 B2B 采购平台——“全国药店健康产品采购平台”（www. yaocaigou. com，简称“采购平台”）2014 年 3 月 28 日启动，该平台定位于优质非药健康产品线上采购，或为零售药店开展多元化经营带来新渠道。

一、零售药店转型升级势在必行

据中国医药物资协会统计，目前国内零售药店总数已有 40 多万家，2013 年药品零售业销售规模超过 2500 亿元。

新版药品经营质量管理规范的实施使药店投入成本加大；店面租金逐年上升。经营成本高企与行业竞争白热化，不断侵蚀零售药店利润，多元化经营成为零售药店必然的转型方向。海王星辰等连锁药店龙头企业更是明确提出了做“社区居民基本生活一站式购物平台”的战略，结合老百姓的健康和生活需求，实施多元化产品战略。

在发达国家，非药商品在药店占比远超药品，成为药店利润的首要来源。

出席采购平台启动仪式的商务部市场秩序司巡视员温再兴表示，医药行业集中度不断提高，药店开始从传统的药品配送商向医药综合服务商转变。商务部已经把开展多元化经营特别是健康管理服务、促进品牌消费作为推动零售药店转型升级发展的方向。

二、产品主打“出口转内销”＋诚信认证

但是，现有健康产品与超市等其他渠道严重同质化，导致药店多元化经营受到制约。

“国内零售药店利润低下，盈利模式单一。另一方面，以前我们很好的健康类产品都卖到国外去了，近几年外贸企业进行内贸转型，需要高效的内销平台。”医保商会副会长刘张林表示，随着国内市场的发展，越来越多已通过国际高端认证的外贸企业正尝试着将出口产品转销国内，或将国外优质产品引入国内。采购平台既能够丰富药店非药健康产品线，同时也为医药保健品外贸企业的优秀产品搭建出口转内销的绿色通道。

据了解，目前已有中国医药保健品股份有限公司、华北制药集团、上海百雀羚等十余家知名企业的200余种产品入驻采购平台。采购平台产品涵盖保健食品、药妆护理、贵细滋补、特殊膳食、母婴用品等八大类，其中近一半品种是专为零售药店开发、只在药店售卖的“专卖产品”。

医保商会药店健康产品项目推广办公室主任于志斌介绍，采购平台是在商务部市场秩序司指导下由医保商会牵头打造，销售的产品首先由医保商会严格筛选。入驻企业通过商务部研究院信用评级与认证中心信用认证后，在产品外包装加贴具有真伪查询及信息追溯功能的“药店健康产品防伪追溯标签”。这些产品在药店销售时，将使用区别于其他销售渠道的独有包装，设立专柜销售。同时，平台还引入商业保理服务。“专有包装、专柜销售、流通可追溯、诚信认证，区别于社会上、网络上流通的良莠不齐的健康类商品。”他强调。

三、对小型药店或更具吸引力

医药企业向大健康产业拓展业务的步伐加快，医药电子商务成为众多企业积极参与的重要销售方式。

据了解，从事经营性互联网药品信息服务需经食药监总局批准，而从事非药健康品的网上经营，目前尚未有限制性规定。记者在国家食药监总局官网检索发现，国内首家保健食品行业电子商务B2C平台已于去年上线。“大健康产品B2B平台，我们是国内第一家。”于志斌表示。

据统计，目前国内单体药店达26万家之多。据医药物资协会统计，2013年，全国单体药店实现销售总额1340亿元，占全国药品零售半壁江山。于志斌分析，药店采购的产品都是经过批发商层层批发，流通环节长，药店毛利率很低。目前连锁药店采购议价能力较强，小型连锁药店特别是单体药店基本没有任何议价能力，采购渠道也很单一。“通过这个平台，单体药店可以直接采购到物美价廉的大健康产品。因此，平台对单体药店或小型连锁药店更具吸引力。”

业内人士认为，目前药店经营非药健康品普遍缺乏经验，难上量，上游供应链也不完整。B2B电子商务平台是药店直接向生产企业采购，如果运营得好会适当降低采购成本。

同时，非药健康品内容非常宽泛，市场并不规范，规则也不健全，种种生产、流通、宣传中的违规行为一直是国家食药监总局整治的目标。这个采购平台的产品，如果能做到高端、优质，超越现有行业平均水平，对行业、药店和消费者都是好事。关键是产品的质量需要得到保证。例如“出口转内销”产品，企业是否能按外贸的质量标准去做，还是实行“双重”标准；此外，生产企业把产品放在采购平台这个新渠道上，如果与老渠道产生利益上的冲突如何平衡？相关情况都值得观察。

（中国金融信息网）

第三代保健食品将成为主流

目前中国保健食品的功能多集中在免疫调节、抗衰老、抗疲劳等领域，而未来的发展趋势是产品功能分布将逐步发散，趋向合理，中药保健食品、老年保健食品、职业保健食品、昆虫保健食品、海洋保健食品、第三代保健食品等是中国保健食品未来的发展方向。

前瞻产业研究院发布的《2014—2018年中国营养保健品行业消费需求与品牌竞争投资预测分析报告》将保健品发展的具体趋势进行了总结：

一、行业整体发展趋势

（1）行业将持续高速增长。中国消费者平均用于保健品方面的花费占其总支出的0.07%，而欧美国家的消费者平均用于保健品方面的花费占其总支出的25%，相差甚远，这充分说明中国保健食品市场的可发展潜力巨大。近几年内地城乡居民保健类消费支出正以15%～30%的速度增长，远高于发达国家13%的增长速度。

（2）外资比例将一路升温。截至目前，已有包括安利、雅芳、仙妮蕾德等400多家进口保健食品进入了中国市场。据统计，每100个购买保健食品的中国人中，大约有15人购买洋品牌保健品。2010年，安利在中国市场的销售额突破200亿元，其中营养保健食品的销售额超过100亿人民币，仅从安利外资品牌来看，中国市场销售额增长强劲。

（3）市场准入门槛将提高。中国已取消“药健字”批号，保健食品将以“食健字”产品销售，获“食健字”批号的保健食品不得在医院和药店出售，超市、大卖场将逐渐成为保健食品的主要销售场所。保健食品生产企业将会强制执行GMP生产标准。这项措施将会大大加强行业规范，进一步提高市场准入门槛，并推动保健行业的良性发展。

（4）知识行销将成为开拓消费市场的主要形式。2004年中国保健行业以倡导个性化服务为特征的营销模式，逐渐成为保健品市场的主流模式。跨国企业们先做美誉度再做知名度的营销策略，培养了大批忠实的消费群体。消费者消费心理逐渐成熟，对于能够提供个性化服务、拥有良好口碑的保健品牌青睐有加，因此通过知识进行营销是未来的主要营销形式。

二、产品发展趋势

（1）产品将进一步细化。从潜在顾客的不同需求可以划分六个子市场板块：亚健康者、慢性疾病的老年人者、年轻人孝敬父母者、老年人、送礼者、其他需要保健的人群。以上六大子板块可进一步细分为三大板块：老年人用来调功能的保健品；中青年用作礼品的保健品；身体有一定不适应者用来强健体魄，恢复健康的保健品。

（2）第三代保健食品将成为主流。目前国内生产的保健食品主要处于第二代，第三代保健食品不仅需要经过人体及动物实验证明该产品具有某项生理保健功能，还需查明具有该项保健功能的功能因子的结构、含量及其作用机理。可以预见，第三代保健食品由于科技含量及功能效果的优越性将成为保健食品的主流。

（3）将采用高新技术生产保健品。未来保健品竞争的核心必将是科技含量，保健品企业只有不断更新技术和提高技术含量，使产品从低层次的价格战、广告战中走出来，转向高层次的技术战、服务战，才有能力进军保健食品市场。生物工程技术、膜分离技术、微胶囊技术、低温技术、组织化和重组技术等能大大提高产品的技术含量，将逐渐被保健品生产企业运用。

目前，中国处在人均GDP从4000美元向8000美元跃迁的过程中，保健品在中国正逐步从高端消费品、礼品转变为膳食营养补充的必选品，预计整个行业也将随之进入规模加速攀升的“黄金时期”。未来十年，中国保健品的渗透率将沿着“一、二线城市向三、四线城市”、“老龄人群向中青年人群”、“滋补功能保健向膳食营养补充”的方向逐级演进，中国保健品行业将进入高速发展的“黄金时期”。

前瞻营养保健品报告数据显示，2006—2013年，我国营养保健品行业销售收入由159.06亿元增加至1579.36亿元，年均复合增长率40%左右。前瞻产业研究院预计，2018年，我国营养保健品行业收入将突破4000亿元。

（李玲）

■案例分享

一心堂：乳粉动销的秘诀在哪里?

2013年8月1日，云南省食品药品监督管理局下发“关于药店实行专柜销售婴幼儿配方乳粉的通知”；同年11月，云南鸿翔一心堂药业（集团）股份有限公司在一心堂云南各个州、县选择交通便利、经营品种齐全的中心大店进行婴幼儿配方乳粉销售。至2014年4月，一心堂的乳粉销量已突破3万罐。一心堂副总裁赵飚表示，“药店目前要做的是要改变消费者习惯，让消费者到药店购买乳粉，因此早期应该重视培育市场，然后才考虑赚钱的问题。”

一、市场培育需下大决心

据赵飚介绍，一心堂乳粉的实际销售量已经超过了3万罐，“仅2014年3月份1个月，一心堂乳粉销售额就已经达到457万元，增长势头良好。”不过，尽管目前一心堂的乳粉销量大，但由于目前尚处于市场培育期，因此基本没有太大的利润空间。

虽然去年多个省市已陆续开展药店专柜销售乳粉，但不少地方却爆出乳粉遇冷的消息，很多人认为，消费者的消费习惯很难在短时间内改变是其中一个很重要的因素。对此，赵飚认为，药店要卖好乳粉，关键是看药店有多大的决心，“在专业性方面，药店并不逊于商超，但是由于乳粉货单价非常高，光一个店的铺货就需要花费2万～3万元，加之乳粉效期不长，让许多药店经营者在销售乳粉时都心存疑虑，担心积压库存。但事实是，消费者习惯尚未形成，如果来到药店却没有自己喜爱的品牌，选择较少，那么下次就不会再到药店购买了。因此，药店下多大决心在销售乳粉上至关重要。”

二、培训+宣传造势

尽管药店店员卖药卖了很多年，但销售乳粉是完全不同的两个概念。药店除了配备充足的货源外，完善的员工培训也必不可少，赵飚表示，“药店的优势在于专业，但如果不了解乳粉的作用、成分和消费者行为，专业的优势就会变成劣势，因此必须让店员学习如何卖好乳粉。”

除了进行员工培训，一心堂还联合多家门店进行乳粉销售的宣传，共同营造氛围。经过政策的推动以及一心堂几个月来的宣传推广，如今已有越来越多的消费者逐渐树立起了到一心堂药店买乳粉的观念。

三、销售额决定铺货门店

据了解，一心堂对销售乳粉的门店经过了细心的遴选，市区的药店要求月销售额超过20万元，而乡镇级药店月销售额需要达15万元以上，才会进行铺货。截至2014年4月，约有900家门店铺了货，超过一心堂总门店数的3/8。

赵飚表示，这主要是因为乳粉的货值非常高，因此需要在客流量有保证的门店当中铺货才容易产生动销，如果在销售额较低的门店铺开意义则不大，因此，短期内一心堂也不会计划进一步增加铺货的药店。目前，一心堂已在售乳粉涵盖了雀巢、美赞臣、惠氏、美素、润贝5个品牌34个品类，为了让消费者有更多的选择，未来还将扩充8个品牌。

（《21世纪药店》）

保健品促销如何吸引眼球?

促销是处在零售终端的连锁药店OTC药品营销中的一种常用手段。在日益白热化的促销大战中，要想脱颖而出，引起消费者的关注，药店的促销活动要做到活动主题明确、活动有创意，宣传造势到位等。瑞商网倡导药店要进行精准定位的精细化促销活动：确定目标顾客，研究目标顾客的消费习惯，设计有针对性的促销方案，促销活动的组织和执行，促销活动总结。

某连锁一直很难找到利润增长点，保健食品的销售额占比只有8%，对比行业平均水平12%明显偏低。该连锁通过数据分析会确定了下阶段重点关注保健食品的任务，并在1月份的时候围绕保健品进行了促销。促销活动如下：

一、促销整体主题：马年送好礼，马上有健康

对外宣传：

（1）当地晚报

（2）DM单

（3）写真

（4）门店在店外摆放气球拱门，店内布置要营造出活动氛围

（5）音箱

（6）电子屏

活动期间各门店需做到，每位营业员都熟悉活动细则，做好活动期间解释工作以达到促销活动效果。

活动主题明确，多途径对外宣传，造势非常到位，能够营造全面的促销氛围。同时，让每位营业员熟悉促销活动的细则，以保证促销活动开展期间，各项工作能顺利完成。

二、促销内容：

1. 马年大健康，购健康、送健康!

活动时间：1月4—31日

（1）全场购物满40元赠送10元保健品代金券，满100元赠送30元保健品代金券。（可累计）

注意事项：

A. 赠券：由收款员发放保健品代金券，按照顾客的实收金额进行发放。

B. 用券：

a. 本券购买＊＊系列、＊＊系列、＊＊系列保健品均可使用。

b. 顾客购买40元保健品可使用10元代金券，购买100元保健品可使用30元代金券。（可累计）

c. 活动期间取消其他保健品买赠活动。

（2）购买保健品均有试用装赠送。

注意事项：

A. 各门店根据店内实际情况酌情赠送。

B. 购买＊＊系列、＊＊系列、＊＊系列保健品均可赠送，赠完为止。

点评：促销内容比较翔实，从活动时间到活动细则再到注意事项都进行了描述。采取消费满一定金额赠送代金券的方式，有利于吸引顾客加大购买力度或是二次进店购买。但该促销活动并没有太大的创意，对顾客群的定位也比较模糊，活动的设计比较大众化。

2. 马年购物有惊喜，健康永远伴随你

活动时间：1月19—24日

购系列保健品满158元赠送“彩票”（即开型）一张。（可累计、面值5元）

注意事项：

A. ＊＊系列、＊＊系列、＊＊系列保健品均可赠送。

B. 按实际销售赠送彩票，如顾客购买158元保健品且使用40元保健品代金券仍可赠送彩票一张。

点评：该活动采取的是消费满一定金额赠送彩票，在赠品的选择上有了创新。

该药店采取这一系列促销措施后，使得在原来月保健食品销售额约120万元的水平上提升到了月销售额约150万元，1个月保健食品销售额环比提升了25%，找到了新的利润增长点。

药店在进行促销活动的时候，首先要定位顾客群，针对顾客群来设计活动细则。试想如果药店的主力顾客群为中青年顾客，在做促销活动的时候选择大米油盐作为赠品，能吸引中青年顾客吗？瑞商网在精准定位的促销活动中强调：一次促销活动是否成功，与促销商品的选择、促销活动的形式、赠品的选择，甚至DM单的发放都息息相关。药店在做促销活动时，一定要注意这些细节。

（瑞商网）

中国药店发展评鉴

医药电商

■基本面

喜迎网上药店政策松绑

由于处方药一直未能在网上药店放开销售，成为医药电商行业发展的桎梏，此番处方药销售得以开禁，国内医药电商将迎来井喷式发展。

为加强互联网食品药品经营监督管理，保障食品药品安全，国家食药监局2014年5月28日发布了《互联网食品药品经营监督管理办法（征求意见稿）》。其中第八条规定，互联网药品经营者应当按照药品分类管理规定的要求，凭处方销售处方药；处方的标准、格式、有效期等，应当符合处方管理的有关规定。

除了取得互联网增值电信业务经营许可证，具有网上查询、生成订单、电子合同、网上支付等交易服务功能外，征求意见稿的第十条还规定，从事互联网药品、医疗器械经营的，还应当具备下列条件：开展网上咨询服务；销售处方药、甲类非处方药的，建立执业药师在线药师服务制度，由执业药师负责处方的审核及监督调配，指导合理用药。

此前，互联网药品经营者不得销售处方药，因违规销售处方药挨罚的网上药店不在少数。2014年年初，广州10家网上药店就因违规销售处方药，被广东省食品药品监督管理局责令暂停互联网药品交易服务。据透露，对于涉事企业，广东省食药监局要求，暂停服务期间，官网及第三方平台均不得发生交易行为，只有整改后通过验收，方可恢复营业。

处方药一直未能在网上药店放开销售，成为医药电商行业发展的桎梏。一直以来，业界不断呼吁政策能够进行调整。而此次征求意见稿中明确指出，互联网药品经营者应当按照药品分类管理规定的要求，凭处方销售处方药，这意味着网上药店销售处方药“解禁”。

这一消息传出，业界振奋异常，认为这对医药行业而言是一个重大利好消息！目前，医药电商B2C产品种类主要以OTC、保健品、家用医疗器械、药妆、计生产品等为主。业界预计，以后将按照分类放开处方药，比如糖尿病、高血压等慢性病患者的长期用药品种，肯定会放开，而麻醉类、精神类等管制药品则不会放开；一些中草药处方药估计只要进行登记就可以下单购买，而心血管病则必须凭处方购买。

从数字中可以一窥网上药店目前的生存状态。根据中国电子商务研究中心发布的数据显示，2010年整个医药电子商务市场规模约为2亿元，而仅仅三年时间，至2013年线上医药市场规模就达到40亿元。不过，和处方药市场相比，40亿元的市场规模就“小巫见大巫”了。公开数据显示，中国处方药的市场份额大概是8 000亿元，而非处方药只有2 000亿元。处方药毛利高、价位高、市场份额大，若这块蛋糕被切开，市场前景十分可观。一直以来，处方药市场基本被医院占据，若网上药店处方药销售得以开禁，国内医药电商将迎来井喷式发展。

除了对医药行业利好，解禁处方药也是一个利国利民的好政策，有助于解决老百姓看病贵、看病难的问题。处方药如果可以在网上药店买，慢性病患者就不用到医院排长队买药，而且电子商务的最大特性就是透明，药价将会明显得到下降。此外，互联网食品药品经营者应当保证食品药品来源合法、质量合格，并留存完整有效的供货企业资质证明、购销凭证及电子台账记录等不得少于5年。这意味着，网上药店的产品交易记录都有据可查，药品一旦出现质量问题，一查就能知道药品的来源和流向，有利于监管。

从征求意见稿中可以看出，国家食药监局有着加强互联网食品药品经营监管的决心，在政策制定上该放的放，该紧的紧，该罚的罚。征求意见稿明确指出，互联网药品、医疗器械经营者不得销售国家禁止互联网经营的药品、医疗器械。《禁止互联网经营的药品、医疗器械目录》由国家食品药品监督管理总局制定发布。

意见还指出，互联网食品药品经营者发布的食品药品信息不得含有虚假、夸大的内容；发布的食品、保健食品信息不得涉及疾病预防和治疗功能，未经注册或者备案不得声称具有特定保健功能；不得发布麻醉药品、精神药品、医疗用毒性药品、放射性药品、戒毒药品和医疗机构制剂等药品信息。一旦违反相关规定，就得挨罚。销售《禁止互联网经营的药品、医疗器械目录》中药品、医疗器械的，或者未凭处方销售处方药的，责令改正，并处以一万元以上三万元以下罚款；在限定期限内拒不改正、情节严重的，依法移送通信管理部门停止其接入服务或者关闭违法网站。

（《南方日报》）

医药“触电”破局

电商是利用数字化的信息和网络媒体的交互性来辅助营销目标实现的一种新型的市场营销方式。简单地说，电商就是以互联网为主要手段进行的，为达到一定营销目的的营销活动。据统计2013年中国网民规模达到6亿左右，互联网普及率和中国手机网民规模同比增长15%左右，与几年前相比，中国的整体网民规模增长进入平台期。面对如此庞大的一个网民的数量，电商显得越来越火，传统的营销方式似乎已经到了一个顶点。

一、一个案例牵出三倍销售

随着现今市场上信息过剩和同质化严重的问题出现，大大降低了药品的宣传效果。面对如此困境，药企迫切需要一种全新的营销模式来扩大宣传力度，促进销售。随着网络的发展壮大，电商渐渐进入人们的视野，成为药品药企的新宠。下面分享一个电商的成功案例。

据资料显示，某药企“触电”效果显著：媒体报道高达400次，被门户网站首页推荐报道；热点话题浏览量高达300万人次；创意视频浏览量高达100万人次；该药业官网浏览人数增加了四倍；监测产品销量一年内翻三番。通过这次营销方式的革命，使该监测产品的品牌知名度和销量都得到了显著的提升，电商宣传的效果达到宣传浏览量总计1 800万人次的高纪录。

电商作为一种特殊的营销方式，企业的任何产品似乎都可以在网上进行营销。例如可以利用网络扩大品牌的宣传、增强品牌的认知、建立品牌忠诚等。将电商看作整个营销体系的一部分，那么，由于它能对整个营销体系的良好运作起推动作用。所以，在大多数产品营销和服务领域都能发挥巨大的功能。

二、药企高效电商的关键点

当国外药企巨头依仗资金优势忙着四处通过传统营销获利时，许多在实力上并不占优的国内药企就应该及早运用电商这个利器，降低经营成本、增强药企的盈利能力。在网络的海洋里，药企要把自己推广出去，同时还要达到营销目的，应该说不懂网络或不懂营销是很难达到理想的结果的，即使盲目投入了很多费用，也未必能达到营销效果。那么对于医药药企来说，电商推广的核心要素有哪些呢？

（一）不急不躁选择适合方式

电商包括网络广告、论坛营销（社区营销、贴吧营销）、博客营销、新闻营销、软文营销、电子邮件营销（EDM）、视频营销、（即时通讯工具）营销、SNS营销、电子杂志营销，等等。由于它是一个长期的过程，并不是一朝一夕就能见效的，因此，需要公司各个部门配合才能将效果达到最大化。如资金投入、在线客服、品牌知名度、访问量、访客量、客户跟踪、决策者重视程度等。同时，网络推广的方式方法可谓是形式多种，花样百出。长期的、短期的、周期的、收费的、免费的、官方的、私人的……无论是选择哪一种推广方式，最重要的是要因地制宜，量体裁衣。

（二）循序渐进打造营销团队

要做好电商，药企必须配置电商专员或电商团队。可能有很多的药企觉得没有那些资金去组建一个电商的部门，那么最起码要有一个真正懂电商的专员。专业的事应该交给专业的人去做，这是一个循序渐进的过程。由于许多中小药企电商人才缺乏，并不能深刻理解到电商的重要性，只是尝试地建立一个网站，所以，进行一些简单的推广动作之后，就不会再投入时间和精力来管理电商。然而，如今电商培训和电商人才引进，已渐变成传统药企的主动性需求。

目前，大部分药企已经意识到电商部门可以有效地利用网络来给药企带来订单，因此，他们一方面可以在专业的电商人才平台寻找合适的人才，或通过猎头推荐，另一方面也可以采取外包的方式，节省人力成本、管理成本，或借助行业资深专家通过互联网展开话题营销、事件营销与活动营销的网络整合营销传播，大大提高成功率。

（三）兼收并蓄扩大访问搜索

网络世界的网站数目不计其数，如何让网络使用者可以进入到网站则是一大学问。除了利用传统的营销模式大打广告，以加强网民对网站的印象之外，扩大网站的访问亦是电商的另一重点工作，只要人们有寻找相关信息的需求时，可以很容易的查到。

对于大部分的网民来说，门户网站的搜索引擎仍是大家找寻网络上某种信息时，第一个会考虑的方法。因此主动到这些搜索引擎登录公司网站资料，让需要的使用者可以很快的搜索到所要的网站，是一种既便宜又很有效率的方法。此外，有些网站在提供登录的服务之外，还会透过一些技巧，让网站资料更容易被查到，以及查询时排名会排在较前面的位置，这也是一种良好的电商方法。其他如百度知道问答推广、百度百科、视频网站发布的药企视频片段，所有这些经过精心策划的内容以及合理的关键词布局，都有机会出现在关键词搜索结果的窗口位置，被网民搜索到，并最终起到影响消费者的网络广告目的。

（四）环环相扣逼近营销目标

电商推广越来越趋向多元化。据统计，现有电商方法就有近百种，但这么多的电商方法，并不适合于每一家药企。任何一个阶段的营销方法，都需要药企在多样化的营销方法中，挖掘最优的最合适的方法综合运用。因而，药企在安排营销预算时，应拿出一定合理的比例用于电商开支。

与没有明确目标与计划，“打一枪换一个地方”的初级电商不同，电商的真正意义是让药企从整体营销目标出发，合理组合、优化运作各种网络媒介和工具，并制订出详细的实施方案和操作步骤。这样可以帮助药企降低盲目的电商支出，提高电商效果，建立电商效果评估与信息反馈，有利于药企及时调整修正电商方案，不断优化电商效果。电商只有得到客观的网络流量，培养出自己忠实的客户群体，自己的信誉和口碑才会在客户中口口相传，才能证明所选择的网络推广手段是切实可行的。

（五）顺理成章管好“后勤保障”

药企运用网络销售平台构建电商渠道，只是电商打开局面的一个基础。还需要在价格吸引、物流配送、服务优化等这些“后勤保障”方面详加考虑，其中任何一个因素处理不好都有可能造成电商的失败。

（1）价格吸引。消费者愿意通过网络购物，其中一个重要因素就是网络上商品的价格要比市场价格低。因此，要拉开网上与市场价格差，以此来吸引消费者愿意购买。

（2）物流及时。消费者通过网络购物购买到的商品，药企厂商只能委托物流、快递公司负责送抵。所以，在选择快递、物流公司的时候要综合考虑这个公司的服务价格、快捷程度、安全诚信等。

（3）服务优化。售后服务的好坏是影响消费者是否继续购买你的产品的最直接的因素。由于电商中买卖双方的地点相隔通常很远，而在产品出现质量问题之后，如何为消费者解决后顾之忧，是药企必须要考虑的问题。建议产品在运输包装的过程中，一定要优化服务承诺，如退换货地点、所产生的费用、用时长短、就近原则等。

（王运启）

国家食药监总局欲降低网络售药门槛
业内呼吁谨慎放开

国家食药监总局《互联网食品药品经营监督管理办法（征求意见稿）》于2014年6月27日结束征求意见，此次办法中，网络售卖处方药禁令首次被删除，同时今后单体药店也将可能具备互联网药品交易的资格。

因为医药行业的特殊性，对于互联网售药，国家政策一直比较谨慎，截至2014年6月28日，在国家食品药品监督管理总局的网站上，可以向个人消费者提供自营非处方药品的连锁药店为194家，相对于我国目前约47万家实体药店的数量来说，只能说是九牛一毛。即使这样，电子商务的威力已经不容小觑。

山西某连锁药店副总经理李慧刚分析：“2013年双“十一”、淘宝双“十一”，它里面最大的品类一个是计生、一个是家用医疗器械，它已经冲击了我们实体店的销售。”

如今，随着国家食药监总局《互联网食品药品经营监督管理办法（征求意见稿）》的公布，网络售药门槛进一步降低：“处方药未来将可能在网上销售、单体药店就是只有一家门店的实体药店，也可以进行网上售药的申请了。”药品行业继续向电子商务迈进，在很多业内人士看来，已是大势所趋。

但同时他们也认为，新办法把握得好，可能是机遇，把握不好，带来的将可能是巨大挑战。就在近日，60多家行业协会组织、全国知名医药零售连锁企业，针对此次征求意见稿召开专题研讨会，并在此后形成文字，提交国家食药监总局和国家商务部，呼吁谨慎放开药品网售。

广东省医药零售行业协会秘书长刘桂春认为：“整体大家是赞成的，只是说希望到条件具备的时候，再慢慢放开，现在就是放开得比较快，处方药销售、单体药店可以申请办网上药店，主要是这两条。”

中国药店管理学院安徽分院院长周双才认为："处方药对人的生命安全还是最重要的。目前来说处方药网上药店放开最大的问题是监管的办法，怎么监管好，这是最重要的。"

另一方面，药品对于仓储、运输都有很高的要求，从出厂到销售到配送的每一个环节，都需要专业条件，如果门槛降低，比如单体药店也加入到网络售药中来，能否承担起重任，也是个问题。

2014 年6 月27 日，《互联网食品药品经营监督管理办法》征求意见结束，国家食品药品监督管理总局表示，正式办法的出台，还需要近一个月的时间，处方药网络销售是否放开、申请门槛是否会降低、配套的细则又如何跟上，一系列的问题都等待回答。

（周益帆）

■市场反响

医药电商松绑将迎来巨大发展机会

医药电商或再次迎来爆发期。2014 年4 月8 日，国家食药监局相关负责人来广东调研医药电商监管及发展课题时透露，此次调研内容包括开放部分处方药网上销售事项及互联网上医保消费方法，接下来将制定有关政策支持优化互联网医药销售。业内人士分析指出，一旦政策松绑，医药电商将迎来巨大发展机会。

一、医药电商政策调整呼之欲出

目前，由于处方药尚未在网上药店放开，医药电商 B2C 产品种类主要以 OTC、保健品、家用医疗器械、药妆、计生产品等为主。天猫医药馆中，排名靠前的药物分别是治疗不孕不育、补肾、补益类和维生素等 OTC 产品。

此外，整个医保体系尚未对网上药店开放，网上药店的销售系统无法做到与医保报销系统有效对接，消费者无法使用社保卡进行报销。种种因素叠加在一起，成为制约医药电商行业发展的重要原因。一直以来，业界不断呼吁政策能够进行调整。

针对医药电商监管及发展的课题，国家食药监局相关负责人2014 年4 月8 日特意来粤调研，听取广州七乐康药业连锁有限公司介绍。调研期间，该负责人表示，将制定有关政策支持优化互联网医药销售，包括开放部分处方药网上销售事项，尽快确定网上销售处方药目录和标准，以及制定互联网上医保消费方法等内容。

据了解，国家食药监局相关负责人在调研广州七乐康药业连锁有限公司（七乐康网上药店）时还指出，七乐康跟康复之家、宝岛眼镜的 O2O 工作取得了十分可喜的成绩，可以为医药 O2O 做试点。

国家有关部门正考虑逐步加大对医药电商的扶持力度，近期正密集举行相关的研讨和考察活动，医药电商政策调整已是呼之欲出。一旦政策松绑，医药电商将迎来巨大发展机会。

此外，随着国务院医改办"医保异地就医结算"时间表的逼近，即 2015 年部分试点省份要全面推开省内异地就医直接结算。业界认为，网上药店的医保支付或将彻底打破异地结算的障碍。据了解，去年底，海南省食药监局规定，网上药店买药可享医保报销，规定从网上药店买药由实体店配送，但仅限于海南省永敬堂和广安堂这两家网上药店，且只有零售连锁药店才有资格申办网上药店。今年3 月底，上海也宣布将试点网上药店医保支付。

二、医药电商将再次迎来爆发期

业内人士分析指出，若网上医保试点和处方药销售得以开禁，国内医药电商将迎来井喷式发展。公开数据显示，中国处方药的市场份额是非处方药的3倍多，但处方药市场基本被医院占据。处方药毛利高、价位高、市场份额大，若这块蛋糕被切开，市场前景十分可观。

2010年整个医药电子商务市场规模约为2亿元，而仅仅三年时间，至2013年线上医药市场规模就达到40亿元。预计，2014年中国线上医疗市场将增长到187亿元，2015年将达到290亿元。近几年都将以25%以上的增长速度稳步向前。

以目前国内最大的网上医药销售平台七乐康为例，2012年，七乐康网上药店实现销售1.2亿元；而2013年前4个月的总销售已经突破1亿元，2013年全年完成销售近4亿元。2014年以来，月均销售近亿元，今年有望突破10亿元大关。广州七乐康药业连锁有限公司董事长石振洋对南方日报记者表示，七乐康网上药店以销售计生用品、医疗器械、美瞳以及OTC药品等四大类目为主，分别占到总销量的20%左右，个人护理、奶粉等其他品类大概也占到20%。

医药电商行业已经具备了爆发的条件。当前食品安全问题频发，空气和水污染威胁不断，人们对健康的关注度越来越高。到2030年时，中国将进入老龄化社会，这将产生巨大的健康产业需求，大概有8万亿元的市场。

而在人工、租金等成本支出不断增加的情况下，很多实体零售店已经难以为继。按照相关政策要求，一家实体药店必须配备2个执业药师，以人均5000元工资计算，一家药店一个月就要多支出1万元，假如有100家连锁药店，一个月就要多支出100万元。这是一笔巨大的成本，加速了传统零售药店的死亡。

截至2013年7月底，具有资质的网上药店已经突破100家。继天猫、京东发力医药外，1号店、当当网等也加入到医药B2C的竞争中。

在《中国医药行业六大终端用药市场分析蓝皮书（2012—2013）》中，网上药店正式成为第六终端。虽然网上药店占整个医药终端比例仍然很小，但从其快速增长的势头与整个社会的互联化上，可以看到它必定是未来市场中的重要组成板块。

三、未来或现一家独大格局

未来医药电商行业发展面临着激烈的竞争，行业洗牌成为必然。此前，国内最大民营医药商业公司九州通被传秘密接洽腾讯，双方谋求医药电商合作；阿里巴巴斥资13亿港元入主中信21世纪，市场分析认为，阿里巴巴此举或为拿到医药电商的直销牌照。

对此，互联网行业的特性就是一家独家，强者更强，弱者更弱。由于医药本身的特殊性，网上经营并非易事，医药电商遭遇来自行业政策限制及电商本身发展瓶颈的双重困境，这势必将优胜劣汰。

医药电商并非如传统业态经营者想的那么低成本高产出，医药电商绝大多数处在创业起步阶段。以七乐康为例，目前除获得一笔天使投资外，其他都是靠自有资金在运作，但税费、物流、电商平台费用等开支，使得医药电商目前的纯利非常微薄，很大程度上牵制了企业想要快速发展的脚步。

此外，药品毕竟不同于一般商品，不少药品对温度、湿度有很高要求，因此没有专业的医药仓储、物流难以确保安全，而这些完全是需要自建的方式，需要投入大量的人力物力，造成了产品规模发展和企业硬件升级两方面的博弈。

七乐康可以做到“下单后，广州当日送达，珠三角次日达”，目前正在积极物色更大更合适更便于物流运输的仓储场地，以满足未来几年爆发式增长的需求。石振洋表示，未来还计划在小区里设立类似 ATM 机的自动售药机，并和药房合作，提供 24 小时售药服务。

（中研网）

一个千亿市场的争夺：政策松动，医药电商回春

2014 年 6 月，随着处方药网络禁售政策的松动，原本踟蹰慢行的医药电商释放出了苏醒的信号。

2014 年 5 月末，国家食品药品监督管理总局（以下简称为“国家食药监总局”）发布《互联网食品药品经营监督管理办法（征求意见稿）》（以下简称“网络售药征求意见”），提出将解禁处方药网上销售，允许第三方物流配送药品，非连锁药店企业或可网上售药。

如今距离意见征集的最后截止日期 6 月 27 日只有 3 天时间。一般而言，从意见稿完成征集到正式实施需要半年时间，这意味着 2014 年年底或 2015 年年初，困扰医药电商许久的政策冰山将正式解冻。

届时，处方药触网时代终将到来，只有数十亿元规模的医药电商打开了一扇通往千亿级市场的大门。

目前，国内医药电商领域主要包括综合电商平台中的天猫医药馆和京东、当当、1 号店、我买网、亚马逊等 B2C 平台的医药频道，好药师、健一网、康爱多、华佗药房等位于垂直医药电商一线阵营。这些行业内玩家已经开始摩拳擦掌，积极备战掘金。

然而，几家欢喜几家愁。在互联网医药电商开始憧憬美好前景之际，网络售药征求意见的出炉却遭遇了传统医药机构的抵制。

好药师 CTO 王乐天就此对腾讯科技表示，“这就和互联网金融一样，解禁处方药网上销售的政策风向给医药电商产业和消费者带来重大利好，但动了传统医药业的奶酪，自然遭遇联合抵制。”

未来，医药电商与传统医药业的碰撞或将持续，而前者要迎来真正的发展春天还将面对服务与移动端变革的考验。

一、抢夺千亿元奶酪第一关：与传统机构的遭遇战

上周，国大药房、老百姓大药房、中国医药商业协会、中国医药物资协会等全国数十家连锁药店和机构掌门人联名上书国家食药监总局和商务部，声称“网络开售将使得假药泛滥”，以此反对放开网售处方药及“零门槛”网上售药。而更深层次的原因在于，一旦处方药网络销售的政策壁垒被打破，传统医药机构和药店将受到巨大冲击。

目前，国内药品分为处方药和非处方药（OTC）。其中，处方药是主流刚需，占据 80% 的市场，而且需要医生开具处方才能销售和使用。用户一般只在医院购买，到其他线下药店购买须凭处方购买并审核登记。

此前，患者在网上难以购买处方药成为医药电商的一大发展瓶颈。这也意味着医药电商只能在占据总盘子 20% 的非处方药市场里打转。

这严重制约了国内医药电商规模的放大。据中国药店医药电商研究中心统计数据显示，2013 年我国医药电子交易规模仅 42.6 亿元，仅是 2013 年双十一当天猫淘宝交易额 350 亿元的 12%。

王乐天告诉腾讯科技，国内医药电商的交易主要集中在药品、器械（包括成人用品）和保健品

（包括食品、母婴）三大类别，其中药品也就是大众类的非处方药（OTC）的网络销售只占据10%左右。据此推算，2013 年纯药品类的网上交易规模仅 4 亿元左右。

“但整个处方药（R_X）的市场规模为千亿元级别，特别是心血管、高血压、糖尿病三大慢性病类的 50 多种处方药将给医药电商一个巨大的商机。”王乐天说，解禁处方药网上销售的政策风向给医药电商产业和消费者带来重大利好，但动了传统医药业的奶酪，自然遭遇联合抵制。

在王乐天看来，“监管疏漏会导致网络销售假药泛滥”只是传统机构的托辞。网络销售处方药已是趋势，这在美国发展得较为成熟。“眼下网上售卖假药主要出现在一些淘宝平台上，正规的网上商城基本全是真品。安全只是相对而言，本质上网络只是一种销售药品的渠道，而且有《互联网药品信息服务资格证》和《互联网药品交易服务资格证》的牌照授权监管。这就和互联网金融一样，不能个别不安全案例而因噎废食，顺应潮流，还利于民才是根本。”

二、翻过政策的大山：加速挺进服务和移动端

最终，具体解禁处方药等政策如何来规定，以及医药电商能否成功撕开处方药的网上销售等问题尚需时日来揭晓答案。短期内，国内医药电商行业依然面临一些困境。

好药师隶属于国内最大的民营医药批发商九州通医药集团，在上游药品采购资源和仓储占据优势。即便如此，好药师也和行业内所有玩家一样依旧处在亏损中。

王乐天表示，除了政策门槛和处方药买不到外，消费者的用药买药习惯及医药行业本身发展特性也是医药电商的隐性瓶颈。

消费者一般都是在身体出现不舒服的小病情况下才有买药的需求，但因为病情不能耽搁，一般都就近到线下药店买药解决，而医药电商从下单到收货最少需要一天，这种时效性难题目前仍无法化解。如果是急重症，消费者更不会选择在网上买药，而是直接前往医院。

此外，由于医药行业特殊性，对专业要求较高，用户在实体药店的销售很大程度上来自于店员和药师的咨询和引导，电商难以满足。对于电商最有效的武器，促销或者价格战也无法用在药品上，毕竟其不像大众消费品那样可做赠售的活动。而且，许多用户可通过医保卡在线下买药，电商并不能满足这一需求。

虽然暂时发展受到一定制约，但未来可想象的空间依然广阔。

一方面，现代人群标准类的慢性病用药越来越多，医药电商的用户前景广阔；另一方面，传统医药的利润太高，线上比线下便宜 10%～20%，医药电商可借助互联网和移动互联网实现利益再分配。

眼下，除了借助政策东风，厉兵秣马来分享解禁处方药的利好，好药师等垂直医药电商开始在服务体系发力，希望通过移动端布局实现对互联网电商的弯道超车。

好药师一内部人员透露，好药师正在服药提醒、云药箱、药师在线咨询、健康管理等买药之后的服务领域布局，并组建了呼叫中心。

“单纯依靠淘宝和京东平台，难免陷入价格战，而且流量获取成本极高，利润难以保障，平台品牌效应也会对垂直医药电商形成挤压。而服务和移动端则可留住用户，特别是服务端、阿里巴巴等平台类难以满足。”王乐天认为，好药师有九州通 B2B 的药品仓库和渠道，今年年底将完成 B2C 的改造，物流成本随之降低，O2O 闭环实现后，将迎来一片广阔天地。

现实中，阿里巴巴和京东会给他们成长壮大的机会吗？不管如何，医药电商的政策东风已经刮起，且看各家后续如何借力争抢市场。

（胡祥宝）

陈青："不做价格战的牺牲品，就要找到自己的个性"

电商盈利模式的基础是规模，但绝非纯粹靠砸钱，规模首先还得依赖于创新，如 360 免费杀毒，它的模式首先就是创新，然后规模迅速做起来，再在规模的基础上找到自己的盈利模式。可能是特许商品，也可能是优势化的供应链体系，切忌一股脑儿盲目跟风，看别人卖什么就卖什么。

从商品上来说，电子商务一开始很难做到面面俱到，驾驭能力会比较有限。我们运营网上药店的经验是从隐形眼镜着手的，接下来是血压计等器械，再者是药品，然后重点到健康滋补类。2014年的重点就是健康滋补类，如线下的冬季膏方、养生类商品，与网店相结合，重点增加它的附加值。但标准化的商品有个劣势就是往往成为价格战的牺牲者，因此在这些标准化商品之外，肯定要找到自己的个性与差异化。

从官网和平台的选择上来说，这仅仅只是跟企业发展的道路与阶段有关，跟两者的优劣无关。有金象、京卫等第一批官网型企业，也有我们上海药房这样借由平台起步的企业，也有健一网这样先重平台后重官网的企业。未来一定是混合模式，因为互联网最大的特点就是能够打通多方资源与渠道。

而从整个行业的竞争来看，寡头经济虽然是互联网的属性，但同时也充满机会。除了早期和现在的一批网上药店企业，后来者永远都会有的。如天猫、京东这些大电商已经很牛，但同样还有唯品会、聚美优品等个性化电商冒出来，我们永远不知道下一匹黑马是谁。这也正是互联网的魅力所在，它充满不确定性，充满刺激。

（《第一药店》）

网上药店未来方向一定是服务商，而非纯销售商

"医药电商绝不仅仅止步于商品买卖，终极方向是健康资产的管理，即通过健康管理，让用户的健康资产得到最大的保值。"

这些年尽管随着互联网药品交易服务牌照的放开，参与医药电商（B2C）的主体越来越多，并且还在持续增加，但是从现有的竞争格局来看，这个行业依然没有进入充分竞争的阶段。从网上药店服务的对象来看，全国的客户群体庞大，目前并没有哪一个企业有如此大的覆盖能力，吃透整个市场。在未来三到五年内，这种状态也不会发生太大的变化。所以说，虽然现在已经有像健一网、七乐康、康爱多等一些走在行业前列的网上药店，但是它们也只是发挥了自己的特色，占据了其中几个山头而已，还有更多的山头等着去开拓和攻占。

一、千万别忽略自己的优势

做医药电商，如果只是盲目跟风市场，没有立足自身的资源，充分发挥优势，那无疑是逆水行舟，会做得特别艰辛。所以网上药店要去攻占这个市场，大家最终拼的还是资源，并且要把自己的资源优势充分地释放出来，实现价值的最大化。

为什么现在有很多网上药店不是以卖药起家，而是做计生用品、医疗器械、隐形眼镜等这些非药品？这一方面跟国家的政策法规限制网上售卖处方药有关系，另一方面比较重要的因素还在于这些企业自身的资源优势并不在药品。比如网上允许销售非处方药（OTC），但是有些企业在线下只有5家药店，那么其在供应链上就不会有太多优势，在这种情况下，企业最终只能选择其他自己更具资源优势的产品。

举个例子，华润集团旗下的健一网就是选择以血压计作为突破口来发展网上药店的。华润集团这么大的平台，资金肯定没问题，而且健一网线下的华源大药房在这样的体系下，药品品类应该也是非常齐全的。但是为什么健一网还是选择了血压计来做？就是因为他们在现有的政策环境下，通过对市场以及自身资源的分析发现，血压计是最容易帮助他们产生价值和比较优势的。

总的来说，现阶段做电商一定是将某个点做深、做透，形成自己的特色竞争力。如今，我们本草药房网主要做的品类就是参茸贵细养生，这也是因为在这一块我们更具资源优势，比如消费者要找最好的地道药材，本草就能找到。企业如果忽略自身的优势，而去和现在做得比较好的一些企业进行硬碰硬的正面竞争，那就很难突围。

二、当前卖什么不是终极目的

前文所讲述的优势突破，特色竞争是网上药店目前赢取发展的一种基本策略，但是医药电商也绝不仅仅止步于商品买卖。目前大家对其盈利性有诸多质疑，那是因为没有用适合电商的那一套体系去评价其盈利模式，仍然是沿用评价传统企业业绩的那一套。个人认为，如果真正想做电商，前期是必须亏损的，如果哪家企业在这个阶段非得追求盈利，那一定要牺牲一些长远利益。

医药电商企业如果能不断发挥并积累自己的优势，再创新商业模式，配套的相关资源也跟上，那么客户慢慢会聚合到你的平台上，这样一个完整的生态链也就会随之形成，最终发挥综合效应。再拿某网上药店经营某产品为例，第一年他们砸了一个亿进去，那一年的销售也就1亿多点，仅仅从投入产出来说，几乎没挣钱。如果按传统行业的观点去看待投入产出，这本账是算不明白的，但是换个角度，因为这个产品的销售而带来一个有黏性的客户，这到底能值多少钱呢？这个价值就不能简单地从卖产品本身挣不挣钱来衡量了。如果这个客户在购买血压计之后还持续在这里消费，比如购买其他关联产品，那这个价值就很难估量。

如果要探寻医药电商的价值点，我认为应该分不同的层次：从浅一点来看，是健康产品和健康服务；从深一点来看，是健康数据，包括数据产品和数据服务；再深一层就是健康资产的管理，即通过健康管理，让用户的健康资产得到最大的保值。

（李元辉口述　李艺峰整理）

■探路O2O

壹药网发力移动端，牵手实体试水O2O

近期，作为中国医药行业垂直电商领导者的壹药网开始将视线转向移动端。在一次新闻发布会上，壹药网CEO陈华提到一组数据，“中国移动电商规模在2013年达到了1 676.4亿元，预计未来几年中国移动电商将继续保持高速增长态势，到2015年中国移动购物市场规模有望超过3 500亿，而从移动网购市场渗透情况来看，2013年中国移动网购的渗透率达到9.1%，同比去年增长超过四个百分点。预计到2017年移动购物渗透率达到24.1%。”

正是基于移动电商的“上佳”表现及良好预期，壹药网计划在未来几年中，对移动端尽最大力度投入，并首次公布了其移动战略。

战略层面的动向可以看出壹药网发展移动电商的信心与决心，而在具体操作层面，壹药网也已有了实质性的动作。2014年5月16日，壹药网APP“1号药店”已发布安卓新版本，IOS版本也会尽快更新。

从新版“1号药店”上用户可以很方便地查看到各个分类下的产品，同时还能了解到该商品的促销信息，而且购物车也做了相应升级，更加方便用户查看和领取赠品。

目前，“1号药店”已有超过1000万用户安装使用。用户可以享受到包括100%正品保证、最大隐形眼镜卖场、真实百万药品评价、天天低价、全国送货上门、货到付款、手机下单优惠、专业药师咨询等多项服务。

正是看到了“1号药店”广泛的影响力以及强大的功能，作为中国家庭医疗护理领导品牌的康林仁和在2014年6月也与壹药网达成了战略合作。壹药网提供平台，帮助康林仁和发展O2O，实现线上价格，线下服务的购物新体验。

此次合作，使得康林仁和100余家连锁专卖店实现线上线下打通，这样一来，消费者既可以在实体店体验，还能通过线上享受价格优惠、送货上门、药师咨询，以及“1号药店”所提供的所有便利服务项目。

“如今不能再仅仅依靠线下渠道拓展市场，单一的品牌与产品也不能满足消费者多样化、个性化的需求。作为康林仁和这个创建20年的企业，我们唯一的方向就是变革与创新。”在谈到此次合作时，康林仁和总经理郑宝玟说道。

壹药网与康林仁和的合作也是医疗O2O领域的一次新尝试。实体店为消费者提供切实体验，也可以吸引购买、消除消费者的网购风险，而线上则提供快捷下单、送货上门、咨询服务等，方便消费者购买。

正如郑宝玟所说：“O2O的关键在体验，而能够承载完成这一使命的当然是实体店。对于医疗器械等产品可以借助移动互联网进行营销活动，把网上的流量引到实体店体验，再从网上下单，享受送货上门等更多服务。”

（《中国药店》）

支付宝钱包接入药房，欲打通医药零售O2O

支付宝在医疗健康领域的布局再次提速。继推出“未来医院”计划，与多家医院展开合作之后，支付宝还将大规模接入药房，支持医药零售环节的手机支付。

2014年6月25日，支付宝宣布与中软国际达成合作。双方将在医药行业一起拓展移动支付业务。通过合作，支付宝钱包未来在全国将接入数十万家药房，为消费者购药提供移动支付服务。消费者在药房购买药品结账时，只需用支付宝钱包即可完成支付。

中软国际是一家大型综合性软件与信息服务商。在医药流通领域，中软国际与中信21世纪合作，推出了中国药品电子监管平台药监数据上报解决方案，帮助药品经营企业实现全品种、全过程电子监管，保证药品可追溯。

除了满足基本的药监功能需求之外，中软国际的解决方案还可以与药房的ERP系统打通，融入“多码合一”的功能。销售药品时，药房只需要扫一次药监码，既可以完成药监数据的上报，也同时能完成药房ERP系统的数据更新，不再需要多次扫码（以往，药品销售不仅要扫药监码，还要扫商品码）。

与支付宝达成合作之后，中软国际将在系统解决方案中集成支付宝的手机支付服务。消费者在药房购买药品结账时，只需用支付宝钱包即可完成支付。

中软国际方面透露，产品正式上线之后，在首批试点省市，将能覆盖超过7万家药房。

支付宝也表示，与中软国际的合作，将有助于快速扩大支付宝在医药零售领域的覆盖面，将更多的药房纳入到支付宝的移动医疗健康服务体系中。在此之前，支付宝已经与20多家药店连锁品牌达成合作，支持支付宝钱包付款的药房门店超过1万个，基本覆盖全国。国内拥有2 000多家直营门店的海王星辰，也在今年2月底与支付宝达成合作。

对药房而言，与支付宝合作，不仅让消费者结账支付更加便捷，还能入驻支付宝钱包的“服务窗”，实现移动互联网时代的线上线下一体化营销。药房开设服务窗账号之后，可以引导消费者关注，发放会员卡或促销，在后台进行会员体系管理，加强对用户的个性化服务，包括与会员的互动、导购等，最终依托支付宝钱包构建药房的本地O2O服务，优化整个药品购买流程。

支付宝方面还透露，以后还会将药房的服务纳入整个“未来医院”计划之中，根据医药分离、电子处方等医改政策的推进，推出医药就近配送、慢性病定期送药等服务。此外，线下药房与天猫医药馆未来也会互相打通，用户在线上下单后，线下药房可就近配送。所有医药零售企业均可加入支付宝的“未来医院”计划。

业内人士分析，支付宝钱包大规模接入药房，既是丰富线下应用场景，也是在医疗健康领域的深入布局。将线下药房与“未来医院”计划打通，再加上支付宝钱包上的“春雨医生”、“快速问医生”等移动医疗服务窗，支付宝将有望搭建一个完整的“寻医问药”的移动医疗健康服务生态。

（新浪财经）

医药O2O的四大模式

如今整个互联网行业和传统行业最热门的话题是什么？答案无疑是O2O，且没有之一。无论是互联网公司还是传统行业公司都在朝着O2O迈进。先后有从事电子商务的阿里巴巴、京东以及从事传统零售的苏宁，而后有上品折扣、唐久便利店、酒仙网、卡奴迪路，甚至包括从事物流快递的顺丰也来“凑热闹”……这简直是你不O2O，就要被全世界抛弃的节奏。

2014年也是药店的O2O元年，作为一个相对封闭的行业，这次还不算太晚，跟得上大形势，目前有几大主流模式：

（1）九州通的药急送模式。九州通旗下的好药师网上药店打头阵，其推出了基于微信开放平台的药急送业务，备受业界和投资者关注。

（2）海王星辰的全覆盖O2O模式。海王星辰不甘落后提出了全覆盖型O2O的战略规划，主打全国1小时快速配送，意欲革线下连锁店的命。

（3）健一网的体验店模式。作为国内最大的中国网上药店，健一网在2012年就提出了体验店模式，今年正式落地——在上海和嘉兴两地已经开出2家体验店，创造性地利用体验店玩转O2O。

（4）七乐康的 O + O 模式。七乐康从不按照套路出牌，在别人高举 O2O 大旗的时候，其创始人却直言 O2O 是扯淡，他的跨界 O + O 才是王道。

O2O 给电子商务的发展乃至于移动电商的发展带来了一个质的变化，无疑也会对整个中国医药零售业产生新一轮的变革，2014 年可能是药店 O2O 的窗口期。在 PC 端医药电商渐成红海的局势下，O2O 将成为中国药店“触电”的新战场，这一轮的明星可能来自于线上，但主角会是传统药店。没有传统药店的支持，O2O 就落不了地。O2O 将会是一场全民新战场。

一、九州通的药急送模式

殊不知，之所以许多药店大佬对 O2O 模式跃跃欲试，实际上是“拜九州通旗下的好药师网上药店所赐”，好药师的微信药急送是一款与嘀嘀打车原理类似的应用，主打 30 分钟快速送药上门，一旦有用户在微信发起药急送呼叫，提出用药请求，后台就会自动匹配附近的加盟药店，向他们发送用药需求，当有加盟药店接单时，该药店服务人员与用户联系确认需求，然后药店人员上门配送，完成服务。

基于微信推出药急送，好药师的资本在于他们拥有医药行业最惊艳的微服务号，其在微信公众平台上的创新令人侧目，拿下无数个第一。

2013.12.15　开通服务号“好药师”；

2014.01.15　开通微信支付，是继易迅之后第二家开通微信支付的企业；

2014.02.23　首家发布微信商城（B2C），医药行业首家；

2014.03.18　发布条药品形码扫一扫购药，医药行业首家；

2014.03.30　发布药急送（O2O），医药行业首家；

2014.04.15　开通药师微信客服，医药行业首家；

2014.05.15　O2O 上海开通 600 家药店。

好药师的 O2O 与京东的 O2O 有相似的逻辑。京东的 O2O 合作伙伴主要是便利店，京东为这些便利店奉献垂直的流量，这些便利店省得自建网站，在京东上开店即可，还能扩张产品线，后期通过系统的打通实现数据共享，京东通过便利店可以实现 15 分钟的急速物流，打通面向用户的最后 100 米。

当越来越多的药店加盟微信药急送平台时，就会组建成为一个 O2O 加盟药店，联盟将成为九州通打通面向用户 100 米的关键。九州通目前合作的药店达 10 万家，其仓储物流已经覆盖到县一级单位，部分地区的药店能够做到一天两送，比较偏远的药店可做到一周三送。九州通到药店的距离已经完全打通，只差药店到用户最后 100 米尚未打通。微信药急送 O2O 的意义在于打通最后 100 米，这也是好药师 O2O 项目的终极目标。

药急送业务在九州通被定义为集团级别的项目，足见其重视程度。虽然药急送会为线下药店带来订单，但这项业务不会考虑盈利。待试点一旦成熟，好药师将会利用九州通旗下分布在全国的下属公司物流体系以及公司现有的药店客户资源等，迅速快捷开通其他城市的更多药店的 O2O 业务。

二、海王星辰的全覆盖 O2O 模式

今年 2 月 27 日，中国海王星辰率先与支付宝钱包达成合作，顾客去海王星辰门店消费，可直接使用支付宝钱包支付。这不仅是支付宝条码支付第一次进入医药领域，海王星辰也借此成为第一家试水 O2O 的医药企业。

与支付宝的合作，仅仅是海王星辰整个 O2O 布局的一小部分，海王星辰已经潜心研究 O2O 三年多的时间，直到今年才启动，因为我们一直等时间窗口的。领先半步是先进，领先一步是先烈。

海王星辰正在规划一盘很大的棋，他们称之为全覆盖 O2O 是这样一个场景：

（1）用手机（mo）基于本地的搜索（lo）能快速找到我们所需的药品；
（2）1 小时内有人给我们送货到门口（快）；
（3）在线上有专业药师用药指导（服务）；
（4）用后还有专业药师的跟进服务（服务）；
（5）品项很全，基本上都能找到我们想要的东西（品项）；
（6）当然，价格还很优惠（价格）。

海王星辰的 O2O 不仅仅是传统意义上的门店送货和门店自提，而是利用布点的门店/网点做全城市的覆盖（全覆盖 O2O）。

为了实现全覆盖 O2O，海王星辰已经着手在内部进行流程与系统的对接、移动端的的规划、服务体系的构建、多渠道构建与布局、商品结构的重新规划。

三、健一网的体验店模式

健一网在 2012 年时就提出过开体验店的想法，但直到 2014 年才实施落地，主要是当年这一想法实在太过超前。如今健一网认为外部的实施环境已经成熟，自身在业务发展上也有这个需求，资金实力能够扛得住。健一网今年要大干体验店，准备进军 10 个城市，每个城市开设 2 ～ 3 个体验店。目前在上海和嘉兴已经有两家体验店。

健一网体验店只服务于一部分对交易与服务有需求的业务，要针对特定区域、特定客群、特定产品，开展个性化服务，改善产品匹配性、提高服务质量和增强顾客体验：

区域：江浙北上广等线上即有客户具有一定线上覆盖率的一线城市；

人群：老慢病及对健康理疗有需求的人群；

服务：药学服务、体验试用、本地及周边快速物流、便捷支付、完善售后。

健一网希望体验店某一个服务上做到极致，类似的好药师的 30 分钟药急送一样提供极速物流并不是健一网追求的，健一网力争做到提前通知顾客准确的送达时间，他们考虑做到极致的是专业的药学服务、门店的现场体验和特定人群的长期用药管理。

以助听器举例：过去健一网单纯靠线上卖，出现大量投诉，投诉集中在佩戴不舒服、听不清。他们分析原因后得出并非是质量问题，而是由于他们售卖的标准化的助听器产品不适合每个顾客的耳道生理结构，顾客的弱听程度不同、使用环境不同。在健一网的开设体验店后，他们举办了助听器的体验活动，包括提供专业听力测试、戴试听体验，模拟各种生活场景，根据耳道生理结构，为用户个性化订制，门店还提供使用指导及维修保养。活动之后，顾客的满意度大大提升，投诉率大幅降低。

四、七乐康的 O + O 模式

七乐康与宝岛眼镜去年合作的跨界 O2O，在商界名噪一时，在去年多次被知名财经及科技媒体进行深度报道，其实所谓的跨界 O2O 很简单，具体的活动内容是“双 11 日”当天，在七乐康大药房电商购买满 200 元商品，即可获取一张指定镜片兑换券（市价 200 元），凭券前往宝岛眼镜全国 1 200 多家门店进行免费兑换，也享受“免费验光”的专业服务。

O + O 逻辑在于七乐康与宝岛眼镜的关系是双跨界（跨行业、跨渠道），双方未有直接的竞争关系（不在一个行业，不在同一个渠道），能够扬长避短，互相借力。如果选择跨界企业合作，双方必须志向相同，线上和线下的企业都必须具有绝对优势。在分工与定位上，选择对服务要求较高或者快递无法配送的商品，实现线上交易，线下提供服务（体验、检测、培训、配送、安装、售后）。除了牵手宝岛眼镜，七乐康也与全国最大的家用医疗器械零售企业康复之家玩跨界 O2O，七乐康与这两个跨界企业所玩的品类如下：

类目1：隐形眼镜属于三类医疗器械，植入人体，容易致伤致残，需要很专业的服务（设备、场所、人才），也有很高的经营风险，不像普通的商品，这类商品真正需要O+O的商业模式和发挥O+O的优势。

类目2：大件的、专业的医疗器械。目前医药馆或电商平台线上售卖的医疗器械以小件的，使用简单的或售后服务简单血压计、血糖仪为主。但该部分只占整个医疗器械板块10%以下的市场份额，绝大的市场份额都在线下。很多大件的专业医疗器械对服务的依赖性很大。同样存在经营风险，容易产生事故。价格加高，对服务要求也很高。（运输、安装调试、使用培训、售后服务）一般的纯电商公司无法满足。

（张　勇）

做O2O必须知道的三大“误区”

2012年年底，品途网提出“专注O2O”的时候，基本上对O2O的关注还只是在互联网和TMT投资人圈内。到了2013年，从卖煎饼的怎么做O2O到上市公司怎么做O2O，在媒体和资本市场的推波助澜下，O2O甚至上了中央电视台，即便是被念为“ling er ling”。

然后这一年里，时不时会看到有人说O2O是个伪概念；笔者一直认为O2O是一个代表线上线下融合的符号，不是伪概念。但随着看到五花八门的文章、培训、会议越来越多地提及O2O，发现其也许不是一个伪概念，却是一个很乱的概念。或者如品途网主编宋宣所说，这个概念太泛泛。是的，泛到可以被很滥地做任何延伸，数不清的培训、演讲、书籍在对O2O推波助澜。

然而当品途网越专注研究O2O时，越发现要做好O2O的难度非常大，很多企业自身的老问题没解决，把希望寄托在这个新玩意儿上，结果把钱、时间、精力花出去了，却没有多少回报。为什么会这样？因为存在以下三大误区。

一、重视粉丝不重视产品

O2O是把线上的用户带到线下，或者把线下的用户先带到线上再带回到线下。用什么来吸引用户？在坊间能看到各种关于粉丝经济的文章和书，甚至是课程。小米及其推手营造了一个关于粉丝的神话，大家把重点放在了粉丝的尖叫声中，说如果能把人们变成粉丝，就赢了，却忽略了到底是什么让粉丝尖叫。如果不是小米准确地把产品定位为做千元山寨机里的战斗机，也就是让用户以买山寨机的价格买一个让自己感觉不掉价的品牌，他们所经营的粉丝经济是无源之水，无本之末。最近笔者还看到有人把其他知名品牌都挖出来说他们是多么会经营粉丝，说的其实是一些非常表面的抓眼球的活动。笔者跟宜家做了很多年营销的老同事说起这个，她说，大家都太关注蛋糕上面的车厘子和巧克力粉怎么弄，却忽略了人们真正付钱去吃的是那下面的蛋糕。

所以，做O2O首先要想的，是如何用互联网工具让自己的产品和服务更好，毕竟最后让人民群众掏钱的是他们买回去用的那件东西。即便你让他头脑发热花了钱，如果那产品事后让他觉得自己当时的购买决定很愚蠢，那对品牌反而是个损害。

二、重视传播渠道不重视传播内容

然而，重视产品不表示就天天在微信公众号里说自己的产品怎么好，有什么优惠。把产品做好的同时，需要找到自己做这些事背后的价值所在，在传播的时候围绕着这些价值来做文章。现在几乎每个企业都会开微信公众号。大家都知道要到鱼多的地方去钓鱼，这没错，重点是，用什么去钓。我们看到很多企业账号里发的文章真没啥意思，一窝蜂上去做的大转盘等小玩意让用户玩了两天也就不玩了。在微信上吸进十万粉丝本身没有意义，订阅号被折叠之后，粉丝也许不会退订，但他们会选择置若罔闻。无论微博还是微信，订阅者都不是真正的粉丝，粉丝是真正使用你的产品、对产品满意，并且愿意为你去传播的那群人。

做O2O知道碎片时间要被利用来抓用户，如果只是有二维码，有微信账号，即便用户关注了，如果不持续向用户提供好内容，关注了也会随时取消。部分企业开始意识到这个问题，甚至有一个品途咨询的客户在跟我们沟通后表示，“要把市场部演变为编辑部，现在传播渠道多了，重点不在于找渠道，而在于传播什么。以前找公关写软文已经不灵了，用户对内容的质量越来越挑剔，我们要自己持续地产生真正能吸引用户的好内容。”

三、重视短期效果不重视营销渠道

被各种“多少天搞定多少粉丝产生多少销售”误导，不少公司对O2O的期望也是销售的增长，如果一段时间销售上不去，就开始指责或者质疑现在在做的事情。品途咨询的一个客户就不关注销售额，但关注线上用户量及下单量的增长。他们是一个传统的服务企业，原来所有的生意来自线下。而做O2O这个项目的目的是占领线上渠道，如果用户希望在线上下单，尤其是年轻的新消费人群，也可以满足他们的需求，让他们知道这个老品牌在新渠道上也同样方便便捷。所以，他们耐心去把线上渠道融合到原来的系统中。

品途咨询的另一个客户一直在盯电商销售额，然而他们的产品并不太适合线上销售，经过一段时间的思考之后，他们更认真地考虑把线上渠道作为一个展示的窗口，哪怕目前的线上购买人群更希望看到低值的产品，他们也要积极让用户知道，能真正体现这个品牌价值的产品是什么，在线上真不能为了卖而卖。

因为很多人问，O2O到底是什么意思，所以笔者也写了一篇《O2O是什么意思》，然而笔者在给品途所有的客户咨询的时候，我们从来不讨论O2O是什么，我们只讨论：

——核心业务及定位是什么？

——如何通过互联网让产品和服务更出色？

——如何通过互联网拉近自己与消费者的距离？

在熙熙攘攘地对O2O讨论了两年之后，笔者特别想说的是，咱们把注意力回归到生意的根本吧，顾客认可的终归是你家能提供的更好用又更划算的产品，能说会道到处讲故事甚至懂调情的老板能吸引用户注意力，但最终有故事可讲的应该是你的产品，无论任何互联网思维或者互联网工具，都无法让一个很低性价比的产品起死回生，群众的眼睛是雪亮的，最终会用他们的钞票去投票。我们不如不要去谈O2O到底是什么意思，而是来踏踏实实地研究互联网工具能够如何帮助企业为用户提供更好的产品、更愉悦的体验、更周到的服务。

让我们在分析任何一个O2O案例的时候，都能把注意力放在考虑互联网思维和工具在哪些地方提升了企业的品质，而不是在虚无缥缈绕来绕去的概念上吧。

（刘宛岚）

转型O2O：难点在双线不配合，核心在利益分配

在各种宣导之下，大家都已经明确了O2O的“道”，却不知该用怎样的“术”去践行“道”，毕竟要牵涉互联网技术、应用的实践，以及融合运营、管理、营销体系的贯通，还少不了各种思想、思维的碰撞，行或不行就只能摸着石头过河。

此时，先锋们的经验更显得弥足珍贵，O2O到底该怎么玩？其实，核心还是在利益上的分配。

如果说“能聚众”、“会管理”是玩转O2O的充分条件，那么处理利益分配就是玩转O2O的必要条件。

想象一下，若做了O2O，线下店面导购员最怕的，一定是自己的交易分成会不会被线上抢走？供货的品牌商担心的，一定是线上是否会冲击线下？会不会导致串货和价格体系混乱？代理商更是如此……他们难免会对O2O这个新东西产生抵触和怀疑，若因此而阳奉阴违、不按规定折扣执行，再好的O2O规划也出不来成绩。

所以，对于一个O2O玩家而言，从最前端的导购员到最后端的供应商，各级各层的利益如何划分、矛盾如何摆平，可谓之“核心”，这就要考验领导者们管理的艺术了。

对于银泰的张伟而言，办法是：不提所谓O2O，让两个“O”在大家面前消失，不单独建立O2O部门，线上线下融合在一起，进而让用户、门店和供应商都能感觉到获得合理的利益，商业价值便不言而喻。

O2O的负责人最好是一位轮岗过各个部门的老人，因为这样，他就能深谙业务各层各级对互联网尝试的担忧，更能对症下药。

就比如，告诉导购员，线下导购生成的交易仍算作其业绩，用户扫码加入会员后，还可成为其单线联系的客户，导购员可以在用户授权下与其互动，了解用户喜好，推荐新款，以后的成交都可算作其业绩。如此一来，导购员的抵触自然消失。

另外，面对供应商，要解释清楚，原有的供应链流程没有改变，仍然是同样的货品，同样的渠道；改进的是对库存系统的打通，建立了更精细化的货品管理；改变的是用户接触的方式，让他们更了解产品，更主动地购买产品。这样一来，供应商的担忧也被消除了。

（郝智伟）

■实战体验

网上药店　掘金高地

——天猫医药馆数据详解

从2012年年初开始上线，经过两度暂停、两度开张的天猫医药馆如今已形成包括OTC药品、医疗器械、计生用品等六个项目在内，上百家药商开店的线上交易平台。

2014年6月13日，天猫医药馆推出的世界杯“医药关爱计划”人气高涨。所谓“外行人看热闹，内行人看门道”，抛开喧哗，从滚烫的销售数据及可能开放网上处方药销售的政策导向发现：网上药店，会是医药行业另一片“掘金地”！以下用三幅图详解天猫医药馆数据。

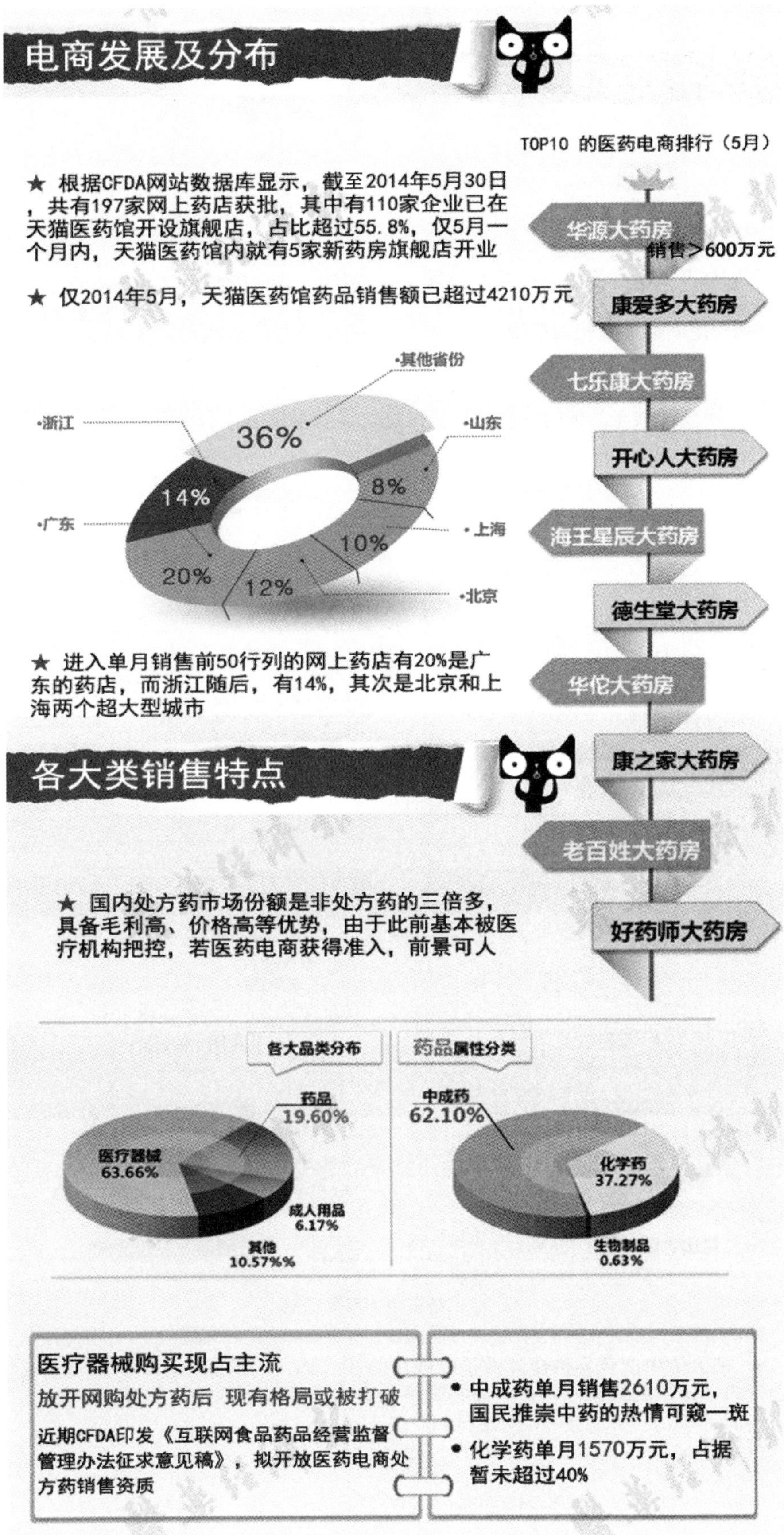
电商发展及分布
TOP10 的医药电商排行（5月）
★ 根据CFDA网站数据库显示，截至2014年5月30日，共有197家网上药店获批，其中有110家企业已在天猫医药馆开设旗舰店，占比超过55.8%，仅5月一个月内，天猫医药馆内就有5家新药房旗舰店开业
★ 仅2014年5月，天猫医药馆药品销售额已超过4210万元
华源大药房
销售＞600万元
康爱多大药房
七乐康大药房
开心人大药房
海王星辰大药房
德生堂大药房
华佗大药房
康之家大药房
老百姓大药房
好药师大药房
•其他省份
36%
•浙江
14%
•山东
8%
•广东
20%
•上海
10%
•北京
12%
★ 进入单月销售前50行列的网上药店有20%是广东的药店，而浙江随后，有14%，其次是北京和上海两个超大型城市
各大类销售特点
★ 国内处方药市场份额是非处方药的三倍多，具备毛利高、价格高等优势，由于此前基本被医疗机构把控，若医药电商获得准入，前景可人
各大品类分布
药品
19.60%
医疗器械
63.66%
成人用品
6.17%
其他
10.57%%
药品属性分类
中成药
62.10%
化学药
37.27%
生物制品
0.63%
医疗器械购买现占主流
放开网购处方药后 现有格局或被打破
近期CFDA印发《互联网食品药品经营监督管理办法征求意见稿》，拟开放医药电商处方药销售资质
• 中成药单月销售2610万元，国民推崇中药的热情可窥一斑
• 化学药单月1570万元，占据暂未超过40%

图1

药品中西细类分布及TOP5

中成药　细分类别

● 泌尿系统用药购买金额最大，达715万元，主要以补肾类产品居多。而补气血、骨伤科及妇科用药也是网购频率相对较高

化学药　细分类别

● 西药购买人群中，用于缓解消化系统疾病的网购占了一半的比重，单月销售达820万，涉及胃肠道、维生素及矿物质类、减肥类等

中成药领先品种的单月网购金额是化学药领先品种的 2.7 倍

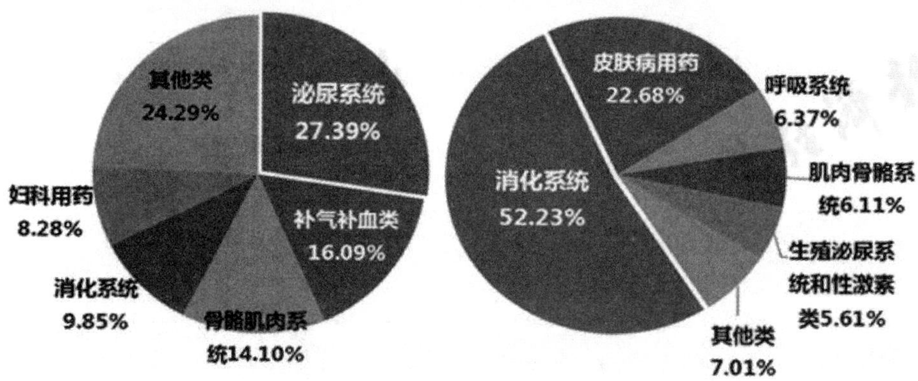

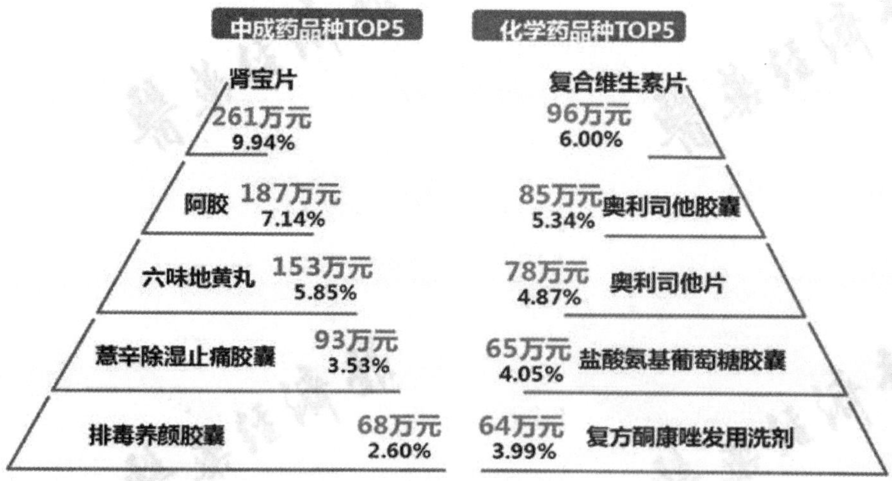

（%：各占中、西药份额）

★ 前五位中成药品种合计占了中成药的29. 06%；而前五位化学药品品种合计占了化学药的24. 25%。中西两类市场集中度均呈分散性竞争态势

图2

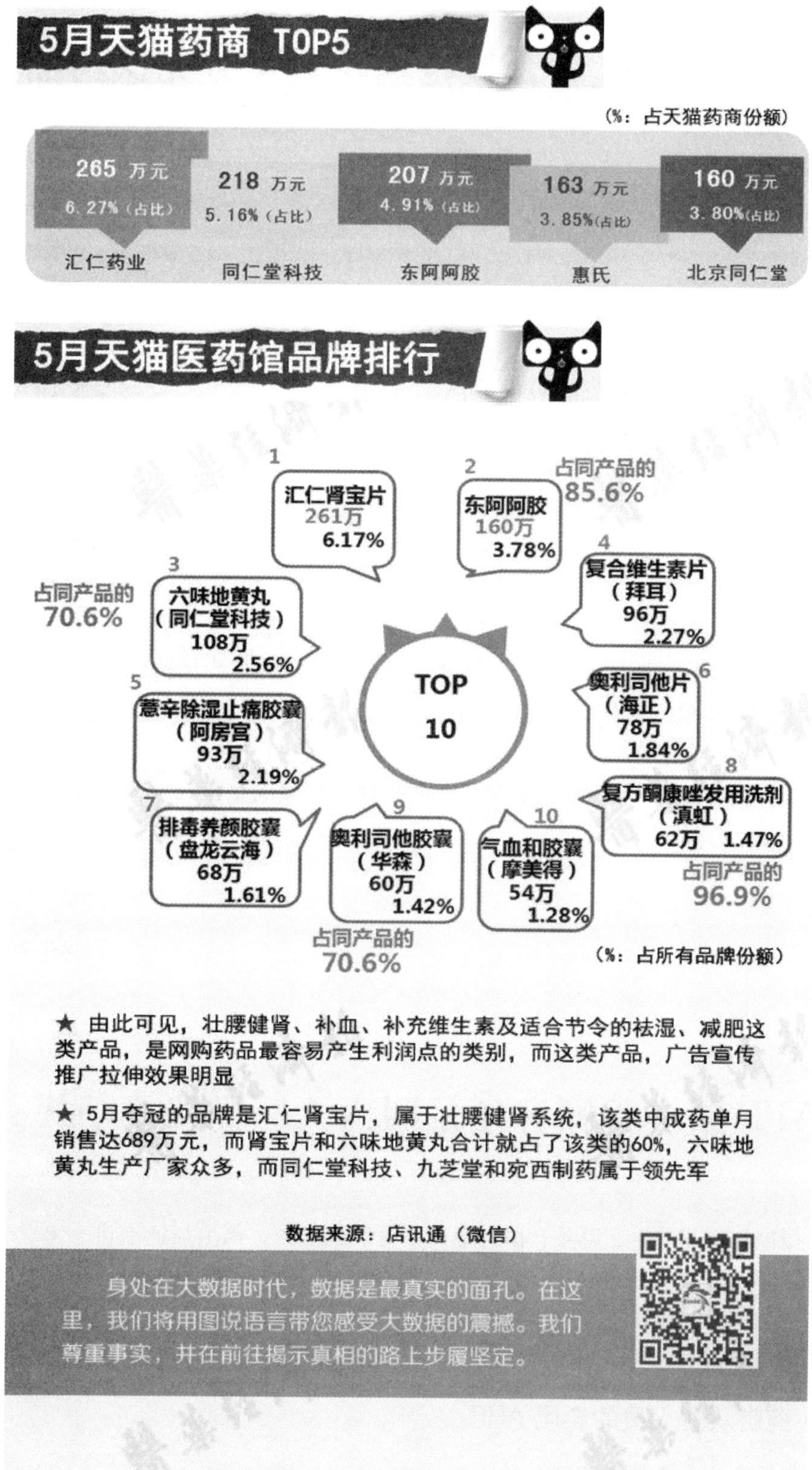
5月天猫药商 TOP5
(%：占天猫药商份额)
265 万元 6.27%(占比) 汇仁药业
218 万元 5.16%(占比) 同仁堂科技
207 万元 4.91%(占比) 东阿阿胶
163 万元 3.85%(占比) 惠氏
160 万元 3.80%(占比) 北京同仁堂
5月天猫医药馆品牌排行
TOP 10
1 汇仁肾宝片 261万 6.17%
2 东阿阿胶 160万 3.78%
占同产品的 85.6%
3 六味地黄丸（同仁堂科技） 108万 2.56%
占同产品的 70.6%
4 复合维生素片（拜耳） 96万 2.27%
5 薏辛除湿止痛胶囊（阿房宫） 93万 2.19%
6 奥利司他片（海正） 78万 1.84%
7 排毒养颜胶囊（盘龙云海） 68万 1.61%
8 复方酮康唑发用洗剂（滇虹） 62万 1.47%
占同产品的 96.9%
9 奥利司他胶囊（华森） 60万 1.42%
占同产品的 70.6%
10 气血和胶囊（摩美得） 54万 1.28%
(%：占所有品牌份额)
★ 由此可见，壮腰健肾、补血、补充维生素及适合节令的祛湿、减肥这类产品，是网购药品最容易产生利润点的类别，而这类产品，广告宣传推广拉伸效果明显
★ 5月夺冠的品牌是汇仁肾宝片，属于壮腰健肾系统，该类中成药单月销售达689万元，而肾宝片和六味地黄丸合计就占了该类的60%，六味地黄丸生产厂家众多，而同仁堂科技、九芝堂和宛西制药属于领先军
数据来源：店讯通（微信）
身处在大数据时代，数据是最真实的面孔。在这里，我们将用图说语言带您感受大数据的震撼。我们尊重事实，并在前往揭示真相的路上步履坚定。

图3

（《医药经济报》）

天猫医药馆 1 分钱抢购价值千万元医药品

2014 年 6 月 13 日，2014 世界杯进入第一天，很多球迷选择熬夜观战。世界杯期间，天猫医药馆联合 20 大知名医药、保健品牌推出医药关爱计划。

据悉，网友只需要花 1 分钱就可以抢到天猫医药馆特别定制的家庭药箱。同时，医药馆联合欧姆龙、鱼跃、云南白药、东阿阿胶、GNC、养生堂、自然之宝、爱康国宾等品牌，提供价值千万的医药、滋补品、健康体检等供用户抢购。

此次，天猫医药馆定制家庭药箱 40 000 个、三诺血糖仪 20 000 个、欧姆龙血压计 500 个、养生堂维生素 1 000 瓶、GNC 葡萄籽 1 000 瓶、燕窝 1 000 瓶、百花蜂蜜 1 000 瓶、雷允上西洋参 1 000 瓶、云南白药三七 500 瓶等。总体备货金额在 1 000 万元以上，均以 1 分钱兑换。

2014 年 6 月 17 日当天，用户在天猫医药馆购买任何商品，可获得一次兑换资格，可以用 1 分钱兑换相应的医药品。1 分钱兑换分为 6 个时段，分别是 0 点、10 点、12 点、14 点、18 点、22 点。

同时，2014 年 6 月 17 日天猫医药馆还推出 5 折全场包邮，作为天猫年中大促 4 天 4 夜五折疯狂购活动的一部分。

医药电子商务正成为消费者青睐的方式发展迅猛。据第三方机构最新统计数据显示，2013 年我国医药电子交易规模达 42.6 亿元，与 2012 年的 16 亿元相比，增长 166%。天猫医药馆在该领域遥遥领先。

天猫医药馆负责人表示，希望借此来推动用户对医疗健康的重视，未来天猫医药馆还将贴近用户，在保障质量安全的同时利用互联网的方式降低医疗保健门槛，让每个消费者都能更加关注自己的健康。

（CBSi 中国 · PChome）

医药 APP 服务于顾客还是圈内人？尚待成功模式出现

互联网正侵蚀各行业的生态链条，医药电商作为后起之秀，正呈加速前进态势，除了网上药店外，手机终端 APP 也在不断进驻。整个医疗行业至少存在 3000 ~ 4000 家公司在做 APP，能找到生存之路，杀出一条血路的现在还没有出现。但创始人们都相信自己能够“胜出”，依据是战略与定位很明确，即用户。运用免费模式赢得用户，而事实上，用免费换来的数据才是最昂贵的。

模式 1：药店从业人员的专属 APP

店讯通：聚合专业人士的交流平台

“我在医药这个行业里面‘闯荡’十年了，一开始就在媒体行业，直到 2009 年之前一直就职于《医药经济报》，后来卖过药品、做过互联网公关等，通过对我十年从业经验的梳理，再加上移动互联网的兴起，我发现我周围药店圈的人在微信上发的一些信息都是给行业人来看的，我为什么不做一个东西来整合整个产业链呢？就这样，我们就专门为药店行业的人做了一个‘店讯通’出来。”

讲到自己为何转做“店讯通”，广州誉网传媒广告有限公司总经理、店讯通创始人赖斌扬手中握着手机，兴高采烈地向记者描述道，他认为自己抓住了时机。

在“店讯通”内找不到交易环节，而其互动圈子又并非其重点所在，只是作为其辅助功能。赖斌扬对记者讲，要把“店讯通”打造成为医药圈的专属 APP。

“人最终端的接收信息的工具其实是手机，这也是未来发展的趋势。我们也不会去跟大的 APP 竞争，我们只做圈内的事，因为专业领域内可挖掘的东西特别多。”

赖斌扬一直坚信，“店讯通盈利模式有很多，关键是人要上来，用户才是关键。我们推出 2.0 版本还不到一个月，用户就已经达到了二十万人了，而我的用户是十分精准的，精准地聚集着行业内的用户。6 月份起，我们要做大范围的推广。”

“现在做任何事情，没有双赢就没有用户。店讯通是依托 CFDA 南方医药经济研究所、广东标点资讯集团，本来我们就与行业内许多药店是合作伙伴，我们帮助其管理员工、提升员工素质，我们同样也会得到其回报，达到了双赢的最终效果。”

店讯通定位：助从业者更专业

店讯通是一款专业服务于国内45 万家药店约300 万名从业人员的移动 APP，背靠 CFDA 南方医药经济研究所、标点资讯集团和《21 世纪药店》报。

“店讯通拥有四大核心功能。一是学习平台，行业内有 24 万的职业药师和 100 万的准职业药师通过碎片化的时间来学习药店的品类管理、门类管理等知识，还有职业药剂师学习平台，节约了他们的时间；二是大数据，店讯通拥有超过 46 万个药店的公开数据以及 30 万种药品数据库，消费者通过扫描条形码就可以查看质量公告、价格对比以及相关商家等信息，基于大数据整合行业内信息；三是云咨询，令行业内的人掌握一手药店圈内信息；四是即时通讯，实现互动交流。”

模式 2：向消费者提供药品最新资讯的 APP

药品通：精准告知哪里的药便宜又有效

“药品本身的特性也造成了规模和比例不会太大。当我们周围药店分布特别多的时候，我们何必要去网购药品呢？所以我们提供服务是有必要的，我们要告诉消费者哪种药更好，你有更聪明的消费方式和消费选择。”39 健康网总裁顾晶对于 39 药品信息服务平台——“药品通”接受了新快报记者的电话采访。

“药品通包含 62 340 家药店信息（地址、电话、商家认证）；用户可以通过药品搜索查询到任意一款药品有哪些药店有售；手机 APP 则提供基于地理位置服务，告诉用户能在哪个最近的地方买到药。大量的药店、药企入驻为用户买到药品提供了丰富渠道，扁平化价格信息展示，使用户买到价格更加适宜的药品。同时，39 药品通关联了其他厂家生产的同通用名或相似疗效的药品，也能使用户买到更加便宜有效的药品。”这些都是药品通拥有的大数据。

但要让大数据发挥其真正的作用，顾晶认为要讲究两点，“一是数据的逻辑性，二是数据的时效性。由于药品信息事关健康生命，有别于其他商品信息，具有相当的信息不对称性，既要符合医学逻辑，又要适配个体。”

“在医学逻辑的基础之上，药品信息数据的时效性和实用性也是非常重要的，消费者有权利知道药品的最新信息。”顾晶介绍，药品通首先帮用户拿出了藏在药盒里的药品说明书，它还对药品信息进行了专业的细分，服务数据字段非常有条理。药品通收录了 22 万种药品、保健品说明书，其中国产药品 168 000 种，进口药品 4 558 种，国产保健品 13 272 种，进口保健品 754 种，医疗器械 8 994 种，而且定期与食药监局数据对比，不断更新。

“我认为目前还没有哪一家 APP 能够把药品本身的销量、占有率、排名提出来，而药品通会开发这一功能。另外药品的价格作为其重要的属性，也是必不可少的。”顾晶希望越来越多的药店在药品通上提供报价与优惠信息，越来越多的药品生产企业能够在药品通上提供药品销量的数据和消费者用药案例，越来越多的通过线上资格审查的药剂师、药品专业人士能够在药品通上为用户提供专业咨询服务。

药品通定位：让消费者更聪明

与店讯通服务于药店店员的方式不同，药品通涵盖了商品、商户、专业人士、消费者，具备查询和购买功能，形成了完整的信息服务链条，它以药品的基础属性、结构化数据属性为基础，全面提供该药品的生产厂家、零售药店的相关信息，并导入药剂师等行业专业人士的用药指导服务，再加上消费者的评价与用药体验。未来还要开发药品通（企业版），把线下药店融入进去。

顾晶称，“药品通的出现不会让传统零售消失，我们只是让消费者更加聪明。药品通做的就是让零售药店曾经生财有道的‘终端拦截’逐渐失去效果，在药品消费中多斟酌，变被动为主动。”

药店资深行业人士陈爱军认为，根据目前全世界的流行趋势，基于移动互联基础上的 APP 肯定拥有不错的发展前景。“每个人都盯着手机在看，每个人又离不开手机，其发展前景可想而知。每当一个新的东西出来，肯定会对与之重合的功能产生冲击，但是目前用手机购买药品也仅仅是一种潮流吧，就像作为消费主体的老年人一般都用老人非智能手机，不具备条件，但要等拥有智能手机的消费群体成为药品消费主体还是需要一定的过程的。”

广州快货电子商务有限公司董事长廖光会认为，“移动互联一定是互联网的未来，但是要评价现在 APP，还要看其服务和定位。现在这一阶段的 APP 都还处在初级阶段、摸索中，从体验到功能都还有待完善。另外，国内大数据刚刚起步，我并不认为现在的公司找到了数据分析的窍门。但是这种趋势是好的，这种专业的、垂直的，基于移动互联的应用软件肯定是未来发展的趋势，发展前景看好。”

◆面对面

记者：互联网销售已经成为医药销售新的终端形式，在新变局下，药店传统零售是否受到冲击？

赖斌扬：移动互联时代，任何传统行业都会受到冲击，只是受到的冲击程度不同罢了。医药行业拥抱移动互联是趋势，对于药店传统零售行业的冲击现在并没有太显现出来。

顾晶：其实移动 APP 或医药电商对于传统零售药店并没有造成所谓的冲击。线上药品的销售额占比例较小，大部分用药是即时性消费。当急需药品之时你才会产生购买行为，而中国的药店分布范围和密度很大，完全没有必要去网上购买，你需要时肯定是就近到药店购买。

记者：您对“大数据”的理解？

赖斌扬：李彦宏反思大数据：制造硬件不难，难在找到有价值的数据。大数据只是一个概念，关键要看如何去利用它，如何挖掘对自己有用的信息。举个最简单的例子，嘀嘀打车一直在补贴，其实它在给予的同时，也在获得数据与用户。因为移动互联网才刚刚开始，谁也说不准下一步要干什么，这些数据有什么用。

顾晶：可获得的数据是非常多的，关键在于哪些数据是针对消费者有用的，你可以应用的数据究竟是什么。

记者：您对医药电商未来发展趋势作何判断？

赖斌扬：虽然技术壁垒已经基本不存在了，但政策壁垒与医药的特殊性造成目前还没有一家药店做的电商是盈利的。国家新政规定电商要建自己的物流，成本拉大，另外药品关系到民生，还要受政策管制。电商还有太长的路要走，没有 5 ～ 10 年的时间是看不出成效的。

顾晶：目前中国的网上药店基本可以忽略不计，它对真正的药品销售影响是微乎其微的。至少在未来 3 ～ 5 年内，医药电商不会出现颠覆性的局面，它只能成为一种补充。即使在电商药店非常发达的美国，线下药店依然是非正常的业态。

（《新快报》）

联盟与社会组织

■药促会

为行业健康发展传递正能量

——中国药店发展促进会2014年度工作大会在广州召开

2014年1月21日，中国药店发展促进会（简称“药促会”）2014年度工作大会在广州隆重举行，药促会会长、广东标点医药资讯集团总经理黄泽骎，常务副会长、齐鲁制药OTC事业部总经理王庆刚，副会长兼秘书长、《21世纪药店》报执行总编刘先彬以及来自陕西、福建、江苏、山东、安徽、广东等13个省的主流医药工商企业负责人参加了此次盛会，共商药促会发展大计，并就药促会的发展定位、商业模式以及2014年的工作计划展开了热烈讨论。

黄泽骎在讲话中指出，随着新医改、新版GSP的推进，以及大健康、医药电商等新型商业模式的兴起，医药零售企业单打独斗的时代已经结束，因此希望借助药促会联合药店经济圈内所有志同道合的朋友，整合终端资源，打通医药上下游各个层次销售通路，为药店带来全新的产品终端操作方法论、全新的商业模式与盈利模式，力争将药促会打造成为行业最高效、最有价值的互动、沟通、合作平台。

刘先彬向与会嘉宾介绍了药促会的定位及核心竞争力，他介绍道，中国药店发展促进会（CPD-PA）是由全国药品生产、流通企业，包括药品、保健品、化妆品、医疗器械、中药材、药品零售企业，以及医药传媒等企业事业单位和相关业务的法人、非法人机构与个人自愿结成的行业性、全国性、公益性社会组织，并希望以产品输出为主线，以管理输出、品牌输出为两翼，以联采分销为手段，将药促会打造成全国一流的医药工商对接平台。刘先彬分析道，药促会具备媒体、信息、培训等六大核心优势及产品、人才等四大核心竞争力。

王庆刚对药促会2013年的工作进行了总结，并对2014年药促会的工作进行了部署。据他介绍，2013年，药促会陕西分会、福建分会相继成立，并在药促会总会的指导下展开了执业药师培训、新版GSP培训等工作，得到了业内的普遍赞誉。2014年，药促会计划在全国成立10～15家分会，以便更好地为全国药品零售企业服务；其次，将遴选10家左右优质的品牌工业企业结成战略合作伙伴，为协会会员定制具有市场竞争力的单独品规的商品以及开展相关终端促销活动；此外，还将免费为会员单位举办营销技巧、运营采购等方面的培训；组织会员单位赴我国台湾地区及韩国开展商务考察及行业交流活动等。

（《21世纪药店》）

求真务实　合力发展

——中国药店发展促进会2014年工作大会圆满举行

2014年1月21日，中国药店发展促进会2014年度工作大会在广州隆重举行，中国药店发展促进会（以下简称药促会）是由全国药品生产、流通企业，包括药品、保健品、化妆品、医疗器械、中药材、药品零售企业，以及医药传媒等企业、事业单位和相关业务的法人、非法人机构与个人自愿结成的行业性、全国性、公益性社会组织。药促会的定位如何，又将给行业带来哪些新鲜力量，与会嘉宾在本次大会上进行了热烈探讨。

合力赢未来
——中国药店发展促进会会长、广东标点医药资讯集团总经理黄泽骎

随着新医改、新版GSP的推进，以及大健康、医药电商等新型商业模式的兴起，医药零售企业单打独斗的时代已经结束，通过上下游之间的工商合作，不断完善产品与服务体系，提升服务质量，是未来药店赢得消费者认可的主要手段。

药促会与当下国内其他联盟及协会组织不同的是，我们希望与药店经济圈内所有志同道合、有志于促进药店发展的朋友一道结成利益共同体，为协会成员服务，帮助协会成员提升竞争力。此外，我们将通过经验分享以及终端资源、媒体资源、产品资源的整合等手段，以期打通医药上下游各层次的销售通路，为药店带来全新的产品终端操作理论、全新的商业模式与盈利模式，甚至改变医药零售行业的市场格局，并力争将药促会打造成为行业最高效、最有价值的互动、沟通、合作平台，为医药行业持续健康发展传递正能量。长远来看，药促会还将邀请其他各类行业协会加盟以提升药促会的品牌竞争力。

整合产业链资源
——中国药店发展促进会常务副会长、齐鲁制药OTC事业部总经理王庆刚

药促会是一个公益性组织，是一个医药行业上下游共同参与的工商对接平台。我们希望通过这个平台一方面整合医药工业企业资源，为终端提供更好的产品、更低的价格和更优质的服务，另一方面整合终端资源，吸引更多中小连锁及成长型连锁加入，帮助终端打通各层次销售通路。

2013年，药促会陕西分会、福建分会相继成立，并在药促会总会的指导下开展了执业药师培训、新版GSP培训等工作，受到业内的一致好评。2013年药促会陕西分会已率先为会员单位开展了免费的执业药师培训，取得了良好的效果，其西药执业药师的通过率达到20%以上，比国家15.72%的通过率高出约5个百分点。2014年药促会还将继续免费为会员单位提供店长店员培训，包括营销技巧、执业药师等方面的培训，此外还将与中国药科大学合作，为会员单位的运营总监、采购总监等高级管理人员量身定做培训课程，最后还将组织会员单位赴我国台湾地区及韩国开展商务考察及行业交流活动。

打造业内一流对接平台
——中国药店发展促进会副会长兼秘书长、《21世纪药店》报执行总编刘先彬

药促会是一个以产品输出为主线，以管理输出、品牌输出为两翼，以联采分销为手段的全国一流的医药工商对接平台。它具有六大核心优势及四大核心竞争力。

六大核心优势主要有：药促会得到了《21世纪药店》报、《医药经济报》、《医师在线》、《中国处方药》等业内知名媒体以及米内网、APP传媒店讯通等新媒体的支持，能够准确把握政策导向和市场趋势；拥有业内最顶尖、最权威的信息数据资源；拥有丰富多样的活动资源，如21世纪药店年会、年度药店排行榜以及即将开展的全国药店店长周等众多活动；拥有标点培训这一汇集业内专家的培训资源。

而四大核心竞争力则主要表现在：药促会以求真务实、稳中求进为原则；是一个开放、包容的平台，贯通医药产业链的上下游；与国内400多家知名药企建立了合作关系，享有庞大的产品资源；汇聚了知名的业内专家、大量的医药职业经理人，拥有优质的医药人才资源。

整合、联盟、健康

——金百合单体药店联盟理事长、广东思明药业有限公司总经理翁斯春

我认为药促会在发展过程中应该着力解决6个字——整合、联盟、健康。

整合——首先整合上游资源，寻找大品牌、大品种、单规格的企业进行合作；其次整合中游，即寻找商业批发公司的配送资源和服务团队，为协会的会员提供良好的服务；最后是整合终端药店资源，整合销售渠道及消费者需求。

联盟——联合各方利益，降低成本、提高效率、联动竞争、提升竞争力，要兼顾到医药商业链上中下游，以及消费者利益，使各方达到共赢。每个人都为协会的发展出力，在章程规定的前提下共同推动这个平台的发展。

健康——包含了四方面的含义：一是指产品要健康，要与上游企业共同来做大蛋糕而不是切蛋糕；二是渠道要健康，要有壮士断臂的气概，严格控制渠道，禁止相互窜货；三是经营要健康，要帮助药店提升经营效益，促进药店的健康发展；四是管理要健康，在不增加经营成本的前提下，帮助药店提升竞争力。

（肖　娟）

转型升级，从理念延伸至行动

——中国药店发展促进会创新服务论坛圆满举行

2014年5月27日，第一届全国药店周期间，中国药店发展促进会创新服务论坛在广州琶洲国际会展中心举行。在本次论坛上，广东会员服务中心成立，8个省级会员服务中心也举行了授牌仪式。

（卢冬虎 摄）

本次论坛得到了政府相关部门高层领导的关心与支持，原国家食品药品监督管理局副局长、中国执业药师协会名誉会长张文周，国家食品药品监督管理总局南方医药经济研究所所长林建宁，中国医药教育协会会长黄正明，广东食品药品监督管理局原局长陆惠兴，标点资讯集团总经理、中国药店发展促进会会长黄泽骎，中国医药商业协会原副会长、《21世纪药店》报编委王锦霞，广东省保健食品行业协会会长彭平，中国药店发展促进会常务副会长王庆刚，中国药店发展促进会副会长、益丰大药房连锁股份公司董事长高毅，《21世纪药店》报执行总编、中国药店发展促进会副会长兼秘书长刘先彬，中国药店发展促进会副会长苟安辉等领导位列前席。

创新一：成立会员服务中心

本次论坛汇聚了来自全国医药工商、连锁等超过200家主流企业的代表，会场座无虚席。在活

动开始之际，标点资讯集团总经理、中国药店发展促进会会长黄泽骎发表了致辞，原国家食品药品监督管理局副局长、中国执业药师协会名誉会长张文周发表讲话。

论坛上，不仅成立了广东会员服务中心，山东、湖南、湖北、浙江、安徽、辽宁、四川、吉林等 8 个省级会员服务中心也举行了授牌仪式。广东会员服务中心主任刘俊生接过聘书时说："大健康正在潜入医药行业，工商合作只有不断创新服务模式，才能够把握住时代脉搏，在市场中成就自身和行业的辉煌。接过这聘书，我深感责任重大，任重道远。"

此外，《21 世纪药店》报执行总编、中国药店发展促进会副会长兼秘书长刘先彬在论坛中发表了题为《新闻营销——服务创新与增值的突破口》的报告，强调了医药零售企业也要学会运用新闻营销来推广自己的品牌，提升自身价值。报告得到了现场嘉宾的一致好评。

创新二：成立商品采购委员会

中国药店发展促进会以"主流，菁英，合作，共赢"为目的，志在搭建中国主流制药工业与主流连锁药店之间的无缝对接平台，为制药工业在零售终端打通各个层次的销售通路，为零售终端遴选优质高毛产品，提供实效培训，提升企业整体素质等服务。为此，经过长时间的准备和民主选举，中国药店发展促进会第一届商品采购委员会正式成立，由中国药店发展促进会副会长苟安辉担任第一届商品采购委员会主任。商品采购委员会的成立，标志着中国药店发展促进会将进入更加规范、规模更加扩张的发展阶段。

中国药店发展促进会
九大会员服务中心主任

广东会员服务中心主任	刘俊生
山东会员服务中心主任	程东强
安徽会员服务中心主任	陶健
四川会员服务中心主任	郁燃
浙江会员服务中心主任	张志辉
辽宁会员服务中心主任	赵辉
湖北会员服务中心主任	谢志荣
湖南会员服务中心主任	张良中
吉林会员服务中心主任	王怀伟

（《21 世纪药店》）

选品类　提技巧　转模式

——中国药店发展促进会举办"药店经济合作与发展"主题沙龙

2014 年 5 月 26 日，中国药店发展促进会举办了一场名为"药店经济合作与发展——大健康背景下工商合作新思维"的主题沙龙。沙龙上，工商企业代表齐聚一堂，氛围非常热烈，嘉宾纷纷"抢话筒"：有的提出对大健康发展模式的诉求和困惑；有的则发表对新形势下工商合作的新见解，力图从总结自身经验，给正在探索大健康发展模式的同仁们一些建设性意见。标点资讯集团总经理、中国药店发展促进会会长黄泽骎也参与了沙龙，并且针对"工商合作新思维"发表独到见解，赢得了在场嘉宾一片热烈的掌声。

一、市场转型，产品也要跟上脚步

曾有行业人士预测，大健康背景下，处方药转型为 OTC、OTC 转型为大健康产品是趋势所在。近几年，OTC 市场一片红火，不管在零售终端还是上游工业，OTC 产品所占比重越来越大。齐鲁制药近两年在 OTC 市场异军突起，在行业内形成非常大的影响。为此，沙龙首先邀请了齐鲁制药 OTC 事业部总经理、中国药店发展促进会常务副会长王庆刚分享了他这些年来在 OTC 领域的发展思路，为正在准备进入 OTC 市场的制药企业提出一些方向性的指导。湖北金株生物医药有限公司的董事长卢兆祥也发表了自己对于大健康环境下 OTC 市场发展的看法，他认为在进入 OTC 市场前，对于产品的选择和开发应尤为慎重。

二、发展大健康要解决三个问题

不管是对上游工业，还是医药零售行业，或者是商业公司，“大健康”都是一块令人垂涎的蛋糕，但是目前由于尚处于探索发展的阶段，许多问题都暴露出来了。《21 世纪药店》报执行总编、中国药店发展促进会副会长兼秘书长刘先彬在沙龙中指出，此次沙龙志在解决一些实际问题，因此必须明确大健康要以预防、养生、保健为本，围绕这根本性问题，沙龙可以从三方面进行探讨：不同定位的药店应该如何选择大健康品类，从而将降低市场同质化问题；药店如何提升销售技巧和转变盈利模式；如何去引导消费者的习惯问题。

南京国药医药有限公司总经理杨嘉伟表示，在发展大健康的问题上，医药零售终端不仅仅要在品类上下功夫，还要注重开发消费者对产品认识和需求。

康美药业股份有限公司 OTC 事业部总经理李从选说：“药店要做好大健康，首先要选择生活化的产品，如此才能实现‘快消’；其次要先做品牌，先培养药店消费者的忠诚度，不能一味盯着高毛利产品而不顾产品质量的优劣。”

（卢冬虎 摄）

此次沙龙中，在场的自马来西亚的嘉宾分享了他们开发马来西亚“大健康”市场的心得；还有嘉宾还提出了跨界营销理念……本次沙龙持续了将近两个小时，与会嘉宾表示，这样头脑风暴式的沙龙针对实际问题开展谈论，能很好地促进会员单位和行业的发展。

（张彩群）

沟通　择优　创赢

——记中国药店发展促进会第三届创新服务论坛

2014 年 7 月 24 日，中国药店发展促进会（以下简称“药促会”）在云南省昆明滇池大酒店举办了第三届创新服务论坛。本次论坛得到了药促会总会领导和各省级会员单位的大力支持，到场嘉宾包括标点资讯集团总经理、药促会会长黄泽骎，齐鲁制药 OTC 事业部总经理、药促会常务副会长王庆刚，《21 世纪药店》报执行总编、药促会副会长兼秘书长刘先彬，药促会副会长兼商品采购委员会主任荀安辉，药促会副会长兼经营管理学院院长程兴强等领导。除此之外，来自江苏、陕西、福建分会及广东、山东、湖南、湖北、浙江、安徽、辽宁、云南、四川、河北等会员服务中心共计 150 名医药工商代表也参与了本次论坛。

本次论坛中，黄泽骎用权威数据为在场嘉宾分析了大健康市场的发展空间与未来走向，更坚定了会员单位积极探索大健康产业的决心。王庆刚则指出，在行业集中度不断提升的背景下，我国医药行业成本的不断推高，终端毛利日益缩减。与此同时，随着网上药店药品及非药品销售管理政策的完善，以及网上药店刷医保卡支付等政策的松绑，将会有大批年轻的消费者转移至网上药店，中小型药店未来发展道路将更加艰难。

一、经管学院助力药店发展

药促会秉承着“助力药店成长，促进行业发展”的宗旨，努力帮助会员单位打造强势竞争力和服务力，不仅致力于为会员单位搭建中国主流制药工业与主流连锁药店之间的无缝对接平台，更旨在为会员单位输出“管理与品牌”，以提升企业的整体素质。为此，中国药店发展促进会经营管理学院（以下简称“经管学院”）在第三届创新服务论坛正式成立。

担任药促会经管学院首任院长的程兴强表示：“药促会经管学院的成立，将帮助上游工业和下游企业弥补其对消费者教育不足等问题。此外，针对一些本身有实力却没有响亮品牌的工业，药促会经营管理学院则可以为他们量身打造品牌树立服务。除此之外，针对零售药店面临的执业药师缺口和经营管理问题，药促会经营管理学院将引进最强理论师资与知名企业中的实战型人才为会员单位授课，全面提升企业的管理能力。”

本次论坛中，针对电商、保健品新政策和处方药专利到期，工商格局如何改变等当前热议的话题，药促会邀请了广州快货电子商务有限公司董事长廖光会、麦肯锡中国区高级顾问汤海龙、福建回春连锁药房董事长李广宏等为会员单位做主题演讲，为会员单位讲解未来的行业大势，深得在场嘉宾的喜爱。

二、工商携手献计大健康

7 月 23 日晚上，在药促会主办的“药促会第三届创新服务论坛”总经理主题沙龙上，刘先彬指出：“市场上不缺乏好的产品，但是由于工商之间的交流和对接机会太少，相互不了解，在合作上自然也没那么畅通。我真诚地希望，以后药促会能够提供更多这种工商对接的机会。”

沙龙上，针对 7 月上旬《中华人民共和国食品安全法（修订草案）》首次提出对保健食品实行备案制这一条款，上海康麦斯公司总裁王刚表示，目前我国的保健食品市场还存在诸多问题，比如产品同质化严重和科技含量低，国家对保健食品实行审批与备案相结合的分类管理能够帮助保健品行业进入市场化和规范化。“未来保健品的生产工业应该更多关注消费者需求，做好消费者服务和产品研发，从而为消费者带来更大的实惠。”王刚说。而福州南海岸总经理张宏则强调，未来保健品行业发展应该朝专业化发展，无论是产品质量，还是为零售终端企业所提供的配套服务。

三、联采活动成果丰硕

7 月 24 日晚上，药促会第一届联采会议圆满举行。齐鲁制药有限公司、上海康麦斯公司、福州南海岸公司、华北制药集团股份有限责任公司、国药集团药业股份有限公司五大国内知名品牌工业及药促会 3 个省级分会及 10 个会员服务中心的主要负责人参与了本次联采。由于制药工业为药促会成员单位设计了非常优惠的价格与周到的服务，并在药促会成员单位同心协力下，此次联采会议取得了巨大的收获，采购意向金额超乎预计。

此外，在本次创新服务论坛中，药促会官方网站——药发网宣布正式上线，由王庆刚和刘先彬合著的《平台营销——处方药零售终端销售理论与实务》首发仪式也在本次论坛上完成，签售场面热闹非凡。

药促会副秘书长、广州标劲企业管理顾问有限公司总经理袁发俊说：“第三届创新服务论坛得以圆满举办，离不开各省级会员单位的支持与帮助。我们相信，未来药促会将会持续为会员单位提供更高质量与高规格的服务。”

（《21 世纪药店》）

一个信息共享、执行到位的销售平台

——药促会商品采购委员会成立

在第一届全国药店周举行的“中国药店发展促进会创新服务论坛”上，中国药店发展促进会（以下简称药促会）商品采购委员会在经过了长期充足的准备后正式成立，来自全国 11 个主要省份的成员组成第一届商品采购委员会委员。从第一届商品采购委员会组成成员来看，各委员单位手上均拥有大量的上游品牌工业资源和下游零售终端渠道，具有强大的实力。

商品采购委员会，顾名思义，就是为医药零售终端企业采购包括药品、保健品、药妆等一切适合在药店销售的产品而成立的委员会。药促会的成立本身也肩负着为了帮助上游工业打通在零售终端的销售通路，为零售终端遴选优质高毛产品的责任。为此，药促会将充分利用其平台资源，优先为各省分会提供资源支持，与上游工业、零售终端共享行业数据信息并提供服务。同时，为了让成员单位在激烈的市场竞争中获得优势，将优先为它们提供合作品牌企业单独规格和市场定价产品的选择权，提供量身定制的市场营销、品牌维护、商业服务策略等个性化服务。

一、信息共享确保销售规模

目前，品牌高毛利商品仍然是药店无法放弃的“香饽饽”，这直接导致很多药店开始寻求缩短商品流通环节的方法，甚至希望通过直接与上游工业对话，从而争取更大的利润空间。但因为无法在销售规模上量化数据，工业企业对这种直供的合作模式仍处于观望和摸索阶段。

据了解，药促会会员单位包含了国内主流连锁药店、规模单体药店，并且越来越多的品牌制药企业加入药促会这个大家庭，因此药促会本身就是一个强大、极富包容性的销售平台，能够让上游工业产品通过这个平台缩短流通环节，直接快速走向市场，与顾客见面。

据商品委员会相关负责人介绍说，目前做联合采购的组织的确不少，但大部分都是失败的，其中非常重要的原因有两方面：一是价格策略未做到公开透明，二是执行力不到位，使“联采”变质成代理。联采涉及参与联采成员单位的利益，利益分配均衡应该是其应当遵守的重要原则。如果联采组织没有在供应商给出的价格上对成员单位进行公开透明，一来成员单位会猜测价格策略不统一，而容易起内讧；二来在利益的驱使下，部分成员单位会放弃联采组织原先与上游工业谈判好的统一策略，改为与厂家单独谈判，力图争取更大的利润空间。如此一来，策略则会明显缺乏公平，成员之间的内部矛盾也会加剧，最终导致联采丧失其本身的意义，组织也会变得松散不堪，甚至形同虚设。

据了解，目前药促会最重要的原则之一就是对内做到公平、公开、公正，包括与上游工业谈判的价格，药促会也会对成员单位悉数公开，从而保证会员单位在公平的待遇下采购到物美价廉的商品。此外，为了吸引更多优质的品牌工业的加入，药促会在与上游工业合作时，还会坚持一个非常重要的原则：保证一定的销量规模，尽量保证上游工业的核心价值与市场利益。

二、配套服务促进动销

在第一届全国药店周期间举行的“药店经济合作与发展——大健康背景下的工商合作新思维”的主题沙龙中，有药促会的会员单位提出，希望在今后的联合采购中，不仅能够实现药品销售企业能直接与工业对接，还能有配套培训，如此才能真正实现动销，而不是采而不销。

对此，商品委员会相关负责人表示，“提升门店管理能力是药促会帮助会员单位的重点工作之一，‘以产品输出为主线，以管理和品牌输出为两翼’是药促会今后三项重点工作。”为此，药促会还将成立培训委员会，帮助会员单位全面提升管理水平。同时，在与上游工业洽谈合作时，药促会也会根据会员的需求，尽量要求其提供与产品相配套的营销方案。因此，这也决定了商品采购委员会在选择工业时，优先考虑制药工业排名前100位的企业；优先考虑产品疗效确切、安全有效、有特色，市场管控能力强大的企业。

（《21世纪药店》）

打造“管理与品牌输出”的智囊团

——中国药店发展促进会商学院成立

药促会一要抓产品输出，二要抓管理和品牌输出，这是“一体两翼”的工作，一个也不能少。为更好地为会员单位提供“管理和品牌输出”工作，在昆明新特药会期间，中国药店发展促进会商学院即将华丽起航。

2014年6月25日，中国药店发展促进会（以下简称“药促会”）江苏分会第二次工作会议如期召开，会议决定近期将为会员单位举办以总经理为班底的南京大学EMBA总裁班、副总级别的南京大学EMBA高级研修班、店长店员学历教育与基本技能（中国药科大学）班和优秀门店从业者技能班。

目前，培训班已进入筹备阶段，药促会江苏分会秘书长杜凡宗表示：“任何事情的第一步总是困难的，学员招募、经费、组织人员都是目前亟须解决的问题。”据悉，药促会江苏分会正在积极寻求解决问题的方法，如为了能够吸引更多会员参加培训，江苏分会采取“团购培训”的方式，降低培训费用，将更多优惠让渡给会员；采取与高校合作的方式，充分保证培训班的师资力量；为了让课程接地气，符合会员单位的需求，课程设置将充分征集会员意见；培训期间还提供产品输出的机会……

药促会江苏分会所举办的培训班，充分体现了药促会“一要抓产品输出，二要抓管理和品牌输出”这一中心思想。为更好地指导各分会做好“管理和品牌输出”工作，药促会在7月下旬的全国新特药会（昆明）期间，正式揭牌成立中国药店发展促进会商学院，由山东葵源药业有限公司执行董事、总经理程兴强出任药促会商学院院长。

一、商学院应时而生

程兴强说：“医药行业既是国家重要的经济命脉，又和群众生活息息相关。近几年，随着国家医疗体制改革和医药相关政策出台及群众的健康需求变化，医药行业要保持持续稳定发展，必须满足政策要求和群众需求，这就需要不断提升行业人才的综合素质、更新企业服务观念、创新经营模式和内容。因此，在这个时候成立商学院很有必要！”

上通国家之策，下谙行业之势。整个医药行业正在发生裂变，零售终端市场的市场运作模式必然随之改变。在复杂的政策、市场环境下，药促会各个会员单位急需一个“智囊团”来帮助其解决在市场运作中遇到的方方面面的问题。因此，药促会将商学院定位为既是国家政策研究和实施的宣传教育平台，行业发展方向研究、信息数据共享、管理权威、全方位的专业服务机构，又是医药人才培训提升、个人能力和实战锻炼的“大学”。

据程兴强介绍，商学院将会从实际出发，切实提升药品零售行业人员的管理能力和业务能力。为此，商学院将围绕企业领导决策层开展一些国家政策研究，并举办讨论行业未来变革方向的“行业领袖智库”研讨会/论坛等；围绕企业高管层开展提升思想视野、管理能力的“医药EMBA课程班”、“终端新模式的实地学习交流会”；围绕提升中层或基层业务管理人员的能力为主开展“销售实战培训”；围绕零售企业及会员单位经营方面举办“会员单位联盟联采推广会”；等等。

二、打出培训特色牌

商学院的重要职能之一是管理和品牌输出，培训是实现其职能的重要方式，自然深受重视。然而，目前行业市场上，围绕“品牌、管理”所作包括的“管理、销售技巧”等培训并不少，那么药促会商学院所举办的相关活动又如何与之区别，体现特色？

据了解，药促会商学院和社会上的培训班有很大的区别：药促会商学院并不是一个单纯的培训机构，而是建立在全国医药界有实力、有影响力的众多医药企业作为会员的基础上，其背后有百强工业企业作为支撑。

程兴强向记者透露，药促会商学院的特色将具体体现在以下四个方面：

（1）发挥总会优势，提升商学院的档次。商学院通过举办高层次的研讨会/论坛，邀请国家或行业相关部门领导解读国家政策，帮助企业拓宽战略视角，为会员单位提供强有力的智力支持和政策信息等获取捷径。

（2）利用联盟资源，提供工商交流与合作机会。商学院利用会员单位的全国性分布优势，根据不同企业的情况举办具有代表性的巡回交流培训。

（3）建立会员内部信息交流平台。商学院优先服务会员单位，可为会员单位提供网站、杂志建设及门店会员日营销策略指导，定期或不定期举办各种活动，还能提供会员单位之间的跨区域展示、学习、提升机会，提升企业的社会影响力。

（4）邀请内外部的实战专家参与培训。商学院的培训以面授为主、远程为辅，多种模式相结合，如为降低会员单位成本负担，采用电子化的远程教学，定制个性化的培训方案等。杜凡宗提出，药促会商学院可与高校合作，充分利用高校的优秀资源，双方互补。

作为专业的医药培训机构，药促会商学院将站在医药企业角度，设计不同的职业技能培训内容，有助于在提高企业员工技能的同时灌输行业文化和战略思想，提升员工的凝聚力和战斗力。另外，会员单位可以把商学院的课程作为一种优惠或赠送手段，如上游工业可以将之赠送给自己的下游客户，体现合作共赢。

药促会商学院成员单位包括医药工业、医药零售企业，其雄厚的实力将托起其华丽起航。然而，药促会商学院发展之路很长，它需要各会员单位的大力支持，其中包括提出针对药促会商学院发展的宝贵意见。

（《21世纪药店》）

助力药店成长　促进行业发展

——中国非处方药物协会药店发展促进委员会成立

以中国药店发展促进会为依托，中国非处方药物协会日前正式批复，同意成立中国非处方药物协会药店发展促进委员会。

2013 年，为提升医药行业整体水平，国家相继出台了一系列政策，医药行业门槛变高，药品流通和经营规范更为严格，医药企业迎来巨大机遇的同时，众多中小型企业却面临着致命的冲击。尽管商务部和工信部为缓解中小型医药零售企业的生存困境，为其长期稳定的发展给予了专项支持和鼓励政策，但中小连锁企业的生存问题依然严峻。

一、权威平台致力于“一体两翼”工作

2013 年 6 月，由标点资讯集团、齐鲁制药牵头，联合全国主流工业、医药商业及医药专业媒体在广州正式成立全国最专业、最权威、最公正的具有行业性、公益性、全国性社会组织——中国药店发展促进会（简称“药促会”）。其宗旨是“助力药店成长，促进行业发展”，意在将其打造成为一个全面、透明、公平、公信的权威性、信息化、服务性的综合服务平台。

药促会受命于医药行业改革之期，秉承“助力药店成长，促进行业发展”的宗旨，不仅成立了陕西、福建和江苏分支机构，还相继成立广东、山东、湖南、湖北、浙江、安徽、辽宁、吉林、云南、四川这十个省级会员服务中心。与此同时药促会端正态度、积极为中国医药行业出谋划策，成功举办多届全国性医药零售服务创新论坛；举办了上百场 GSP 认证、医药行业大数据营销、执业药师考前培训、零售终端店面培训、高级总裁 EMBA 班和区域考察/经验交流等活动。药促会在工作中不断地总结经验和教训，目前已经形成了鲜明的工作特点和重心。体现在：一是对会员单位输出高附加值的品牌产品；二是为会员单位输出品牌与管理，以提高会员单位的创新服务能力。针对这“一体两翼”的工作，药促会于先后成立了商品委员会和经营管理学院。此外，保健品与化妆品、医疗器械、人力资源、网上药店等专业委员会也在积极筹备之中。未来更多创新服务内容将通过药促会辐射到全国医药零售终端之中。

二、未来将不断创新服务内容和模式

随着药促会运作框架的不断完善及运作思路的不断明晰，其影响力越来越受到全国医药零售终端从业者的一致认可。药促会会长黄泽骎指出，“以药促会为依托，成立中国非处方药物协会药店发展促进委员会是药店圈的一件大事。药促会未来的路还很长，是阳关大道，也必然有许多挑战，为此需要不断完善和严格要求。药促会只有不断深化各项规章制度、不断创新服务内容和模式，才能真正成就方圆，保障其在运营中不偏不倚，各项工作执行到位，谋划更大的发展。药促会常务副会长王庆刚表示，药促会的未来任重道远，正所谓“路漫漫其修远兮，吾将上下而求索”。

药促会副会长兼秘书长刘先彬表示，以中国非处方药物协会药店发展促进委员会的成立为动力，药促会今后将从严要求，从严管理，继续发挥其全国性、公益性、社会性和服务性的平台优势，为医药工商企业特别是零售药店的发展，为中国医药产业的进步不懈努力！

（《21 世纪药店》）

弱增长时代　寻找药店突围路径
——中国药店发展促进会江苏分会成立

4月23—24日，中国药店发展促进会（以下简称药促会）江苏分会成立大会暨“弱增长时代-药店突围路径”药店发展高峰论坛在江苏南京翠屏山宾馆举行。

江苏分会聚集了包括南京国药旗下9家连锁、无锡汇华强盛、徐州广济、常州中诚、江苏大众、苏州礼安在内的40家连锁药店、100多家单体药店以及知名供应企业。此次成立仪式及高峰论坛，到位嘉宾涵盖江苏省规模零售连锁的总经理、采购总监、VIP单体药店老板等共计300余人。药促会陕西分会、福建分会负责人到会祝贺。

一、行业信息分享是平台成长的基石

会上，江苏省医药商业协会会长尹祥山到场并做了重要讲话，标点资讯集团总经理、《21世纪药店》报总编、中国药店发展促进会会长黄泽骎给与会嘉宾做了题为“医药终端市场趋势分析”的报告，不仅分析了当前终端市场的基本形态和存在的机遇和挑战，还深入、精辟地阐述了“大健康”趋势、多元化经营等理念。

此外，“大健康产业与药店未来”沙龙也于4月24日如期举行。沙龙由《21世纪药店》报执行总编、中国药店发展促进会副会长兼秘书长刘先彬主持，以邀请嘉宾上台分享、台下互动的形式展开。沙龙上，与会嘉宾参与热情高涨，围绕着“大健康”与“药店发展”两大主题展开了广泛讨论，以至于沙龙举行时间由原定的一个半小时延长到两个小时。

齐鲁制药OTC事业部总经理、中国药店发展促进会常务副会长王庆刚表示：“希望江苏分会能为分会成员单位提供、分享经验，群策群力，加深认识，谋求共识，切实为江苏分会成员单位带来实惠!”

二、差异化促行业良性竞争

成立会议上，南京国药医药有限公司总经理杨嘉伟当选为江苏分会会长，南京朗坤医药有限责任公司副总经理杜凡宗当选为江

苏分会秘书长。尹祥山、黄泽骎、王庆刚、刘先彬等先后为江苏分会及成员授牌、颁发聘书。

杨嘉伟表示，“希望江苏分会能够帮助江苏药品零售企业打造标准化和差异化建设方案，使其能够按照其性质和规模等特征固化下来，形成差异化竞争，改善目前行业内同质竞争的局面。另外，希望江苏分会能够引领江苏药品零售行业进入信息化和专业化时代。”而无锡汇华强盛医药连锁有限公司总经理、江苏分会常务副会长周文平表示：“希望药促会江苏分会能够更多地为区域药品零售企业提供行业政策解读，助其搭建政府与零售医药行业的沟通桥梁。”

据悉，此次江苏分会成立大会暨高峰论坛得到了来自制药企业、供应商如齐鲁制药、成都地奥制药集团、深圳亿感信息技术有限公司等的大力支持。江苏分会秘书长杜凡宗表示，为医药上下游企业打造畅通的沟通交流平台是药促会的目标之一，为更好地服务会员单位，江苏分会在未来不仅会积极为会员搭建沟通平台，还将围绕药店经营管理培训、品牌产品采购等方面展开工作。

据了解，为了让会员单位顺利地通过认证，江苏分会将在近期举办与新版 GSP 认证相关的培训，力图为会员单位的新版 GSP 认证难题提出相应的解决方法。新版 GSP 提高了对药品零售企业的软硬件要求，这些要求对单体药店来说是一个“生死关”，只有充分了解和学习新版 GSP 内容，才能更好地应对将来的认证工作。对那些已经具备申请连锁条件的“隐形连锁”——单体药店，江苏分会将会针对其面临的缺少连锁管理经验、药品库房投资成本大等问题，通过提供培训和经验交流等方式帮助其排除困难，走上连锁运营的轨道。

此外，针对当前品牌药少，且得不到药店重视的情况，江苏分会将按照总会商品委员会的统一要求通过联采减少终端拦截，使会员单位能降低引进品牌药成本，顾客也能够以实惠的价格享受到更多优质的品牌药。

（《21 世纪药店》）

■药店联盟

2013 中国省级药店联盟发展状况蓝皮书发布

2014 年 1 月 15 日，中国医药物资协会在北京召开新闻发布会，该会副会长、连锁药店委员会秘书长郭亚洲作为协会代表发布了《2013 中国省级药店联盟发展状况蓝皮书》。旨在介绍 2013 年度中国省级药店联盟发展的基本状况、运营特征，以及其带来的影响与变革，说明中国医药物资协会关于省级药店联盟的管理与服务以及对相关问题的基本观点，帮助产业、公众和社会全面了解中国省级药店联盟发展的真实状况，并对联盟的品牌影响及未来发展进行展望。

一、17 家省级药店联盟 2013 年销售 422.34 亿元

中国医药物资协会自从2009 年10 月开始主导推动省级药店联盟建设，迄今共成立了17 家省级药店联盟。

至2013 年底，已挂牌成立的17 家省级药店联盟，覆盖全国21 个省（直辖市、自治区），共有成员单位494 家，门店总量20 880 家，比上一年度增加了1 092 家；当年销售总额422.34 亿元人民币，比上一年度增加了82.77 亿元，约占全国药品零售市场总额的五分之一。

2013 年，17 家省级药店联盟共进行了65 次联合采购，联合采购的商品市值20.65 亿元，通过联合采购降低商品价格最高的达到20%，最低的为1.5%，总体平均降低商品价格为5.76%。

2013 年，17 家联盟的 494 家成员中，已有 31 家获得网上药店运营资格证书，占全国 132 家获证药店的比例为 23.48%。全年共实现网络零售 9.26 亿元。

二、多家药店联盟保持持续高速增长

2013 年，共有 13 家省级药店联盟的年度总销售额实现了增长，有两家有所下滑，主要是因为进行内部优化调整，联盟成员数量、门店量下降所致，另有 2 家联盟是今年成立。

山东联盟年度销售额由 2012 年的 46.18 亿元增加到 2013 年的 58.97 亿元，增长了 27.70%，是所有联盟中销售额最高的联盟。江苏药店联盟也由 2012 年的 51.50 亿元增长到 2013 年的 56.87 亿元，销售额排在 17 家联盟的第二名。

湖北联盟在全国经济增长放缓、医药市场下滑的背景下，联盟仍然实现了门店总量的上升和 19.2 亿的销售总额，湖北联盟自身也获得了稳定的发展，在全国范围内知名度也不断提高，成为较为活跃的省级联盟之一。

江西经过近 2 年的艰难筹备，2013 年 6 月 17 日终于成立了，利用联盟这个平台，各成员单位高层更新了思想，中层明确方向，基层提升了信心，商品结构调整合理，销售业绩都有不同程度的增长，极大的提升了参与市场的竞争能力。

河北联盟大力开发非医保门店，顺应国家政策引进奶粉、橄榄油等产品。山东联盟全年举办了三届全体大会及一届年度峰会，进一步明确了联盟的未来发展方向。大西北联盟经过 3 年的发展，也实现了年销售额的稳步健康增长。

三、反映诉求获响应，制定标准遏制恶性竞争

2013 年，中国医药物资协会所属的各省级药店联盟在做好自身建设之外，还主动参与当地药品零售市场的活动，积极向政府主管机构建言献策，反映会员诉求。

如河北联盟建议取消医保门店禁止销售定型包装的中药饮片、医疗器械、部分保健品（包括蓝帽的带有减肥、美容、养颜字样）的政策。河南联盟建议鼓励药店多元化经营，呼吁政府部门停止医保门店不能经营非药品；呼吁在新版 GSP 执行方面，能更切合药店的实际操作，呼吁医保刷卡应加上预防健康类别，如保健品、医疗器械等，建议执业药师可远程审方，呼吁取消新开药店放开距离、面积限制。

黑龙江针对新版 GSP 认证的部分具体细节和无法解决问题，希望管理机关能结合企业实际困难，有效解决执业药师问题、整体冷链管理问题、证照到期的检查细则等。同时国家提出婴幼儿奶粉在药店销售，但具体销售方式和管理办法没有，各地政府不予办理，也希望相关部门给予明确答复。

山东联盟向有关部门反馈零售连锁行业的生存现状及面临的困境、党的十八大以来医药卫生体制改革对医药行业带来的影响、当下药店的需求等，如国家对药店执业药师配备的政策要求，而执业药师缺口大的现状应如何应对；电子商务的日趋发展给传统医药零售业带来的冲击、对传统医药零售业陆续加入电商模式的政策支持；在日益严峻的医药形势下，医药零售行业带动了地方经济，为大量人员提供了就业岗位，带动了当地经济发展，因此国家和当地政府应鼓励连锁发展，并对连锁的发展需求给予政策支持。

四、工商合作，优化渠道，联采商品价格平均下降 5.76%

蓝皮书显示，2013 年，各省级药店联盟大都与工业企业展开了丰富的合作，包括华润三九、东阿阿胶、仁和药业、云南白药、昆明中药厂、齐鲁制药、汤臣倍健、劲复康药业集团等品牌工业，都曾先后与各省级药店联盟展开合作，联盟总体从工业直采的比例也提升至 39.02%，于医药工业、

连锁药店和消费者都带来了好处。

全年各联盟共进行了65次联合采购，联采商品零售额20.65亿元，通过联合采购降低商品价格最高的达到20%，最低的为1.5%，总体平均降低商品价格为5.76%。其中湖北药店联盟联采10次，联采商品零售总额超过5亿元；江苏联盟遵循名品、名店、名牌的方针，加强与品牌企业的点对点深度对接，全年联采了8次，联采商品零售总额2.5亿元，为品牌企业提供更好的推广平台，真正做到厂商联合。

山东通过联采峰会实现了连锁和工业的深度战略合作，在日常中与全国工业企业广泛的洽谈合作，储备优秀品种，为会员单位争取到最好的价格、政策和多元化的盈利品种，引荐工商双方进而促成合作。

河北联盟携手品牌工业企业，建立新兴的顾客服务体系；河南联盟每季度坚持召开一次商品联采会，与很多品牌企业达成战略合作，为会员单位争取到更好的资源共享；陕西、北京、黑龙江等联盟也通过联采，加强与品牌工业的互动与合作。

（新浪健康）

多重挤压　药店抱团求生

随着新医改的启动，给药品销售市场带来了巨大变化，一些连锁、单体药店开始抱团求生。

2014年1月15日，中国医药物资协会在京发布了《2013中国省级药店联盟发展状况蓝皮书》，公布了该协会牵头下，国内成立了17个区域药店联盟和一些专业药店联盟。如今在医改政策逐步推进等新形势下，药店联盟已经吸引了越来越多的连锁、单体药店加入。

行业人士认为，新的环境让单独的药店面临越来越多的挑战，而组成药店联盟成为企业走出困境的一种模式。

一、处境艰难

自新一轮医改启动和不断推进以来，传统的零售终端药店就面临着越来越多的挑战。而医疗服务下沉的背景下，基层医疗机构药品平进平出的零差率售药给药店带来的影响首当其冲。

中国医药物资协会网上药店分会会长、甘肃德生堂大药房连锁经营有限公司董事长龙岩对《中国经营报》记者表示，根据新的医改政策，社保对在基层医疗机构就医的患者在报销上将给予更大的政策倾斜，居民医保报销额度上升不少，很多原来到药店购药的客户被分流到社区医院。

“社区医疗服务站对传统药店的冲击不小，”龙岩说，“但是这并不是全部，对于药店来说，新的挑战还来自于新版GSP的实施。”

2013年6月1日，国家食品药品监督管理总局正式实施新版《药品经营质量管理规范》（简称GSP）。药品GSP是企业药品经营管理和质量控制的基本准则，涉及药品采购、储存、销售、运输等药品流通环节，原GSP于2000年开始实施。

国家药监局药品安全监管司司长李国庆介绍，新版GSP强化了药品监管的两个重点环节，即药品购销渠道和仓储温湿度控制，以及三个难点，即票据管理、冷链管理和药品运输。

根据规定，企业向新版GSP过渡期的期限为截止到2016年，对于医药流通企业而言，还有3年的过渡期。

“尽管如此，但是现在新开药店，必须按照新版 GSP 的要求审核，”龙岩说，“而且原来的药店如果审批证件到期，补换新证也需要达到新版 GSP 的规定。”

据行业人士介绍，执行新版 GSP，要增加药店的管理成本，还需要增加配备执业药师等硬件成本，所花成本将大大高于原 GSP。

龙岩举例，新版 GSP 对仓储温湿度的要求大为提高，比如原来仓储，只需要手工技术温湿度就可以，而新版要求一切必须由电脑自动记录。冷链要求更为严格，从药品出厂的那一刻起，到配送到零售网点，再到零售网点的仓储，直至最终配送到消费者手中，都必须实行全程的冷链监控。

“对于大的连锁药店来说，一直在改进仓储和冷链运输管理，压力小一些，而对于小的连锁来说，如果现在才上马这些硬件，压力会大一些。”龙岩介绍。

如果说上述的压力来自于政策的改变，药店的其他压力还来自于环境的变化。“从 2012 年开始，房租、人力的成本大幅上涨，两年的时间，房租上涨幅度为 20% 到 30%，人力成本的上涨也差不多，这导致药店的运营成本增长很快。”一位药店经营者表示。

据了解，在药店的各项成本开支中，房租是最大的一块，而人力成本则居于第二。药品零售市场经过十多年的快速发展，目前正加紧优胜劣汰的过程，原先经营水平不佳的药店正在被加速淘汰出局。

二、抱团求生

根据医药物资协会提供的数据，该协会自从 2009 年 10 月开始主导推动省级药店联盟建设，迄今共成立了 17 家省级药店联盟。

据中国医药协会连锁药店委员会秘书长郭亚洲介绍，协会组织的药店联盟 2013 年当年销售总额为 422.34 亿元人民币，比上一年度增加了 82.77 亿元，约占全国药品零售市场总额的 1/5。

2013 年，17 家联盟的 494 家成员中，已有 31 家获得网上药店运营资格证书，占全国 132 家获证药店的比例为 23.48%。全年共实现网络零售 9.26 亿元。

药店联盟因为具有优势，也吸引了一些有上市公司背景的药店加盟，比如北京的嘉事堂（002462）以及正在排队等待上市的云南一心堂药店，等等。

郭亚洲认为，联盟的首要优势是可以帮助成员降低采购成本。2013 年，17 家省级药店联盟共进行了 65 次联合采购，联合采购的商品市值为 20.65 亿元，通过联合采购降低商品价格最高的达到 20%，最低的为 1.5%，总体平均降低商品价格为 5.76%。

在 2013 年 17 家省级药店联盟采购中，直接从工业采购与从批发商采购的比例为 0.64：1，即在药店支付的所有商品采购金额中，有 39.02% 是直接面向工业采购，这在很大程度上减少了中间的流通环节。

“不过，这种单纯的降低成本的功能也在改变，”郭亚洲说，“从 2009 年以来，我们的联合采购从单纯的只降低成本、只‘砍价’，改变为选择品牌生产企业、选择质量更优的企业长期合作，双方实现共赢。”

联盟的另外一个重要作用是加强药品零售企业的话语权。过去，药店多是各自经营，没有群体的话语权。现在，成立省级药店联盟，可以依靠药店联盟的平台和主管部门进行协商。郭亚洲举例，比如河北药店联盟建议取消医保门店禁止销售定型包装的中药饮片、医疗器械、部分保健品（包括蓝帽的带有减肥、美容、养颜字样）的政策；而黑龙江药店联盟针对新版 GSP 认证的部分具体细节和无法解决的问题，希望管理机关能结合企业实际困难，有效地解决执业药师问题、整体冷链管理问题、证照到期的检查细则等，都引起了地方主管部门不同程度的重视。

山东漱玉平民大药房董事长李文杰介绍，过去药店很少参加商务部等国家主管部门的调研，现在在药店联盟牵头下，加强了和商务部、卫计委、国家食药监总局等主管部门的沟通，“现在药店归属商务部主管，药店联盟在政府和企业沟通上可以做很多工作，毕竟比单个企业有影响力。”

（《中国经营报》）

药店联盟：从联采分销到打造样板店

药品零售行业市场竞争加剧，连锁药店纷纷寻求转型，药店联盟也不例外。众多联盟从最初的联采分销逐渐往为会员提供培训、打造样板店等形式转变。

《2014 年中国医药市场发展蓝皮书》显示，截至 2013 年年底，全国共成立 17 家省级药店联盟，覆盖 21 个省（直辖市、自治区）每年度销售总额为 422. 34 亿元，比上年增长 19. 6%。39 健康网编辑发现，目前特格尔、单体药店联盟开始着手为会员打造样板店。

一、特格尔健康生活馆：“三免一平”

2014 年 6 月底，特格尔健康生活馆项目成立。特格尔联盟董事长刘丰盛向 39 健康网编辑透露，特格尔健康生活馆目前正在装修中，预计 2014 年 10 月份开张。据了解，首批将打造两个样板，分别位于湖南长沙湖东、湖西地区。

39 健康网编辑了解到，特格尔健康生活馆的核心为“三免一平”（免费诊断、免费体检、免费健康管理、平价供药）。为此，特格尔将为健康生活馆投入 300 万元用于购买医疗设备和装修，为消费者提供免费的心脑血管检查、血液充分检查等五项检查、以家庭健康解决方案为核心、提供医事、护理、药师、监测、营养、美容等全方位的健康服务。刘丰盛表示，特格尔健康生活馆是特格尔打造的样板店，是未来引领中国零售行业的新榜样。

特格尔健康生活馆实行“三免一平”的模式让很多业内人士感到疑惑，这种体检免费加药品平价的模式如何盈利并持续下去？对此，刘丰盛表示，这个理念其在 2007 年已经有所构思，为了实践这种模式，他先后到欧美 20 多个国家进行考察和学习。他认为在医保尚未普及年代，平价药店时代以平价药品吸引消费者，并取得成功。而如今随着新医改和全民医保的推进，平价时代已经一去不复返，零售药店还面临网上药店的冲击，为此，零售药店需要一种以为消费者服务为中心的商业模式，即健康生活馆模式。他告诉 39 健康网编辑，通过考察，这种模式仍然有盈利的空间，比如可以将健康生活馆的商品外包，降低成本并实现盈利。

二、为诚健康馆：大健康 + O2O

2012 年，为诚中药盟开始为会员打造“为诚健康馆”，主要实现手段为借助城镇街面现有的单体药店，通过带领这些药店改造升级，把服务领域从单纯药品销售延伸到健康商品销售、健康咨询服务，来逐步抢占营养医学、保健医学、预防医学的巨大市场蛋糕。

中国医药物资协会单体药店分会会长、浙江为诚医药董事长杨联亮告诉 39 健康网用“健康馆”构建的全国健康商品配送及服务网，主要通过管理消费者的健康档案，提供相关健康知识和药事服务，从医药、保健、膏方、调理等发挥中医的作用，主要解决消费者亚健康、小病的健康问题，在健康疾病预防方面发挥作用。

据杨联亮介绍，目前为诚健康网已在浙江、安徽、河南、福建、山东等地建立了共 200 多家样板店，样板店通过改造后，平均销售额增长 30%～40% 。

除了地面上的样板店改造，为诚健康馆也在O2O发力。从为诚医药的健康APP可实现“药品查询”、“疾病查询”、“微博医生”的功能，通过APP消费者找药、买药都可以在手机上完成。

（39健康网）

药店需建立合作交流平台　谋求工商双赢发展

随着新医改政策对社区医疗机构的基本药物实行“零差率”销售，医保体系报销比例提高到30%～70%，让药店的价格优势荡然无存。由于行业内的无序、恶性竞争不断升级，导致企业盈利水平大幅下滑或是亏损，作为被“边缘化”的药品零售企业的生存与发展存在重重困难。因而，成立药店联盟，建立服务平台或是药品零售“第二春”的重要途径。而药店联盟应是合作、交流和整合共同作用，以求工商双赢。

一、以产品为基础，构筑合作平台

当前医药零售行业小、散、乱，价格战频频，导致企业的负毛利商品越积越多。而企业在损失毛利的同时，在强推强卖的阴影下，仍然背负着消费者的不信任。

在如此环境之下，笔者认为，零售行业的发展首先以产品为基础，集合联盟药店的终端优势，构筑联合采购的合作平台。通过部分品种的抱团采购，与上游品牌生产企业对话，建立深度战略合作。在与上游生产企业的对话中，联盟不是批发商，是抱团采购的联合体。

进一步来说，联盟在聚集零售市场大部分采购力量的基础上，与上游工业企业对话，一是实现一线品牌品种的底价供应，或者在缩短供应链后的利益共享，实现采购价格的差异化优势；二是挖掘品牌企业的二线产品或一线产品的新规格，提供有质量保证、有品牌口碑的高毛利产品，实现产品品牌的差异化优势；三是研究、挖掘、引进适合医药行业多元化发展的产品及产品的销售模式，实现品种结构的差异化优势。在当前一线工业企业越来越注重OTC市场维护以及销售渠道聚焦的情况下，上规模的连锁企业可以获得品牌厂家更多的资源支持，而如果更多的企业联合起来，与上游的话语权以及获得的资源的扩大将是无可限量的。

所以，药店联盟的主要工作就是通过联盟，选择性地和紧密型的品牌厂家达成战略合作意向，在彼此公平、公正、合理和诚信的基础上，实现双赢。实现品牌厂家“提供维价＋返利”，以满足联手药店的品类毛利管理需要；联盟成员单位给予厂家销售量的保证。加强与品牌企业的二线产品的战略合作，让联盟成员单位既能获得较高的毛利率又能延伸到品牌产品的真正合作和支持，增加药店的盈利能力。

联盟不能拘囿于简单的沟通和交流，而应以工商双赢为目标，共同为会员单位提供优质的产品和全方位的服务。此外，药店联盟应定义为合作、交流和整合的平台。而联盟各会员间的合作，并不是仅仅局限在对产品的采购上，还包括培训、管理资源共享、先进经验交流等涉及经营管理各个方面的深度合作。

二、以提升为目标，构筑交流平台

药店联盟并不是几个发起者的联盟，而是开放的行业联合组织，是所有药店、连锁药房自己的合作、交流平台。最初发起联盟倡议的企业和所有的药品零售企业一样，是迫于行业发展的危机与瓶颈，为求突破而率先发起的。因而，联盟的使命是团结行业内的各个企业，共同应对行业当前的发展危机——以提升业内企业话语权，提升企业管理水平，提升行业形象为途径，最终实现企业与行业的共同发展。

同时，还要清醒认识到，自我保护只靠内部提高还远不够，必须要搭建一种“包容性”的平台。在这样的平台上，没有地区排他，没有产品独家，没有行政命令，交流、分享、共同提高是与盟者共同的信条。在这个开放的平台上，一方面共同探讨行业发展的方向、经营的得失；另一方面，构架工商对接的桥梁，互通有无，各取所需。只有包容更多的企业进入这样的平台，交流的收获才会最大化，才能积聚行业内更多的智慧，以应对行业的发展危机。

虽然这几年医药零售行业在市场放开后有了发展，但当前整个行业的管理落后和竞争低级是不争的事实。低水平竞争导致的利润率下降预示着管理提升是行业发展的必然。作为医药行业的专业组织，联盟将对行业未来的发展方向作预测，研究和发布先进的成功经验或发展规律，研究和共享行业发展趋势和经营模式变革，在行业升级过程中获取最前沿行业资讯，帮助企业解读政府政策，明确发展方向。

在这样一个开放、透明的平台上，可广泛开展双边或多边的经验分享和交流，互通有无，实现经验分享的互补效应；提供更多参观学习的机会，引进专家资源，培训管理团队，指导经营管理，提升企业管理水平。

此外，重点组织和开展同一地区企业的深入交流，增进相互信任，探讨地区合作或地区同盟，改变低水平价格竞争、恶性竞争的现状，共同制定和完善地区市场竞争规则，探索合作共赢的新模式。推动行业竞争从“无序”到“有序”，也真正推动企业深入开展品牌建设，以求长远发展。

也正因为医药零售行业小、散、乱的现状，无人发声或发声无力，在政策制定中整个行业的诉求被淡化，甚至被忽视。通过联盟的平台，还将发挥群体作用，汇聚行业声音，开展与政府职能部门的对话和沟通，积极建言献策，良性推动行业政策的制定和执行。

三、以资本为纽带，构筑整合平台

正如发达国家药品零售市场演变的历程一样，将来中国的药品零售市场也一定是以大连锁为主体的。要么做大做强，要么成为大连锁的一分子，但无论哪一种形式，企业间的整合、资本运作是必不可少的。无论是有资金实力的业内企业，还是风险资本，都纷纷把目光瞄向了药品零售行业的整合。

在医药零售的大市场上，有的企业有市场，但缺发展资金；有的企业有资金，却缺发展空间。而联盟的平台恰好提供了这种交流和整合的机会，让更多的合作、整合成为可能。道理只有一个，要么自己做大做强，要么和别人拼接，一起做大做强。在有经济实力的区域，完全有可能通过相互间的整合，培育起不止一家跨地区的有影响力的大型连锁企业，甚至是符合上市要求的大连锁企业。届时，一个个地区的“山大王”，就会发展成为有全国影响力的、掷地有声的真“大王”。通过大平台的交流，推动单边或多边合作，资本整合，孕育多家跨地区的大型连锁企业，以及符合上市要求的连锁大公司。其结果必然是共进共赢！

需要指出的是，众人拾柴火焰高。在联盟这个合作发展的平台上，不仅要参与者共同出资，更要大家一起出力，拿出实质的行动措施，步调一致。在风险共担、利益共享的情况下，通过实体运作，实现抱团合作的价值。

以江苏省为例，为搭建江苏药店管理、信息、联采交流平台，解决中小连锁企业、药店发展中存在的问题，2009 年 10 月，江苏省内的 11 家连锁企业倡议成立了第一个省级药店联盟。成立之初的江苏药店联盟致力于五个方面目标：以联盟为平台，实现联合采购，以抱团的形式提升采购规模，提升与上游工业企业的话语权；统一品牌建设，将各会员单位整合组建江苏地区最大的连锁药房，快速提升品牌影响力；在统一品牌建设的同时，实施资本整合，引进风投资金或运作上市，实现资本 1 +1 >2；在获得募集资金后，开展更大规模的扩张和发展；通过联盟这个平台，实现产品、管理和资金的对外输出。

五年来，江苏药店联盟遵循“沟通、合作、发展、共赢”的宗旨，按照“指导、协调、服务”的工作方针，为推动全省药品零售产业的健康发展、降低药品终端零售价格、惠顾百姓健康等方面做了大量工作。通过广大会员的积极参与，江苏药店联盟充分发挥管理、信息、联采的桥梁作用，已发展成为江苏省具有较大影响力的药店联盟组织，以及中小医药连锁企业受益最实在的服务平台。

（刘玉平）

■非药联盟

中国药店非药品联盟正式成立

为提升药店的多元化经营水平，打造药店的核心竞争力，提高人们的自我预防保健养生水平，促进大健康产业的发展，2013 年 12 月 6 日，由中国药店发展促进会、广东省保健食品行业协会联合主办，国内健康行业多家知名企业和媒体共同发起的“药店多元化经营创新论坛暨中国药店非药品联盟成立大会”在广州琶洲会展中心正式举行，大会上宣布中国药店非药品联盟（简称“非药联盟”）正式成立。广东省食品药品监督管理局原局长陆惠兴、广东省保健行业协会会长彭平出席成立仪式并祝贺联盟成立。成立仪式由《21 世纪药店》报执行总编辑刘先彬主持。

受到国家政策、市场以及业内竞争白热化的影响，药店多元化经营已成大势所趋，在日本等发达国家，药店非药品的比例已超过 75%，而目前中国的仅占 22.8%，可见中国药店非药版块将有巨大的发展空间。

为了实现中国药店多元化经营的目标，联合主流非药品生产流通企业、专业媒体、社会组织，打通药店与非药企业之间的供应链，为中国消费者提供更优质的健康产品和服务，广东省保健行业协会、南方所标点资讯集团、广东善元堂、《21 世纪药店》报、湖南芝林药业、吉林东北恒爱大药房、山东青岛医保城、湖南怀仁大药房、阳光集团、新疆普济堂医药连锁、河南佐今明大药房、安徽丰原大药房连锁、广东清远百姓大药房、陕西榆林广济堂大药房、河北神威大药房、广东信德集团、山东济宁广联医药连锁、内蒙古通辽市泽强药业连锁、广州市先波企业管理顾问有限公司等 20 多家单位经过充分的研讨和准备，联合发起成立“中国药店非药联盟”，号召药店经济圈“做非药，赢未来”。成立大会宣布由善元堂董事长肖建国担任管委会主任，由《21 世纪药店》报执行总编辑刘先彬担任理事长，南方所标点资讯集团总经理黄泽骎为联盟顾问。

据了解，非药联盟的会员遍布保健品、化妆品、洗护用品、医疗器械、食品、养生饮料和保健茶等细分领域，主要服务范围包括为联盟会员企业打造非药品销售的专业化平台，提供市场研究、统一贴牌、联采分销和运营管理；组织以非药品业务为主的研讨会，帮助会员企业掌握政策导向和市场走势；为会员企业安排创新运营班、培训学院等，提高会员企业的非药品经营管理水平；组织“上层荟”，为会员企业整合资源；编辑出版联盟刊物和运营包括微博、微信等在内的新媒体，通过宣传为联盟的会员品牌提升影响力。非药联盟理事长刘先彬表示，联盟甫一亮相就受到业内外的高度关注，目前已有来自全国 14 个省市自治区的联盟成员，现有门店 3 000 多家，年销售额超过 85

亿元。“做非药，赢未来”不仅是“非药联盟”的有力号召，更将是未来一段长时间内药店经济圈的真实写照。

（中国日报网）

为大健康产业助跑

——访中国药店非药品联盟理事长、《21世纪药店》报执行总编刘先彬

“中国药店非药品联盟”（以下简称“非药联盟”）于2013年12月6日正式宣告成立，消息一出立即受到社会各界广泛关注。据了解，非药联盟的会员已遍布全国14个省、市、自治区，联盟产品中心已经确认了120多种合作产品。非药联盟为何能在短时间内吸引如此众多的工商企业参与？非药联盟在2014年又将带领联盟成员在大健康的道路上进行哪些探索？带着这些疑问，记者近日专访了中国药店非药品联盟理事长、《21世纪药店》报执行总编刘先彬。

记者： 非药联盟目前已经引起了业内外的广泛关注，请您简单介绍一下非药联盟的现状。

刘先彬： 非药联盟目前已有来自全国14个省市自治区的联盟成员，现有药店门店3000多家，年销售额逾90亿元。大批上游非药品生产厂家也十分看好这一平台，纷纷要求加入，目前，非药联盟的产品中心已经确认了120多种产品，并且数字每天都在刷新。2014年1月3日，非药联盟山西服务中心在山西太原正式成立，与非药联盟广州总部形成南北互补之势。非药联盟山西服务中心的建立，必将为山西药店和非药企业搭建起一个更好的采购和交流平台，促进山西非药品市场的发展。

记者： 非药联盟在如此短的时间内就取得了如此快的发展，您认为个中原因是什么？

刘先彬： 2013年，对于中国的药品零售企业来说，是不折不扣的政策年。一系列新政直接影响着中国药品零售行业的未来，加之人们消费观念的多元化，药品零售市场实质性的拐点已经出现——大健康、多元化是大势所趋，势在必行。在日本等国家，药店经营的非药品比例已超过75%，而中国目前还只有22.8%。近一段时间以来，“做非药，赢未来”成为中国药店经济圈掷地有声的宣言，然而，目前国内却缺少一个可以沟通上游生产厂家与下游药店的专业化的展示和交流平台，这严重阻碍了整个非药品市场的发展。

正是在这样的大趋势之下，致力于实现中国药店的多元化经营，联合主流非药品生产流通企业、专业媒体、社会组织，打通药店与非药生产企业之间的供应链，促进非药品市场交流与探索的非药联盟顺势而生，因此受到了业内的热烈追捧。

记者： 联盟并非业内的新鲜事物，但以非药为纽带结成的联盟目前却只有这一个。非药联盟将给会员单位带来哪些核心利益呢？

刘先彬： 目前我们正在积极推进四项重点工作的开展：第一，继续在全国选择志同道合的连锁和上游企业加入非药联盟，更好地打通非药行业上下游；第二，加紧各省级服务中心的构建，为各地联盟成员提供营销管理服务方面的支持；第三，继续充实非药联盟产品中心，完善网上商城平台，逐步实现产品上线；第四，依托广东标点医药资讯集团，联袂《21世纪药店》报，进行研究

与培训中心的强化工作。

我们希望通过这些努力，一方面打通非药产品上下游的对接通道；另一方面通过汇聚各方的力量，为联盟成员提供信息支持、营销管理和人才培训等服务，并通过形式多样的论坛、展会活动等，邀请业内外专家共同为医药大健康产业出谋划策，创新非药盈利模式、帮助联盟成员拓展业务空间、增强其核心竞争力，并为业内提供可供参考的提升非药产品营销和利润的方法论。

我们坚信，作为国内第一家专业非药品联盟，非药联盟一定会为所有联盟成员做好实实在在的服务，为促进中国大健康产业的发展贡献自己的力量。

（《21 世纪药店》）

中国药店发展年鉴

大数据

■权威发布

2013—2014 年医药产业发展状况

一、医药工业总产值情况

我国七大类医药工业总产值在“十一五”期间复合增长率达到 23.31%，进入“十二五”，仍然保持快速增长势头，在 2011 年及 2012 年分别增长了 26.50% 和 20.10%。2013 年达 22 297 亿元，同比增长 18.79%。

表 1－1　2006—2013 年全国医药工业总产值及增幅

年份	2007	2008	2009	2010	2011	2012	2013
工业总产值/亿元，现价	6719	8362	9947	12350	15624	18770	22297
比上年增长率/%	25.79	24.75	18.68	24.16	26.5	20.10	18.79

注：全国医药工业系指七大子行业的总和，包括化学原料药、化学药品制剂、生物制剂、医疗器械、卫生材料、中成药、中药饮片。

数据来源：南方医药经济研究所“中国医药经济运行分析系统”。

我国化学原料药工业在“十一五”期间，由于受外贸出口整体滑坡，医药原料药外需大幅萎缩的影响，复合增长率由“十五”期间的 19.11% 降至 17.21%，进入“十二五”，外贸萎缩仍在持续，2011 年及 2012 年分别增长 21.37% 和 15.10%。2013 年达 3 954 亿元，同比增长 16.35%。

表 1－2　2006—2013 年化学原料药工业总产值及增幅

年份	2006	2007	2008	2009	2010	2011	2012	2013
工业总产值/亿元，现价	1289	1546	1782	1969	2432	2952	3398	3954
比上年增长率/%	10.87	19.95	15.27	10.52	23.50	21.37	15.10	16.35

数据来源：南方医药经济研究所“中国医药经济运行分析系统”。

由于医药内需保持稳定，我国化学制剂工业在“十一五”期间保持增长势头，复合增长率上升至 23.31%，2011 年及 2012 年分别增长 22.67% 和 22.80%。2013 年达 5931 亿元，同比增长 13.35%。

表 1－3　2006—2013 年化学制剂工业总产值及增幅

年份	2006	2007	2008	2009	2010	2011	2012	2013
工业总产值/亿元，现价	1501	1881	2406	2877	3474	4262	5233	5931
比上年增长率/%	19.25	25.29	27.92	19.55	20.77	22.67	22.80	13.35

数据来源：南方医药经济研究所“中国医药经济运行分析系统”。

受国家实施中药现代化等因素拉动，我国的中成药工业取得了长足的进展，“十一五”期间的复合年增长率为 20.79%。2011 年及 2012 年分别增长 34.73% 和 20.80%。2013 年达 5 242 亿元，同比增长 23.26%。

表 1－4　2006—2013 年化学制剂工业总产值及增幅

年份	2006	2007	2008	2009	2010	2011	2012	2013
工业总产值/亿元，现价	1228	1472	1705	2054	2614	3522	4253	5242
比上年增长率/%	20.42	19.91	15.83	20.49	27.23	34.73	20.80	23.26

数据来源：南方医药经济研究所“中国医药经济运行分析系统”。

生物制剂行业是我国医药工业快速发展的生力军，“十一五”期间的复合年增长率为 33.61%，进入“十二五”，2011 年及 2012 年分别增长 32.38% 和 19.70%。2013 年达 2465 亿元，同比增长 29.38%。

表 1－5　2006—2013 年生物制药工业总产值及增幅

年份	2006	2007	2008	2009	2010	2011	2012	2013
工业总产值/亿元，现价	422	601	870	1084	1346	1782	1905	2465
比上年增长率/%	25.37	42.26	44.74	24.66	24.16	32.38	19.70	29.38

数据来源：南方医药经济研究所“中国医药经济运行分析系统”。

二、医药工业销售收入情况

“十一五”期间，我国七大类医药工业销售收入保持快速增长，复合年增长率为 24.40%，进入“十二五”，2011 年及 2012 年分别增长 26.06% 和 20.27%。2013 年达 21 543 亿元，同比增长 17.91%。

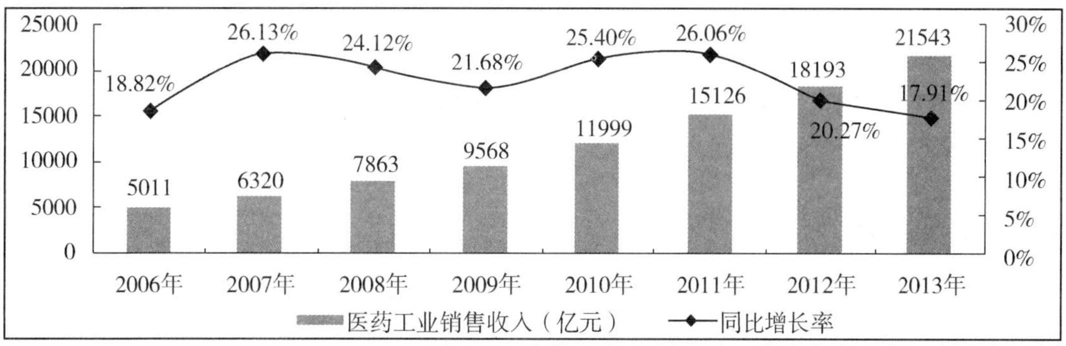

图 2－1　2006—2013 年医药工业销售收入及增幅额（单位：亿元）

数据来源：南方医药经济研究所“中国医药经济运行分析系统”。

注：工业销售收入指七大子行业的总和，包括化学原料药、化学药品制剂、生物制剂、医疗器械、卫生材料、中成药、中药饮片

三、医药工业盈利水平

“十五”期间，我国医药工业的销售利润率一直徘徊在 8%～9% 之间，在 2006 年滑落到近十年的最低点 8%。2007 年之后，医药工业的利润水平稳步回升。2010 年，工业利润率回升到近十年最高点 11.7%。近两年工业利润率略有下降，但仍在 10% 以上。2013 年利润率达 10.12%。

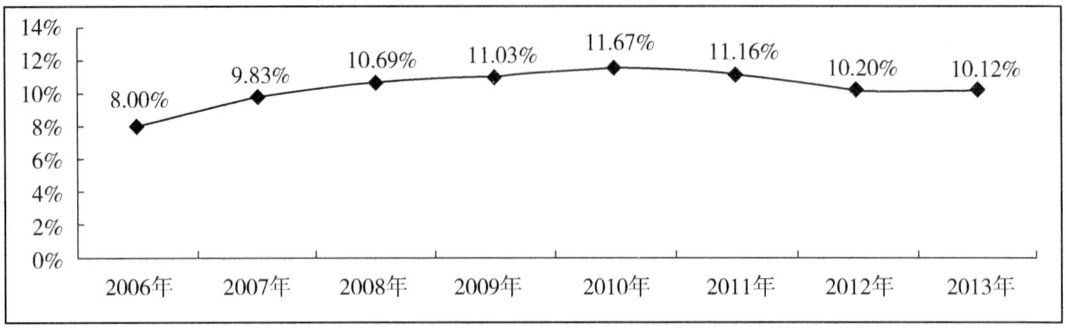

图3－1　2006—2013年医药工业利润利润率变化情况

数据来源：南方医药经济研究所“中国医药经济运行分析系统”。

“十一五”期间，我国七大类医药工业利润总额的复合年增长率达到36.70%。进入“十二五”，增势有所趋缓，受上游生产成本上涨和下游终端价格下降双重挤压，我国医药工业的盈利增速有所回落，2011年及2012年分别增长20.55%和17.04%，2013年1—12月累计达2181亿元，同比增长17.56%。

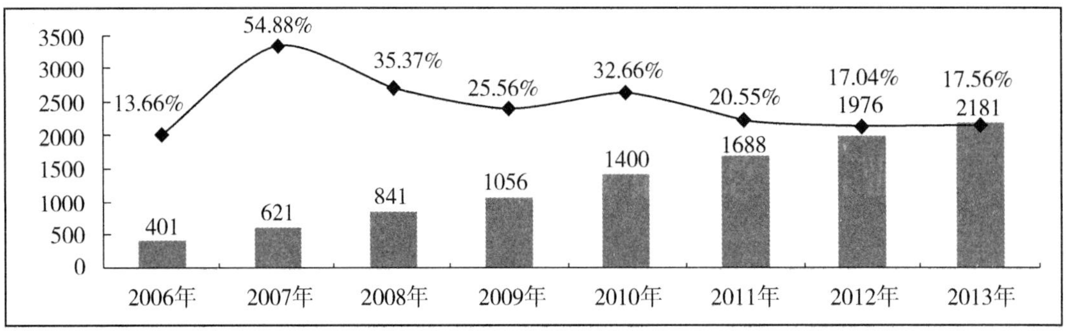

图3－2　2006—2013年医药工业利润总额及增幅（单位：亿元）

数据来源：南方医药经济研究所“中国医药经济运行分析系统”。

四、中国制药工业百强企业

按2013年度评选规则计算，中国制药工业百强企业（详细榜单请查阅《医药经济报》或米内网百强会专题）合计销售收入占全国制药工业（化学原料药工业、化学药品制剂工业、生物制剂工业、中成药工业和中药饮片工业五大子行业）产品销售收入45.1%的比例。百强中化学药企业52家，占化学药子行业销售比重36.1%，中药企业41家，占中药子行业销售比重52.1%，生物制剂企业7家，占生物制剂子行业销售比重4.2%。

五、医药商业销售增幅回落

根据商务部统计直报系统初步统计，2013年药品流通行业销售总额为13 018亿元，同比增长16.5%，增速较上年同期下降2个百分点，全国药品流通直报企业（968家）主营业务收入（不含税，下同）9 873亿元，同比增长17%，增幅回落3个百分点；实现利润总额202亿元，同比增加16%，增幅回落。

表 5－1　2006—2013 年我国七大类医药商品的销售规模

年份	2006	2007	2008	2009	2010	2011	2012	2013
金额/亿元	3360	4026	4699	5684	7084	9426	11174	13018
同比增长率/%	12.00	19.82	16.72	20.96	24.63	23.00	18.50	16.5

注：2011 年同比增长率为扣除不可比因素后的增长率。

数据来源：中国医药商业统计年报。

六、医药商业效益水平总体趋稳

本世纪初，中国医药商业进入微利时代，2004 年出现行业利润率的最低点，一度下滑到 0.55%，直至 2007 年，才回升到 1% 以上。2010 年达到高峰值 2.2%，之后又略有下降。按照国际惯例，医药商业毛利率如果维持在 4%，利润率应该达到 1%，因此我国医药商业毛利及费用率逐步向国际水平靠拢。我国各地企业积极调整营销策略，努力开拓市场。重点企业盈利能力不断增强，拉动了行业效益水平的稳步增长。2013 年医药商业平均毛利率 6.7%，平均费用率 5.1%，平均利润率 1.7%，均呈同比下降态势。

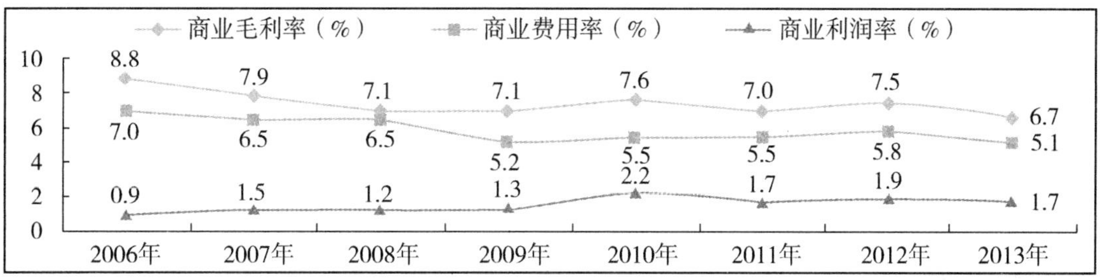

图 6－1　2006—2013 年医药商业历年效益水平

数据来源：中国医药商业统计年报。

七、药品终端市场规模扩大

中国是用药大国，药品终端市场总规模在“十五”期间复合增长率为 15%，“十一五”期间，复合增长率上升至 20%，进入“十二五”，2012 年和 2013 年分别增长 18% 和 15%，2013 年的销售规模达到 10 985 亿元。

八、医药外贸情况

由于国内医药市场的蓬勃发展和国家鼓励进口的政策的显效，我国医药贸易顺差再逐步缩小，医药外贸得到快速增长，“十五”期间医药出口额复合增长率达 37.77%，“十一五”期间，受国际金融危机影响，外贸需求有所萎靡，复合增长率下降到 19.22%，到了 2012 年及 2013 年，仅有个位数的增长。

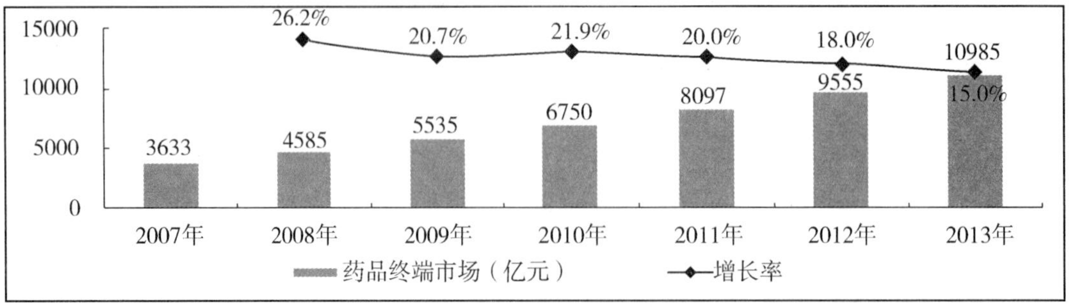

图 7－1　2007—2013 年我国药品终端市场规模及增幅（单位：亿元）

数据来源：CFDA 南方所广州标点医药信息有限公司终端数据库。

说明：本部分数据包含各级公立医院、社区卫生服务中心（站）、卫生院等所有公立医疗机构及各类城乡药店

医院：指由卫生行政部门确定了级别（一、二、三级）和由医疗机构评审委员会评定了等次（甲、乙、丙等）的经济类型为国有和集体的公立医院。包括综合医院、中医医院、中西医结合医院、民族医院、各类专科医院、护理院和妇幼保健院。不包括专科疾病防治院、疗养院和经济类型非国有和集体的医院

基层医疗卫生：包括社区卫生服务中心（站）、街道卫生院、乡镇卫生院。不包括门诊部、私营诊所和村卫生室

零售：指获得食品药管理部门核发《药品经营许可证》并配备执业药师或药师以上技术人员的所有城乡药店（注：不含仅获批销售乙类非处方药的普通零售商业企业）

表 8－1　2006—2013 年我国出口医药商品保健品金额

年份	2006	2007	2008	2009	2010	2011	2012	2013
金额/亿美元	197	246	320	329	397	445	476	512
同比增长率/%	42. 54	25. 01	30. 02	2. 94	20. 73	12. 04	6. 94	6. 84

数据来源：中国医药商业统计年报

2013—2014 年药品零售市场发展状况

一、中国零售药店发展概况

随着新医改的进一步推进，零售药店虽然面临更严峻的生存环境，但在开店数量上仍然不断发展，2013 年 11 月的药店数量比 2012 年有所回升，但每店的服务人数已跌至 3 088 人。

连锁企业数和单体药店的数量都有所上升，但连锁企业数的增长速度有所放缓，连锁的门店数增量更远低于单店数量的增长。从门店数比例结构看，单体药店在数量上仍较有优势，短期内单体药店在城乡的优势仍然难以被取代，因此把连锁率提升至 60% 以上的任务仍任重道远。

为了提升竞争力以应对不利的市场环境，无论连锁还是单体药店都采取了“抱团”的策略，截至 2013 年年底，全国共成立 17 家省级药店联盟，覆盖 21 个省（自治区、直辖市），年度销售总额达 422. 34 亿元，比上年增长 19. 6% 。

（一）药店总数

据国家食品药品监督管理总局资料显示，截至 2013 年 11 月，我国的药店总数（包括连锁门店和单体药店）为 433 873 家，比 2012 年增加了 10 150 家，店数增长率 2.4%。

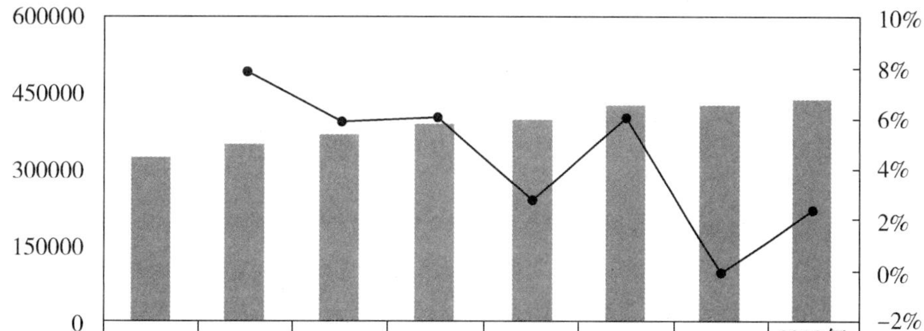

	2006年	2007年	2008年	2009年	2010年	2011年	2012年	2013年11月
药店总数（家）	319655	344931	365578	387870	392317	423788	423723	433873
增长率		7.91%	5.99%	6.10%	2.87%	6.10%	-0.02%	2.4%

图 1－1　2006—2013 年 11 月我国零售药店总数及增长率

注：2010 年与 2011 年同比增长率不包含陕西省。

（二）人均药店数

按照第六次全国人口普查人口数量（以 133 972 万计）来计算，2013 年 11 月平均每 3 088 人拥有一家药店，平均每店的服务人数下降，店间的竞争加剧。

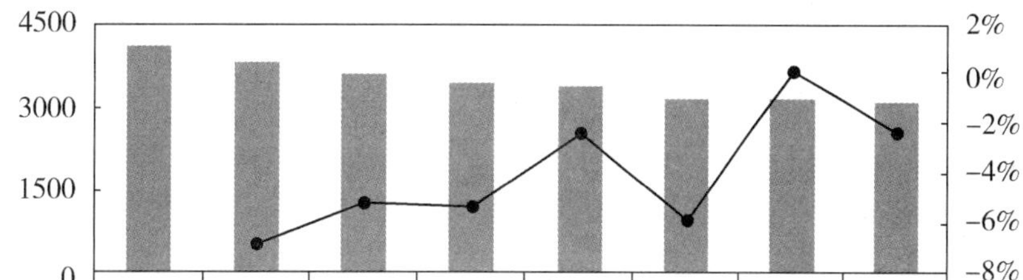

	2006年	2007年	2008年	2009年	2010年	2011年	2012年	2013年11月
平均每店服务人数	4112	3831	3633	3441	3359	3161	3162	3088
增长率		-6.83%	-5.17%	-5.28%	-2.38%	-5.89%	-0.02%	-2.30%

图 1－2　2006—2013 年 11 月我国平均每店服务人数及增长率

注：2010 年与 2011 年同比增长率不包含陕西省。

（三）连锁药店数

截至 2013 年 11 月，我国的连锁企业数量为 3376 家，与 2012 年相比，增幅减缓，同比上升 8.7%，连锁门店数的增长率仅为 4.9%。表明在市场环境日趋恶劣的情况下，企业连锁率提高，但连锁力下降。为保证利润，连锁企业更倾向选择关闭不盈利甚至负增长的门店。连锁企业从过去的跑马圈地，单纯追求门店数量的增长逐渐转向提升门店质量与盈利能力上。

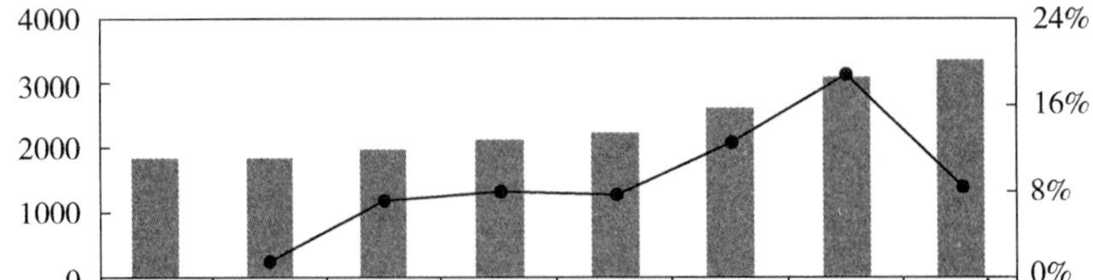

	2006年	2007年	2008年	2009年	2010年	2011年	2012年	2013年11月
药店总数（家）	1826	1853	1985	2147	2260	2607	3107	3376
增长率		1.48%	7.12%	8.16%	7.67%	12.65%	19.18%	8.70%

图1－3　2006—2013年11月我国连锁企业数（家）及增长率

注：2010年与2011年同比增长率不包含陕西省。

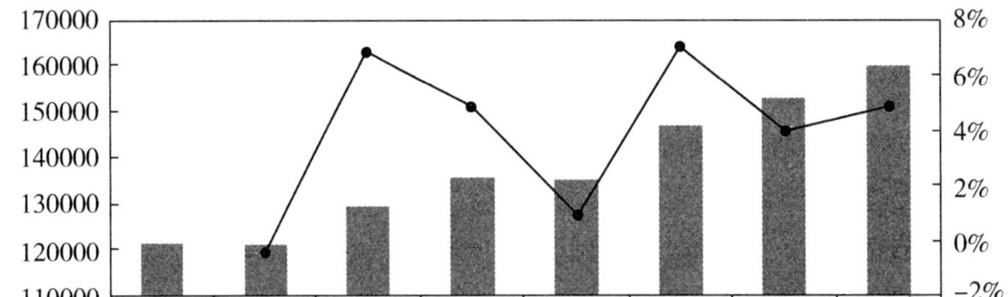

	2006年	2007年	2008年	2009年	2010年	2011年	2012年	2013年11月
连锁门店数（家）	121579	121070	129346	135671	135300	146703	152580	160064
增长率		-0.42%	6.84%	4.89%	0.93%	7.06%	4.01%	4.90%

图1－4　2006—2013年11月我国连锁门店数（家）及增长率

注：2010年与2011年同比增长率不包含陕西省。

（四）单体药店数

截至2013年11月，我国的单体药店数量为273 809家，比2012年的店数上升1.0%，与连锁企业转变经营策略以及各种单体药店联盟的成立和推广有关。单体药店多分布在连锁药店覆盖不到的城乡，在提供药店服务上是连锁药店的有效补充。随着单体药店的“抱团”，单体药店的竞争力得到提升，也使单体药店拥有更多有利的发展机会。

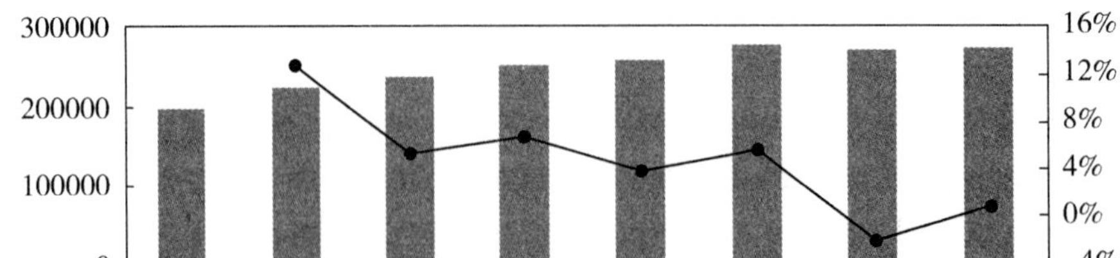

	2006年	2007年	2008年	2009年	2010年	2011年	2012年	2013年11月
单体药店（家）	198076	223861	236232	252199	257017	277085	271143	273809
增长率		13.02%	5.53%	6.76%	3.92%	5.60%	-2.14%	1.00%

图1－5　2006—2013年11月我国单体药店数（家）及增长率

注：2010年与2011年同比增长率不包含陕西省。

（五）药店结构

2013 年 11 月，我国连锁门店的比例为 34.89%，单体药店为 63.11%，单体药店数量占比回升。

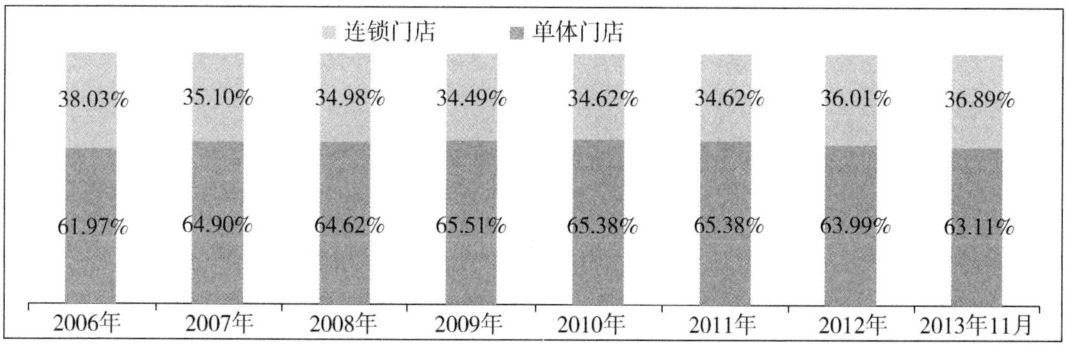

图 1－6　2006—2013 年 11 月我国单体药店与连锁药店占比

（六）我国药品零售企业区域概况

从 2013 年上半年零售企业区域分布情况看，沿海发达地区的药店总数最高，药店间的竞争也最激烈。西部地区的连锁率最高，内陆地区则是单体药店在数量上更占优势。与 2012 年相比，西部地区的药店数下降，且集中在连锁门店数上，表明西部连锁企业的发展更多转变到修炼内功上。

表 1－1　2006—2013 年上半年我国零售企业区域分布情况

区域	总药店数	连锁门店（%）	单体药店（%）	每店服务人数
沿海发达地区（9 省市）	164642	30. 3	69. 7	2785
内陆地区（12 省市）	155060	24. 4	75. 6	3515
西部地区（10 省市）	135297	51. 7	48. 3	2434

核心提示：根据 CFDA 南方医药经济研究所的中国药品零售监测分析系统（简称 RDM 系统）显示，2013 年中国药品零售终端规模为 2 558 亿元，同比增长 12. 8%，2007—2013 年的年平均增长率 15. 1%。

二、中国药品零售终端规模

（一）2007—2013 年中国药品零售终端规模

根据 CFDA 南方医药经济研究所的中国药品零售监测分析系统（简称 RDM 系统）显示，2013 年中国药品零售终端规模为 2558 亿元，同比增长 12. 8%，2007—2013 年的年平均增长率 15. 1%。

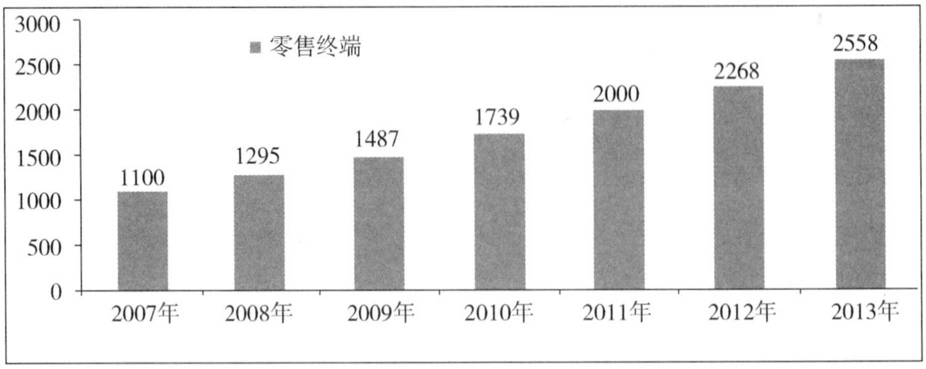

图2－1　2007—2013 年中国药品零售终端规模

数据来源：CFDA 南方所广州标点医药信息有限公司的中国药品零售监测分析系统（RDM）。

注：中国药品零售终端市场规模是以药品平均零售价格计算的，是指所有城乡药店的药品零售总额

零售终端足指获得食品药品监督管理部门核发《药品经营许可证》并配备执业药师或药师以上技术人员的所有城乡药店。（注：不含仅获批销售乙类非处方药的普通零售商业企业）

（二）2007—2013 年中国药品零售终端市场地位

受新医改、医保、新 GSP 执行、降价等政策因素影响，2013 年药品零售终端在整个药品市场的销售额占比持续下滑，跌至23.1%，零售药店的销售形势严峻。

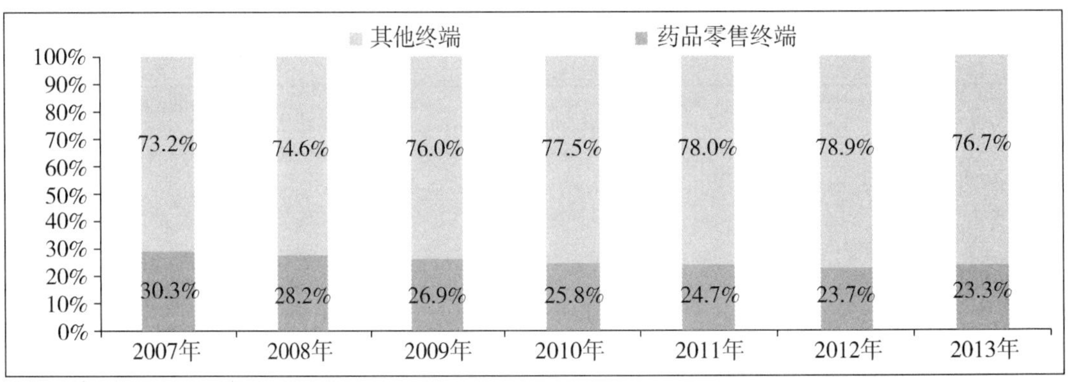

图2－2　2007—2013 年中国药品零售终端市场占比

注：本报告中定义的其他终端是指县及县以上医院、社区卫生服务中心与服务站、乡镇卫生院、村卫生室和诊所等医疗机构的药品零售总额：零售终端是指获得食品药品监督管理部门核发《药品经营许可证》并配备执业药师或药师以上技术人员的所有城乡药店。（注：不含仅获批销售乙类非处方药的普通零售商业企业）

（三）中国药品零售市场品类结构分析

2013 年，化学药、中成药和保健品类的销售额占比分别比 2012 年同期下降 0.55、0.22 和 0.13 个百分点，药材、器械和其它日化日用品类的销售额占比则分别上升 0.67、0.10 和 0.14 个百分点。化学药、中成药的销售额占比下滑主要受医院控费、基药零差率及药品降价等因素影响。表明在药品政策环境向医疗终端利好及市场竞争日趋激烈的情况下，药店更多从多元化经营的尝试中获取利益。而在各种多元化经营中，药材类是最贴近药品类且受控较少、利润较高的类别，同时伴随着中药材价格的上涨，此类也成为药品零售市场中扩大率最大的类别。保健品类由于产品质量风波不断，消费者信心受挫，同时国家的监管力度增强，市场在往规范化发展的过程中都会经历阵痛，因此近年来保健品的销售持续走低，退居至第四位。

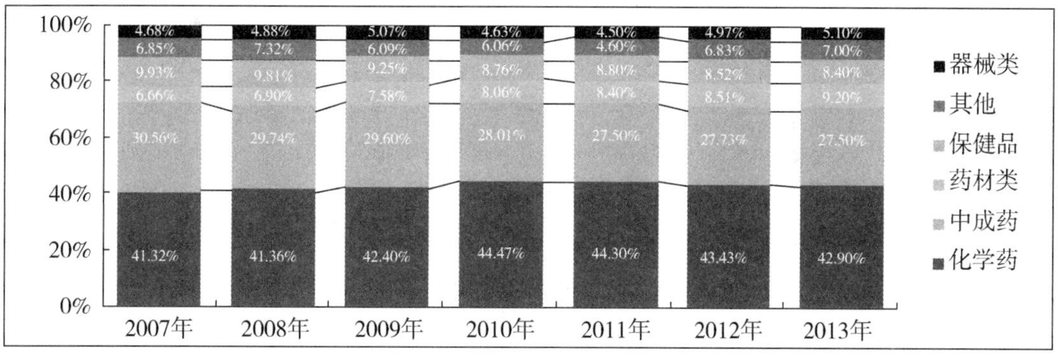

图 2－3　2007—2013 年中国药品零售市场品类结构变化

注：其它类包括零售药店经营的非医疗用品如日化用品等

核心提示：2013 年，国药控股国大药房有限公司排名上升 2 位，荣登综合实力百强榜首，广东大参林连锁药店有限公司与云南鸿翔一心堂药业（集团）股份有限公司分列第 2、3 位。

三、中国药品零售行业集中度

（一）药店集中度

1. 中国连锁药店综合实力百强榜

2013 年，国药控股国大药房有限公司排名上升 2 位，荣登综合实力百强榜首，广东大参林连锁药店有限公司与云南鸿翔一心堂药业（集团）股份有限公司分列第 2、3 位。

前 100 强中，华东区域连锁企业占 27 席，比上年减少 2 席，华南区域占 20 席，比上年增加 1 席，西南区域占 13 席与上年相同，华北区域入榜连锁企业较 2012 年减少 4 家，占 7 席，中南、东北、西北和华中区域的连锁企业分别占 8 席、9 席、10 席和 6 席（综合实力百强榜请查阅本篇章“排行榜”栏目）。

2. 药店百强榜（直营门店数）

2013 年按直营门店数排名药店百强合计的门店总数为 55012 个，占全国药品零售药店总数的 12.68%，较上年上升 0.57 个百分点，集中度进一步上升。百强中直营门店总数达到 33406 个，占百强门店总数的 60.72%（直营力百强榜请查阅本篇章“排行榜”栏目）。

（二）品类集中度

1. 化学药市场集中度

根据 CFDA 南方医药经济研究所广州标点医药信息有限公司的 RDM 系统显示，2013 年前四位品类市场集中度（CR4）止跌回升，同比上升 1.25 个百分点，达 33.61%. 前四位品类中，仅抗菌药物同比持续下滑，主要是受限抗令的深入强化执行影响。近年来，随着药店的多元化发展及人们消费水平、保健意识的不断提升，营养补充剂类呈现持续上扬的趋势，同比不断上升，贡献 0.66 个百分点。

2. 中成药市场集中度

根据 CFDA 南方医药经济研究所广州标点医药信息有限公司的 RDM 系统显示，2013 年中成药各大用药类别中，前四位市场集中度（CR4）屡创新高，达 46.4%，同比上升 0.6 个百分点。随着人们生活水平的提高，养生意识的增强，中成药补益养生类的产品销售持续向好，销售额份额不断上升，已跃居成为中成药的销售额第二大品类，同比上升 1.44 个百分点，这也是贡献中成药市场集中度不断提升的中坚力量。

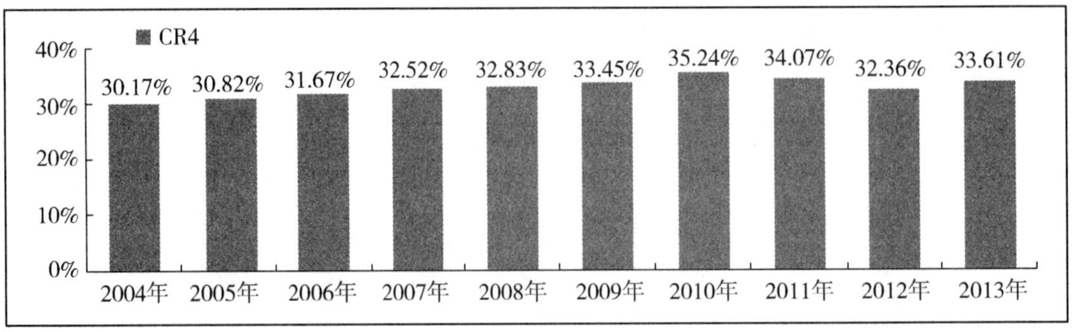

图3－1　2004—2013年化学药前四位品类市场集中度（CR4）变化情况

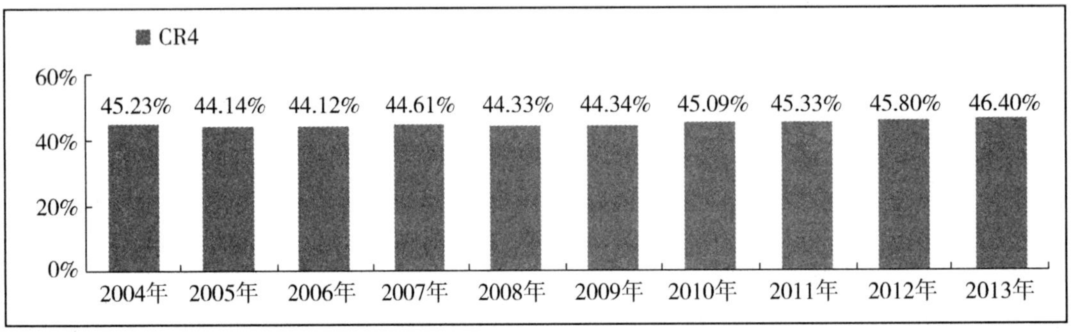

图3－2　2004—2013年中成药前四位品类市场集中度（CR4）变化情况

核心提示：通过CFDA南方医药经济研究所广州标点医药信息有限公司的RDM系统，在全国31个样本城市4500多家样本药店统计范围内，我国十大主要品类重点品牌集中度表现不一，各有特点。

（米内网）

■榜单

2013年度中国制药工业百强榜

位次	企业名称	位次	企业名称
1	广州医药集团有限公司	51	李时珍医药集团有限公司
2	天津市医药集团有限公司	52	武汉健民药业集团股份有限公司
3	上海医药集团股份有限公司	53	江苏亚邦药业集团股份有限公司
4	华北制药集团有限责任公司	54	贵州益佰制药股份有限公司
5	哈药集团有限公司	55	石家庄以岭药业股份有限公司
6	修正药业集团	56	重庆科瑞制药（集团）有限公司
7	石药集团有限责任公司	57	深圳信立泰药业股份有限公司

续上表

位次	企业名称	位次	企业名称
8	步长制药	58	山东新华制药股份有限公司
9	康美药业股份有限公司	59	浙江华海药业股份有限公司
10	天士力控股集团有限公司	60	浙江仙琚制药股份有限公司
11	江西济民可信集团有限公司	61	山东鲁抗医药股份有限公司
12	齐鲁制药有限公司	62	山东齐都药业有限公司
13	杭州华东医药集团有限公司	63	宜昌东阳光药业股份有限公司
14	上海复星医药（集团）股份有限公司	64	上海现代制药股份有限公司
15	太极集团有限公司	65	天津红日药业股份有限公司
16	辅仁药业集团有限公司	66	远大医药（中国）有限公司
17	四川科伦药业股份有限公司	67	吉林敖东药业集团股份有限公司
18	华润三九医药股份有限公司	68	金陵药业股份有限公司
19	云南白药集团股份有限公司	69	昆明制药集团股份有限公司
20	江苏恒瑞医药股份有限公司	70	北京天坛生物制品股份有限公司
21	江苏豪森医药集团有限公司	71	仁和药业股份有限公司
22	瑞阳制药有限公司	72	长春高新技术产业（集团）股份有限公司
23	陕西必康制药集团控股有限公司	73	山西振东制药股份有限公司
24	联邦制药（中国）有限公司	74	江中药业股份有限公司
25	北京同仁堂股份有限公司	75	深圳市海普瑞药业股份有限公司
26	悦康药业集团有限公司	76	北京嘉林药业股份有限公司
27	浙江医药股份有限公司	77	贵州百灵企业集团制药股份有限公司
28	山东罗欣药业股份有限公司	78	深圳致君制药有限公司
29	丽珠医药集团股份有限公司	79	桂林三金药业股份有限公司
30	先声药业有限公司	80	上海凯宝药业股份有限公司
31	天圣制药集团股份有限公司	81	北大医药股份有限公司
32	华润双鹤药业股份有限公司	82	漳州片仔癀药业股份有限公司
33	人福医药集团股份公司	83	亚宝药业集团股份有限公司
34	江苏康缘集团有限责任公司	84	广州市香雪制药股份有限公司
35	济川药业集团有限公司	85	广东天普生化医药股份有限公司
36	中国医药工业有限公司	86	株洲千金药业股份有限公司
37	浙江新和成股份有限公司	87	上海神奇制药投资管理股份有限公司
38	东北制药集团股份有限公司	88	通化东宝药业股份有限公司
39	广西梧州制药（集团）股份有限公司	89	华兰生物工程股份有限公司
40	神威药业集团有限公司	90	北京双鹭药业股份有限公司
41	马应龙药业集团股份有限公司	91	上海科华生物工程股份有限公司
42	山东东阿阿胶股份有限公司	92	江苏恩华药业股份有限公司
43	浙江海正药业股份有限公司	93	广东众生药业股份有限公司

续上表

位次	企业名称	位次	企业名称
44	辰欣药业股份有限公司	94	浙江海翔药业股份有限公司
45	江苏苏中药业集团股份有限公司	95	河南省宛西制药股份有限公司
46	迪沙药业集团有限公司	96	哈尔滨誉衡药业股份有限公司
47	成都地奥集团	97	海南海药股份有限公司
48	绿叶制药集团有限公司	98	西藏奇正藏药股份有限公司
49	四川好医生药业集团有限公司	99	西藏海思科药业集团股份有限公司
50	康恩贝集团有限公司	100	浙江京新药业股份有限公司

【说 明】

“2013 年度中国制药工业百强榜” 榜单由评选规则、榜单和备注三部分组成。三者不可分割，若需要转载，请将三部分同时转载。

【评选规则】

（1）本次“2013 年度中国制药工业百强”评选时间跨度为 2013 年 1 月 1 日—12 月 31 日。

（2）评选的统计指标口径为企业年度制药工业的销售收入金额（按中国会计准则统计）。

（3）参与评选的对象为中国境内注册（不含跨国制药企业在华子公司）、且以医药制造业为主营业务的医药工业企业，即在企业工商登记中，药品制造业务放于企业主营业务范围最前面的企业。如果评选企业含有医药商业或其他非医药类成分的，将剔除后再进行统计。

（4）评选对象以企业集团为统计单位进行计算。排名时以集团公司或上市公司优先统计，如果集团公司含上市公司部分的，则以集团公司优先统计；集团公司统计的范围为集团公司下属的全资子公司、直接或间接股权比例超过 50% 的控股公司，参股公司不在集团公司统计范围内。

（5）参加评选的对象不含制药机械和兽用药品制造企业。

（6）本次排行榜结果对应本评选规则，南方医药经济研究所《医药经济报》拥有榜单最终解释权。

【备 注】

（1）广州医药集团有限公司数据含王老吉凉茶（红罐）。

（2）天津市医药集团有限公司数据合并了天津金耀集团有限公司。

（3）华润医药集团有限公司以下属子公司参与排名。

（4）个别企业未能按时上报数据，故未列入百强榜中。

（《医药经济报》）

2013—2014 年度中国连锁药店百强系列榜单

由南方医药经济研究所指导、《21 世纪药店》报主办的 2013—2014 年度中国连锁药店百强系列榜单评选活动，历时半年最终形成了 2 份主榜单——以连锁药店综合实力和直营力为主要考量指标的《中国连锁药店综合实力百强榜》、《中国连锁药店直营力百强榜》，3 份子榜单——以药店终端销售力为考量指标的中国药品零售市场《最具魅力品牌榜》、《最具魅力产品榜》，以及以连锁药店圈个人影响力为考量指标的《药店魅力人物榜》。

本次评选活动依托南方医药经济研究所数据中心这一权威机构，运用 Topsis 综合评分法、数据分析和店员推荐力度等综合方法进行评选，在调研数据的基础上，重点对营业收入、利润总额、门店数（总门店数与直营门店数）、品牌认知度、专业人才占比、顾客服务能力六个维度进行分析。评委会还邀请国内药品零售专家和连锁高管对品种、品牌和人物等榜单进行审评，以保证评选结果公正、公平。

2013—2014 年度中国连锁药店百强系列榜单评选委员会

《21 世纪药店》报

2014 年 5 月

2013 年中国连锁药店综合实力百强榜

综合实力排名	区域	连锁名称
1	华东区域	国药控股国大药房有限公司
2	华南区域	大参林医药集团股份有限公司
3	西南区域	云南鸿翔一心堂药业（集团）股份有限公司
4	华南区域	中国海王星辰连锁药店有限公司
5	中南区域	益丰大药房连锁股份有限公司
6	西南区域	重庆桐君阁大药房连锁有限责任公司
7	华东区域	上海华氏大药房有限公司
8	东北区域	成大方圆医药连锁投资有限公司
9	西南区域	重庆和平药房连锁有限责任公司
10	华北区域	北京同仁堂连锁药店有限责任公司
11	东北区域	哈药集团有限公司（原人民同泰）
12	华南区域	广东省东莞国药集团有限公司
13	东北区域	吉林省益和大药房有限公司
14	西南区域	云南健之佳健康连锁店股份有限公司
15	西南区域	重庆万和药房连锁有限公司
16	华东区域	济南漱玉平民大药房有限公司
17	西北区域	西安怡康医药连锁有限责任公司
18	西北区域	甘肃众友健康医药股份有限公司
19	华东区域	南京国药医药有限公司
20	东北区域	沈阳东北大药房连锁有限公司
21	西南区域	四川德仁堂药业连锁有限公司
22	中南区域	武汉马应龙大药房连锁有限公司

续上表

综合实力排名	区域	连锁名称
23	东北区域	吉林大药房药业股份有限公司
24	华东区域	上海第一医药股份有限公司
25	华北区域	石家庄新兴药房连锁有限公司
26	东北区域	哈尔滨宝丰医药连锁有限公司
27	华东区域	山东燕喜堂医药连锁有限公司
28	华东区域	江西黄庆仁栈华氏大药房连锁有限公司
29	东北区域	黑龙江省金天集团医药管理有限公司
30	西南区域	重庆西部医药商城有限公司
31	华北区域	北京医保全新大药房有限责任公司
32	中南区域	湖北同济堂药房有限公司
33	华南区域	深圳中联大药房控股有限公司
34	华北区域	北京金象大药房医药连锁有限责任公司
35	中南区域	河南张仲景大药房股份有限公司
36	华东区域	山东立健医药城连锁有限公司
37	华东区域	杭州九洲大药房连锁有限公司
38	西南区域	重庆鑫斛药房连锁有限公司
39	东北区域	辽宁天士力大药房连锁有限公司
40	东北区域	修正堂连锁集团
41	西北区域	甘肃德生堂大药房连锁经营有限公司
42	华南区域	广州健民医药连锁有限公司
43	华东区域	上海复美益星大药房连锁有限公司
44	中南区域	湖南千金大药房连锁有限公司
45	华北区域	河北华佗药房连锁有限公司
46	华中区域	安徽丰原大药房连锁有限公司
47	华东区域	福建惠好四海医药连锁有限责任公司
48	西南区域	贵州芝林大药房零售连锁有限公司
49	华南区域	海南广安堂药品超市连锁经营有限公司
50	华中区域	湖南九芝堂零售连锁有限公司
51	华东区域	先声再康江苏药业有限公司
52	西北区域	新疆济康医药连锁有限责任公司
53	华南区域	广东金康药房连锁有限公司
54	华东区域	上海童涵春堂药业连锁经营有限公司
55	华南区域	深圳市南北医药有限公司
56	华东区域	浙江震元医药连锁有限公司
57	华南区域	中山市中智大药房连锁有限公司
58	中南区域	好药师大药房连锁有限公司
59	华东区域	山东利民大药店连锁有限公司

续上表

综合实力排名	区域	连锁名称
60	华东区域	苏州健生源医药连锁总店
61	华中区域	特格尔（集团）医药股份有限公司（零售连锁）
62	华南区域	广西一心医药集团有限责任公司
63	华南区域	清远百姓大药房医药连锁有限公司
64	华东区域	青岛医保城药品连锁有限公司
65	西北区域	陕西众信医药超市有限公司
66	华南区域	广东本草药业连锁有限公司
67	华北区域	赤峰人川大药房连锁有限公司
68	华北区域	CAMORE（康顾多）医药连锁
69	华南区域	广东肇庆天天邦健医药连锁有限公司
70	西南区域	四川东升大药房连锁有限责任公司
71	西北区域	陕西省榆林市广济堂医药科技有限责任公司
72	华东区域	常州市恒泰医药连锁有限公司
73	华东区域	浙江瑞人堂医药连锁有限公司
74	华东区域	昆山双鹤同德堂连锁大药房有限责任公司
75	华东区域	江苏大众医药连锁有限公司
76	华东区域	连云港康济大药房连锁有限公司
77	华南区域	深圳市万泽医药连锁有限公司
78	西北区域	新疆普济堂医药零售连锁有限公司
79	华东区域	烟台中医世家医药连锁有限公司
80	华南区域	深圳市友和医药大药房连锁有限公司
81	西北区域	新疆康宁医药连锁有限责任公司
82	华东区域	苏州礼安医药连锁总店有限公司
83	华中区域	宁波彩虹大药房有限公司
84	华中区域	湖南怀仁大药房连锁有限公司
85	西南区域	重庆市联诚医药有限公司
86	华东区域	常州中诚医药连锁有限公司
87	中南区域	湖南养天和大药房企业集团有限公司
88	华南区域	广州采芝林连锁有限公司
89	西北区域	西安泰生医药连锁有限公司
90	华南区域	柳州桂中大药房连锁有限公司
91	西南区域	贵州吉大夫药房连锁有限公司
92	华东区域	无锡山禾集团健康参药连锁有限公司
93	华中区域	滁州市百姓缘药品零售连锁有限公司
94	华东区域	山东益寿堂药业有限公司
95	华南区域	广东二天堂大药房连锁有限公司
96	华南区域	厦门鹭燕大药房有限公司

续上表

综合实力排名	区域	连锁名称
97	华南区域	珠海市嘉宝华健康药房连锁股份有限公司
98	西南区域	贵州一树连锁药业有限公司
99	西北区域	兰州惠仁堂药业连锁有限责任公司
100	中南区域	焦作蓝十字医药连锁有限责任公司

【备注】

（1）本榜单通过运用TOPSIS综合评分法、权威机构数据分析和店员推荐力度等综合方法进行评选得出。

（2）老百姓大药房连锁股份有限公司等连锁因资本市场限制或其他因素未能在本报截稿时主动提供相关数据，故未参与榜单评比。

2013年中国连锁药店百强榜（直营门店数）

排名	百强连锁企业名称	直营门店数	加盟店数	门店总数
1	云南鸿翔一心堂药业（集团）股份有限公司	2389	0	2389
2	中国海王星辰连锁药店有限公司	2066	0	2066
3	重庆和平药房连锁有限责任公司	1820	790	2610
4	国药控股国大药房有限公司	1599	488	2087
5	广东大参林连锁药店有限公司	1400	0	1400
6	重庆桐君阁大药房连锁有限责任公司	1306	7000	8306
7	广东省东莞国药集团有限公司	1137	0	1137
8	云南健之佳健康连锁店股份有限公司	1025	0	1025
9	黑龙江金天医药集团	809	0	809
10	哈尔滨宝丰医药连锁有限公司	800	0	800
11	成大方圆医药连锁投资有限公司	716	169	885
12	益丰大药房连锁股份有限公司	660	0	660
13	修正堂连锁集团	612	1397	2009
14	江西黄庆仁栈华氏大药房有限公司	605	0	605
15	吉林省益和大药房有限公司	597	0	597
16	吉林大药房药业股份有限公司	511	0	511
17	西安怡康医药连锁有限责任公司	499	183	682
18	上海华氏大药房有限公司	451	294	745
19	深圳中联大药房控股有限公司	425	0	425
20	山东立健医药城连锁有限公司	405	0	405
21	济南漱玉平民大药房有限公司	398	0	398

续上表

排名	百强连锁企业名称	直营门店数	加盟店数	门店总数
22	甘肃众友健康医药股份有限公司	392	5	397
23	贵州一树连锁药业有限公司	364	0	364
24	安徽丰原大药房连锁有限公司	348	0	348
25	四川德仁堂医药连锁有限公司	331	278	609
26	赤峰荣济堂大药房连锁有限公司	330	0	330
27	哈药集团医药有限公司（原人民同泰）	326	0	326
28	山东燕喜堂医药连锁有限公司	320	0	320
29	北京同仁堂连锁药店有限责任公司	300	0	300
29	沈阳东北大药房连锁有限公司	300	0	300
31	重庆万和药房连锁有限公司	291	0	291
32	南京国药医药有限公司	283	121	404
33	江西萍乡市昌盛大药房连锁有限公司	282	126	408
34	好药师大药房连锁有限公司	280	620	900
34	河南张仲景大药房股份有限公司	280	0	280
36	湖南怀仁大药房连锁有限公司	238	279	517
37	湖北同济堂药房有限公司	227	4535	4762
37	福建惠好四海医药连锁有限责任公司	227	56	283
39	肇庆天天邦健医药连锁有限公司	224	0	224
40	辽宁天士力大药房连锁有限公司	221	82	303
41	新疆普济堂医药零售连锁有限公司	210	0	210
42	石家庄新兴药房连锁有限公司	206	0	206
43	甘肃德生堂大药房连锁经营有限公司	205	0	205
44	中山市中智大药房连锁有限公司	200	0	200
44	苏州健生源医药连锁总店	200	0	200
46	湖南养天和大药房企业集团有限公司	190	642	832
46	海南广安堂药品超市连锁经营有限公司	190	15	205
48	湖南千金大药房连锁有限公司	185	192	377
49	滁州市百姓缘药品零售连锁有限公司	180	0	180
49	深圳市万泽医药连锁有限公司	180	0	180
51	四川东升大药房连锁有限公司	179	3	182
52	先声再康江苏药业有限公司	173	3	176
53	盘锦天益堂大药房连锁有限公司	165	0	165
54	广东二天堂大药房连锁有限公司	156	56	212
54	贵州吉大夫药房连锁有限公司	156	46	202
56	浙江瑞人堂医药连锁有限公司	152	0	152
57	广西一心医药集团有限责任公司	149	251	400
58	云南白药大药房有限公司	146	0	146

续上表

排名	百强连锁企业名称	直营门店数	加盟店数	门店总数
59	青岛医保城药品连锁有限公司	140	0	140
60	清远百姓大药房医药连锁有限公司	139	0	139
61	廊坊市一笑堂医药零售有限公司	138	0	138
62	常州市恒泰医药连锁有限公司	136	0	136
63	新疆康宁医药连锁有限公司	130	0	130
64	赤峰人川大药房连锁有限公司	129	0	129
65	江西萍乡天顺大药房	124	6	130
66	吉林省永新大药房连锁有限公司	123	0	123
67	江苏大众医药连锁有限公司	122	0	122
68	上海复美益星大药房连锁有限公司	121	415	536
69	柳州桂中大药房连锁有限责任公司	120	0	120
70	常州中诚医药连锁有限公司	118	10	128
71	厦门鹭燕大药房有限公司	116	0	116
72	天津医药集团敬一堂连锁股份有限公司	115	0	115
72	武汉马应龙大药房连锁有限公司	115	0	115
72	山东利民大药房连锁有限公司	115	0	115
75	河北华佗药房连锁有限公司	112	0	112
76	兰州惠仁堂药业连锁有限责任公司	108	0	108
77	新乡市佐今明大药房连锁有限责任公司	105	0	105
78	新疆济康医药连锁有限责任公司	104	0	104
79	北京金象大药房医药连锁有限责任公司	103	215	318
79	贵州芝林大药房零售连锁有限公司	103	65	168
81	珠海市嘉宝华健康药房连锁股份有限公司	101	0	101
82	烟台中医世家医药连锁有限公司	95	55	150
83	唐山市唐人医药商场有限公司	94	0	94
84	重庆市联诚医药有限公司	93	0	93
84	温州一正药房连锁有限公司	93	0	93
86	重庆鑫斛药房连锁有限公司	89	685	774
86	山东益寿堂药业有限公司	89	0	89
88	湖南九芝堂零售连锁有限公司	85	75	160
89	黑龙江泰华医药连锁销售有限公司	81	1	82
90	惠州市大川药业连锁有限公司	80	555	635
90	深圳市南北医药有限公司	80	380	460
90	惠州百姓大药房连锁有限公司	80	0	80
93	江苏百佳惠苏禾大药房连锁有限公司	78	0	78
94	广东金康药房连锁有限公司	76	20	96
95	浙江滋福堂得心医药零售连锁有限公司	72	0	72

续上表

排名	百强连锁企业名称	直营门店数	加盟店数	门店总数
96	广东本草药业连锁有限公司	70	1232	1302
96	宁波彩虹大药房有限公司	70	0	70
96	咸阳百姓乐大药房连锁有限公司	70	0	70
99	河南焦作蓝十字医药连锁有限公司	69	1	70
100	CAMORE（康顾多）医药连锁	68	260	328
100	陕西众信医药超市有限公司	68	0	68
100	陕西省榆林市广济堂医药科技有限责任公司	68	0	68

【备注】

老百姓大药房连锁股份有限公司等连锁因资本市场限制或其他因素未能在本报截稿时主动提供相关数据，故未参与榜单评比。

（《21 世纪药店》）

2013 年中国药品批发企业主营收入百强榜

序号	企业名称	主营业务收入/万元
1	中国医药集团总公司	18660406
2	华润医药商业集团有限公司	7354395
3	上海医药集团股份有限公司	7100239
4	九州通医药集团有限公司	3334667
5	广州医药有限公司	2464551
6	重庆医药（集团）股份有限公司	2095114
7	南京医药股份有限公司	1868931
8	华东医药股份有限公司	1668175
9	四川科伦医药贸易有限公司	1476244
10	中国医药健康产业股份有限公司	1253710
11	浙江英特药业有限责任公司	1233491
12	天津天士力医药营销集团有限公司	1121538
13	云南省医药有限公司	957200
14	康德乐（上海）医药有限公司	827819
15	中国北京同仁堂（集团）有限责任公司	760304
16	哈药集团医药有限公司	701501

续上表

序号	企业名称	主营业务收入/万元
17	山东海王银河医药有限公司	684439
18	山东瑞康医药股份有限公司	592366
19	鹭燕（福建）药业股份有限公司	554101
20	同济堂医药有限公司	532691
21	天津医药集团太平医药有限公司	529507
22	天津中新药业集团股份有限公司医药公司	517913
23	石药集团河北中诚医药有限公司	511090
24	重庆桐君阁股份有限公司	460925
25	广西柳州医药股份有限公司	454391
26	四川省医药集团有限责任公司	413316
27	东北制药集团供销有限公司	391092
28	陕西医药控股集团派昂医药有限责任公司	371076
29	江苏省医药公司	345142
30	江西汇仁集团医药科研营销有限公司	333679
31	浙江省医药工业有限公司	333075
32	江西南华医药有限公司	321493
33	重庆长圣医药有限公司	319274
34	常州药业股份有限公司	315000
35	武汉人福医药有限公司	304857
36	云南东骏药业有限公司	300402
37	广州中山医医药有限公司	292649
38	陕西华远医药集团有限公司	288608
39	嘉事堂药业股份有限公司	255107
40	汕头市创美药业有限公司	250074
41	修正药业集团营销有限公司	249363
42	湖南博瑞新特药有限公司	234001
43	山东瑞中医药有限公司	228719
44	安徽省医药（集团）股份有限公司	225233
45	河北东盛英华医药有限公司	221874
46	罗欣医药集团有限公司	215318
47	山东省医药集团有限公司	213384
48	辽宁省医药对外贸易公司	212517
49	北京美康永正医药有限公司	206646
50	浙江震元股份有限公司	200048
51	回音必集团有限公司	194988
52	礼来贸易有限公司	194023

续上表

序号	企业名称	主营业务收入/万元
53	江苏先声药业有限公司	183704
54	浙江珍诚医药在线股份有限公司	181756
55	连云港康缘医药商业有限公司	179915
56	浙江来益医药有限公司	175812
57	河南省康信医药有限公司	172659
58	重庆科渝药品经营有限责任公司	172137
59	浙江嘉信医药股份有限公司	168410
60	上海康健进出口有限公司	162666
61	南京华东医药有限责任公司	160293
62	青岛百洋医药科技有限公司	159866
63	康德乐（中国）医药有限公司	157609
64	福建省福州市惠好药业有限公司	155049
65	昆明制药集团医药商业有限公司	154538
66	广东广弘医药有限公司	153943
67	西安藻露堂药业集团有限责任公司	151338
68	陕西华信医药有限公司	150826
69	江苏省润天生化医药有限公司	149935
70	山东康诺盛世医药有限公司	146159
71	上海外高桥医药分销中心有限公司	144212
72	兰州西城药业有限责任公司	144067
73	杭州凯仑医药股份有限公司	143250
74	西藏神威药业有限公司	141320
75	江苏恩华和润医药有限公司	137717
76	合肥康丽药业有限责任公司	135141
77	吉林省天和医药科技有限公司	132448
78	海南天祥药业有限公司	131558
79	海尔施生物医药股份有限公司	128227
80	浙江华通医药股份有限公司	124038
81	上海市医药保健品进出口公司	121581
82	山东康惠医药有限公司	120895
83	宁波市鄞州医药药材有限公司	116050
84	苏州恒祥进出口有限公司	114682
85	贵州康心医药有限公司	114381
86	常熟建发医药有限公司	114272
87	江苏澳洋医药物流有限公司	113217
88	成都市蓉锦医药贸易有限公司	110738

续上表

序号	企业名称	主营业务收入/万元
89	山西亚宝医药经销有限公司	109894
90	上海虹桥药业有限公司	108263
91	海南鲁海医药有限公司	108257
92	山东新华医药贸易有限公司	107425
93	山西康美徕医药有限公司	106545
94	福建中鹭医药有限公司	106187
95	四川本草堂药业有限公司	104209
96	贵州科开医药有限公司	103812
97	深圳中联广深医药（集团）股份有限公司	101372
98	合肥市迪迈医药有限公司	100519
99	兰州强生医药有限责任公司	96788
100	上海复星药业有限公司	96749

2013年中国药品零售企业销售总额百强榜

序号	企业名称	销售总额/万元
1	国药控股国大药房有限公司	570305
2	中国北京同仁堂（集团）有限责任公司	553017
3	重庆桐君阁大药房连锁有限责任公司	504613
4	云南鸿翔一心堂药业（集团）股份有限公司	383452
5	大参林医药集团股份有限公司	342488
6	辽宁成大方圆医药连锁有限公司	312062
7	深圳市海王星辰医药有限公司	311628
8	湖北同济堂药房有限公司	294226
9	上海华氏大药房有限公司	274320
10	益丰大药房连锁股份有限公司	211095
11	云南健之佳健康连锁店股份有限公司	167005
12	成都百信药业连锁有限责任公司	158952
13	哈尔滨人民同泰医药连锁店	113368
14	南京国药医药有限公司	106656
15	济南漱玉平民大药房有限公司	106111
16	江苏大众医药连锁有限公司	103371
17	深圳中联大药房控股有限公司	82706

续上表

序号	企业名称	销售总额/万元
18	四川太极大药房连锁有限公司	80778
19	吉林大药房药业股份有限公司	79508
20	甘肃德生堂大药房连锁经营有限公司	77425
21	北京金象大药房医药连锁有限责任公司	76836
22	上海第一医药股份有限公司	74562
23	沈阳东北大药房连锁有限公司	73219
24	河南张仲景大药房股份有限公司	65692
25	杭州九洲大药房连锁有限公司	65423
26	北京医保全新大药房有限责任公司	62127
27	江西黄庆仁栈华氏大药房有限公司	61500
28	先声再康江苏药业有限公司	59544
29	云南东骏药业有限公司	59234
30	上海复美益星大药房连锁有限公司	57496
31	山东燕喜堂医药连锁有限公司	54850
32	江西萍乡市昌盛大药房连锁有限公司	53195
33	河北华佗药房医药连锁有限公司	53000
34	贵州一树连锁药业有限公司	51228
35	湖南千金大药房连锁有限公司	47000
36	云南白药大药房有限公司	43752
37	襄阳天济大药房连锁有限责任公司	42647
38	山东立健医药城连锁有限公司	41226
39	苏州礼安医药连锁总店有限公司	39431
40	江西昌盛大药房有限公司	39000
41	常州市恒泰医药连锁有限公司	38334
42	西安怡康医药连锁有限责任公司	38252
43	石家庄新兴药房连锁有限公司	38214
44	浙江震元医药连锁有限公司	37627
45	深圳市友和医药大药房连锁有限公司	37030
46	广州采芝林药业连锁店	36226
47	吉林省益和大药房有限公司	35928
48	重庆鑫斛药房连锁有限公司	35011
49	广西柳州桂中大药房连锁有限责任公司	34548
50	重庆市万和药房连锁有限公司	34427
51	廊坊市一笑堂医药零售连锁有限公司	33349
52	中山市中智大药房连锁有限公司	31896
53	广州健民医药连锁有限公司	30960
54	广东国药医药连锁企业有限公司	30299

续上表

序号	企业名称	销售总额/万元
55	山东利民大药店连锁有限公司	29720
56	上海余天成药业连锁有限公司	28727
57	赤峰人川大药房连锁有限公司	28079
58	浙江天天好大药房连锁有限公司	26582
59	海南广安堂药品超市连锁经营有限公司	26282
60	河北神威大药房连锁有限公司	25818
61	上海养和堂药业连锁经营有限公司	25742
62	宁波四明大药房有限责任公司	25507
63	安徽丰原大药房连锁有限公司	25463
64	宜兴市天健医药连锁有限公司	24806
65	上海童涵春堂药业连锁经营有限公司	24672
66	新疆康泰东方医药连锁有限公司	24307
67	陕西众信医药超市有限公司	24141
68	四川杏林医药连锁有限责任公司	23960
69	武汉东明药房连锁有限公司	22102
70	北京京卫元华医药科技有限公司	21869
71	上海药房连锁有限公司	21625
72	山西荣华大药房连锁有限公司	21513
73	怀化怀仁大药房连锁有限公司	21505
74	贵州芝林大药房零售连锁有限公司	21117
75	浙江瑞人堂医药连锁有限公司	20338
76	无锡山禾集团健康参药连锁有限公司	20300
77	哈尔滨宝丰医药连锁有限公司	20245
78	福建惠好四海医药连锁有限责任公司	19991
79	泸州圣杰药业有限公司	19259
80	呼伦贝尔市同致药业有限责任公司	19222
81	上海医药嘉定大药房连锁有限公司	19182
82	四川德仁堂药业连锁有限公司	18865
83	江西开心人大药房连锁有限公司	18777
84	湖北中联大药房连锁有限公司	18480
85	浙江华通医药连锁有限公司	18391
86	赤峰雷蒙大药房连锁有限公司	16949
87	常州人寿天医药连锁有限公司	16684
88	济宁新华鲁抗大药房有限公司	16666
89	南京金陵大药房有限责任公司	16600
90	昆山双鹤同德堂连锁大药房有限责任公司	16407
91	黑龙江泰华医药连锁销售有限公司	16197

续上表

序号	企业名称	销售总额/万元
92	葫芦岛市医药有限责任公司	15732
93	广西一致药店连锁有限公司	15431
94	浙江华联医药连锁有限公司	15080
95	广西一心医药集团有限责任公司	15001
96	北京嘉事堂连锁药店有限责任公司	14921
97	北京永安复星医药股份有限公司	14823
98	上海一德大药房连锁经营有限公司	13765
99	武汉普安医药有限公司	13343
100	上海南汇华泰药店连锁总店	13173

2013—2014 年度中国连锁药店百强榜数据解读

5 月 26 日，在第一届全国药店周举办的 21 世纪药店第 8 届年会主旨论坛上，由 CFDA 南方医药经济研究所指导、《21 世纪药店》报主办的《2013～2014 年度中国连锁药店百强榜》将正式发布。此次百强榜单的评选历时半年，最终形成两份主榜单——《中国连锁药店综合实力百强榜》（以下简称综合实力百强榜）和《中国连锁药店直营力百强榜》（以下简称直营力百强榜）。

据了解，此次榜单评选依托 CFDA 南方医药经济研究所数据中心这一权威机构，运用 Topsis 综合评分法、数据分析和店员推荐力度等综合方法进行评选。在调研数据的基础上，重点对截至 2013 年 12 月 31 日的药品零售连锁企业的营业收入、门店数（总门店数与直营门店数）、利润总额、品牌认知度、专业人才占比、顾客服务能力 6 个维度进行分析。

通过与上年度的连锁百强榜单进行对比，对相关数据进行进一步分析，我们也能从中看出，一年来，中国药品零售行业在转型大潮中主动求变，连锁药店企业在规范中创新发展的趋势。

一、百强直营门店数增幅 12.71%

2013 年，我国百强连锁药店企业的直营门店总数为 33 421 家，比 2012 年的 29 651 家增加 3 770 家，增幅 12.71%，相比 2012 年 6.65% 的增幅增加近一倍（见图 1）。而百强连锁药店企业的门店总数为 55 027 家（含加盟店），比 2012 年的 50 418 家增加 4 609 家，增幅为 9.14%。

数据显示，直营力百强榜前 50 强连锁药店企业的直营门店数合计 26 415 家，占直营力百强榜直营门店总数的比例为 79.04%；前 20 强门店数为 16 339 家，占比 48.89%；前 10 强门店数为 14 351，占比 42.94%。相比 2012 年，占比均有所下降，尤其是前 20 强占比有明显滑落（见图 2）。由此可以看出，尽管百强企业总体规模以及前 10 强、20 强、50 强企业规模均有所发展，但是相对而言，一些排名靠后、规模略小的连锁药店显现出更大的扩张力度。

具体到连锁药店企业，在直营力百强榜上，前 10 强企业的门店数均保持稳定增长。其中，云南鸿翔一心堂药业（集团）股份有限公司表现抢眼。IPO 成功过会且上市在即的一心堂，深耕西南五省，并向北京、上海和天津等地拓展，直营门店数从 2012 年的 1 872 家上升到 2013 年的 2 389

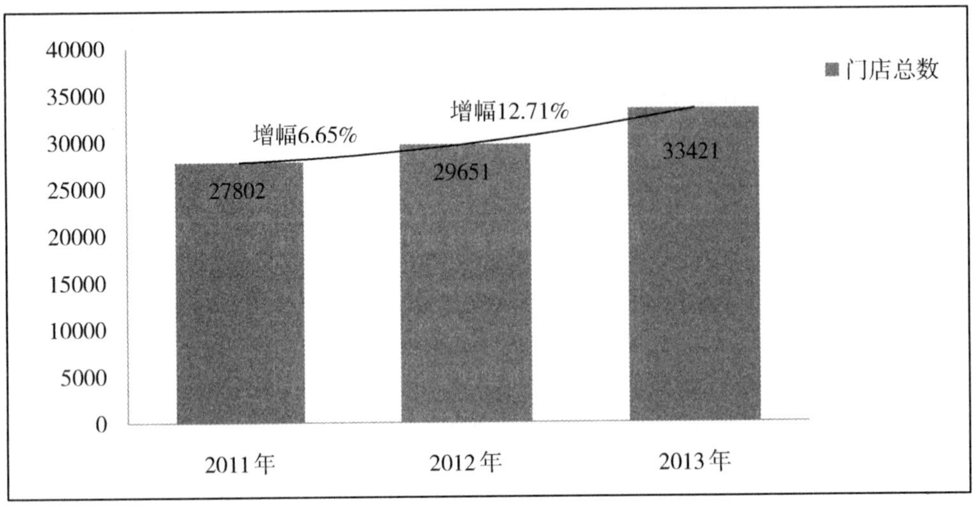

图1　2011—2013 年百强连锁医药店直营门店总数

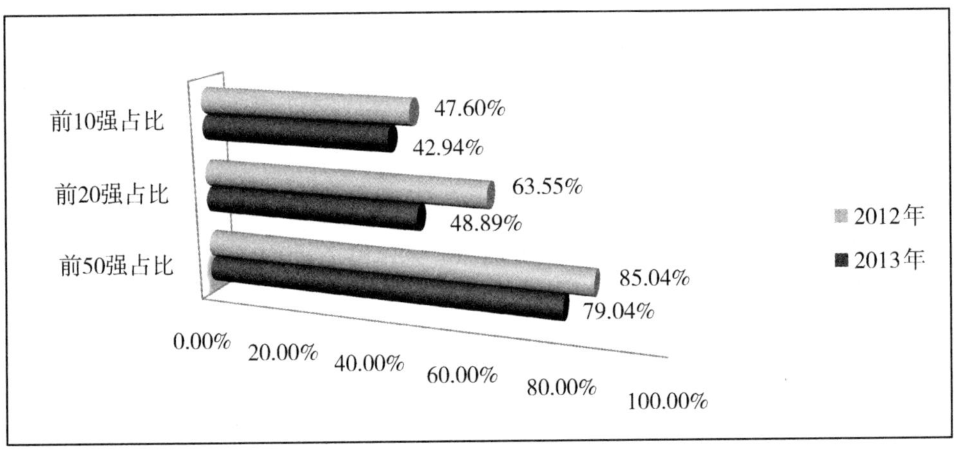

图2　2012 年与 2013 年直营力占比

家，也因此坐上直营力百强榜的头把交椅；中国海王星辰连锁药店有限公司在提升门店盈利能力经营战略的指导下，削减了一些盈利能力低的门店，门店数量从 2012 年的 2 132 家减少到 2013 年的 2 066 家，位次也因此滑落到第二；2013 年 8 月更名的大参林医药集团股份有限公司门店数也增长明显，增加 270 家，排名从上一年度直营力百强榜的第七位上升到第五位。

比较上一年度直营力百强榜的数据可以看到，2013—2014 年度直营力百强榜上榜连锁药店的直营门店数量增幅有所上升。之所以出现这种情况，与连锁药店经营者的理念有关，同时也离不开政策因素的利好导向。

在连锁药店经营者看来，拓展门店有利于形成企业的竞争力和品牌影响力，所以在国内药品零售市场尚未出现几家独大的情况下，多数企业仍会不断扩充自己的版图，以占据今后竞争的有利地位。与此同时，2013 年以来，多个利好药品零售行业发展的政策，如“试行乳粉药店专柜销售”、部分地区如安徽、湖北等地“放开大健康产品的医保刷卡限制”等的出台，使药店经营者对企业未来的发展更有信心；而国家政策对大健康产业的支持力度不断加大，也使药品零售行业催生出一批“养生馆”、“国医馆”。

至于直营力百强榜中排名靠后、规模略小的连锁药店企业的门店数量增长幅度更大，究其原因，主要还在于这些药店经营者认识到，在目前激烈的市场竞争环境下，不发展就面临被淘汰的风险，多数仍执着在药品零售行业发展的规模略小的连锁药店企业必须加快发展的步伐；另外，一些连锁药店所在的区域市场尚有较大的发展空间，他们通过自开门店或者兼并单店、小型连锁，不断提升自己的实力。

二、药品零售市场百强销售额占比37.48%

强者恒强，集中化、规模化发展趋势明显

再看综合实力百强榜，按区域划分，前10强企业分布尚属平衡，未出现过于集中于某一区域的现象，不过西南地区还是占有明显优势，10强中占有3席，而西北地区尚未出现进入前10强的强势药品零售企业。

具体到销售业绩方面，数据显示，继2012年出现销售额突破40亿元的连锁药店企业后，2013年综合实力百强榜上又出现两家销售额突破50亿元的连锁企业，分别是国大药房和桐君阁大药房；大参林的销售额也突破45亿元，相比上一年度增幅达到11.24%。这三家企业也是上一年度销售额前三甲企业，显然强者恒强。此外，综合实力百强榜中，销售额达到30亿元的连锁药店企业有6家，达到20亿元的有2家，销售额达到10亿元的企业有12家。

2013年，百强连锁药店销售总额达926.68亿元，较之2012年的840.74亿元，增长85.94亿元，增幅为10.22%。增幅较之上一年度的12.42%有所下降（见图3）。

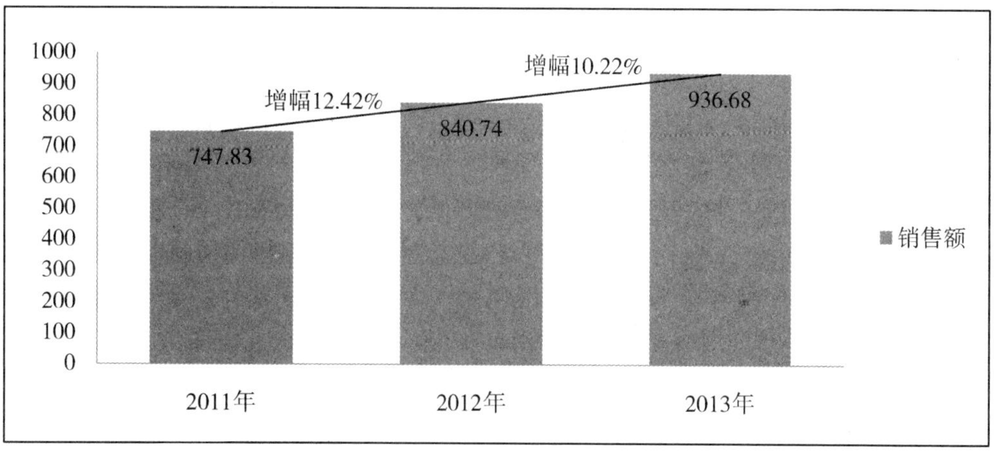

图3 2011—2013年百强连锁药店销售额

而同时，数据也显示，全国百强连锁的销售总额在药品零售市场的占比为37.48%，与2012年36.55%的占比相较略有上升。此外，综合实力百强榜排名前50的连锁药店企业的合计销售额在百强销售总额的占比是80.41%，占据绝大部分比例；前20强销售总额在百强中的占比为56.67%；10强销售总额占比为42.98%，显示行业集中化、规模化发展的趋势明显（见图4）。

分析：

百强销售额占药品零售市场整体销售额的比例较之上一年度有所上升，表明我国药品零售行业集中度增高。在商务部“十二五”规划要求提高连锁药店集中度的背景下，不少地方的监管部门都出台“鼓励连锁发展”的政策，使得连锁药店企业在发展时获得了更大的政策支持力度。

同时，在激烈的竞争环境中，不少连锁药店也力求通过转型，通过内涵式增长提高门店的盈利能力。如国大药房在经过前两年的快速扩张后，开始进行内部整合，以提高门店的产出率和盈利能力；同样，海王星辰也以“提高门店盈利能力”为核心战略，关闭盈利能力差的门店；另外，如老百姓大药房、珠海嘉宝华健康药房等不少连锁药店也通过开设诸如“慢病生活馆”等综合性医药服

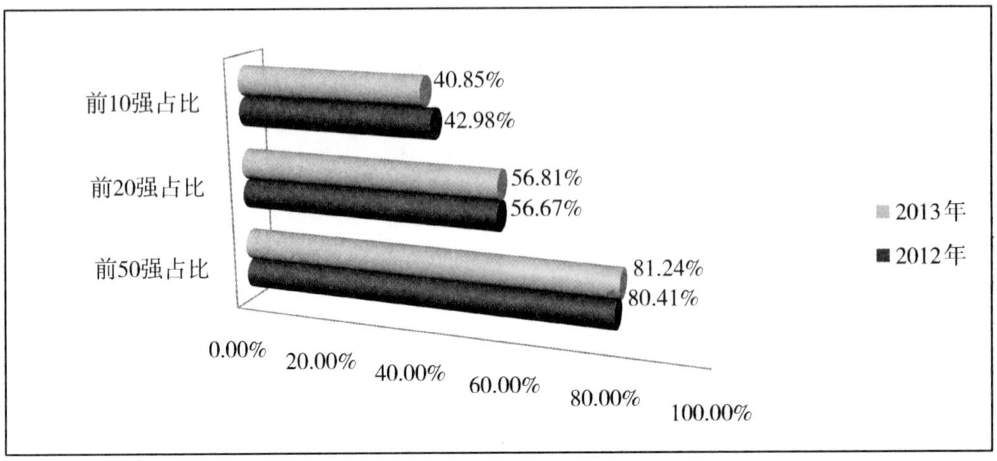

图4　2012 年与2013 年销售总额占比

务项目，提高门店的销售额。

（《21 世纪药店》）

■数据库

重点药品品牌药店销售情况分析

通过 CFDA 南方医药经济研究所广州标点医药信息有限公司的 RDM 系统，在全国 31 个样本城市 4 500 多家样本药店统计范围内，我国十大主要品类重点品牌集中度表现不一，各有特点，具体分析如下：

一、感冒用药

在感冒用药市场中，前 10 位品牌市场集中度为 21. 81% 。其中：合资外资品牌 3 个，国产品牌 7 个；化学药品牌 4 个，中成药品牌 6 个。

表 1　2013 年零售市场感冒用药前 10 品牌排名

排名	品　　名	生产厂家	市场份额（%）
1	999 感冒灵颗粒	三九集团	3. 24
2	太龙双黄连口服液	河南太龙药业	2. 87
3	三精双黄连口服液	哈药集团三精制药	2. 66
4	新康泰克片	中美天津史克制药	2. 42
5	泰诺片	上海强生制药	2. 40
6	连花清瘟胶囊	河北石家庄以岭药业	2. 12
7	白加黑片	拜耳医药保健	2. 12
8	感康片	吉林吴太集团	1. 36

续表

排名	品　名	生产厂家	市场份额（%）
9	兆康金莲花胶囊	河北百善药业	1.35
10	天士穿心莲内酯滴丸	天津天士力制药	1.28

注1：31个样本城市包括：北京、上海、广州、武汉、深圳、南京、杭州、成都、重庆、沈阳、哈尔滨、石家庄、苏州、无锡、天津、长春、西安、郑州、合肥、扬州、长沙、宁波、南昌、昆明、济南、青岛、福州、南宁、太原、常州、厦门。

注2：监测时间跨度：2013年1月—2013年12月。

注3：以下数据仅对应全国31个样本城市4 500多家样本药店监测情况，不对应全国总体市场。

2013年感冒用药零售价格指数跌宕起伏，但下半年呈现持续上扬的态势。本年度最高月度（1月）价格指数较最低月度（6月）价格指数相差27.92%。

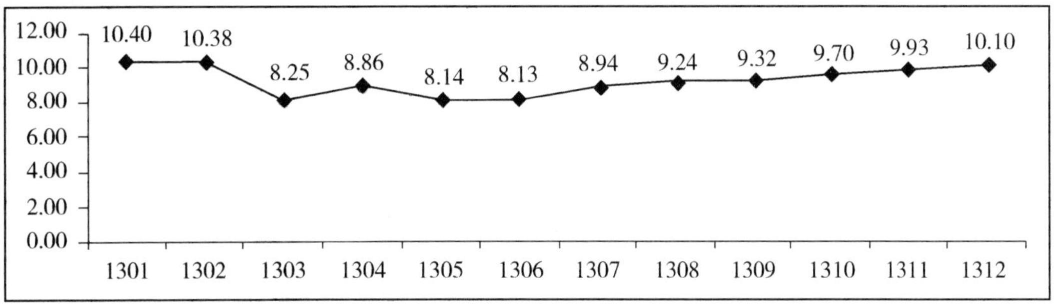

图1　2013年零售市场感冒用药价格指数变化

二、抗感染用药

在抗感染用药市场中，前10位品牌市场集中度为20.38%。其中：合资外资品牌3个，国产品牌7个；青霉素类品牌4个，头孢类品牌3个，大环内酯类品牌2个，抗真菌类品牌1个。

表2　2013年零售市场抗感染前10品牌排名

排名	品名	生产厂家	市场份额（%）
1	阿莫仙胶囊	珠海联邦制药	3.04
2	天立威分散片	浙江莎普爱思药业	2.71
3	希刻劳干混悬剂	礼来苏州制药	2.41
4	阿莫西林胶囊	石药集团	2.24
5	维宏片	石药集团	1.91
6	斯皮仁诺胶囊	西安杨森制药	1.87
7	希舒美干混悬剂	辉瑞制药	1.73
8	欧健胶囊	石药集团	1.67
9	阿莫西林胶囊	昆明贝克诺顿制药	1.48
10	阿莫西林胶囊	哈药集团制药总厂	1.32

2013 年抗感染用药零售价格指数总体呈现上升趋势，在 2 月份的价格跌落低谷。本年度最高月度（12 月）价格指数较最低月度（2 月）价格指数相差 37. 21% 。

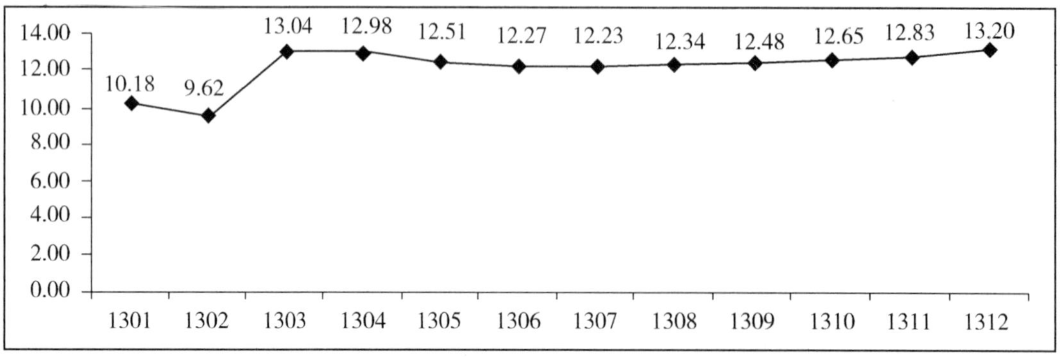

图 2　2013 年零售市场抗感染用药价格指数变化

三、维生素

在维生素用药市场中，前 10 位品牌市场集中度为 39. 81% ，其中：合资外资品牌领跑市场且占据六个席位，拜耳医药和惠氏制药各占据两个席位，国产品牌仅有 4 个。

表 3　2013 年零售市场维生素前 10 品牌排名

排名	品名	生产厂家	市场份额（%）
1	力度伸片	拜耳医药保健	6. 30
2	善存片	惠氏制药	5. 98
3	伊可新胶囊	山东达因海洋生物制药	5. 57
4	爱乐维片	拜耳医药保健	5. 31
5	善存银片	惠氏制药	4. 71
6	天然维生素 E 软胶囊	海南养生堂药业	3. 47
7	迪巧咀嚼片（成人）	美国安士制药	2. 28
8	倍健维生素 C 片	广州市佰健生物工程	2. 13
9	21 金维他	泰诺菲－安万特集团	2. 12
10	果维康含片	石药集团	1. 94

2013 年维生素用药零售价格指数总体呈向上趋势发展，仅在 1、2 月的价格低于 30 元，在下半年稳步上升，12 月达到顶峰。本年度最高月度（12 月）价格指数较最低月度（1 月）价格指数相差 29. 41% 。

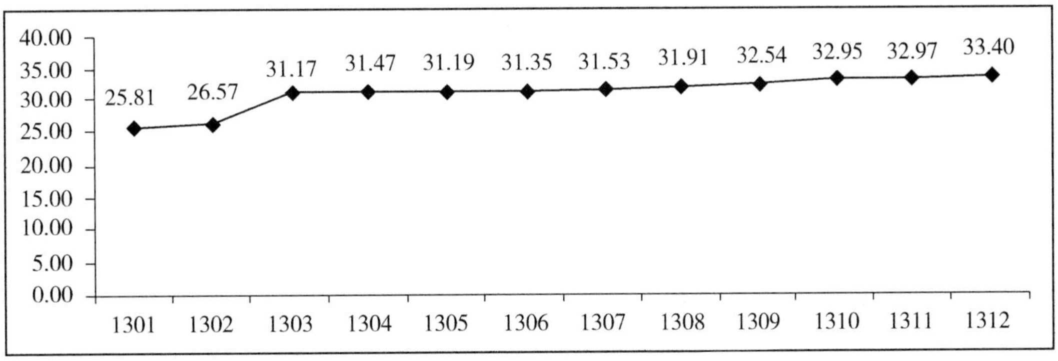

图 3　2013 年零售市场维生素用药价格指数变化

四、胃肠用药

在胃肠用药市场中，前 10 位品牌市场集中度为 29. 30% 。其中：合资外资品牌 6 个，国产品牌 4 个；化学药品牌 5 个，中成药品牌 3 个，保健品和生物制品品牌各占一个。

表 4　2013 年零售市场胃肠用药前 10 品牌排名

排名	品名	生产厂家	市场份额（%）
1	达喜片	拜耳医药保健	5. 07
2	洛泰克片	阿斯利康制药	4. 05
3	耐信肠溶片	阿斯利康制药	3. 75
4	健胃消食片	江中药业	3. 22
5	藿香正气口服液	太极集团	2. 98
6	吗丁啉片	西安杨森制药	2. 89
7	妈咪爱散	北京韩关药品	2. 52
8	999 胃泰颗粒	三九集团	1. 89
9	碧生源常润茶	北京澳特舒尔	1. 54
10	思密达散剂	天津博榴益善生制药	1. 37

2013 年胃药零售价格指数表现较为平稳，11 月达到最高值。本年度最高月度（11 月）价格指数较最低月度（2 月）价格指数相差 8. 80% 。

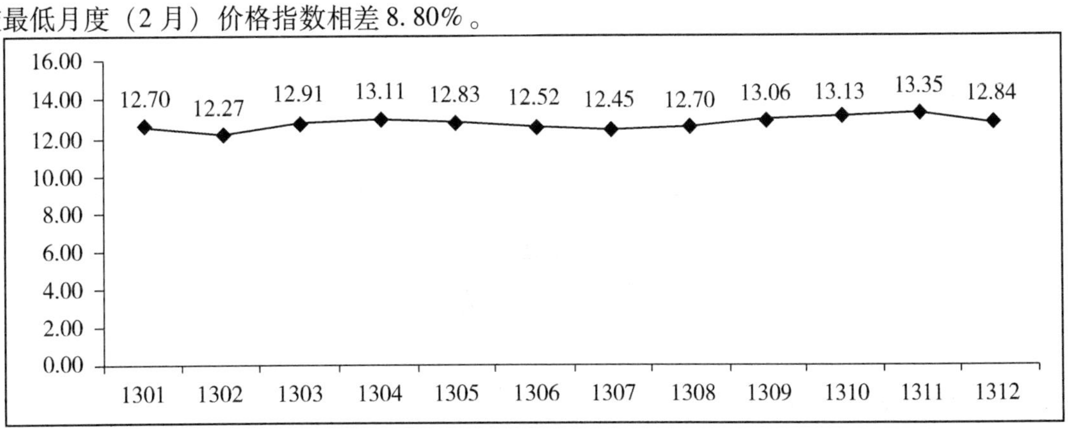

图 4　2013 年零售市场胃肠用药价格指数变化

五、心脑血管用药（不含降压药）

在心脑血管用药（不含降压药）市场中，前10位品牌市场集中度为37.42%。其中：国产品牌优势明显，占据8个席位，合资外资品牌仅有2个，化学药品牌3个，中成药品牌7个。

表5　2013年零售市场心脑血管用药前10品牌排名

排名	品名	生产厂家	市场份额（%）
1	复方丹参滴丸	天津天士力制药	6.86
2	立普妥片	辉瑞制药	6.52
3	步长脑心通胶囊	步长制药	4.06
4	速效救心丸	天津中新药业集团	3.33
5	银可络片	深圳海王药业	3.24
6	麝香保心丸	上海和黄药业	3.21
7	同仁堂安宫牛黄丸	北京同仁堂	2.91
8	步长稳心颗粒	步长制药	2.53
9	万爽力片	施维雅（天津）制药	2.49
10	阿乐片	北京嘉林药业	2.26

2013年心脑血管用药零售价格指数呈缓慢上扬趋势，价格均突破21元。本年度最高月度（12月）价格指数较最低月度（2月）价格指数相差7.19%。

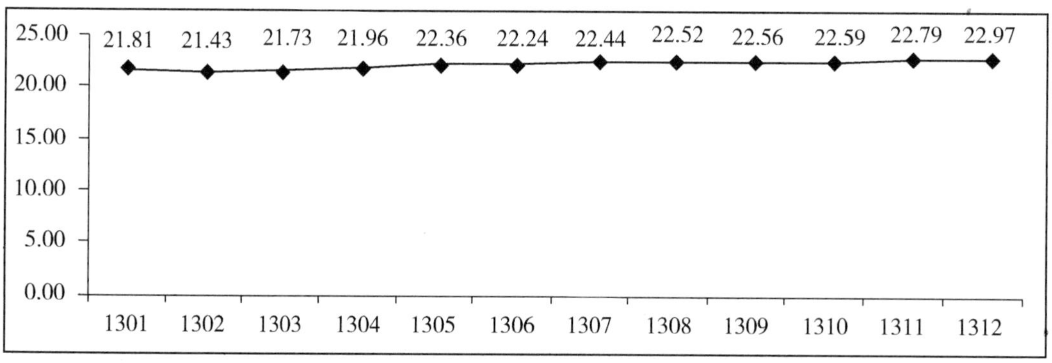

图5　2013年零售市场心脑血管用药价格指数变化

六、止咳化痰用药

在止咳化痰用药市场中，前10位品牌市场集中度为30.24%，其中合资外资品牌6个，国产品牌4个；化学药品牌4个，中成药品牌6个，液体制剂占据绝对统治地位，仅有2个固体制剂。

表6　2013年零售市场止咳化痰用药前10品牌排名

排名	品名	生产厂家	市场份额（%）
1	念慈庵蜜炼川贝枇杷膏	京都念慈庵总厂	15.36
2	葵花小儿肺热咳喘口服液	黑龙江葵花药业	2.88
3	急支糖浆	太极集团	1.85

续表

排名	品名	生产厂家	市场份额（%）
4	百令胶囊	杭州中美华东制药	1.65
5	沐舒坦糖浆	上海勃林格殷格翰药业	1.59
6	健兴肺力咳合剂	贵州健兴药业	1.59
7	惠菲宁溶液	惠氏制药	1.39
8	易坦静口服溶液	北京韩美药品	1.37
9	孔府牛黄蛇胆川贝液	山东孔府制药	1.34
10	沐舒坦片	上海勃林格殷格翰药业	1.23

2013 年止咳化痰用药零售价格指数先升后跌再回升，8 月出现最低值。本年度最高月度（12 月）价格指数较最低月度（8 月）价格指数相差 8.62%。

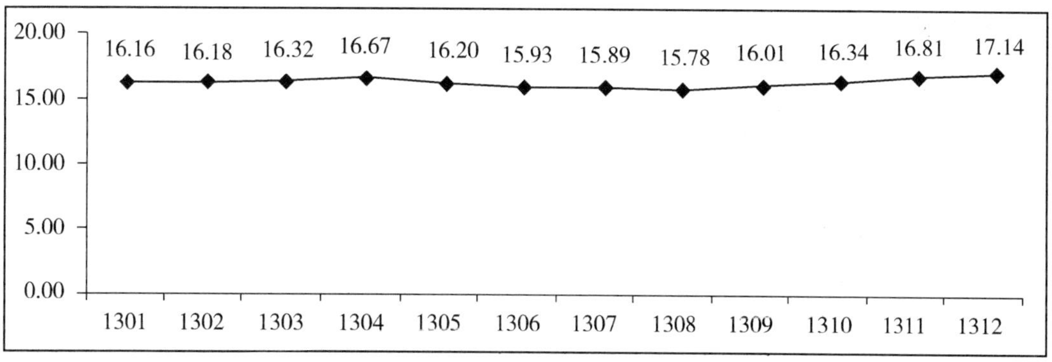

图 6　2013 年零售市场止咳化痰用药价格指数变化

七、皮肤用药

在皮肤用药市场中，前 10 位品牌市场集中度为 25.54%，其中合资外资品牌 6 个，西安杨森占去 4 个席位，国产品牌 4 个，前 10 个品牌均为化学药。

表 7　2013 年零售市场皮肤用药前 10 品牌排名

排名	品名	生产厂家	市场份额（%）
1	金达克宁	西安杨森制药	4.13
2	百多邦软膏	中美天津史克制药	3.82
3	康王洗剂	昆明滇虹药业	3.07
4	999 皮炎平软膏	三九集团	2.71
5	达克宁乳膏	西安杨森制药	2.36
6	亮甲搽剂	哈尔滨乐泰药业	2.26
7	艾洛松软膏药	上海先灵葆雅制药	2.12
8	派瑞松乳膏	西安杨森制药	2.11
9	采乐洗剂	西安杨森制药	1.52
10	唯达宁喷剂	吉林修正药业集团	1.43

2013 年皮肤用药零售价格指数仍呈现先升后降的变化趋势，3—12 月的价格指数均在 13 元以上波动。本年度最高月度（7 月）价格指数较最低月度（1 月）价格指数相差 30. 86%。

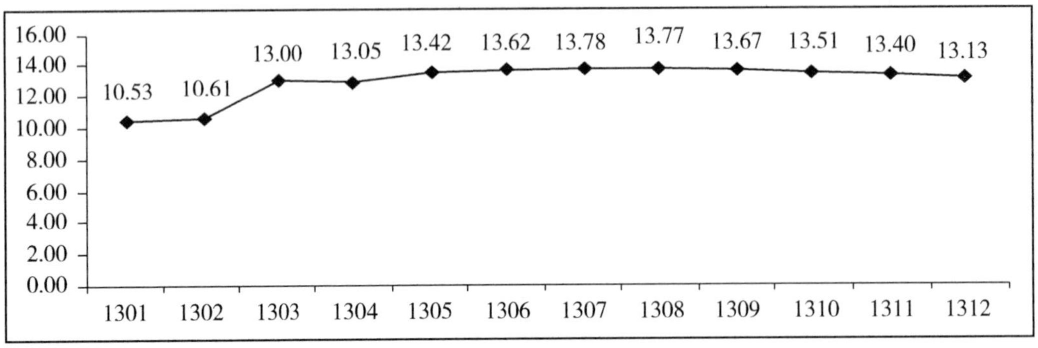

图 7　2013 年零售市场皮肤用药价格指数变化

八、降压用药

在降压用药市场中，前 10 位品牌市场集中度为 45. 21%。其中：国产品牌虽领跑市场，但只有 2 个名次，合资外资品牌 8 个；片剂主导市场，占据 9 个席位；前十品牌均为化学药。

表 8　2013 年零售市场降压用药前 10 品牌排名

排名	品名	生产厂家	市场份额（%）
1	施慧达片	施慧达药业集团	6. 53
2	络活喜片	辉瑞制药	6. 36
3	拜新同片	拜耳医药保健	6. 10
4	波依定片	阿斯利康制药	5. 76
5	代文胶囊	北京诺华制药	4. 85
6	北京降压 0 号片	北京双鹤药业	4. 49
7	安博维片	泰诺菲安万特集团	3. 33
8	倍他乐克片	阿斯利康制药	2. 60
9	科素亚片	杭州默沙东制药	2. 60
10	洛汀断片	北京诺华制药	2. 59

2013 年降压用药零售价格指数波动幅度小，均在 20 ～ 21 元之间浮动，仅在 3、9 月下滑。本年度最高月度（12 月）价格指数较最低月度（1 月）价格指数相差 3. 57%.

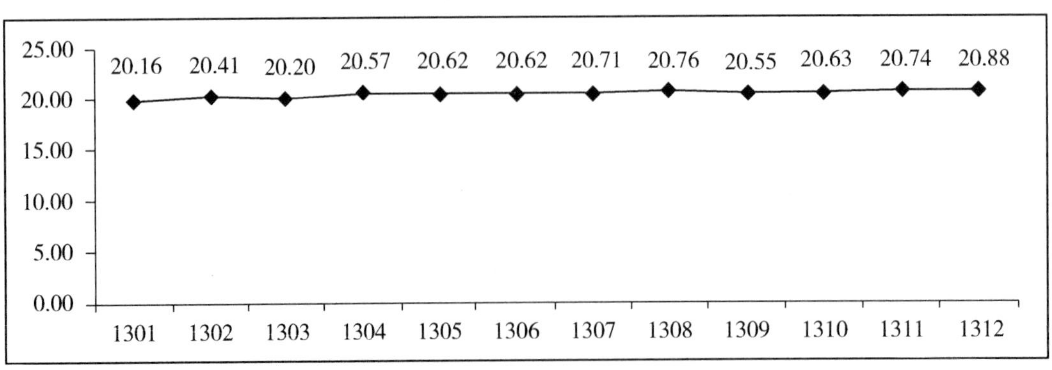

图 8　2013 年零售市场降压用药价格指数变化

九、妇科用药

在妇科用药市场中，前10位品牌市场集中度为23.26%，其中国产品牌占据统治性优势，外资品牌仅有1个，外用制剂与口服制剂各占一半。

表9　2013年零售市场妇科用药前10品牌排名

排名	品名	生产厂家	市场份额（%）
1	洁尔阴洗液	四川恩成制药	4.40
2	达确定宁阴道软胶囊	西安杨森制药	3.39
3	气血和胶囊	陕西摩关得制药	2.96
4	妇科千金胶囊	株洲千金药业	2.17
5	保妇康栓	海南碧凯药业	2.14
6	静心助眠口服液	深圳太太药业	1.87
7	桂枝茯苓胶囊	江苏康缘药业	1.68
8	消糜栓	通化通药制药集团	1.64
9	宝丽婷阴道片	浙江仙琚制药	1.56
10	仲景逍遥丸	河南宛西制药	1.44

2013年妇科用药零售价格指数总体呈缓慢上升趋势，价格均在23～25元之间浮动。本年度最高月度（9月）价格指数较最低月度（1月）价格指数相差3.29%。

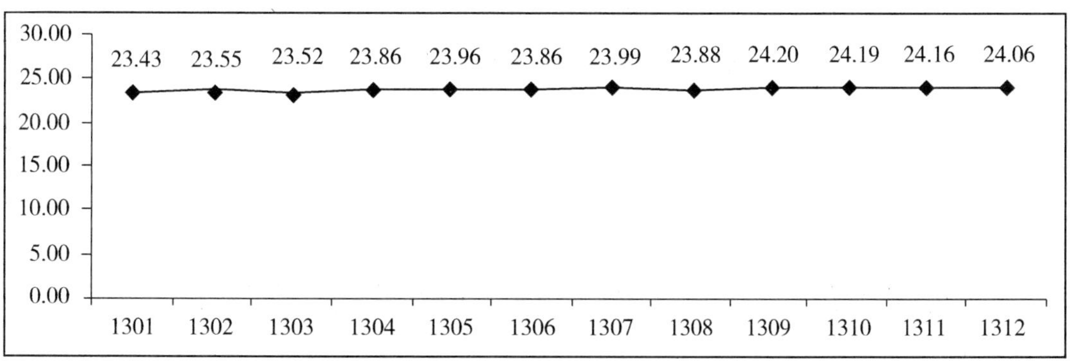

图9　2013年零售市场妇科用药价格指数变化

十、咽喉用药

在咽喉用药市场中，前10位品牌市场集中度为31.98%。其中：国产品牌占据垄断性优势，合资外资品牌仅有一个；中成药品牌占优，合计有7个，化学药品牌2个，保健品品牌1个。

表10　2013年零售市场咽喉用药前10品牌排名

排名	品名	生产厂家	市场份额（%）
1	金嗓子喉片	广西金嗓子药业	7.03
2	慢严舒柠消喉咽颗粒	桂龙药业	4.95
3	蓝芩口服液	江苏扬子江药业	3.43

续表

排名	品名	生产厂家	市场份额（%）
4	三金桂林西瓜霜喷剂	桂林三金药业	3.31
5	江中复方草珊瑚含片	江中药业	3.10
6	华素片	北京华素制制药	2.34
7	黄氏响声丸	无锡济民可信山禾药业	2.15
8	京都念慈庵杷糖	京都念慈庵总厂	2.14
9	三金西瓜霜清咽含片	桂林三金药业	1.81
10	意可贴	深圳太太药业	1.72

2013 年咽喉用药零售价格指数呈上扬态势，仅在 8、9 月小幅下滑，12 月攀升到最高值。本年度最高月度（12 月）价格指数较最低月度（1 月）价格指数相差 10.19%。

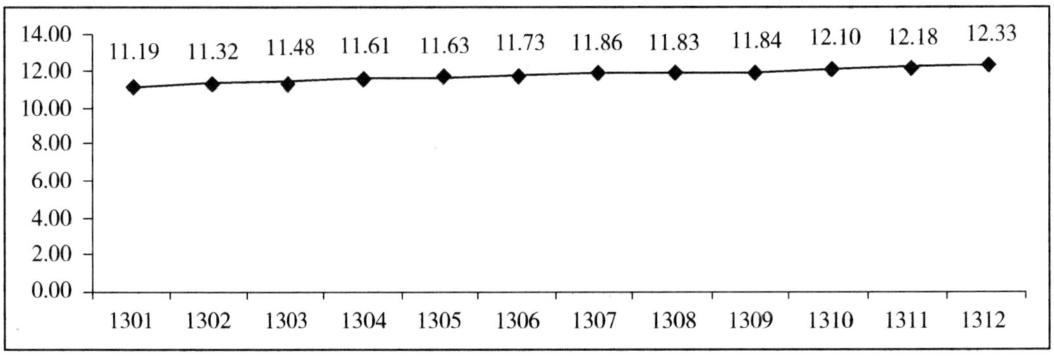

图 10　2013 年零售市场咽喉用药价格指数变化

（米内网）

2014 年各省（市、区）药店数量排行榜

序号	省份	药店数量
1	广东	53965
2	四川	42058
3	山东	33457
4	云南	25306
5	江苏	23295
6	河南	17624
7	黑龙江	17507
8	浙江	16913
9	辽宁	16817

续表

序号	省份	药店数量
10	山西	16371
11	吉林	15213
12	湖北	14371
13	安徽	14330
14	广西	14292
15	湖南	14208
16	重庆	13922
17	河北	13624
18	贵州	13309
19	内蒙古	11811
20	江西	9951
21	福建	8952
22	陕西	8265
23	新疆	7633
24	甘肃	7207
25	北京	5501
26	海南	4424
27	上海	3492
28	天津	3292
29	宁夏	2049
30	青海	1837
31	西藏	658
总计		451654

说明：台湾省及香港、澳门特别行政区统计数据不包括在内。

（《中国药店》）

各省药品市场规模

各省医药市场根据2013年规模模情况基本可以分为三个梯队，广东、山东、江苏、北京、浙江、上海、四川等几个省份占比超大规模过5%，可以称之为医药大省，而河南、辽宁等13省份规模占比在2%～4%之间，处于第二梯队，剩余的都处于第三梯队。

一、药品市场地区分布

省份	市场份额
广东	12.10%
山东	7.20%
江苏	6.70%
北京	6.10%
浙江	5.90%
上海	5.70%
四川	5.00%
河南	4.50%
辽宁	4.30%
河北	4.30%
湖北	3.80%
湖南	3.50%
安徽	3.10%
福建	2.80%
黑龙江	2.70%
山西	2.60%
广西	2.30%
吉林	2.20%
山西	2.20%
江西	2.10%
天津	1.90%
重庆	1.90%
云南	1.50%
内蒙古	1.50%
贵州	1.00%
其他	2.90%

说明：台湾省及香港、澳门特别行政区统计数据不包括在内。

二、各省零售市场占药品市场的份额

而从零售市场药品规模占各省药品市场规模来看，云南、广西、四川、广东和山西5省份药品份额超过27%，占比超过20%的有22个省份，因为医疗资源集中，可及性强，加上对药店有一定的限制性政策，北京和上海两市药店份额不足15%。

省份	零售市场药品占各省总体规模份额
云南	29%
广西	28%

续表

省份	零售市场药品占各省总体规模份额
四川	28%
广东	27%
山西	27%
安徽	26%
江西	26%
江苏	26%
内蒙古	26%
黑龙江	26%
吉林	25%
山东	25%
西藏	25%
贵州	25%
河南	24%
辽宁	24%
浙江	24%
福建	23%
重庆	23%
湖北	22%
陕西	22%
河北	21%
青海	19%
天津	19%
宁夏	18%
海南	18%
甘肃	17%
新疆	17%
上海	14%
北京	10%

说明：台湾省及香港、澳门特别行政区统计数据不包括在内。

三、2013 年零售市场各大类份额

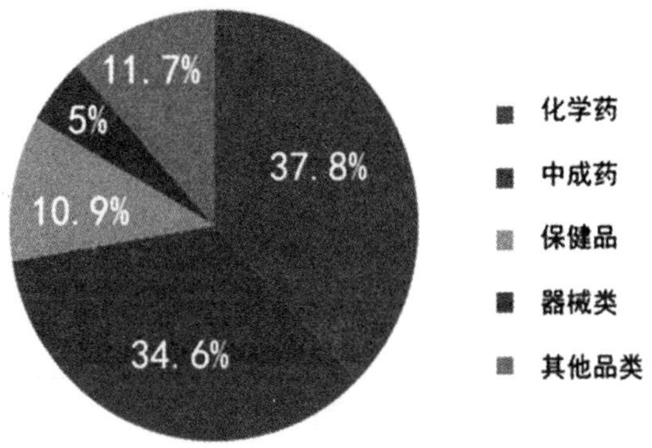

（新康界）

2014 年上半年各省医疗终端及 OTC 药店数量统计表

数据截至：2014 年 6 月 30 日

序号	省份	医疗终端数量					OTC 药店数量	总计
		医院	基层医疗卫生机构	专业公共卫生机构	其他机构			
1	四川	1659	74761	723	91	77234	42058	119292
2	山东	1736	71294	745	157	73932	33457	107389
3	广东	1217	44253	681	100	46251	53965	100216
4	河北	1263	76801	601	96	78761	13624	92385
5	河南	1326	67699	597	139	69761	17624	87385
6	湖南	913	59178	594	118	60803	14208	75011
7	山西	1232	38825	463	75	40595	16371	56966
8	江苏	1455	29095	481	227	31258	23295	54553
9	辽宁	888	34324	494	159	35865	16817	52682
10	湖北	694	34203	445	91	35433	14371	49804
11	江西	550	38423	517	81	39571	9951	49522
12	云南	981	21948	521	63	23513	25306	48819
13	广西	472	33410	388	39	34309	14292	48601
14	浙江	832	28870	391	175	30268	16913	47181
15	陕西	911	33785	385	107	35188	8265	43453
16	贵州	963	26577	413	28	27981	13309	41290
17	黑龙江	995	19032	640	59	20726	17507	38233
18	安徽	932	21930	447	87	23396	14330	37726
19	福建	528	26415	322	78	27343	8952	36295
20	内蒙古	553	22353	452	71	23429	11811	35240
21	吉林	583	18835	309	57	19784	15213	34997
22	甘肃	420	25710	337	32	26499	7207	33706
23	重庆	518	17981	170	21	18690	13922	32612
24	新疆	860	17253	520	8	18641	7633	26274
25	北京	598	9015	121	104	9838	5501	15339
26	海南	194	4864	107	11	5176	4424	9600
27	上海	323	4394	100	44	4861	3492	8353
28	天津	326	4205	96	57	4684	3292	7976
29	青海	145	5660	146	3	5954	1837	7791
30	西藏	104	6484	141	2	6731	658	7389
31	宁夏	146	3898	84	10	4138	2049	6187
总计		24317	921475	12431	2390	960613	451654	1412267

说明：台湾省及香港、澳门特别行政区统计数据不包括在内。

中国药店发展年鉴

企业风采

卓越齐鲁品质，关爱百姓健康

——齐鲁制药有限公司简介

一、品牌 LOGO

（1）名称：齐鲁制药有限公司

（2）创立时间：1992 年

（3）含义：

“齐鲁”二字的拼音首字母“QL”的艺术变形；三条反白折线似河川，“上善若水”，寓意齐鲁制药以善制药，泽被众生而不争名利，体现“行大爱之道”的企业愿景；

六边形，代表药品的最小结构，即有机结构的苯环，点明行业属性；

六边形，又似精致的蜂巢，寓意“家”，彰显“大医精诚，家国天下”的企业核心理念；

“六”，可指“六腑”，寓意齐鲁制药产品治疗范围广泛；

“六”又指六合，泛指四方、天地和宇宙，寓意齐鲁制药走向世界、服务全球的美好愿景。

二、企业诚信宗旨（口号）及含义

诚信口号：用科技表达我们的爱

释义：齐鲁制药诚笃仁厚、产业报国；诚信守诺、重义尚德；诚心正气、荣辱与共。齐鲁制药利用最前沿的科技成果、最先进的科技设备，通过最优秀的科技人才，生产富有科技含量的产品，表达我们对人类健康的关爱；齐鲁制药用先进的科技技术和设备进行环境保护，表达我们对社会、对自然的关爱。

关爱健康、打造精品——齐鲁制药用一流的硬件设施、完善的软件管理、强大的研发创新和市场开拓能力，生产高质量药品，满足患者对健康的需求；

厂景

回馈社会、回报国家——齐鲁制药以国家利益至上，产业报国，为国家经济发展作出积极贡献；

社会公益、环境保护——齐鲁制药恪尽企业社会公民责任，大力支持社会公益事业，积极推进清洁生产，建设生态、绿色企业。

三、企业在全国和境外的品牌拓展情况及数据

1. 境内品牌拓展情况

齐鲁制药拥有一支高素质、专业化的营销管理团队，通过先进灵活的营销理念，高度专注的学术营销，建立了齐鲁产品从大型三甲医院到县、乡级医院的品牌知名度，塑造了临床专家和患者信赖的齐鲁品牌，并且连续多年在医院用药领域位居国内前列，11 个产品的市场占有率稳居第一，已经成长为国内最大的处方药生产基地。

公司坚持学术推广理念，与各学术平台开展广泛合作。多年来资助支持国家、省医学会、医师协会的各项活动与医生继续教育，参与支持中国医师协会专科认证体系的建立，中国医师协会神经、肿瘤等专科分会的筹备与成立等。像年度全国神经内科、神经外科大会，中国临床肿瘤学术年会（CSCO 会议）、全国血液病年会、心血管学术年会等学术交流平台，我公司均积极参与，为加强各学科临床学术交流，推动我国临床诊疗技术的发展而不懈努力。

另外，与中国医师协会共同制作了《中国神经时讯》、《中国肿瘤时讯》，对最新医学信息前沿动态和大型学术活动进行跟踪报道，定期提供临床参考，为广大医生提供更加有效的学术支持。

为了更好地服务临床及患者，公司成立了齐鲁健康频道网站，为医生、患者和齐鲁之间搭建了更加高效便捷的交流平台，及时就临床及患者的疑问做出相应的解答，成立以来已经为临床及患者解答了数万条咨询问题，为推动临床合理用药，更好的解除患者病痛起到了积极的作用。

在药店终端的品牌建设中，通过南方所《医药经济报》、《21 世纪药店》报、中康资讯《第一药店》等媒体进行品牌宣传，同时非常注重网络媒体、移动新媒体的应用，大大加快了企业品牌推广的步伐。通过建立网站、完善百度百科、增加网络软文及视频宣传等品牌推广模式，强化了广大消费者对齐鲁的品牌认知度。

经过多年持续的品牌建设，齐鲁公司赢得了专家和患者的信赖和高度评价，齐鲁品牌美誉度效应凸显，获得了一系列的荣誉和奖项。例如：2013 年，申捷、赛珍、瑞白、卓夫四个产品荣获中国化学制药工业协会评选的优秀产品品牌奖，该公司还荣获了“中国药品零售市场最具魅力品牌企业”称号。

2. 境外品牌拓展情况

自 1997 年头孢菌素原料药合资项目开始，齐鲁制药拉开了“走出去”的序幕，国内首家通过美国食品药品监督管理局（FDA）、欧洲药品质量管理委员会（EDQM）、英国药品和健康产品管理局（MHRA）无菌产品认证，是德国药监局、澳大利亚医疗用药管理局（TGA）无菌制剂认证企业，南非药品质量管理委员会（MCC）认证企业。通过国际认证是产品销往国际市场的“通行证”，是齐鲁产品品质得到法规国家的“认可书”。公司重视同国际制药企业的合作，先后同 Pfizer、Novartis、Teva、Sandoz、Hospira 等世界知名制药企业建立了良好的合作关系。

优质的产品、高效的管理以及良好的声誉，为公司产品赢得了广阔的国际市场，2013 年集团出口创汇 2.73 亿美元。共有近 40 个原料药、11 个制剂（24 个规格）实现出口，是他唑巴坦系列产品全球最大的供应商（国际市场占有率超过 55%）、是硫酸阿米卡星全球最大的供应（国际市场占有率超过 70%）；头孢唑林钠、头孢呋辛钠、盐酸头孢吡肟，头孢丙烯等多个产品单品出口量为全国第一。

另外，企业重视国际市场商标专用权的保护，目前共有国外商标 79 个，其中马德里国际商标 57 个。

四、企业背景资料

1. 创业发展历程

齐鲁制药有限公司，始建于1958年，前身是山东省生物制品厂，是农业厅直属国有企业，主要以生产畜牧疫苗为主。

1981年，资产仅有200万元，产品单一，唯一的运输工具就是一辆破旧的马车，企业举步维艰，几乎走到了尽头。

1981年，李伯涛担任齐鲁领导人，在就职演说中号召职工“卧薪尝胆，苦干三年”，提出“以改革为动力，以人才为根本，以市场为龙头，以科技求发展，以质量求生存，以管理求效益”的三十六字发展方针，企业将发展的启动点放在了开发人用药物的研制上，并开始内部改革，在全省医药企业中率先推行生产经营承包、干部竞聘、劳动收入分配各项改革措施；调整产业结构，开发适合市场需求的产品，加速人才技术的引进，齐鲁自此步入了正确的发展轨道。

1982年，氨苄青霉素生产工艺研制成功，产品上市后，很快就实现了扭亏为盈。

1985年，全国农业大丰收，举国上下出现了畜禽饲养热，公司认准了这是发展饲料生产的大好时机，李伯涛厂长果断决策，引进了美国考帕斯公司全套饲料添加剂设备，1986年安装生产，当年就创造了8 000多万元的产值。

1987年企业建成了抗生素发酵生产基地，1988年丁胺卡那化学合成车间建成，1989年国家级新药卡铂研制成功，1990年一举实现了产值过亿元，利税过千万元的目标，成为当时山东省第三大制药企业，齐鲁逐渐走出困境，探寻出独具特色的发展路子。

1995年，为进一步优化公司产品结构，着眼于国内国际两个市场，成立合资企业——齐鲁安替制药有限公司，投资2 500万美元，是当时山东省医药领域最大的投资项目。该企业的组建，为引进先进技术，提升公司管理，拓展国际市场，壮大公司实力奠定了基础。

2001年，与齐鲁制药仅一墙之隔的济南制药厂在运转了近50年后破产倒闭了。齐鲁对市场竞争的残酷有了更清醒的认识。就在这一年，市政府领导找到齐鲁，协商让齐鲁收购该企业。为了替政府分忧，齐鲁出资很快完成了收购，同时把该企业的债务、1 300名在职和离退休职工全部承接下来，经过注入资产，调整产品，强化管理，第二年就实现了盈利。这次收购的成功，不仅仅是简单的资产重组，而是齐鲁调整优化产品结构，盘活用好企业资产，实施高精尖战略的重大举措。为此《大众日报》的记者还专门编发了一篇《一墙之隔，如此变化》的报道，对两家企业的运作进行了深刻剖析。

2003年，经山东省深化国有企业改革领导小组办公室批准，齐鲁完成国有企业改制。此次改制工作的特点是国有资产整体退出、债权债务全部承接、企业职工全部接收、企业辅业不剥离、职工全员参股。

2004年，昂丹司琼、奥沙拉嗪钠两个产品成功出口美国，标志着公司产品有实力参与国际高端医药市场的竞争。单唾液酸四己糖神经节苷脂及注射液在国内首家获得国家食品药品监督管理局批准上市，该药历经7年攻关，成为齐鲁进入新的高速增长期的重要推动力量。

2005年，据国家统计局公布，全国工业经济效益创历史新高，在评定的100个行业1000家“效益十佳”企业中，齐鲁制药被评定为“全国工业重点行业（化学药品制剂制造）效益十佳企业”。同年11月，盐酸昂丹司琼以零缺陷顺利通过美国FDA认证，标志着我公司的质量管理向国际标准看齐。

2006年，被认定为国家级企业技术中心，基于这个国家级平台，药物创新工作进入一个新阶段。同年在济南的高新区和海口药谷新两个注射剂生产基地建设投产。2008年，被山东省政府批准设置“靶向药物研究与开发”泰山学者岗位，被国家发改委批准设立“哺乳动物细胞高效表达国家工程实验室”。

2009 年，在内蒙古呼和浩特兴建抗生素发酵基地，在山东临邑新建化学合成原料药生产基地，生产规模再一次扩大。同年，安替公司五个无菌产品通过欧盟 EDQM 认证，并一次性获得 6 张 CEP 证书中的五张。“单唾液酸四己糖神经节苷脂的研制及产业化”获得国家科技进步二等奖。

2010 年，被山东省科技厅批准建设“省注射用微粒给药新技术重点实验室”。被中国医药工业信息中心评为“国内最佳研发产品线十佳工业企业”。齐鲁药物研究院的小分子创新团队被济南市政府授予“小分子靶向抗肿瘤药物优秀创新团队”荣誉称号。这是国家和省市对齐鲁制药完善的研发能力和强有力的综合实力的认可。同年，左西孟旦获得国药局批准在国内首家上市，该药作为国内首次上市的全新机制抗急性心衰药物，被《医药经济报》评为该年度“十大重磅新药”。

2011 年，荣获“首届济南市市长质量奖”，“申捷”获得山东省著名商标；齐鲁制药标示图形获得山东名牌产品；卓夫、安士杰、丁克、苏立及亿来芬五个产品获得“济南市名牌产品”。

2012 年，国家食品药品监督管理局南方医药经济研究所《医药经济报》发布 2011 年制药行业权力榜单，齐鲁制药荣获“十大最具影响力企业”，企业实力得到了行业的充分认可。就在这一年，公司荣列山东省 2011 年度纳税百强排行榜，“2012 年度中国制药工业百强榜”以及“中国最具品牌力药企 20 强”。抗肿瘤药物培美曲塞二钠获得国家级科技进步二等奖。

2013 年，公司产品“思考林”“丁克”“典舒”获 2012 年济南市名牌产品。

安替、天和、安替临邑多个产品顺利通过美国 FDA 审计，使得公司质量管理化水平又上一新的台阶。在这一年，公司抗肿瘤药物卡培他滨片国内首家获批上市与进口原研品生物等效，具有国际品质认证。这一年，公司荣获“中国医药十大最具影响力企业”、“2013 中国化学制药行业工业企业综合实力百强”、“2013 中国创新力十强医药企业”荣誉称号，再一次彰显了强有力的综合实力。

2. 诚信经营故事

2012 年 4 月，爆发了医药行业的“毒胶囊”事件，引起了社会各界的广泛关注和热议，医药生产企业的产品质量问题被推上了“风口浪尖”，但是齐鲁制药却“并不心慌”，坦然面对各种来访和询问。

齐鲁制药使用的药用空心胶囊来源于两家企业，其中主要使用的是青岛益青药用胶囊有限公司提供的空心胶囊，该企业是胶囊铬含量标准的起草者，产品铬含量为 0.1 到 0.5PPM（百万分之一）。而齐鲁制药公司药用空心胶囊的另一家来源是辉瑞公司位于苏州的一家分公司，其执行的是国际标准，要求更为严格，其产品铬含量仅有 0.06PPM。“毒胶囊”事件发生后，上述两家企业都先后发来声明，保证其产品不存在使用工业明胶的情况，且各项指标均符合国家标准。

公司使用的明胶空心胶囊是 0、1、2、3 号四种规格，价格是一万粒 150 元到 180 元。而劣质空心胶囊大约 50 元就能买到一万粒，万粒成本相差三至四倍。若按年生产能力 20 亿粒计算，仅空心胶囊成本就差 2 500 多万元。劣质胶囊在市场竞争中的成本上占有很大优势，虽然企业的目标是追求利益的最大化，但这个利益的实现绝不能以牺牲人民群众的健康为代价，这是我们医药企业的责任所在。“虽然企业产药千千万万，但或许患者用来治病救命的就是其中一支或几支，所以做最安全、最优质的药品是齐鲁始终的承诺。”

齐鲁制药对生产所用的原辅料，有严格的采购、检验等控制程序，除尽量使用集团自产的原料加工制剂来保证产品质量外，对于需要外购的囊壳、包材等其他原辅料，企业既要选择合法的、具备相关资质的供应商，又要进行严格的控制，检验其是否符合法定标准及本厂内控标准。同时要进一步研究物料相容性，研究与其药物是否匹配等数据，再由质保部出具合法供应商清单供采购部门、仓储部门进行采购入库。为了加强对物料的控制，每年齐鲁制药都会对供应商的供货情况进行质量评估，不合格的供应商会被剔除出供应名单。所有这些程序都是自动、自发、自觉地严格按照规定执行的，目的就是保障生产优质的产品。

“好药是生产出来的，不是检验出来的。”药品生产必须严格按国家批准的工艺处方、严格按照GMP（即适用于制药、食品等行业的强制性标准）要求组织生产，要配备先进高效的检测仪器进行中间控制，要健全体系配备高素质的化验人员和管理人员，要建立完善的反馈机制、为医院和患者提供良好的售后服务……为此，齐鲁制药更投入了大量的人力、物力、财力和精力。这份巨大的投入是齐鲁制药始终坚持的，因为在齐鲁人的心中都有一个信念：“当我们自己生病时，我们愿意首选齐鲁的药品；当我们的家人生病时，我们可以放心地选用齐鲁的药品；当我们的朋友生病时，我们可以自豪地推荐齐鲁的药品！”

广州快货电子商务有限公司简介

广州快货电子商务有限公司、广州织网广告有限公司董事长——廖光会

广州快货电子商务有限公司核心团队合影

广州快货电子商务有限公司（以下简称“广州快货”）成立于2011年，专业从事互联网渠道代理、分销、推广服务。董事长廖光会是中国医药电商领域的领军人物，公司核心团队对药品流通、营销策划、互联网推广具有丰富的运作及管理经验，目前已成功运营的产品涵盖OTC药品、处方药、医疗器械、保健食品、药妆品等5大品类，是全国最专业、规模最大的健康类目产品网络渠道运营商。

广州快货致力于创造一种扁平宽松、充满激情、富于创造力的氛围，在激烈的市场竞争中，公司始终坚持“策划周密、上市迅速、推广精准、售后完善”的服务体系，并不断提升专业水平，力争成为最顶尖的互联网运营团队。

公司成立至今，秉承“惟专注，故专业；惟先行，故领先”的企业精神，传承坚韧不拔、团结协作、开拓创新的企业文化。凭借着对大健康行业深刻的认知和了解，先后为广药集团、国药控股、华润三九药业、辉瑞（惠氏）、雅培、强生、拜耳、诺和诺德、北京同仁堂、云南白药、承德颈复康药业、天津天士力、天津中新药业、哈药集团、石药集团、康恩贝药业、修正药业、山西振东医药、漳州片仔癀药业、美国艾尔建、重庆植恩药业等数百家国内外知名企业提供互联网推广服务。

广州快货与国内主流的医药电商企业均建立了紧密的商业合作，并与百度、阿里巴巴、腾讯等主要互联网平台建立了深度推广合作关系，以引领大健康产业互联网渠道运营良性发展为光荣使命，并奋斗不止！

详细介绍请浏览公司网站：www. 91kuaihuo. com

联系我们

Tel（电话）：020－2907 3661/2907 3662

Fax（传真）：020－8752 6510

Address（地址）：广州市天河区海安路13号财富世纪广场A1座1306 A室，518010

快货商城二维码

广州织网广告有限公司简介

广州织网广告有限公司由医药行业资深人士、互联网营销专家、医药电商领军人物廖光会率领20多位来自百度、腾讯、阿里巴巴、谷歌、爱奇艺、唯品会、京东等知名互联网企业的“80后”、“90后”年轻人，于2012年在广州创建。公司致力于打造中国广告行业最大的互联网广告程序化投放平台，立志成为中国最专业的健康类目DSP平台及互联网推广服务公司。

自创立起，织网广告在技术方面投入大量人力和资金，开发出旗下WONDER DSP（Demand－Side Platform），即“网得系统”，同时在全国8个城市设立8个机房群组，拥有超过120台刀片服务器，对接腾讯、百度、新浪、搜狐、优酷、土豆等主流互联网平台，日均可使用流量超过5亿次。未来，公司将进一步对接全国主流的流量交易平台。

“网得系统”从2013年开始布局和开发移动端流量推广，当前日均可使用移动端流量超过2亿次。公司先后为唯品会、京东商城、植玫兰、小荷特卖、康爱多、海王星辰、华源健一等电商企业提供了实效显著的DSP平台及互联网推广服务，并从移动端产品、设备和服务中，积累了更多值得借鉴和研究的移动端推广经验。

织网广告拥有数十位深谙互联网技术的研究人员，在大量的推广、投放过程中，收集和整理了数亿计“大健康消费标签”，在肿瘤、补益、美容、减肥、瘦身、壮阳、增高、养生、口腔等重点特征上，开展“横向关联度”研究，用数据研究的方法找到目标人群的消费特征，从而进一步提高DSP数字广告的效率和产能。

织网广告还成立了由来自医药行业、互联网行业、电子商务行业数百位知名、资深人士组成固定的沙龙及会议组织——“织网会”（微信公众账号：zhiwanghui），旨在发挥群体智能，关注协作创新，分享医药行业的互联网业态发展与科技界最前沿的思想、技术，探索、讨论医药互联网业态的一切可能性，以及可能改变医药行业的一切因素。织网会创办的“医药电商CEO大讲坛”是业界最负盛名的行业峰会，一票难求。

织网会二维码

联系我们

Tel（电话）：020－29050277/29050278

Fax（传真）：020－8752 6510

Address（地址）：广州市天河区海安路13号财富世纪广场A1座1306B室，518010

修正中国连锁药店同盟简介

修正中国连锁药店同盟隶属于修正药业集团，经历近2年的筹备，于2014年8月2日在通化正式宣告成立。由修正药业集团副总裁修来春先生任同盟理事长，由孙云龙先生任执行理事长，王泉彬先生任常务副总经理。会上任命了首批理事7人，分别负责重点省份的开拓，迄今为止已组建了近30人的业务后勤团队。

修正中国连锁药店同盟具有修正药业强大的品牌支撑，真正推进品牌企业直供区域医药连锁企业，多年以来修正引领行业成功探索第三终端销售模式，创造了行业奇迹。2013年销售突破400亿元，位居全国医药工业销售第二名；如今随着医药零售终端的变化，迫使工业企业转型。修正药业集团顺应时代发展，大规模招贤纳士，组建强大营销团队，这预示着修正药业将再次扛起行业大旗，全方位整合优势产品与全国各地优势医药连锁企业结成战略同盟，全面推进品牌企业直供终端新模式。

修正中国连锁药店同盟将以自己独特的品牌优势区别于全国其他联盟，纵观国内联盟均是以集采分销平台来树立品牌，而修正本身就是品牌企业，通过产品直供模式，实行区域独家分销，减少中间环节，更好地为客户服务。对连锁药店更具吸引力。故修正中国连锁药店同盟一成立，就受到广大医药连锁企业的高度关注。修正中国连锁药店同盟正在紧锣密鼓地发展会员单位，预计2014年年底将基本完成全国渠道布点工作，届时第一届会员代表大会将选出108家志同道合的理事单位作为修正中国连锁药店同盟的核心成员。

修正中国连锁药店同盟的成立将引领品牌厂家直供连锁终端的新潮流，将重点解决药店卖品牌药没有利润的问题；解决品牌品种乱价的问题；解决产品品质保障的问题；解决品牌产品区域独家分销的问题。

总之，修正中国连锁药店同盟的问世，是中国药店零售领域的一件大事，它必将在中国医药零售业引发一场新的具有创造性和挑战性的零售革命。

西安大唐制药集团有限公司简介

西安大唐制药集团有限公司成立于1997年，坐落于西安高新产业开发区，是一家集医药研究、生产、销售、现代金融、新能源为一体的综合性、现代化高科产业集团。集团公司旗下拥有西安大唐药物研究开发有限公司、西安大唐制药有限公司、西安大唐医药销售有限公司、青海大唐益欣药业有限公司、美国加利福尼亚州帕索罗布斯葡萄酒基地等十几家成员企业 。

集团公司被国家科学技术委员会评定为“高新科技企业”，是国家级重点开发区西安高新技术产业开发区“技工贸总收入百强企业”，多次荣获陕西省“优秀企业”称号，被国家授予“守合同、重信用”企业。2013年集团工贸总收入32亿元，上缴利税2亿元。

大唐医药销售有限公司是大唐制药集团的核心骨干企业，注册资金3250万元，是陕西省首批通过GSP认证的企业，仓库面积8000m^2。现拥有员工650余人，2007年集团公司先后投资1800余万元，进行GSP技术改造。公司拥有一支积极向上、富有战斗力的精英团队，经过多年努力与拼搏，公司销售网络已经遍布全国20多个省、市、自治区，年销售额达5.4亿多元。与国内众多知名医院建立了以药物研究开发、销售为一体的密切合作关系。

公司秉承“成就客户价值，实现自我超越”的企业宗旨；以“品牌联销 + 快速盈利 + 市场维护 + 贴心服务”的经营模式为原则；与石药集团、齐鲁制药、白云山制药集团、哈尔滨制药总厂、西安利君制药、马鞍山制药等大型知名品牌强强联手，为各终端连锁提供安全质优、高毛利的放心产品。

自2008年来，经过四年的发展，大唐医药销售有限公司销售网络覆盖陕西省1000多家零售医药连锁终端，为陕西医药零售业的发展起到了推波助澜的作用，其中与知名连锁如：陕西广济医药连锁、西安百姓福医药有限公司、西安泰生医药连锁、西安藻露堂医药连锁、陕西同一连锁、榆林广济堂医药连锁、咸阳百姓乐医药连锁、安康华龙医药连锁、宝鸡同和堂医药连锁、铜川同馨堂大药房、汉中医贸商厦、华阴城关大药房、等众多优秀的终端医药建立了良好的战略合作关系。

2013年5月，大唐医药成功举办陕西省第四届零售医药经理人高峰论坛。在本次论坛上，中国药店发展促进会陕西分会成立，并产生了陕西分会的第一届领导团队与会员单位。大唐医药被任命为陕西分会的秘书长单位。

西安大唐医药销售有限公司坚信健康成就未来，医药行业是永远的朝阳产业。面对国家医改政策的全面推进，竞争日益激烈。公司将一如既往地秉承“诚信为本，合作共赢”的经营理念，坚持“客户至上，诚实守信，服务第一，互惠共赢”的经营原则，将不断推出优秀的产品，专业的服务。为合作伙伴提供更大的机遇、更广的舞台与各位合作伙伴携手并进、精诚合作、共创辉煌！

益丰大药房 Yifeng Pharmacy｜您信赖的平价专业药房 全国连锁药店 综合实力第五

益丰大药房是全国领先的大型药品零售连锁企业。公司始终高举“平价、专业”大旗，秉承“诚信、敬业、务实、创新”的企业精神，为人民群众的健康生活提供超值商品和服务。目前，公司已在湖南、湖北、上海、江苏、浙江、江西等六省市开设了750多家直营医药连锁门店。根据行业机构统计，公司在华中和华东地区名列药品零售前三强、全国连锁药店综合实力五强。

公司董事长
湖南省人大代表

湖南省人大代表
第九届湖南十大杰出经济人物
湖南省十大百姓信赖的药品经营企业家
中国湘商·行业领军人物
中国连锁药店十大领军人物
中国药店10年十大最具影响力人物
中国药店经营最具魅力人物
中国药品零售行业十大领军人物

信息化、自动化的物流中心

INFORMATION TECHNOLOGY AND AUTOMATION OF LOGISTICS CENTER

25 000平方米大型现代化的医药物流中心，采用具有国际领先水平的曼哈特物流管理系统（WMS），结合公司上线的ERP管理系统，以信息化带动医药物流发展，不断优化业务流程，使公司物流管理水平达到医药零售行业的领先水平。

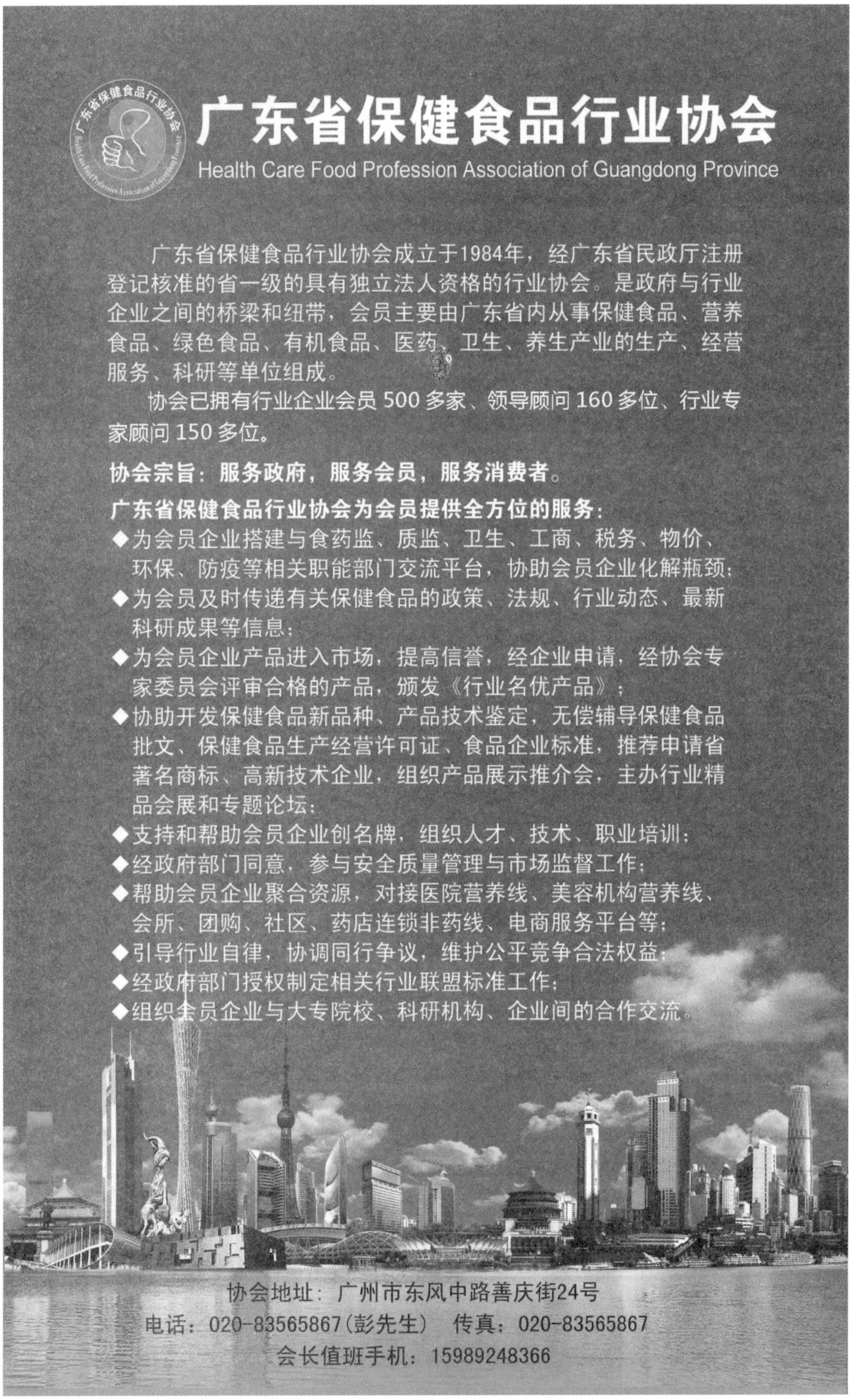
广东省保健食品行业协会
Health Care Food Profession Association of Guangdong Province
广东省保健食品行业协会成立于1984年，经广东省民政厅注册登记核准的省一级的具有独立法人资格的行业协会。是政府与行业企业之间的桥梁和纽带，会员主要由广东省内从事保健食品、营养食品、绿色食品、有机食品、医药、卫生、养生产业的生产、经营服务、科研等单位组成。
协会已拥有行业企业会员500多家、领导顾问160多位、行业专家顾问150多位。
协会宗旨：服务政府，服务会员，服务消费者。
广东省保健食品行业协会为会员提供全方位的服务：
◆为会员企业搭建与食药监、质监、卫生、工商、税务、物价、环保、防疫等相关职能部门交流平台，协助会员企业化解瓶颈；
◆为会员及时传递有关保健食品的政策、法规、行业动态、最新科研成果等信息；
◆为会员企业产品进入市场，提高信誉，经企业申请，经协会专家委员会评审合格的产品，颁发《行业名优产品》；
◆协助开发保健食品新品种、产品技术鉴定，无偿辅导保健食品批文、保健食品生产经营许可证、食品企业标准，推荐申请省著名商标、高新技术企业，组织产品展示推介会，主办行业精品会展和专题论坛；
◆支持和帮助会员企业创名牌，组织人才、技术、职业培训；
◆经政府部门同意，参与安全质量管理与市场监督工作；
◆帮助会员企业聚合资源，对接医院营养线、美容机构营养线、会所、团购、社区、药店连锁非药线、电商服务平台等；
◆引导行业自律，协调同行争议，维护公平竞争合法权益；
◆经政府部门授权制定相关行业联盟标准工作；
◆组织会员企业与大专院校、科研机构、企业间的合作交流。
协会地址：广州市东风中路善庆街24号
电话：020-83565867（彭先生） 传真：020-83565867
会长值班手机：15989248366

广东省医药零售行业协会简介

广东省医药零售行业协会于2014年2月26日在广州成立，是在广东省社会组织管理局正式注册的社会组织（粤社证字第1679号）。协会以密切社团、企业与政府之间的联系，维护会员单位的合法权益，加强行业自律，推进广东省药品零售行业持续健康发展为宗旨。开展维护权益、调查统计、咨询服务、人员培训、行业自律、考察交流、展览展销、承接政府部门委托事项等业务。

广东省医药零售行业协会首批会员有61家连锁药店，遍及全省16个地市，基本包括了全省各地市的主流连锁，协会会员门店总数近万家，年销售额近150亿元。

广东省医药零售行业协会首任会长柯云峰与首任秘书长刘桂春合影

广东省医药零售行业协会第一次会员大会

广东省医药零售行业协会授牌仪式

金百合单体药店联盟简介

金百合单体药店联盟（以下简称“金百合”）于2004年10月18日由广东思明药业及广佛地区一部分药店经营者发起并成立，前身名为“橘洲同乡会”。依托思明药业的市场网络及业务体系服务于各成员单位。2006年10月18日正式更名为“金百合单体药店联盟”。

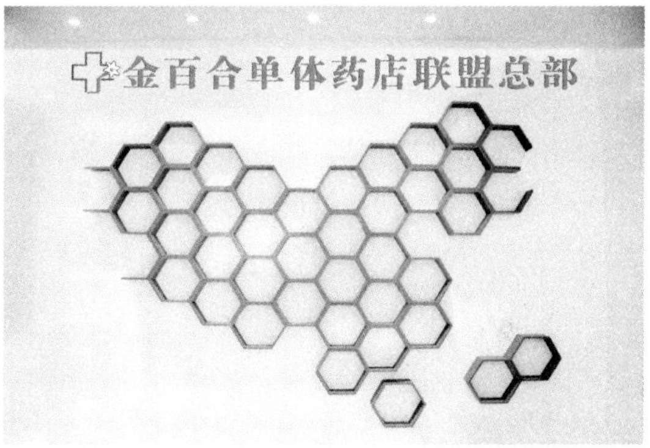

金百合把分散经营的单体药店和中小连锁联合起来，发挥群狼效应，以联盟对抗规模；以产品为纽带，以增值服务为核心，坚持以全新的视野，把握最新的机遇，不断创新发展模式，缔结新的联盟，实现上下游资源的整合，以及药店盈利模式和管理模式的转型升级。金百合通过借助最新电子商务发展模式和技术，致力于构建实体店与线上充分互动的“O2O”营运模式，适应大健康、大数据时代的发展需求，促进药店快速、健康、可持续的发展。

金百合奉行“以联盟成员需求为导向，以较高的专业素养满足成员的需求，并不断超越成员的期望”的服务理念，通过战略定位、创新合作模式、优化组织架构、明确岗位职责、再造组织流程和工作流程等一系列措施，进一步为会员服务构建起坚实的总部平台，为会员提供如：行业发展趋势及战略、营销管理、组织管理、品类管理、人力资源管理、门店管理等经营管理一整套方案。金百合将以孜孜不倦的精神专注行业的发展，实现为会员提供更专业服务的承诺。

金百合作为中国最早、最大的一家单体（小连锁）药店联盟，现已在全国各地发展了20000多家会员店，孕育了500多个独家的会员专销品种。目前在广东、广西两省（区）拥有最大的零售终端网络，为实现“O2O”营运模式奠定了坚实的基础。在所有会员的共同努力下，联盟凝聚而成的力量在全国范围内已形成广泛的影响力，得到业界的高度关注。

随着联盟实力的不断壮大，金百合将携手上下游合作伙伴及同行，为会员争取更多的自由、更多的平等、更多的公正，为实现保障百姓身体健康、提高百姓生活质量，为共同促进中国医药行业的健康发展，为打造一个共生共赢的医药生态基石而努力奋斗。

广州长和生物科技有限公司简介

广州长和生物科技有限公司是一家从事大健康领域相关产品的研发、生产、销售和服务，营销平台搭建、产业链相关资源整合、资本运作咨询等的专业化企业。公司注册资本100万元。成立一年多以来，已完成以功能性口罩为主的个人健康防护品、保健食品饮料等两项产品的市场调研、经营筹备、渠道开发，产品经营以项目制运作，预计年内正式启动。同时，成功为多家大型医药企业集团、上市公司开展营销策划和相关咨询服务，取得实效；与国内外一流的出版机构通力合作，完成了多本专业图书的策划出版，实现了良好的社会效益。

长和生物科技

Changhe Bio-Tech

生物科技被誉为21世纪最具活力的产业，以知识为基础的经济配合突破性的发明，将对人类抵抗疾病的战役带来前所未有的进展，并造福人类。生物科技及其产业作为经济的新引擎将超越信息时代，对全球经济产生积极的影响。

作为国内医药行业和生物科技领域的新成员，公司将秉持“诚信、守法、品质、创新”的经营理念和服务宗旨，围绕生物科技产品领域开展工作。一是聚集大健康产业相关产品，联合生产、销售企业，重点开发以功能性口罩为主的个人健康防护品、保健食品饮料，实现产品线在全国大中城市的创新推广；二是潜心研究产业政策，创新产品经营，开展相关理论研究和咨询服务，积极拓展相关文化产品的策划出版工作。

我们相信，通过我们的不懈努力和追求，一定能够实现与员工和客户的互利共赢！

地址：广州市越秀区天河路1号锦绣联合商务大厦1516房　邮编：510075

电话：020－81928538　29871510

能量堡垒：为中国药店的发展注入正能量

能量堡垒——始于1896，源于爱与责任

能量堡垒品牌是广州微量元素生物科技有限公司携手另外4家集团子公司共同打造的一个品牌。在集团董事长刘既辉的带领下，微量元素产业集团致力于将能量堡垒打造成为膳食营养补充剂的领导品牌。

究其品牌起源，可以回溯到两个甲子以前。118年前，荷兰生物学博士范·梅西斯夫妇源于爱与责任，以“自然与生物疗法”为基础，创立了荷兰“大城堡”品牌，这就是能量堡垒品牌的前身；40年前，美国膳食补充剂巨头公司并购了范·梅西斯夫妇的公司，并将荷兰“大城堡”品牌正式更名为“Energy－Fortress”，中文译为“能量堡垒”。2012年，广州微量元素生物科技有限公司正式取得了“Energy－Fortress”大中华区的总经销权，并注册了全系列中文商标“能量堡垒”。自此，能量堡垒品牌正式上线销售。

2013年8月，微量元素产业集团经过前期广泛深入的市场调查，正式聘请奥运冠军田亮作为能量堡垒的品牌代言人。标志着能量堡垒品牌实现了由渠道性品牌向大众知名品牌的转型。截至目前，能量堡垒的产品销售网络已占据中国市场的大半壁江山。公司将力争在今年内提前完成能量堡垒销售渠道布局“三年规划”。下一个“三年规划”公司将重点转向市场建设，扶持合作伙伴做大做强。

能量堡垒是基于国际化品牌的运营与管理基础，目前已形成一整套、全方位、多元化的科学膳食营养补充体系，囊括了矿物质、维生素、氨基酸、植物提取物等各大类别，涵盖9大系列，50余种单品。能量堡垒未来还将进一步拓宽产品品种，从全球精选优秀的膳食营养补充品种，将它们引进到中国。

能量堡垒的品牌理念是“全家优营养？健康正能量”。早在2007年，微量元素就针对亚洲人群做了更详尽的体质研究，根据国人日常饮食习惯以及营养需求再次优化配方，并决定推出全系列健康产品。同时，在能量堡垒品牌进入中国之初，微量元素集团就赋予它成为一个“正能量”的品牌。之后，确定了拥有健康、阳光、积极正能量的奥运冠军田亮作为能量堡垒的代言人。基于此，能量堡垒最终确立了它的品牌理念就是“全家优营养？健康正能量”。

能量堡垒——田亮：我为能量堡垒代言

从“能量堡垒”品牌进入中国市场起，微量元素产业集团就立志于把这个品牌打造成为中国膳食营养补充剂的领导品牌。为了达成这个目标，选择一个合适的代言人作为品牌形象大使，加快“能量堡垒”品牌在中国市场的战略推广就成了必由之路。但是明星荟萃，选择谁，才能真正地代表这个品牌的内涵，走进千百万消费者的心里，这是值得探讨的问题。

经过集思广益之后，微量元素团队初步认定体育明星可能比较符合“能量堡垒”的品牌内涵。确定了这个范围之后，公司又经过大量的市场调查，最终确立了田亮先生就是“万里挑一”的那个人选。

作为体育明星，田亮俊朗阳光的形象深入人心。而且田亮是从世界级大舞台上走出来的冠军，“能量堡垒”品牌也致力于打造冠军级的产品质量和客服。选择田亮先生就意味着告诉世人：“能量堡垒”品牌就是冠军之选。

更重要的原因是：田亮先生出道以来，一直保持着积极正面的良好形象。出道以来，田亮先生基本没有负面新闻。于家庭，他是一个好父亲好丈夫于社会，他是一个负责任的榜样明星。这样的“正能量”形象与“能量堡垒”品牌的核心价值观完美融合。

当公司代表方向田亮先生表达合作意向时，田亮先生当场就表示对这个项目非常感兴趣，双方一拍即合，立刻就确立了合作关系。2013 年 8 月份，双方正式牵手走到了一起。

事实也证明了微量元素领导层眼光的独到。田亮先生在《爸爸去哪儿》节目中无可挑剔的表现，让能量堡垒的品牌效应进一步深入千家万户。一些终端客户经常询问：能量堡垒，是不是田亮代言的那个品牌?

“能量堡垒”品牌与田亮的合作，堪称企业明星强强联手的典范。2014 年，3 月 17 日，马年开年之初，田亮就开启了自己的羊城“健康之旅”。次日，双方在广州珠江宾馆举行了隆重的签约仪式，算是为双方的合作补办了一场豪华的婚礼。这一事件，经由媒体传播后，引发广泛热议。

正如能量堡垒销售副总经理在签约仪式上说的，“‘能量堡垒’品牌和田亮先生，一定会在过去合作的良好基础上，‘百尺竿头，更进一步’，继续缔造事业的新高峰!”

“每天东奔西跑，对家人总有无数的牵挂，其中最让我担心的，当然是全家人的健康。当年做运动员时养成一个好习惯，那就是膳食营养的及时补充。健康胜在正能量，我是田亮，我为健康代言！我为能量堡垒代言!”——田亮。

能量堡垒——渠道制胜

一个品牌要拓展市场就离不开营销渠道建设。如果说品牌建立了产品与消费者之间的良好关系，那么，渠道建设就是使消费者能够对产品进行试用与消费的桥梁。

能量堡垒品牌抢滩登陆中国市场后，就制定了渠道建设“三年规划”。2012 年开始，在规划的指引下，能量堡垒开始全面发力建设营销渠道。借力国内顶级药交会，能量堡垒品牌在中国迅速打开知名度，快速抢占中国市场。

那些年，能量堡垒受邀参展各大国内顶级药交会走过的路。

2012 年 9 月，能量堡垒品牌小试牛刀，首次试水中国保健品及食品展览会，以展示品牌为主。会上，能量堡垒打造高端品牌的展示，给参展的客商留下深刻印象。

2012 年 12 月，能量堡垒接着亮相第 68 届全国药品交易会，能量堡垒品牌的参展表现赢得了现场客户的一致好评，当次会上，数十家客户正式与能量堡垒达成合作，先拔头筹。

进入 2013 年，能量堡垒渠道建设明显提速。蛇年开春，能量堡垒就接连出征郑州威联会、武汉威联会，会上能量堡垒展厅人气爆棚，热闹非凡，给 2013 年开了个好头。

2013 年 7 月，中国药店采购大会在苏州举行。受邀参展的能量堡垒再续辉煌，加上田亮的鼎力加盟，能量堡垒的发展前景广受赞誉，一时间，参展商纷纷寻求合作。

2013 年 9 月，经历“四非”整顿的保健品行业，形势日益明朗。行业秩序的好转也为一些大品牌营造了良性发展的市场环境。能量堡垒在国际营养与健康博览会上也大放异彩。

2013 年 12 月，在第 13 届中国国际保健博览会上，能量堡垒品牌狂揽多项重量级奖项，并以累计数千万元的签约数额成为现场大赢家。

前期对药店渠道的深耕细作和 2013 年的良好发展态势为能量堡垒 2014 年的发展奠定了良好基础。相对于 2013 年的专注传统渠道开发，2014 年，能量堡垒渠道建设多面开花，传统渠道建设依旧强势，电子商务渠道也初现峥嵘。

2014 年 4 月，能量堡垒携田亮全新品牌形象赴苏州参展国药会。会场外，能量堡垒的巨型 LED 屏滚动播放的广告，预计给参展的十数万观众留下了深刻的印象，田亮全新形象首次亮相便引发全场轰动，并受到业界好评。

2014 年 6 月，“能量堡垒”受邀参展第五届中国国际健康与营养保健品展，亮相海外展区，与欧美、亚韩等海外国际品牌交流国际健康产业态势，展示国际大牌形象，把脉全球健康行业动向。

2014 年 7 月，能量堡垒挥师西南，连参“两会”。借助国内两大“药交会”上的出彩表现，能量堡垒不仅扩大了其在西南市场的影响力，而且将有望在今年提前完成渠道布局“三年规划”，为下一步市场建设做好铺垫。

……

渠道建设，是一个企业立足市场的基础。能量堡垒目前对中国区一级市场的布局已近尾声。有业内人士称，膳食营养补充剂行业，渠道建设是核心。掌握了优质、广泛的渠道，借助合作商现有的网络及本土化的资源，品牌就能迅速达到终端，从而最终赢得消费者的青睐。

能量堡垒——卫视广告、唱响中国梦线下活动强力助推终端销售

在渠道建设日益完善之后，能量堡垒品牌开始转向重金扶商之路。2014 年 7 月，能量堡垒携手河北电视台在河北宾馆贵宾厅举行了隆重的广告投放签约仪式。卫视广告投放的落地，让能量堡垒品牌迅速扩大。同时由河北省委宣传部发起，河北电视台全力打造的精品节目《唱响中国梦》栏目也逐渐展开，这档由能量堡垒品牌全力赞助播出的节目，在河北各地级市也引起了强烈的反响。能量堡垒树立样板市场——河北大获成功。

备受老百姓关注的大型歌唱类活动“唱响中国梦”金曲大赛如火如荼在河北大地展开，影响整个华北地区。作为“唱响中国梦”的实力派总冠名赞助商——膳食营养补充剂行业知名品牌能量堡垒，携手田亮健康青春帅气形象，在本活动的推动下，已是深入人心。

据悉，在 2014 年，能量堡垒陆续大手笔：品牌形象大升级、打造样板市场、重金投放广告、“唱响中国梦”线下活动等陆续落地启动，这一系列组合拳推出后，能量堡垒运营中心也发出通知：要求各地代理商做好渠道拓展、终端宣传、终端包装及活动促销等推广工作，共同打造膳食营养补充剂领域的高端品牌！这些密集的举措，在终端市场销售也引发了连锁反应，终端销售大大增强。

在石家庄乐仁堂，得益于能量堡垒品牌影响力的提升，该店乘势组织了一次促销活动，2 天销售额突破 3 万元。

在秦皇岛唐人医药集团，能量堡垒专业培训师对唐人所有店员进行了一整天的系统培训。培训完成后，能量堡垒促销活动销售额以几何式的增长超越同类品牌。

在江苏宿迁，能量堡垒实力派合作商将 23 辆户外营运小车，全部喷上能量堡垒高端形象海报，在当地进行巡回式的科普宣传！

在陕西西安，能量堡垒参加由食品药品监督管理局发起的“全国安全用药月”活动！通过此类贴近生活、贴近基层、贴近群众的宣传活动，能量堡垒品牌进一步扩散了民众影响力。

另外，西从新疆伊犁维吾尔，东到浙江桐乡，能量堡垒在合作商支持下，OTC 优质渠道和一线商场的产品上架、地面宣传也正在有条不紊地推进！

众所周知，销售终端是厂家实现产品销售的最重要载体。而形象、生动的终端布置则是终端消费者最好的导购员。通过不同场景的个性化、人性化的终端布置，不仅能提升品牌影响力，更能让终端促销物料的陈列成为吸引消费者购买产品的直观感应，最终实现分享。

有业内人士称，膳食营养补充剂行业品牌之间的竞争，决胜在终端。同时，2014 年 9 月以来，能量堡垒品牌营运中心实施全员下一线扶持经销商的战略，并斥巨资进行终端建设，让合作商享受到实实在在的品牌发展的红利。

能量堡垒——大爱无疆，传递正能量

能量堡垒品牌的发展史，也是一部传播“正能量”的历史。

长期以来，在企业持续、快速、健康发展的同时，“能量堡垒”品牌始终把扶贫济困、奉献社会当作企业必尽义务而不懈努力，并一直积极参与以“改善营养健康”为重点的社会公益事业。早在 2012 年年末，公司就组织了向中国赣州山区 50 所学校捐赠学习用品、保暖衣服及 200 万元营养品的大型公益活动。

2013 年，“能量堡垒”品牌知名度进一步提升之后，公司就决定更进一步，成立一个公益慈善项目，将慈善活动作为一个常态化的形式进行下去。2014 年 3 月 18 日，能量堡垒品牌联合中国营养学会、广东省营养健康产业协会在珠江宾馆隆重举行“健康童行？营养护航”贫困山区儿童营养改善仪式。

作为活动嘉宾之一的中国营养学会常务理事凌文华先生透露，作为这个慈善项目的启动方，广州微量元素生物科技有限公司未来每年将捐赠价值 200 万元的营养品，并和中国营养学会一道将这些营养品发放到山区儿童手上。这一公益慈善行为引发媒体纷纷报道，社会反响强烈。

能量堡垒的慈善善举并没有就此停步。2014 年 8 月 15 日，能量堡垒“唱响中国梦”活动小组一行人来到张家口红旗楼街道阳光家园服务中心，向该服务中心的孤寡老人送去一片爱心——适合老人健康的膳食营养补充剂。河北电视台进行了跟踪报道。

据悉，此次爱心活动是由膳食营养补充剂行业领导品牌能量堡垒与河北电视台共同举办，受捐助的对象是张家口红旗楼街道阳光家园服务中心。能量堡垒品牌的代表慰问了张家口红旗楼街道阳光家园服务中心所有老人，并与老年人握手交谈，详细地去了解老年人的生活与健康状况，并将营养产品亲自送至老年人的手里。

健康是老人的头等大事，营养的均衡补充则与老人的健康息息相关。能量堡垒销售中心负责人朱际江先生接受媒体采访时表示：“此次活动的开展旨在通过捐赠营养品，让老人均衡营养，有健康的身体，来享受美好生活。能量堡垒品牌一直是一个有责任感的、传递正能量的品牌，并逐渐将这种慈善活动作为一种常态化的形式确立下来了。我们也呼吁更多人来关心老年朋友，支持老年人的健康事业。”

活动最后，能量堡垒爱心捐助代表与红旗楼街道阳光家园托养服务中心人员进行了合影留念，纪念此次“能量堡垒，公益健康中国行——张家口站”活动的落幕。

8 月 29 日上午，河北电视台，以及能量堡垒活动小组一行人又马不停蹄地来到了北戴河郭文香老人公寓，给该院的老年朋友送去了营养品，并为老年朋友详解了该类营养品的服用方法。

能量堡垒——中国最具品牌价值500强

备受关注的2014中国最具价值品牌500强榜单6月份出炉，业界希望，通过对行业品牌价值的评估，推动民族企业走向世界。能量堡垒入选该榜单。

此次榜单由中国最专业的商业案例杂志，中国EMBA案例唯一指定刊登媒体《品牌观察》发布，“中国最有价值品牌500强”评估采用收益现值法，主要根据企业最近三年的赢利水平来推测品牌未来可能带来的超额利润，再考虑行业特点、市场状态、品牌市场地位、品牌历史等因素的影响加以修整，最终选取价值最高的500个中国知名品牌组成“中国最有价值品牌500强”榜单。通过品牌价值的评估，可直观考评一家企业每年的品牌管理成效。

经过近年来的高速发展，能量堡垒已经位列中国营养健康产业第一梯队。2014年6月28日，能量堡垒又在“中国最有商业价值品牌500强”中荣获“2014年中国健康产业－最具成长力品牌大奖”！

能量堡垒中国区CEO刘既辉先生应邀出席“中国最有商业价值品牌500强”颁奖盛典，并与业界精英、众多著名品牌企业家共同上台领奖。

健康产业人士陈庆新告诉记者，中国人的膳食营养文化往往只是注重吃，但是往往营养之外，我们还需要补充其它能量，那么这样的一个品牌，可以给我们的健康注入新的活力。

不同于个案的品牌价值评价，本次“中国最有价值品牌500强”评估活动主要是出于品牌专业研究目的，为企业认识自身和其他品牌的价值提供参考数据。500强榜单中中国工商银行以2691.33亿位列第一，中国移动、中国电信、中国石化、华为、阿里巴巴、百度、腾讯等众多著名品牌均位于榜单前列。

活动主办方相关负责人郑学勤表示，通过这次活动，实际上我们想竖立一个标杆，为这个行业内企业起一个示范作用，带动更多的企业把品牌做强做大。

注1：“中国最有价值品牌500强”评选活动办公室设在广州市广州大道中289号南方报业传媒集团，“中国最有商业价值品牌500强”名单刊登在《南方周末》、《21世纪经济报道》、《中国经营报》和《证券时报》上，同时出版“中国最有价值品牌500强”特刊。广东电视台相关新闻栏目有重点报道。

注2：《品牌观察》杂志目标读者覆盖4000家上市公司（含A股、H股、美股）、1200家中华老字号、3000家中国驰名商标、20000家各省级著名商标企业的董事长、总经理、副总经理、品牌总监，以及其圈内相关人群。

能量堡垒——品种丰富终端，品质引领未来

品质是优秀品牌大步发展的基石。“能量堡垒”品牌负责人介绍，为了保障品牌旗下各系列膳食营养补充剂产品的高质量，“能量堡垒”任命了在保健行业浸淫30多年，具有丰富生产、品质管理经验的专家级人才专门把控，严上加严，精益求精。这位负责人还表示，整个产品从形成那刻起，就建有产品质量追踪制度。从原料采购到消费者的口中，每个环节都狠抓落实。在生产、包装、运输、销售环节全程电子记录，层层监督，确保每一位消费者用上放心的产品。

值得一提的是，“能量堡垒”品牌的产品在过去的几年中，不仅得到消费者的认可，也得到了权威机构的认证。去年举行的第13届中国国际保健博览会暨年度颁奖典礼盛会上，“能量堡垒”品牌旗下“螺旋藻破壁技术”荣膺“科技进步奖”，成为全国仅3家获此殊荣的企业之一。另外“能量堡垒玛卡胶囊”也在多方权威组织认证下，获得第十三届国际保健博览会玛卡唯一“指定产品”大奖。

产品品质优良，品类也越来越齐全。据介绍，“能量堡垒”品牌正致力于打造一条丰富的产品线，力争不断为经销商提供全方位、多层次、立体化的产品供应体系，从而满足消费者对追求健康身体的需求。

能量堡垒——品牌成就未来！

2014年国家大环境下，不断制定政策，扶持大健康产业的发展。经历2013年的“四非”专项整治行动，清理了一大批经营不善、机制不完整的企业，为一些大品牌的发展扫清了障碍。现在的保健品市场重新步入正规化的轨道。2014年1月，国务院下发了《中国食物与营养发展纲要(2014—2020年)》，制定多种措施着力构建居民营养改善体系。在今年的政府工作报告中，李克强总理指出，做好今年政府工作，要以调整结构为主攻方向，以改善民生为根本目的，增强内需拉动经济的主引擎作用，重点发展养老、健康等服务，提高重大慢性病防治能力，再次将扶持健康产业列为政府工作要点。同时，“营养治疗”也逐步受到政府肯定，前不久，卫生部部长陈竺就公开强调：营养治疗是解决慢性病的关键！这几个月，政府不断释放简化审批手续，进一步激发健康产业活力的信号。这些政策的逐渐出台和落实，将成为能量堡垒品牌不断发展壮大的“国家动力”。

而最近新修定的食品安全法修定草案，广泛的征求意见，这意味着将来给未来的发展和方向提供思路，新食品安全法将给行业带来终端利好，行业内将鼓励更多的产品创新。今年保健品行业一直被受关注的“保健食品注册审批”被列入“非行政许可审批”，保健食品“行政审批”将进一步，往保健食品“备案制”管理方向发展。

在国家政策的导向下，能量堡垒品牌，将把握政策机遇，不断强化品牌形象，提升品牌知名度。

一、把握国家政策机遇，加强批文建设。一但利好政策出台，能量堡垒将在现有的蓝帽基础上进一步将取得更多蓝帽的备案，完善自身的蓝帽体系建设。

二、进一步扩大产品品种。之前的保健品走不出“各领风骚三五年”的怪圈，其中的一个原因就在于品种比较单一。未来，能量堡垒将不断扩充自己的产品链，和全球膳食营养补充行业巨头合作，从先进技术，新品种，新源料全领域共同开发，从而将全球优秀的营养补充剂引进中国。在膳食营养补充行业同质化现象普遍的情况下，能量堡垒这一举措将有望领先行业。

三、继续强化品牌。能量堡垒品牌目前已经形成“多家公司共同打造一个品牌”的格局，未来将继续强化这一模式。该模式将充分调动各方面的资源，整合人才、资金、技术，共同打造强势品牌，引领未来。

四、继续创新模式，加强品牌与终端的联系。能量堡垒未来将应用全新成熟的二维码模式等模式，建立起庞大的导购营销队伍，并推出奖励机制，促进终端销售。

五、继续加强品牌输出，健全品牌公关体系。能量堡垒将建立健全“三微二网”宣传机制，强化品牌输出。新闻合作宣传方面，能量堡垒目前已和国内各大互联网媒体建立了良好的合作关系，未来将继续强强联合，健全品牌公关体系。

六、在各方面硬件软件都齐备的情况下，能量堡垒将寻求引入资本。从资金链上，让品牌发展无后顾之忧。

善弈者谋势。善弈者谋势，兵贵神速。如今，能量堡垒品牌发展已经到了一个新的起点，蓄势腾飞的势头已经初步显现。在微量元素集团刘董事长的代领下，能量堡垒品牌的发展将迎来值得期待的未来！